广东省教育科学规划课题“指向深度学习的高中英语单元整体教学研究”（课题批准号2020YQJK055）研究成果

走向深度学习：
教学评一体化下高中英语单元整体教学

曾燕文 ◎著

东北师范大学出版社
长 春

图书在版编目（CIP）数据

走向深度学习：教学评一体化下高中英语单元整体教学 / 曾燕文著. — 长春：东北师范大学出版社，2021.4

ISBN 978-7-5681-7602-6

Ⅰ. ①走… Ⅱ. ①曾… Ⅲ. ①英语课—教学研究—高中 Ⅳ. ①G633.412

中国版本图书馆CIP数据核字（2021）第062695号

□责任编辑：徐梦雨　　□封面设计：言之凿

□责任校对：刘彦妮　张小娅　□责任印制：许　冰

东北师范大学出版社出版发行

长春净月经济开发区金宝街 118 号（邮政编码：130117）

电话：0431-84568115

网址：http：//www.nenup.com

北京言之凿文化发展有限公司设计部制版

北京政采印刷服务有限公司印装

北京市中关村科技园区通州园金桥科技产业基地环科中路 17 号（邮编：101102）

2022年4月第1版　2022年4月第1次印刷

幅面尺寸：170mm × 240mm　印张：12.75　字数：234千

定价：45.00元

前言

FOREWORD

自2014年开始，为改善课堂教学碎片化的现象，提高课堂教学的科学性，笔者和团队教师借助区校教研深度融合，开始探索高中英语单元整体教学。2018年，教育部正式颁布《普通高中英语课程标准（2017年版）》（以下简称《课标》）。《课标》明确指出：单元是承载主题意义的基本单位。教师需要在分析教学内容的基础上统筹安排教学。同时，《课标》提出：要处理好教、学、评三者的关系。为进一步深入探索单元整体教学设计，践行课标理念，研究团队将教学评一体化与单元整体教学设计相结合，通过检验教学评一体化的程度评估单元整体教学设计与实施的效果。在实践中，研究团队逐步总结和确立了教学评一体化下“主题突出、核心贯穿、目标导向、策略促学、评价深入”的单元整体教学原则和“分析单元内容、厘清板块联系，确定单元目标、开展课型设计、评估学习过程、优化教学设计”的实施路径。

本书集中展示了研究团队多年教学实践探索中的一些成果，选取了典型的教学案例。这些案例主要来自团队教师在研究过程中开展的公开课和获奖的优秀课例。特别感谢郭艳芬老师、鲁萍老师、曾健仪老师、罗伟老师等对这些课例的贡献。这些课例展示了在单元整体框架下，如何以教学评一体化统领单元教学的设计和实施。笔者参与了所有课例的开发、设计和实施。在本书中，笔者对每一个案例都进行了整理，并对每个教学活动逐一评析，在呈现课例的同时表达了我们对教学评一体化下高中英语单元整体教学设计和实施的思考。

教学评一体化是实现英语学科深度学习的关键。研究者认为深度学习强调高层次的认知目标，包括学习者的高阶思维能力和反思能力的培养，同时强调学习行为的高情感投入。2010年，Eric Jensen和LeAnn Nickelsen提出了深度学习的七种有力策略（The Deeper Learning Cycle，简称“DELC”），包括：设计标准与课程、预评估、营造积极的学习文化、预备与激活先期知识、 获取新知识、深度加工知识和评价学生的学习。可以说，实现深度学习的过程也是教学评一体化的过程。2020年，研究团队在梳理前期教学评一体化下高中英语单元整体教学设计与实施的基础上成功申报了“广东省2020年度中小学教师教育科研能力提升计划（强师工程）”项目（课题批准号2020YQJK055），根据《课标》的要求，研究团队从深度学习的视角进一步探讨高中英语单元整体教学设计与实施。本书在课例的整理中融入了课题研究的成果，并试图阐述教学评一体化下单元整体教学设计对学生深度学习能力的影响。

本书按照高中英语单元的编排思路，选取和分析教学评一体化下高中英语单元整体教学中阅读、词汇、语法、写作、综合语言运用五种课型的设计思路。为便于大家了解单元教学内容和利用好教学案例，本书也把具体使用的教学材料附在书后，希望我们的实践能帮助教师们进一步理解和落实单元整体教学，更好地促进学生学科核心素养的形成。

感谢团队教师对本书的支持！由于作者水平有限，书中如有疏漏，敬请读者批评指正。

目 录

CONTENTS

上 篇
教学评一体化下高中英语单元整体教学：原则与路径

中 篇
教学评一体化下高中英语单元整体教学：课型特点

下 篇
教学评一体化下高中英语单元整体教学：走向深度学习

附 录

教学评一体化下高中英语单元整体教学：

原则与路径

上篇

一、教学评一体化单元整体教学的理论依据

（一）核心概念的界定

1. 教学评一体化

2018年颁布的《普通高中英语课程标准（2017年版）》（以下简称《课程标准》）提出了学科核心素养，并且指出学科核心素养是学科育人价值的集中体现。课程标准强调完整的教学活动需要包括教、学、评三个方面，主张处理好三者的关系，尤其要把评价贯彻在教和学的过程，三者成为一体，推动学科核心素养的形成。“教”是教师把握英语学科核心素养的培养方向，通过有效组织和实施课内外教与学的活动，达成学科育人的目标；“学”是学生在教师的指导下，通过主动参与各种语言实践活动，将学科知识和技能转化为自身的学科核心素养；“评”是教师依据教学目标确定评价内容和评价标准，以此监控学生的学习过程，检测教与学的效果，实现以评促学，以评促教。可见，教、学、评是课堂教学一个完整的体现。它以目标为起点和终点，以学生的学习过程作为检验目标实现情况的重要维度，通过评价让学习结果显性化。李亮认为，教学评一体化既是教学设计的组织策略，又是教学实施的运作策略。教师首先通过目标分类理论与技术，整合目标、教学和评价，实现三者的内在统一，在设计层面形成有效的教学预期效力。然后采用评价驱动教学的思想与方法，构建以目标为导向的“教—学—评”生态系统，在实施层面保证有效的教学实际效力。在研究中，我们发现教学评一体化不仅需要应用到整个单元的总体分析和设计，还需要具体应用到每一个课型的设计和实施。

2. 高中英语单元整体教学

格式塔心理学创始人之一惠太海默认为，要想创造性地解决问题，我们就

必须让整体支配部分。在关注问题的必要细节时，不能忽视问题的整体，必须把细节与整体结构联系起来加以思考。单元是依据《课程标准》或《课程指导纲要》，围绕主题、专题、问题、活动等选择学习材料，并进行结构化组织的学习单位。但由于在实践中，受到地域、学情、教学环境等因素的影响，单元教学并不能自动地帮助学生形成结构化的知识图谱。因此，需要教师深入《课程标准》，厘清阶段目标，根据学生起点，分析、整合和选择合适的教学内容，有序设计单元教学，达到提高学习效果的目的。

高中英语单元整体教学是以单元为学科教学单位，强调单元以整体形式呈现和内化，注重构建单元各板块、各课型的内在联系。单元整体教学既保留课型的独立性，又关注课程六要素（主题语境、语篇类型、语言知识、文化知识、语言技能和学习策略）的相互渗透、循环和相互促进。单元整体教学需要教师对单元进行整体分析，提炼和聚焦主题意义，复现和深化主干知识，改善课堂教学碎片化的现象，帮助学生形成结构化知识体系。

（二）理论依据

1. 科学取向教学论相关理论

科学取向教学论是指基于科学心理学和实证研究的教学理论，比如布鲁姆的目标分类学和加涅的学习结果分类理论。科学取向教学论重点回答三个问题：把学生带到哪里去？怎样把学生带到那里？如何确保学生已经到达那里？科学取向教学论强调目标、策略、评价的一致性，强调教学设计基于学生的原有基础，并要充分帮助学生建构图式。教学过程要注重新旧知识的衔接，按照知识的分类层层推进，采用与知识类型相对应的教学策略，科学地呈现和组织信息，使信息成为结构化的知识，强调通过情境的创设和变式练习把陈述性知识转化成程序性知识。

教学目标是指在教学活动中预期得到的学生的学习结果。教学目标具有导学、导教、导测评的功能。科学取向教学论强调目标由“行为动词（表示认知过程维度）+名词（知识维度）”构成。其中，认知过程维度包括了记忆、理解、应用、分析、评价、创造，而在每一个维度下又进行了更加细致的分类，比如理解就包括解释、举例、推断等。这些分类为教师准确地观察和衡量教学目标提供了直接的依据。

策略包括教学策略和学习策略。教学策略可分为组织策略、传输策略和管理策略。本书讨论的主要是组织策略，即教学如何组织、内容如何选择、内容如何呈现的方法。学习结果分类理论把学习结果分成五类——智慧技能、认知策略、言语信息、态度、动作技能，认为不同的学习结果需要不同的过程、结果和有效学习的条件。其中，智慧技能是构建大多数课程的重要基础，也是教学的主要成分之一。智慧技能的获得需要复杂的心理加工：从辨别概念、规则与原理到问题解决。在智慧技能学习中，教师对典型文本的选择、教师在学习者学习过程中的角色、情境的创设和在情境中进行变式练习都是关键因素。学习结果分类理论明确不同学习结果所需要的学习支持，为课堂教学策略的选择提供了依据。

学习策略主要指学生为促进语言学习和语言运用而采取的各种行动和步骤，是学生在语言学习和运用的活动中，因问题意识的驱动而采取的调控和管理自己学习过程的学习行为。科学取向教学论强调优秀的学习者会有效地运用学习策略，如采用认知策略、元认知策略提高学习效率，计划、评价和反思自己的学习过程和学习结果。在教学中需要有意识地培养学生的学习策略。

教学评价回答“如何确保学生已经到达那里”的问题。科学取向教学论提出，教学评价分别指向学生和教师。在学生层面，评价提供“学习者是否达到了教学目标”的信息；在教师层面，评价反映“课堂教学是否有效”的问题。

科学取向教学论还为单元整体教学提供了设计步骤：

（1）明确单元学习目标；

（2）把单元分解为课时或学习活动；

（3）开发课与学习活动的细目，包括教学顺序和对学习者特点的认识；

（4）设计出用于评价学生习得内容的细目或制订评价计划。

可见，单元整体教学过程就是教学评一体化的过程，教、学、评是相互融合、相辅相成、密不可分的。

2. 高中英语课程标准理念

《课程标准》把“发展学科核心素养，落实立德树人的根本任务”作为普通高中英语课程的基本理念，同时提出实践英语学习活动观，提高学生学用能力，并通过完善课程评价体系促进核心素养有效形成。《课程标准》的理念表明了教师不仅需要在学习过程中关注学生的学习，还要充分运用评价手段促进学生的学习。

针对教学中教师容易忽略评价或把评价与教学剥离的现象，《课程标准》在评价作用、评价形式和评价主体方面都予以强调。《课程标准》指出：评价的目的是检测教学目标和促进学生有效学习；评价主体是师生双方；评价的手段是丰富的，教师的提问和反馈也是重要的手段，需要教师注意观察学生的表现、倾听学生，并及时做出教学决策。

《课程标准》把语言能力、文化意识、思维品质和学习能力作为课程的总体目标。其中，语言能力是其他要素发展的基础；文化意识是其他要素发展的方向；思维品质是其他要素发展的动力；学习能力是其他要素发展的条件。四个素养关系的界定充分体现了英语学科教学的特点。

要培养学科核心素养，就必须落实课程内容。《课程标准》把主题语境、语篇类型、语言知识、文化知识、语言技能和学习策略作为课程内容。单元是承载课程内容六要素的基本单位，在整个课程体系中，它是一个承前启后的连接点。单元教学的效果直接影响学生后续的学习。在单元的整体设计中，教师可以从语篇分析入手，提取主题语境，抓住语言学习的基础，创造语言发展的条件，把握语言学习的方向，激发语言学习的动力；以语言能力的培养去推动思维品质的提升，通过活动让学生体验学习过程，形成学习策略，增强学习成效，丰富学习成果，进一步促进学生的语言技能和学习策略的形成。

从《课程标准》到课堂教学，教师是一个不可或缺的中介。教师对《课程标准》的理解、学生知识的掌握和教学决策能力都会影响最后的教学实施。我们要在学科核心素养的框架下，理解单元教学目标的渐进性和层级性；同时要理解和运用学习分类知识，根据学习结果类型采用不同的教学策略，以达到更好的教学效果；要关注学生的学习能力，培养学生运用学习策略更好地在语言实践的过程中解决问题的能力；评价是一把尺子，测量的是学生的学习表现，反映的是教师在教学内容、教学目标、教学策略和教学评价等方面的能力。教师和学生作为课堂教学的基本要素，需要充分加入评价内容、评价标准的制订，充分参与评价活动。只有在“教—学—评”一体化下优化单元整体教学设计和实施，单元教学才能更好地成为英语学习系统的一个衔接点，落实《课程标准》的阶段要求。

在单元教学中，教师缺乏一种总览单元的意识，容易以课时推进课堂教学，造成课时彼此缺乏关联，课时中教、学、评彼此割裂，教学零碎且没有聚焦点。如何搭建单元整体架子，梳理单元各个部分的关联？教学评一体化下单元整体教学可以遵循什么原则、哪些路径？

二、教学评一体化下单元整体教学的原则

在开展研究和探索的过程中，依据《课程标准》的理念，结合科学取向教学论的相关理论和实践经验，我们确定了单元整体教学设计的原则，即“主题突出、核心贯穿、目标导向、策略促学、评价深入”，在此基础上，根据课型特点，具体采用相对应的教与学的策略。教学评一体化下单元整体教学是一个系统工程（见图1），每一个环节和部分都有自己的功能，同时又相互影响。

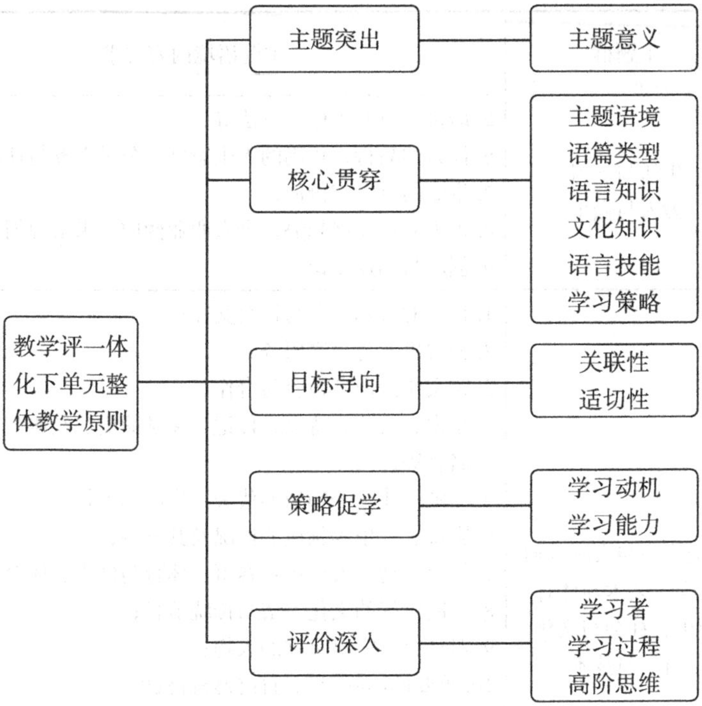

图1 教学评一体化下单元整体教学原则

（一）主题突出

主题意义是单元的内涵，蕴含着丰富的育人目标，是实现立德树人、育人价值的学科体现。学生对主题意义的探究应该是学生学习语言的最重要内容，直接影响学生语篇理解的程度、思维发展的水平和语言学习的成效。《课程标准》确立了三大主题：人与自我、人与社会、人与自然，在三大主题语境下，共涉及32项子主题。

表1 《普通高中英语课程标准（2017年版）》三大主题语境内容要求

主题语境	主题群	主题语境内容要求
人与自我	生活与学习 做人与做事	1. 个人、家庭、社区及学校生活； 2. 健康的生活方式、积极的生活态度； 3. 认识自我，丰富自我，完善自我； 4. 乐于学习，善于学习，终身学习；

续表

主题语境	主题群	主题语境内容要求
人与自我	生活与学习 做人与做事	5. 语言学习的规律、方法等； 6. 优秀的品行，正确的人生态度，公民义务与社会责任； 7. 生命的意义与价值； 8. 未来职业发展趋势，个人职业倾向、未来规划等； 9. 创新与创业意识。
人与社会	社会服务与人际沟通 文学、艺术与体育 历史、社会与文化 科学与技术	1. 良好的人际关系与社会交往； 2. 公益事业与志愿服务； 3. 跨文化沟通、包容与合作； 4. 小说、戏剧、诗歌、传记、文学简史、经典演讲、文学名著等； 5. 绘画、建筑等领域的代表性作品和人物； 6. 影视、音乐等领域的概况及其发展； 7. 体育活动、大型体育赛事、体育与健康、体育精神； 8. 不同民族的文化习俗与传统节日； 9. 对社会有突出贡献的人物； 10. 重要的国际组织与社会公益机构； 11. 法律常识与法治意识； 12. 物质与非物质文化遗产； 13. 社会热点问题； 14. 重大政治、历史事件，文化渊源； 15. 社会进步与人类文明； 16. 科技发展与信息技术创新，科学精神，信息安全。
人与自然	自然生态 环境保护 灾害防范 宇宙探索	1. 主要国家地理概况； 2. 自然环境、自然遗产保护； 3. 人与环境、人与动植物； 4. 自然灾害与防范、安全常识与自我保护； 5. 人类生存、社会发展与环境的关系； 6. 自然科学研究成果； 7. 地球与宇宙奥秘探索。

这32项子主题事实上并没有明显的界限，虽有侧重，但相互联系，一个单元也可以涉及不同的子主题。对主题意义的探究要建立在单元整体分析的基础上，尤其要建立在主体内容分析的基础上。教师可以在进入单元教学前，通过列举单元各个板块的内容，建立板块之间的关联，对照《课程标准》主题语

境，在教学活动设计时始终围绕着主题语境来创设情境，借助不同的课时和多个视角让学生体验主题语境，提升对主题意义提炼和归纳的能力。

案例1

高中英语人教版旧版教材必修5第五单元First aid的主题语境是人与自然——安全常识与自我保护。主题意义是通过对安全知识的学习和体验，增强安全意识，学习安全知识，学会自我保护的方法。通过对教材板块的整理和分析，我们发现本单元首先是通过说明文简要介绍生活中常见的烧伤及其急救方法，在Learning about Language, Using Language中呈现了日常生活中需要急救的场景和方法，还讲述了17岁的John Janson运用急救知识救助被歹徒刺伤的邻居的故事。学生须理解急救的重要意义，学会在什么情境下如何开展急救，更重要的是具备在危急时运用急救知识帮助他人的美好情操。在单元整体教学中，教师需要把握这一主线，通过课型学习不断丰富主题语境，凸显主题意义，关注核心素养的形成。

（二）核心贯穿

核心是指课程内容六要素在单元的具体表现。通过确定单元在阶段学习的位置，梳理单元各板块的关联，找出串起单元主题的线索，经过语篇分析和对单元内容的整合，我们能够提取出单元的必备知识和关键能力。王初明指出：重复率和接触量是学好一门语言至关重要的必要条件。核心知识、技能和策略需要依托单元学习语境的设置，在各个课型教学中得以循环上升，以达到在多次反复运用中巩固基础、提升能力的目的。

案例2

高中英语人教版旧版教材选修7第一单元Living well的主题语境是人与自我——积极的生活态度、生命的意义与价值，主要讲述残疾人身残志坚的故事。我们首先通过对单元整体分析提取单元的主题意义。

表2 人教版旧版教材选修7第一单元内容分析

单元板块	内容
Reading（Warming up, Pre-reading, Reading, Comprehending, Learning about Language）	以“Family Village”网站作为情景，讲述疾病带给残疾人的困难和痛苦，以及残疾人如何克服困难，乐观地生活的故事。文本的体裁为记叙文。
Revising useful structures	复习动词不定式做主语、表语、宾语、宾语补足语、定语和状语以及不定式的完成式。
Using Language（Listening and speaking, Reading, speaking and writing）	在Listening and speaking部分，以采访为情景，呈现有视听障碍的残疾人如何互相帮助，克服困难，成功登山的情景。要求学生听懂事件、观点和讨论，并学习表达祝福；在Reading, speaking and writing部分，以书信为情景，要求学生讨论残疾人在电影院可能出现的不便，阅读书信，学习建议信的文本特征和如何表达建议，并且运用所学的知识完成一封为残疾人提供公共便利的建议信。

从表2我们可以分析出本单元板块之间的联系和获取主干：

1. 主题语境

（1）通过阅读残疾人的生活经历，感受残疾人坚强、乐观、积极的生活态度，表达对残疾人自强不息的精神的赞赏；

（2）了解残疾人的生活状况，思考如何帮助残疾人，比如在设计公共场所时，考虑给残疾人的生活带来便利。

2. 语篇类型

单元以主阅读材料为辐射点，Using Language中的Listening and speaking作为补充，覆盖了第一部分的主题内容。这部分的内容以记叙文为主，呈现了主人公在生活中战胜疾病或经过艰苦努力，实现自己目标的故事；而Using Language中的Reading以写建议信的形式配合推进表达第二部分的主要方面。三个材料能较完整地体现本单元的语言输入，为学生表达观点、提出建议提供文本范例。

3. 语言知识

在以记叙形式呈现的语篇中，突出“困难—行动—情感”的线索；在书信中，作者则以小标题的形式清晰呈现几个方面的建议。本单元语篇中多表达意愿和感觉，从而伴随动词出现的动词不定式的用法成为语篇语言的关注点。单元文本覆盖的词汇根据功能可分为五个类别：①生理和心理状况，如a person with（a mental or physical）disability，a disabled person，clumsy等；②人生经历，如education suffer，sit around，overcome the difficulty，achieve one's ambition等；③个性和生活态度，如outgoing，hold a positive/ an optimistic attitude towards life，make one's life worthwhile；④事件和经历产生的影响，如find sth. beneficial，grow stronger psychologically，become independent等；⑤对别人的支持和帮助，如give assistance to，inspire sb. to，be proud of等。

4. 文化知识

在英语学习中，学生需要了解单元涉及的Family Village等为残疾人提供各种帮助的网站、机构和社区，学习它们通过什么方式为残疾人的生活带来便利。观察自己所在社区对残疾人学习和生活便利的程度，提出合理建议。

5. 语言技能

（1）梳理文本的主要信息，包括残疾人面临的困难和他们采取的积极行动；

（2）推断作者在经历困难和转变时的情感变化；

（3）对社区提出合理和得体的建议，改善残疾人的生活便利度。

6. 学习策略

（1）本单元所讨论的与残疾人有关的话题学生不太熟悉，因此，学习中需要学会借助图表、视频等非文本信息理解篇章大意；

（2）通过话题词等方式建构词汇语义网，巩固和扩大词汇量；

（3）利用小标题等有逻辑地组织信息。

核心贯穿有利于我们排除枝节，克服教学的碎片化，提高教学的规划性和连贯性。

（三）目标导向

目标导向是指单元整体教学需要充分发挥目标导教、导学、导评的作用。目标是教学评一体化的灵魂。单元整体教学目标是基于学生的原有基础和对整个单元教学内容分析（特别是对文本的解读）而确定的。目标既是教师反思自己课堂教学效果的准尺，也是学生评估自己学习过程和学习结果的依据，因此，目标是师生共知的，甚至是共商的结果。单元整体教学目标有以下特点：

1. 目标之间的关联性

目标之间的关联性体现在四个方面：

第一，指向同一主题意义；

第二，体现“输入—吸纳—输出”的语言学习原则；

第三，突出单元核心知识和技能；

第四，具有思维逐步深入的过程。

2. 目标的适切性

目标的适切性主要包含三个方面：

第一，目标符合《课程标准》阶段要求；

第二，目标确切地反映语篇特点；

第三，目标符合学生现有发展水平，指向学生的最近发展区。

案例3

学生学习高中英语人教版旧版教材选修7第一单元Living well时处于高二阶段，根据《课程标准》的相关要求，在高二的英语学习中，学生需要识别语篇中的主要事实与观点之间的逻辑关系，能在书面表达中有条理地描述自己或他人的经历，阐述观点，表达情感态度。根据《课程标准》在高二学习阶段的要求，评估学生的学习情况和对单元主题意义的领会程度，我们可以确定单元整体目标：

（1）熟练运用略读和跳读的技能获取关于残疾人面临困难和积极生活的信息；

（2）基于获取的事实信息，推断出人物的情感变化；

（3）评价人物在面对困难和挑战时的态度；

（4）运用单元核心词汇和目标语法，表达在社区不同的生活场景中残疾人可能面临的困难以及改善这些问题的措施或建议。

在单元整体教学目标统领下，具体在阅读课、词汇课、语法课、写作课和综合语言运用课上，教师可以确定教学目标如下：

阅读课：

（1）运用记叙文的知识，梳理文本的主要信息，包括残疾人面临的困难和他们采取的积极行动；

（2）推断人物在经历困难的过程中的情感变化；

（3）依据文本信息（包括图片），评价Family Village所起的积极作用。

词汇课：

（1）根据语义归纳词汇，并形成词汇图；

（2）通过词汇的意义准确完成关于残疾人故事的语篇填空；

（3）阅读文本，设计一个采访，谈论Marty的经历、情感态度和对未来的期望。

语法课：

（1）观看视频，准确填写所缺部分，并回忆与动词不定式连用的动词搭配，如manage to do, advise sb. to do等，准确判断动词不定式在句子中充当的成分；

（2）在语篇中区别动词不定式和其他非谓语动词；

（3）运用动词不定式表达如何尊重残疾人、如何给残疾人提供帮助。

写作课：

（1）讨论社区中残疾人在学习和生活方面可能面临的问题，评价环境或设施是否充分，并提出具体的建议；

（2）完成一封针对改善残疾人生活便利度的建议信，要做到表达得体、建议合理。

语言综合运用课：

（1）根据单元词汇的功能进行归类，进一步理解词汇的意义；

（2）获取听力材料的主要信息，评价人物和谈论感受；

（3）准确运用单元词汇描述残疾人的经历，并根据别人的经历进行评价。

我们可以看到，在案例中，单元整体教学目标与各课型教学目标是整体与局部的关系。单元整体目标中认知过程是逐步深入的，体现了对高二学生语言学习的要求。不同课型的目标都突出单元的主干，情境设置与学生生活密切相关。单元教学以“阅读他人的故事，感受他人的生活”和“创造自己的故事，解决身边的问题”为线索，通过丰富的语境，引导学生开展“听、说、读、写、看”的活动，在单元学习中实现学科育人价值。

（四）策略促学

策略促学指的是教学策略的使用要有利于激发学生的学习动机，培养学生的学习能力，使教学活动的设计和开展更符合学生的认知特点，取得更好的教学效果。采用怎样的策略以更好地达成目标需要具备科学依据，比如不同的学习类型应该用不同的教学策略。需要记忆的语言知识是陈述性知识。教师可以激活学生的图式，使知识呈现个性化，通过组织、联想来创设语境，促进学生对语言知识的加工。在语言教学中，听、说、读、写、看既是语言交际的手段，也是语言技能。听、说、读、写、看作为语言技能属于程序性知识，是智慧技能。教师可以以任务驱动的形式激发学生运用技能解决问题的能力，选取有代表性的文本，抓住文本的关键特征，帮助学生梳理主体信息，理解写作目的，推断隐含意义；教师可以提供更多情境，增强学生对情境的理解，能够对技能进行变式训练；教师也可以结合学生的社会和学习生活，运用语言进行实践，使语言的学习从单一的技能走向综合性的运用。在活动的选择时，贯彻英语学习活动观，通过学习理解、应用实践、迁移创新类活动发展学生的思维品质。

在探索有效教学策略的同时，要注重学生学习策略的培养。在听、说、读、写、看语言技能发展的同时，有意识地按序列开展语言学习策略的训练，采用示范、有声思维等形式，根据《课程标准》对学习策略内容的要求，提高学生元认知、认知、交际和情感策略的能力。比如，《课程标准》提出必修阶段，学生要通过新旧语言知识之间建立有机联系；从不同角度认知新学语言项目，既关注语言项目的形式，又关注其意义和用法。在教学过程中，教师要有意识地促使学生在学习新知前充分调动关于主题的已有知识，要设置学生整理新旧知识的任务或作业。在学习语言项目时，要注意引导学生在语篇中观察，在情境中理解其意义和用法，不要片面强调语言形式的准确性。只有学生具备了较强的学习能力，教师才能实现授人以渔的目标。我们以人教版高中英语选修7第一单元Living well整体教学的一节语法课为课例，来分析一下教师采用了哪些教学策略，教授了哪些知识，是否渗透学生学习策略的培养。

案例4

高中英语人教版旧版教材选修7第一单元Living well中语法项目是动词不定式。学生在初中阶段接触过动词不定式与动词的搭配，在高中的学习中进一步辨识非谓语动词的三种形式在句子中的成分和功能。本节课是对动词不定式用法的复习和巩固。教师需要抓住语法项目的重点和难点，设计与主题语境一致的教学情境，加深学生对语法意义和功能的认识，丰富学生语法运用的语境。教师在目标的引领下设置了四个主要的教学活动：

（1）观看学生自编自导的采访视频，记录含动词不定式的句子。讨论动词不定式在句子中的成分，归纳动词不定式的常见用法。

（2）通过图片展示现代社会在不同领域取得成就的残疾人的事迹，要求学生运用动词不定式完成句子，进一步复习含动词不定式的词块。

（3）辨识非谓语动词的三种形式：不定式、动名词、分词。用动词的正确形式填空，把一篇关于如何帮助残疾人的语篇补充完整。

（4）根据所给的情景扮演角色，采访各行业的代表人物，报道他们如何在各自的领域帮助残疾人。

★ 活动1：

在课型导入部分，教师向学生展示了一个由本班同学扮演并拍摄的采访视频，主要内容是采访一位电影院的建筑师，了解电影院为残疾人提供的便利设施。教师播放视频的同时，要求学生完成两个任务：①边听边记录，完成挖空的句子；②归纳电影院为关照残疾人在设计上考虑了哪些方面。

采访语篇如下（片段）：

—Good afternoon, everyone. Today I want to interview the architect of the cinema that is to be built in our district. The reason for my interview is that I have a friend named Marty Fielding who is a disabled boy with a serious muscle disease. Despite of his disabilities, he has made great efforts to live a rich and full life. But to his disappointment, the design of some public facilities often ignored the needs of the disabled people. So now, let's begin our interview.

—Hello, Mr.Wen, nice to meet you.

—Nice to meet you too, and I'm sorry **to have** kept you waiting.

—No problem. Here I have a question. As the chief architect of the cinema, have you considered the needs of some disabled consumers when you design the building?

—That's a good question. As we all know, disabled people should have the same rights **to enjoy** those wonderful films, so I find it really necessary **to consider** what they need when designing the cinema.

...

That's all for the interview today. See you next time.

在第一个任务中，教师截取了画线句子，并把黑体部分的动词不定式挖空，让学生在观看视频时获取这些动词不定式，从而自然地过渡到观察、讨论和归纳语言现象的环节。在归纳的基础上，教师引导学生进一步回忆动词不定式的常用搭配和功能，整理成表（如表3所示）：

表3　动词不定式用法归纳表

A: It +be+*adj.* (for sb.) to do sth.—Subject
B: consider/believe/feel/find/make/think it + *adj.* +to do—Object
C: afford/aim/choose/determine/fail/promise/refuse/want/hope/wish/learn/plan to do—Object
D: advise/allow/permit/ask/encourage/inspire/enable/forbid/force/persuade/require/teach/urge sb. to do—Object Complement
E: be+*adj.* +to do/ have done, in order to, so as to, only to, too...to do—Adverbial
F: to begin with, to be frank/to speak frankly, to put it briefly—Adverbial
G: have the rights/the time/something/anything... to do—Attributive
H: have/let/make/feel/see/watch/hear/notice sb. to do—Object Complement

评析：在导入环节，教师让学生整合了单元主阅读和Using Language中Reading,speaking and writing部分的材料，创设了采访的情境，在单元课时学习中起到承前启后的作用。以学生作为视频的主角，拉近了学生与单元所承载的主题的距离。由于情景真实、熟悉，而且语篇中涵盖的动词不定式紧扣前面几个课时中学生高度关注的单元核心词块，学生在观察和归纳时能更好地应用已有的词汇知识帮助自己进入语法学习内容。

★ 活动2：

教师呈现了7张图片，要求学生阅读句子，并要求学生用动词不定式把句子补充完整，如：

Zhou Wei ________（设法克服）the terror on the stage and gave a wonderful performance on the stage of *Super Brain*.

接着，教师要求学生对照活动中归纳的表格，把补充的动词不定式词块按照其在句子中的成分归入相应的类别。教师与学生讨论了类别后，让学生关注填入的词，并让学生了解这些词块展现了更多优秀的残疾人的生活经历和生活态度。

评析：教师紧扣单元主题，以单元的两篇主阅读为延伸点，利用学生身边鲜活的案例，如正在热播的《最强大脑》节目中的人物，对单元主题中的人物故事进行有效拓展，并及时强化动词不定式在句子层面的运用，练习设计目的性强，教师要求学生写出如 to achieve one's ambition，find it difficult to adapt to 等表达生活经历或人生态度的本单元的核心词块，词汇与语法练习巧妙融合，相得益彰。

★ 活动3：

教师进一步推动动词不定式的学习。在观察到学生掌握了动词不定式的不同形式和能够分析其在句子中的成分和作用后，教师提供一篇“如何帮助残疾人”的语篇，检查学生是否能辨识动词不定式作为非谓语动词的用法。教师要求学生填入所给动词的正确形式的同时，带着以下两个问题进入阅读：What's the writer's opinion of treating the disabled? What suggestions does the writer give?

学生回答关于文本理解的问题时，教师不时地引导学生运用所学过的词汇进行表达，如文中的access to...should be made easier可表达为be accessible for等。

Finish the passage with the proper forms of the words in the brackets and discuss their functions and meanings.

How should we treat people with disabilities? When 1. ________（ask）about the attitude to the disabled, people tend to think of "protection" first. It's undoubtedly a correct idea and many people may claim 2. ________（ do ）it very well, but here I want to point out what we should do 3. ________（make）this "protection" a solid idea.

Firstly, public facilities should 4. ________（design）carefully for the disabled. Access to buses, libraries, and other public places should be made easier for the disabled. Secondly, it is of great significance 5. ________（show）respect to them. We need to accept them first. Neither should we be afraid of looking at them, nor should we keep looking at them with sympathy, 6. ________（remind）them that they are different.

In conclusion, we should provide them with convenience to make them feel cared and respected no matter where they go.

评析：该教学步骤仍然属于控制性的语法练习，但练习的难度有所增强，特别是设置了谓语动词和其他非谓语动词形式作为干扰，表明教师在逐渐把语法教学放置在综合性的任务中，重点考查学生对动词不定式的意义和功能的理解。该板块侧重讨论如何对待残疾人，较多地使用了表示帮助和支持的词块，扩展了单元核心词汇。教师通过提问的方式考查学生对语篇的理解，建立学生已学的核心词汇与扩展信息的联系。在三个教学环节中，教师从为残疾人提供怎样的便利入手，到宣扬残疾人乐观向上的精神面貌，从而自然过渡到对待残疾人的态度。在语法项目呈现、强化、巩固的同时，单元整体推进思路更加清晰。

★ 活动4：

教师以“全国助残日”为情景，设计了3个场景，让学生进行结对活动，要求学生运用动词不定式，特别是应用本单元与动词不定式搭配的核心词块，完成一个采访任务，采访各行业的代表人物是如何帮助残疾人的，并形成采访稿。

The National Disability Day is on the third Sunday of every May. So as the reporter of our school newspaper, you are going to interview different people in all walks of life about how to help the disabled. The interview should include at least three questions: 1. Why do they think it necessary to help the disabled? 2. What have they done to help the disabled? 3. How has their help influenced other people?

1. Li Yapeng &Wang Fei: establish Smile Angel Foundation for girls with clef lip to receive treatment

2. Principle Tang of Xinhua Senior Middle School: improve public facilities for disabled students

3. Your classmates/ friends/ relatives (ordinary citizen)：provide convenience for the disabled people in their daily life

在进入任务之前，教师首先让结对的学生选择自己感兴趣的场景交流和讨论场景的具体内容，并要求学生以课堂导入时的采访为范本，结合活动2、3提供的语言帮助，编写采访稿。

评析：四个教学活动环环相扣，每一个都以前一个为基础。本节课以采访为导入，呈现了如何在建筑物设计上帮助残疾人，将内容拓展到各个不同的领域对残疾人的帮助，首尾呼应，又层层推进。教师的采访导入、了解残疾人事迹以及对待残疾人的态度为最后的学生输出提供了形式、语言和内容图式。最后的任务具有开放性和选择性，要求学生运用语言解决问题，把本节课推向高潮。在本节语法课中，单元词汇出现在每一个教学场景中，但教师没有讲解词汇。单元词汇作为一条隐含的线索贯穿教学活动，成为学生理解语法意义和功能、运用语法完成任务以及与教师、同伴、文本对话的必要工具。

该课例说明语法既是陈述性知识，又是程序性知识。当学生需要明确语法规则时，教师集中选取能够体现语法关键特征的例子，并引导观察和归纳。当学生需要巩固语法规则时，教师设计了控制性的练习，指导学生关注语法形式的准确性。当学生需要内化成语法能力时，教师在教学开始时呈现的采访稿成了一个很好的范例，为学生最后的运用提供了支持。教学的每一个活动，教师都关注到学生的学习能力，比如让学生归纳、整理、完成练习时对本节课的语言项目进行标记、思考等。

（五）评价深入

评价是参照目标确定评价内容和评价标准，对学生的学习过程和结果进行反馈或测验。精准的课堂观察和诊断是实现评价深入的关键。评价要深入学生。教师不是评价标准唯一的制订者和实施者，更需要鼓励学生参与标准的制订。学习如何把握评价标准和内容，学会自我评价和互相评价；评价要深入学习过程。语言学习注重过程性体验。在技能和策略形成的过程中，对学生学习过程的反馈直接影响技能和策略应用的效果；评价要深入思维的高阶层次。评价不应只是表现在给出一个评价表格和分数，教师要清楚构成目标能力的因素，并将其分解到评价内容和标准上；教师更要示范如何评价，只有对评价者的评价进行评价，才有助于学生形成评价能力，实现高阶思维能力的发展。

单元整体教学下的评价既要体现在课时，又要从单元整体的角度去设计。要提炼出单元的主干知识和技能，指向单元所承载的核心素养。

案例5

在高中英语人教版旧版教材选修7第一单元Living well的语言综合运用课上，教师设计把整节课延伸到课前、课后，整体规划了课堂教学的三个重要环节，并把语言综合运用课分为三个板块，分别是：课前自主归纳检测、课中合作展示评价、课后自主反思提升。

在课前自主归纳检测环节，教师让学生完成两个任务：

（1）复习单元的核心词汇，并把核心词汇根据话题功能（words and phrases about physical and mental conditions, about life experience, about one’s personality and attitude towards life, about effects on people, about supporting and giving help to others）进行归类。同时，教师提供了三道翻译练习题来检测学生对本单元词汇和语法的准确运用能力、信息整合能力和句子逻辑衔接能力。如下：

根据所给的中文信息用英语描述下面的人物。

① 周玮是一位患有语言障碍的青年，曾参加电视节目《最强大脑》，在节目中，他靠心算解出高难度的数学题，被称为“中国的雨人”。

② 马蒂是一个外向的、有毅力的、乐观的、勇敢的男孩。尽管身体残疾，但他努力实现他的生命价值。

③ 为了实现目标，刘伟努力适应残疾，没有闲坐着自怨自艾。

（2）复习单元阅读材料，根据叙述人物故事所涉及的内容，搜集自己最敬佩的残疾人的相关信息，并准备在课堂中交流。

评析：课前是学生独立完成任务的时间，因此，把课前定位为自主归纳检测较为准确。教师通过词汇、句子、篇章层面的任务设置，培养学生及时回顾整个单元学习过程、及时整理的习惯，也为课中任务的顺利开展打下基础。

课堂开始，教师检查了学生课前学习情况后，开展了四个主要的教学活动。

（1）通过听取一段关于盲文发明者Louis发明盲文的录音，引导学生评价Louis是一个怎样的人，并说出从中受到的启发。

（2）教师与学生交流最令自己感动的人物，并向学生介绍人物的经历和自己敬佩他(她)的原因。

（3）教师要求学生介绍和评选“感动校园的十大人物”，并进行展示和互评活动。

（4）学生自我评价。

★ **活动1：**

教师整合了教材Workbook中Listening Task的听力。在Pre-listening部分，教师提出了两个问题：(1)Do you know how blind people read? (2)Who has changed the way blind people read? 接着，教师借助图片，展示了盲文字母，并引出听力的关键人物Louis Braille。在While-listening环节，教师要求学生获取大意，记录缺失的信息：

Louis was born in 1 ______ in 1809.When he was a four-year-old boy, he became completely 2 ______ due to an accident. At the age of ten Louis went to a particular school where students used 3 ______. However, The letters of these books were huge and 4 ______ to read as well as very 5 ______. Louis, who was very 6 ______ and creative, thought of a better way to 7 ______ books for blind people to read. Thanks to him, blind or weak-sighted people are able to read or write 8 ______ any sighted person.

在Post-listening部分，教师开展了小组活动，让学生讨论，并让他们表达对人物的评价。教师及时进行了归纳总结。

最后，教师让学生根据听力材料中对Louis事迹的介绍，联系单元已学过的人物事迹的语篇，总结介绍人物需要包含的信息，如基本信息、人生经历、社会贡献、人物评价等。

评析：本节课重点在学生的输出。听力文本对核心词汇复现并不多，但故事简洁，有利于学生提取关于人物介绍的语篇内容。因此，教师对听力的处理做了减法，突出听力的目的是为学生语篇的产出服务。教师在听后活动中一直推动学生运用已习得的单元词汇表达思想，促使词汇的吸纳和内化，为输出搭建台阶。

★ 活动2：

教师与学生简单回顾了单元学习中的人物事迹，引出“谁是最令你感动的人”的话题。教师与学生展开对话，讨论令自己感动的人所具有的品格，然后在屏幕上呈现了张海迪的生平事迹和表述敬佩她的原因。教师用画线的方式突出单元的核心词汇，并提醒学生核心词汇在篇章中的作用。

T: The person that has a great influence on my life is Zhang Haidi. Born in Shandong Province in 1955, Zhang Haidi is a famous disabled writer. At the age of five, she developed a disease which disabled her from standing up, leaving her in a wheelchair for the rest of her life.

However, she never felt sorry for herself. To realize（Inspired by）her dream, she kept on with her studies rather than giving up her hopes. She grew stronger psychologically during the fight against the disease. Thanks to her hard work, she not only gained a master's degree in philosophy in 1993, but also received many rewards for her writing and translation works.

It was the great determination and perseverance that made her achieve her goal. Her struggling gives us encouragement and strength to overcome all the difficulties in our life.

评析：教师在这个环节借助“谁是令你最感动的人”的话题，引出对人物的描述和评价。教师旨在达到三个目的：①展示教师的价值观，为学生树立看待人物和事情的积极态度；②示范在描述人物方面的篇章布局，对第一个听力环节中学生总结的人物语篇进行显性指导，使学生在介绍人物时学会把信息整理成逻辑严密、结构规范的文本；③复现单元核心词汇。在前面五个课时学习中，学生逐步从旧到新学习词汇。在教学到达最后一个阶段时，教师需要学生完全理解单元核心词汇的语境，并以旧瓶装新酒。反复滚动和突出核心词汇可以帮助学生自然、自主地在后续的综合任务中提取新学的词汇。

★ **活动3**：

教师设计了一个评选“感动校园十大人物”的活动，要求学生将已搜集的信息整理成文后，进行小组内交流，并推荐一名成员向全班介绍最令自己感动的人物。介绍需要包含至少三方面的信息：

（1）基本信息和生活经历；

（2）取得的成就和社会影响；

（3）感动你的理由和启示。

每一个学生都需要对介绍者进行评价，最后还需要投票选出“感动校园的十大人物”。

表4 学生互评表

Has the speaker included all the information in his/her introduction? (5 points)	
Has the speaker used words and phrases we have learned and classified in this unit and have these words and phrases been used correctly? (5 points)	
Has the speaker made his/her introduction fluent, vivid and touching? (5 points)	
The mark (Total points 15 points)	
Your advice	

评析：教师设计了"感动校园十大人物"的评选活动，体现语言学科对学生正确的价值观形成的重要意义。教材编写以"阅读别人的故事，感受别人的成长，思考自己的人生"为切入点，教师设计以"感动于别人的成长，说出自己的感悟,对照自己的人生"为结尾，对单元主题循环升华。单元整体教学设计使学生广泛接触了相关主题的语篇，使学生的输出水到渠成。利用任务形式扩大英语课堂的学生语言输出面积。教师要求组内交流、全班交流、同伴互评。教师给予全班每一个学生表达和倾听别人的机会。评价标准凸显了核心词汇在任务中的重要性，充分发挥了评价对词汇教学的积极作用。评价标准覆盖了写作内容、语言、逻辑等不同的层面，引导学生关注写作目的，提高作者和读者的互动性。

在课后自主反思环节，教师要求学生根据同伴的点评修改、完善材料，并让学生向学校的英语报纸投稿。教师让学生根据课后的评价表回顾单元的学习。

表5 单元学习自我评价表

I can fully understand words and expressions about disability and the life of the disabled in this unit.	5 4 3 2 1
I can correctly use the words and expressions and infinitive to describe the physical conditions of a person, his/ her life experience and achievement.	5 4 3 2 1
I have learned how to give advice on improving certain things to help the disabled and I have also learned how to appreciate other people and pay respect to them.	5 4 3 2 1

本课是单元课时的最后一课。教师及时地让学生整理单元的学习。学习自我评价表再次强调了本单元的核心知识和意义，体现了单元整体设计。可以说，评价参与的对象是广泛的，面向每一个学生；评价互动层次是多维的，不仅针对本节课的内容，也有意识地包含单元内容，做到点面结合；不仅有学生的自评、互评，也有师生的反馈与交流；评价反映的认知层次是深入的，不仅有事实性知识的再认知，也有程序性知识和态度、价值观的体现。

三、教学评一体化下单元整体教学的实施路径

（一）实施路径

教学评一体化下单元整体教学实施路径从单元开始到课型教学需要形成一个闭环，可以遵循以下路径：在《课程标准》的整体框架下，分析单元内容，厘清板块联系；确定单元目标，开展课型设计；评估教学过程，优化教学设计。在教学中，目标是核心，策略是促进目标达成的手段，评价是关键，教学评是一个动态的、相互影响的过程。教学评一体化下单元整体教学在宏观上要指向《课程标准》，在微观上要注重教师、学生、文本三者的对话。

分析和厘清单元内容是单元整体教学的基础。首先，我们要进入文本，细致地列出板块在单元中的位置和语篇特点，接着，我们可以遵循“input—intake—output”语言学习过程进行整体设计，分别从以下两个路径对单元进行整合：

1. 通过输入、输出技能的有机结合进行整合

听读是输入性技能，说写是输出性技能。输入、输出性技能的结合能有效地促进技能的转换和互动。因此，在单元中，把听说、读写、听写、读说等活动有意识地进行结合能提高课堂语言学习的效率。当然，对单元板块的整合不

限于教材的内容，这样会过分窄化教学内容。我们以高中英语人教版旧版教材必修5第五单元First aid为例，在阅读课的教学中，教师可以选取Using Language中的Listening, speaking and writing部分listening的内容作为导入，呈现学生日常发生意外的情景，激发背景知识，并通过听取信息说明日常意外事故的急救方法，从而引出“What is the first aid?”。读写也是常见的技能结合形式。教材中的Using Language是语言技能综合活动的集中体现。除此之外，教材中的各个部分，如Reading, Learning about Language可以设置技能结合的活动。还可以选取一篇关于一个女孩用急救知识对村里摔伤的男孩进行及时救助的故事，并开展读后续写教学，巩固整个单元的主题。又如在必修5第二单元The United Kingdom中，教师在引导学生完成*Puzzles in geography*的语篇阅读后，可以设计让学生代入历史教师、导游和记者的角色，以讲座、景点介绍、采访等表现形式对语篇的信息进行再现、重组和拓展。

2. 基于项目的学习驱动单元板块的整合

王蔷教授指出，基于核心素养下课程内容与教学方式变革的需要，学生的语言学习方式要走向关联、整合、发展的课程，要实现对语言的深度学习。项目式学习是与《新课程标准》学科核心素养理念相一致的活动形式。项目是综合性的任务，需要学生具备搜集、整理、分析、综合和创造的能力。它就像一个大框，能把单元中零碎的东西都整合到框内，形成一个整体性突出、特点明显的成品。教师进入单元教学时，一方面可以从教材语言综合运用板块Using Language中得到启发，设置项目；另一方面也可以结合学生生活实际，设计出让学生感兴趣的语言活动方案。如在高中英语人教版旧教材必修5第二单元The United Kingdom中，单元展示了英国的历史、地理概况，重点介绍了伦敦作为其首都的人文景色。教材中的Using Language部分鼓励学生把已学的关于国家和城市的介绍迁移到对自己家乡的介绍。教师可以在单元学习前制订单元总体输出目标，提出具体的评价标准，帮助学生形成项目实施和实现的路径。

必修5 Unit 2 单元项目

1. 项目目标

为家乡的宣传册提供家乡历史、地理概况的介绍以及家乡特色景点推荐。

2. 评价标准

（1）组建4—5人的小组，小组分工合理，按计划完成工作进度。

（2）完成两篇文章的撰写，内容完整、语言错误较少，结构清晰，符合家乡宣传的目的。

（3）精心制作宣传手册，突出家乡特点，吸引观看者的注意。

3. 项目实施路径

（1）项目公布后的两天，进行小组的组建和分工，确定写作对象。在老师的指导下，完成基于写作对象和写作主题的思维导图，形成一个写前提纲。

（2）听取老师关于写作宣传册子的讲座，了解写作的策略。在教师的指导下，阅读*Puzzles in geography*和*Sightseeing in London*这两篇文章，分析两篇文章的结构，并用思维导图清晰展示文章结构。根据自己的写作需要，对照思维导图，把相应的语言表达进行摘录和进一步的学习，比如，查字典、添加英语解释和更多的例句等。

（3）根据写作提纲搜集自己家乡的信息，尽量运用两篇文章已有的语言和结构；对不熟悉的词句要通过查字典、讨论和向老师请教的方式克服。

（4）撰写并提交到班里。开展互评活动，根据意见修改、完善。

（5）提交到班，开展评比活动。

（6）评比结果揭晓，项目经验交流。

项目表把单元每个课时的学习纳入项目中，明确每个课时学生需要了解的重点，促使学生注意相关的知识，对单元的一体化教学是很有好处的。教师可以增加项目评价（具体见后面关于综合语言运用课例的介绍），更加完整地构建单元的教学评价。

（二）教学设计

在前面的章节，我们讨论了教学评一体化下单元整体教学设计的原则和路径，那么如何基于教学评一体化的理念开展单元整体教学设计呢？我们首先需要思考单元整体教学中各要素之间的关系（见图2）：

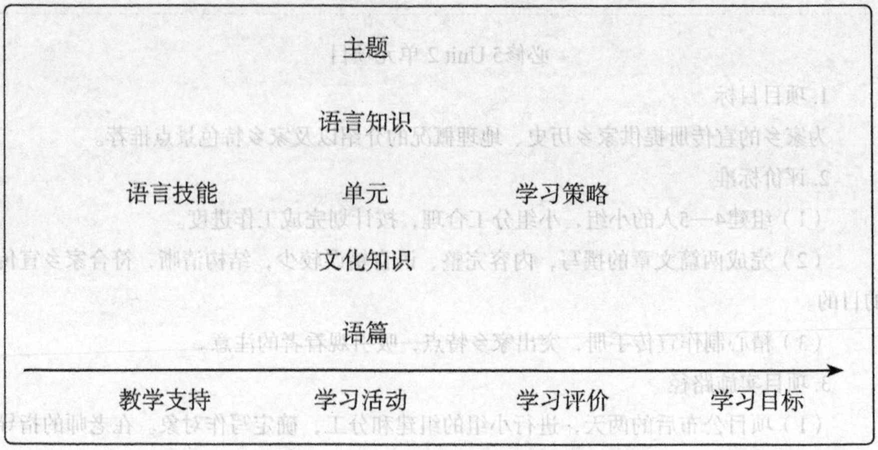

图2　教学评一体化下单元整体教学各要素关系图

单元作为一个整体，承载着六要素整合的课程内容，而在课程内容中，始终突出主题语境和依托语篇开展的语言学习活动。教师在课堂中是学生学习的支持者，会根据不同的知识、技能的学习为学生完成学习任务、达成目标提供示范和引导，尤其是对学习能力的培养和训练。单元教学以学习活动贯穿，既有语言知识和技能的学习，也有学习策略的应用和思维能力的培养，逐步促使学生对学习内容进行自主地、深度地加工。学习评价伴随着教学支持和学习活动，它既是学习目标是否达成的一个关键环节，也是支持学习过程的不可或缺的部分。学习评价可以是指向学习任务的测评，也可以是提高学生元认知意识和能力的问题清单，多个参与主体以及多种形式的评价更有利于核心素养的内化和形成。在单元整体教学中，学生的学习活动是中心，学习目标是终点，教学支持和学习评价共同推动学习活动顺利开展。

中篇

教学评一体化下高中英语单元整体教学：课型特点

传统的课型以教师课堂的教学功能来划分，比如新授课、复习课、讲评课等。也有学者按照二语习得理论，按照“语言输入—语言内化—语言活用”的过程把高中英语课型划分为听说课、阅读课、词汇课、语法课、写作课和文学欣赏课，其中，听说课和阅读课作为语言输入课。通过词汇课、语法课对语言知识的夯实，进一步提高学生内化程度，从而为语言活用做好铺垫。

旧版人教版高中英语教材单元编排基本遵循“输入—内化—活用”的思路，以阅读为主要输入途径，引起话题，提供体现主题意义和主题语境的典型文本。在加工文本的过程中，词汇、语法与语境紧密结合，得到有效巩固和拓展。单元的最后部分提供促进语言综合运用能力的读、听、说、写的情境和语篇。教材还配套Workbook练习材料，丰富学生对主题的理解，提高学生语言运用能力。人教版新教材编写有很多新变化，板块增多，注重技能的结合，包括Listening and Speaking，Reading and Thinking，Discovering Useful Structures，Listening and Talking，Reading for Writing，Assessing Your Progress，Project，Video Time八个部分，每个部分“输入—内化—活用”的活动和任务清晰。Workbook补充了词汇、语法、阅读和写作的练习，拓宽学生视野，满足不同层次的学生对主题内容的学习选择。教材的编写理念和编排特点为课型的划分提供了基本依据。

课型是单元教学的一个基本单位。课型之间由主题关联起来。由于教材面向所有的使用者，因此，在课型划分和设计时要进行适当的增删，添加与主题内容和学习对象关系密切的内容。为便于教师操作，在英语课型划分方面，我们按照教材编写思路，确定了五种基本的课型：阅读课、词汇课、语法课、写作课和综合语言运用课（并不是说每个单元只能有五种课型）。其中，综合语言运用课旨在升华单元主题，重在设置综合性的语言项目或任务，以强化语言在真实语境中的运用能力和解决生活真实问题的功能。单元整体教学下五种课型涵盖了语言理解和语言表达两个维度，围绕着主题意义和主题语境，把输入性技能和输出性技能相结合，把听、说融合在五种课型中，在教学设计中充分发挥输入性技能和输出性技能的协同效应，开展听说结合、听写结合、读说结合、读写结合，既有所侧重，又互相关联，构成单元整体教学链。

一、阅读课

阅读课的教、学、评

阅读教学是高中英语教学的重点。以人教版高中英语旧教材为例，每个单元都有2篇阅读，在Workbook中也配置了Reading Task供教师选择。新教材语篇阅读量更大，语篇的类型也更为丰富。可以说，阅读是单元话题语言的主要输入途径，因此，阅读教学效果会影响整个单元的教学进展。然而，许多教师在阅读课教学中只有一个大概的教学思路和模式，不明白模式中每一个部分的意义，不清楚教学活动设计的指向和目的；或教学目标单一，脱离阅读文本所承载的丰富文化、人性内涵开展阅读技能训练，教学目标的达成度较低。要提高阅读教学的有效性，首先要理解《课程标准》对阅读教学技能的要求。

表1　普通高中英语课程语言技能内容要求

课程类别	语言技能	语言技能要求
必修	理解性技能	1. 从语篇中提取主要信息和观点，理解语篇要义； 2. 理解语篇中显性或隐性的逻辑关系； 3. 把握语篇中主要事件的来龙去脉； 4. 抓住语篇中的关键概念和关键细节； 5. 理解书面语篇中标题、小标题、插图的意义； 6. 辨认关键字词和概念以迅速查找目标信息； 7. 根据语篇标题预测语篇的主题和内容； 8. 批判性地审视语篇内容； 9. 根据上下文线索或非文字信息推断词语的意义； 10. 把握语篇的结构以及语言特征； 11. 识别书面语篇中常见的指代和衔接关系； 12. 在听、读、看的过程中有选择地记录所需信息； 13. 借助话语中的语气和语调理解说话者的意图； 14. 根据话语中的重复、解释、停顿等现象理解话语的意义；

续表

课程类别	语言技能	语言技能要求
必修	理解性技能	15. 理解多模态语篇（如电影、电视、海报、歌曲、漫画）中的画面、图像、声音、符号、色彩等非文字资源传达的意义； 16. 课外视听活动每周不少于30分钟；课外阅读量平均每周不少于1500词（必修课程阶段不少于4.5万词）。
选择性必修	理解性技能	1. 区分、分析和概括语篇中的主要观点和事实； 2. 识别语篇中的内容要点和相应的支撑论据； 3. 识别语篇中的时间顺序、空间顺序、过程顺序； 4. 理解多模态语篇中文字信息与非文字信息（图表、画面、声音、符号）在建构意义过程中的作用； 5. 根据定义线索理解概念性词语或术语； 6. 根据语篇标题预测语篇的体裁和结构； 7. 根据语境线索或图表信息推测语篇内容； 8. 通过预测和设问理解语篇的意义； 9. 根据上下文推断语篇中的隐含意义； 10. 借助语气、语调、停顿识别说话者的讽刺、幽默等意图； 11. 根据连接词判断和猜测语篇中上下文的语义逻辑关系； 12. 批判性地审视语篇涉及的文化现象； 13. 识别话语中加强或减弱语气和表达态度的词语； 14. 课外视听活动每周不少于40分钟；课外阅读量平均每周不少于2500词（选择性必修课程阶段不少于10万词）。
提高类选修	理解性技能	1. 阐释和评价口语和书面语篇反映的情感、态度和价值观； 2. 理解电影、电视、画报、歌曲、报纸、杂志等媒介语篇中的文字、声音、画面和图像是如何共同建构意义的； 3. 根据语篇中的事实进行逻辑推理； 4. 将语篇中的内容与自身的经历联系起来； 5. 批判性地审视语篇的价值取向、语篇的结构和语篇的连贯性； 6. 辨别并推论语篇中隐含的观点； 7. 识别语篇中的隐喻等修辞手段并理解其意义； 8. 分辨语篇中的冗余信息； 9. 识别语篇中的字体、字号等印刷特征传递的意义。

我们可以看到，阅读技能作为理解性技能在语言技能内容要求中占有非常大的比重。既需要学生识别文体特征，运用文体特征帮助阅读理解，又需要学生抓住关键细节，厘清语篇中的逻辑关系，比如，内容要点与支撑性信息的关系，

区分观点和事实，批判性地思考和审视语篇内容及其价值取向等。阅读技能训练是阅读教学的一个主要任务，也是阅读教学的主要目标，因此，在阅读教学目标设定时，要根据《课程标准》的阶段要求，通过对阅读材料的文本分析，走进文本，构建文本，通过教师、学生的多轮对话，逐步培养学生的阅读理解能力。

阅读和思维品质有着密切的联系。正如上文所述，阅读理解既有文本的浅层信息，也有隐含信息。如何通过阅读教学帮助学生走向深度学习，如何在阅读中发展学生高阶思维能力，成为教师们探索的方向。教学评一体化下阅读教学更有利于教师把握阅读的本质，以学习者的阅读视角进入阅读目标的制订、阅读目的的激发、阅读活动的开展和阅读评价的设计，通过明确Pre-reading, While-reading和Post-reading三个阅读教学基本环节中教师给予学生的教学支持、学习活动、学习评价（见表2），增强教师与学生、文本的互动对话，注重问题解决过程性体验和评价，促进多元阅读目标的达成。

表2　阅读课的教、学、评

教学环节	教学支持	学习活动	学习评价
Pre-reading	提出学习目标； 激活背景知识。	理解和认同学习目标； 主动运用背景知识。	是否明确目标？ 是否主动运用背景知识理解新知识？
While-reading	明确阅读目的； 引导学生解读文本； 示范解决问题的过程； 观察学生解决问题的过程； 强化策略和问题解决关联； 引导学生提炼主题意义。	运用阅读策略进行阅读理解活动（预测、信息理解、概括分析、推断评价等）。	是否明确阅读目的？ 是否积极参与学习过程？ 能否运用学习策略？ 能否理解内容大意？ 能否提炼主题意义？ 能否分析文体特征、内容结构和修辞手段？
Post-reading	提供新的情境提高学生迁移能力； 观察学生解决问题的过程； 引导学生互评和自评； 总结内容、方法和不足； 设计巩固或补救练习。	把文本的语言内容、技能或阅读策略迁移到新情境中； 反思解决问题的过程； 进行巩固或补救练习。	能否熟练地运用文本的语言知识、技能或阅读策略？ 能否运用评价监控学习？

教学评一体化下的阅读教学确立以学生为主体，教师是学生学习的支持者。如何提供有效的支持？第一，要引导学生明确阅读课的目标、阅读的目的，这样才能激发学生运用语言的动机。第二，在阅读过程中，教师要把握文体特征，提供策略，训练学生技能。教师是一个观察者，观察后才能给予及时和准确的反馈和评价。教师还需要洞悉学生学习情况和目标达成之间的差异，指导学生整理和反思学习内容和学习方法、策略，增强自我监控意识和能力。学生在阅读学习活动中要认同学习目标，在教师的支持下，主动运用背景知识、阅读策略和技能解决问题。教师可以在不同的教学环节设计具体的评价表，也可以以口头反馈的形式，鼓励学生参与到评价中。

阅读活动是实现学生高阶思维的载体，设计什么样的阅读活动指向培养哪些层次的阅读理解能力。王笃勤提出阅读活动可以遵循循序渐进原则、学生主体原则、搭建适当的支架、合作原则、任务型原则、关联性原则、真实性原则、情景化原则、评价分享原则。循序渐进原则是指按活动的认知层次安排活动，使课堂阅读活动逐步递进。这个既可以体现在课时教学，也可以体现在单元教学。学生主体原则是指根据学生原有水平、认知风格、背景知识等方面的差异设计活动。特别在课堂中要关注活动的多样性，以满足不同学习风格和学习水平的学生需求。搭建适当的支架则需要老师充分考虑到学生起点和终点目标的距离或完成实际任务面临的困难，提供范例，进行过程性的示范或通过“先行组织者”，提供资源，降低任务的要求等，让学生进入综合性任务前做好语言、逻辑、结构的准备。合作原则倡导阅读课堂中采用小组活动的形式，既发挥了学生个人的优势，又能帮助学生形成有效交流、沟通的能力。比如，拼图阅读、阅读圈、采访、创编对话、读者剧场等活动就能很好地推动学生互动、对话，增强对文本不同层面的理解能力。任务型原则是指活动设计需要走向综合和真实。任务型阅读活动的设计基于真实问题的解决，让学生明确阅读目的，有利于激发学生的阅读动机。关联性原则是指活动之间具有层次和逻辑关系。真实性原则指设计与现实生活中可能出现的任务。比如阅读了人教版新教材必修第一册第三单元Living Legends,

可以在班级中开展“我心目中的运动传奇人物”演讲比赛等。通过真实任务的设置，加强学生学以致用的意识，提高学生语言运用能力。评价分享原则强调评价内容和评价标准的确定要基于学生和老师的共识而不能仅是教师单方面的要求，这样才有利于学生内化评价标准，并使之成为指导自己阅读的工具。阅读活动设计的原则表明：尽管我们需要设计一个能促进高阶思维的阅读活动，但并不是越多越好，还需要有一个渐进的过程。同时，我们要注意活动的多样性、真实性和情景性。

在课堂教学中，教师们能够充分认识到阅读活动的重要性，但在实践中往往流于形式，认为活动没有引起学生的兴趣或学生不具备相关的能力，结果又会回到传统的教学方式。如何让英语阅读活动真正助力于学生的深度学习呢？在活动的过程中，教师需要注意以下几点：

1. 明确活动目的

要清楚活动所在的教学环节对阅读教学起着什么作用，培养哪种层次的思维能力或解决什么类型的问题。

2. 明确活动流程

活动的过程是语言运用的过程。因此，教师发出的指令语不应该含糊，而应该包含活动的步骤。比如，在讨论活动中，如果只说，“Let’s have a discussion.”，那么讨论的价值就难以充分体现。因此我们要给出清晰的要求，如“First, form a group of four. Then, follow your group leader’s instruction, express your opinion one by one. Each of you can’t speak more than 1 minute. While listening, take notes of others’ opinion. At last, choose one to summarize your group’s discussion.”。

3. 明确活动评价

评价让学生清楚做事的标准和自己的表现水平。要有具体的可达到的评价标准，并要把评价与活动过程相结合，真正发挥评价的功能。

4. 要有信息沟

信息沟（information gap）是小组活动基础，也是很多语言活动设计的基础。因此，教师要找到学生之间对信息的内容和建构方式的差异，设计相对应的活动。如拼图阅读（Jigsaw Reading）就需要利用文本信息关联性把文本分成不同的部分，学生阅读文本的一部分，对另一部分进行预测，通过提问验证自己的假设，逐渐形成对文本完整的认识。拼图阅读旨在促进学生主动与文本和同伴对话，主动建构主题图式。在广泛应用于小说阅读的阅读圈活动，学生小组分别承担不同的任务，如word master、summarizer、connector、questioner等，学生从不同侧面进入文本，有的学习关键词，有的尝试归纳概括，有的把小说与现实生活相联系，有的对文本进行提问。当他们在相同任务的小组内交流时，他们就对文本同一个方面的内容认识得更完善；当他们在不同任务的小组内交流时，他们能够对文本形成全面的感知。没有信息沟的活动是乏味无趣的，因此对活动效果会造成较大的影响。

5. 具有整进整出的意识

在阅读课堂中，教师把活动切分得过碎，课堂教学环节过多，这会不利于学生形成结构化的知识。要进行整体输入，让学生具有充分思考、充分活动的时间，要注重学生形成活动成果的完整性。

6. 多层次的问题设计

问题设计是阅读活动的重要组成部分，也是培养学生思维品质的主要抓手。好的问题能引导学生关注关键信息，建立信息间的内在逻辑，发展批判性思维。在阅读教学中，我们清楚读前、读中、读后提问的目的是不一样的。比如，读前的问题主要是引起注意，启发主题，做好铺垫；读中的问题则聚焦文本表层意义和深层意义的理解，如主要观点和支撑性信息的逻辑关系，论据的合理性，对作者写作手法的评判等；读后问题在于引导结论，升华主旨。下面的问题来自人教版旧版教材必修4第四单元Body language中Communication: no problem? 这些问题是否能反映出不同教学环节提问的目的?

（1）Did Mr Bean enjoy the oyster（牡蛎）?

（2）How do you know that?

（3）What’s the genre?

（4）What kind of communication?

（5）Is there any problem?

（6）What kind of problem?

（7）If you were the writer, how would you feel or what would you do when noticing the cultural mistakes?

（8）Why does the writer feel this way? Can you guess what has happened to him?

（9）Are these behaviours good or bad?

（10）What's the writer's opinion?

（11）What are the writer's suggestions?

（12）Since we have known the importance of body language, how do we use it appropriately in daily life?

该阅读篇章讲述的是由于各地文化差异，相互不了解对方见面的肢体语言而造成误会的事情。文章以记叙的方式，记录了作者在机场看的这一幕情景，并发表了作者的感受和观点。授课教师设计了12个问题，其中问题1—2是为热身环节设计的。教师让学生看《憨豆先生》的一个短片，引出肢体语言对生活的重要性，让学生说出什么是肢体语言。问题3—6则是为读前预测设计的，根据标题和图片预测篇章的体裁和内容。问题7—11是读中环节的问题。教师让学生进行拼图阅读，并通过这些问题引导学生预测没有阅读的另一部分，找出作者的看法。最后一个问题是对篇章的延伸，试图把文本与现实生活建立联系。总的来说，问题的比例还是比较适当的，问题的类型也较全面，既包括了事实性的问题，也包括预测性的问题，既兼顾记叙文的具体信息，也涵盖了体裁、原因、观点等需要做出一定推理判断的问题类型。但是，读中环节还缺乏能引领全文的，促使学生对文化现象进行深度思考的问题。本文的主题意义在于意识到文化差异，从而避免交际中造成不必要的误会。因此，读中环节还可以设计综合性推断和指向问题解决的问题：

From these international students' response, do you think that people are comfortable with other's greetings? Why?

If you were the writer, what would you do to make greetings at the airport more appropriate?

只有我们加强对阅读学习活动的设计能力，我们才能更好地实现阅读的教学评一体化。

案例1

案例1是高中英语人教版旧版教材必修4第二单元Reading部分A pioneer for all people。

1. 单元内容分析

表3　人教版旧版教材必修4第二单元内容分析

单元板块	内容
Reading（Warming up, Pre-reading, Reading, Comprehending, Learning about Language）	主阅读是一篇人物传记，记录了袁隆平的生活经历和主要贡献，刻画出一个为解决人类粮食问题不懈努力，贡献卓越而生活又甘于平凡的科学家形象。阅读前，教材呈现关于农业种植的图片，通过问题引导学生理解农业的艰辛；同时引导学生关注世界粮食问题，指出粮食缺乏是一个世界性的问题。阅读中教材设计了整理人物主要信息，分析人物成功的原因，评价人物的性格等活动。在词汇部分则设计了词义匹配、选词填空的练习理解和练习新词。
Discovering useful structures	学习不定式、动名词做主语的用法，主要学习与动词的习惯搭配和句型。
Using Language（Reading, Listening, Reading，speaking and writing）	在Reading部分，以说明文的形式介绍了目前种植有机农业的现象。语篇以"提出问题—解决问题"为线索，讨论有机农业替代化肥对环境和人类健康的好处；在Listening部分，运用在Reading中了解到的有机农业的知识，听后概括对话的大意并判断正误。Reading, speaking and writing部分要求学生朗读一段关于向别人推介绿色食品的文字，并以此为情境，开展说和写的活动，鼓励顾客多买绿色食品。

单元通过对农业科学家和有机农业的介绍，引导学生关注粮食问题，引发对人类命运共同体的思考。同时，从袁隆平的生活经历中感受科学家心怀理想、坚持不懈地实现自己目标，却淡泊名利的精神和情怀。

2. 单元核心分析

表4　人教版旧版教材模块四第二单元核心分析

单元核心	具体分析
主题语境	本单元主题语境丰富，在人与社会、人与自然方面都有涵盖，既介绍了对社会有突出贡献的人物，也引起对人类生存、社会发展关系的思考。
语篇类型	单元的语篇类型多样，包括记叙文、议论文、应用文、对话等。在主阅读中以记叙文讲述个人故事，在Using Language中以说明文介绍有机农业的种植方法，在听力中设计了对话，在写作中则要求学生以海报的形式推介绿色食品。
语言知识	本单元的文本结构清晰，语言知识包括了与人物生平相关的描述，如外貌、生活经历、取得的成就、社会影响、生活态度等。由于单元话题是农业，篇章中和任务设计中呈现了较多与农业相关的词汇，如chemical，nutrition，minerals，soil等。语法项目为动词不定式、动名词与动词搭配。
文化知识	单元中包含了中国古今对农业做出重要贡献的人物记叙。他们生活的时代背景、研究解决问题的方式、著作都是宝贵的文化遗产，引发学生对如何在当今时代继承和发扬文化遗产的思考。
语言技能	本单元需要学生能进一步运用人物故事的文本特点提取人物主要信息、观点和对人物的评价；识别语篇中的内容要点和相应的支撑论据，如对人物评价的依据和支持有机农业的依据；在听力中需要有效地利用背景知识理解对话并做出推断；在写作中运用多模态文字信息和非文字信息完成海报设计。
学习策略	本单元需要学生主动搜集关于农业的信息，更好地理解人物品质和所做出的贡献；在新旧知识之间建立有机联系，获取听力主题；根据记叙文和议论文中的衔接方式，理解语篇的逻辑。

3. 单元整体目标

（1）进一步运用人物故事的文本特点提取人物主要信息、观点，形成人物档案；

（2）从文本中获取支撑论据表达对人物的评价；

（3）通过语篇衔接词梳理语篇结构，并能分析语篇的写作手法；

（4）运用关于有机农业的背景知识，在听的过程中准确获取大意和主要观点；

（5）运用非谓语动词和有关农业的词汇表达观点；

（6）运用多模态文字信息和非文字信息完成海报设计。

4. 教学内容分析

本文是一篇人物传记性的记叙文，主要介绍了我国著名农业科学家袁隆平和他的杂交水稻技术对我国乃至世界其他国家的巨大贡献。文中以对比的写作手法，把袁隆平的非凡成就与平凡外貌、平凡生活进行对照，突出袁隆平追求理想、淡泊名利的高尚情操。文中主要使用了两种时态，在介绍人物的外貌、成就、人格时使用的是一般现在时，在介绍人物的经历时使用的是一般过去时。文章有关农业的词汇较多，句式多用长句、复合句且涉及大量的动名词形式做主语和宾语的语法形式，目的是加强对人物经历和所取得成就的细节描写。

5. 学习起点分析

（1）学习者学习特点

授课班级的学生整体英语基础较好，学习态度认真，学习热情较高。但部分男生学习兴趣不足，课堂参与度不高。

（2）学习者原有基础和可能存在的学习困难

作为高一学生，大部分具备基本的阅读技巧，对人物故事不陌生，能独立把握文章大意，抓住人物描写的细节信息。但学生对标题的作用不是很清晰，对从图片、标题中获取对阅读有帮助的信息的运用不是很熟悉，需要在教师的引导下，并在阅读过程中进行强化。获取支撑性理据表达人物评价是本节课的难点，教师需要搭建活动台阶，培养学生在阅读活动中批判性思维。

6. 课时教学目标

（1）借助图片和标题进行预测；

（2）概括段落大意，根据提示建立人物的档案；

（3）报道人物的生平事迹，评价人物；

（4）从篇章中提取理据说明标题的内涵，评价作者的观点。

7. 教学重点

（1）概括段落大意，根据提示建立人物的档案；

（2）从篇章中提取理据说明标题的内涵。

8. 教学难点

（1）能运用所学知识报道人物的生平事迹，评价人物；

（2）领会文章标题的内涵，正确评价作者的观点。

9. 教学过程

Step 1:Pre-reading

★ 活动1：

教师以中国传统问候方式“吃了吗？”和学生问好，并引出食物在人们生活中的重要性。教师展示两张图片，让学生了解世界上还有很多人在挨饿，要求学生思考两个问题：

（1）Is hunger still a disturbing problem in China?

（2）Who helps to rid China of hunger?

接着，教师提出本节课的学习目标。

评析：学生能够运用熟悉的问候语快速进入话题，引起学生思考食物在生活中的重要性和解决食物问题的重要意义。同时，学生在交流时说出两个重要的单词：disturbing, rid。

★ 活动2：

学生浏览文本的图片和标题，并根据图片和标题谈论袁隆平的外貌、从事的工作和对袁隆平的评价。学生需要思考下面问题并作出预测：

（1）What does Yuan Longping look like?

（2）Where is he?

（3）What is he doing?

（4）What's the meaning of "pioneer"？

（5）Why does the writer think of Yuan Longping as "a pioneer for all people"？

（6）What qualities should a pioneer have?

教师让学生在预测后形成人物阅读的思维导图，让学生带着预测进入文本阅读，验证假设。

评析：预测是学生熟悉的阅读策略。教师要引导学生借助图片和标题进行阅读预测，帮助学生更好地理解篇章的主要信息和主题意义。教师要对学生在预测时的所思所想进行肯定，同时提醒学生预测要基于阅读文本的体裁和题材，这样才会使预测的结果更加准确。

Step 2: While-reading

★活动3：

学生快速阅读，选择一个恰当的词概括段意。

hobbies; experiences; personalities; dreams; appearance; achievements

• Para. 1 ________________

• Para. 2 ________________

• Para. 3 ________________

• Para. 4 ________________

首先，教师让学生理解方框中的六个词汇，然后让学生概括段意。

评析：人物阅读对于高一学生来说并不是第一次，学生对人物阅读有一定的图式，教师可以观察学生是否能熟练地运用阅读技能理解段落大意，并通过学生对段落关键信息的理解进一步评估学生概括大意的能力。

★ **活动4：**

学生再次阅读，先独立完成人物档案（如下）。接着，在3人小组中初步介绍袁隆平。

Resume

Name:
Nationality:
Date of birth:
Appearance:
Education:
Hobbies:
Personality:
Dreams:
Achievements:

教师提示学生关注下列文本的表达：

one of China's most famous scientists/ a farmer

the first agricultural pioneer in the world/his sunburnt face and arms and his slim, strong body, just like those of millions of Chinese farmers

22% of the world's people/ just 7% of the farmland

quite satisfied with his life/gives millions of yuan to equip others for their research

思考：

（1）What writing technique does the writer use?

（2）Why does the writer write in this way?

接着，教师让学生结合刚才对段落大意的理解，绘制全文的思维导图。教师对思维导图进行点评，评价思维导图是否准确表现篇章结构。

评析：学生整合阅读信息，提取人物阅读的主干，形成人物档案。在小组中通过互相学习和纠正能帮助每一个学生较完整地获取文本信息，为读后活动奠定基础。教师不仅要倾听小组中学生之间的互动，还要及时引导学生把文本语言理解和深层意义联系起来，提高学生文本解读能力。思维导图的绘制能直观地呈现学生对篇章结构和意义的理解。

Step 3: Post-reading

★ 活动5：

教师展示袁隆平获得“世界粮食奖”的图片，设置情景：假如你是记者，想报道袁隆平的事迹。请基于文章的信息，结合你查阅到的资料，与同伴一起设计一个采访活动，并和学生讨论如何评价一个采访活动是否成功，形成活动的评价表：

表5 采访活动评价表

评价项目	评价等级				具体建议
	非常好	较好	一般	有待改善	
1. 采访问题清晰，有针对性。					
2. 沟通畅顺，语言流利，并在必要时辅以肢体语言帮助表达。					
3. 采访内容真实，观点明确，事实清楚。					

教师给出开头语：

Reporter: Good afternoon, ladies and gentlemen. Please allow me to introduce the winner of World Food Prize , Yuan Longping...

采访活动结束后，教师鼓励学生从文章中提取支撑性的证据，思考为什么标题会把袁隆平称为“a pioneer for all people”。

（1）What do you think of Yuan Longping?

（2）Why does the author call him “a pioneer for all people”? Do you agree?

教师回顾本节课整个阅读活动过程，提出批判性阅读的步骤，鼓励学生通过遵循这些步骤来加强自己的思维能力。

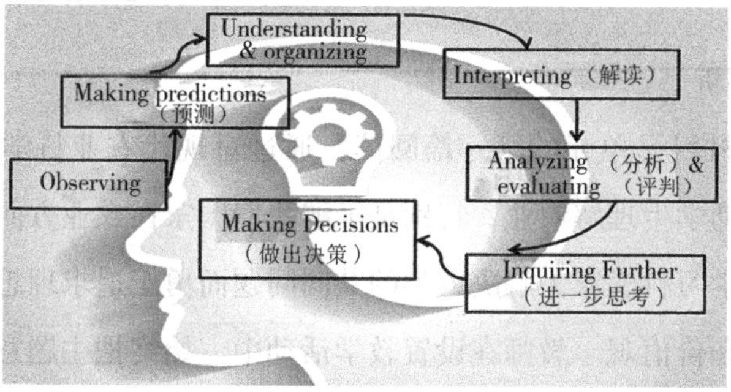

图1　批判性阅读活动步骤

评析：采访活动让学生在新的情境中对文本的主要信息进行了整合、加工，采访活动的开展有利于促进学生对文本关键信息的内化和运用。评价表的制订能帮助学生理解采访这一语言活动要素。教师引导学生对题眼的思考与教学的开头相呼应，突出教学的主线，深化主题意义，同时进一步培养学生立足理据表达观点、评价人物的能力。回顾是对整节课的升华，教师紧紧把握批判性阅读策略训练的目的和过程，以体验式教学让学生理解批判性阅读的重要性和方法，为进一步显性地开展策略训练奠定基础。

Step 4: Summary and homework

教师从文本内容和策略上进行了总结，并让学生在阅读“An early farmer pioneer”时完成以下阅读任务：

（1）阅读前通过标题和图片预测文本内容，把自己的预测通过思维导图展示出来；

（2）概括段落大意，并建立人物档案；

（3）与“A pioneer for all people”比较，两篇文章的结构和内容有什么不同？为什么？

（4）获取支撑性的理据说明：Why does the author call Jia Sixie “an early farmer pioneer”? Do you agree?

评析：教师对教材进行了整合，选取了Workbook 中Reading Task的文章作为学生巩固人物阅读和训练批判性阅读策略的材料。活动的设置与本课阅读活动非常吻合，任务清晰，能有效地提高学生主题阅读能力和形成学生阅读策略。

10. 课例评析

本篇阅读材料是单元的第一篇阅读，通过对现代农业科学家袁隆平的介绍，更好地帮助学生理解农业，特别是了解我们国家在农业方面对于世界的贡献，引导学生学习科学家为解决人类的共同问题而勇于追求理想的精神，树立正确的人生观和价值观。教师在设置教学活动中，始终把主题意义贯穿在每一个教学环节，从谈论生活中食物的重要性到引导学生品味作者运用对比手法的目的，从采访获奖的袁隆平到回归题眼的理解，教师不断地通过学生对人物阅读的关键信息、写作方法、标题的理解和增强学生荣誉感的活动情境设计突出主题意义。

本课紧扣单元核心内容，目标层级分明。在阅读理解活动中，教师把六要素课程内容有意识地结合在一起，对应目标设计教学活动。根据语篇类型和学生对语篇类型的熟练程度，依托文本语言，逐步地推动学生从表层理解走进深层意义的挖掘。把握阅读教学的特点，以人物档案的建立、采访报道等为情景，通过学生自主完成、小组讨论、大众评议等方式，促进学生对文本信息的利用、整合和拓展。在涉及深层次的理解活动时，如写作方法的分析，教师注意采用举例、示范的策略，逐步撤去脚手架，引导学生独立地观察和分析语言信息，获取结论。教师在阅读教学中注意培养学生批判性思维，给予学生较好的策略示范和引导，并通过作业任务的设置，及时指导学生巩固策略。

评价的体现也非常充分。教师不仅及时地对学生任务完成的情况进行了口头反馈，也通过评价表明确评价要素。在教学活动中，评价的主体也得到转换，比如小组内完成任务时，小组成员之间相互交流。进行采访活动时，教师、展示小组和全班又形成互动，使得参与各方都聚焦到活动任务上，从语言、内容和策略方面增强了学生的表达能力。

案例2

案例2的课题选自人教版旧版教材高中英语必修5第二单元 The United Kingdom。

1. 单元内容分析

表6 人教版旧版教材必修5第二单元内容分析

单元板块	内容
Reading（Warming up, Pre-reading, Reading, Comprehending, Learning about Language）	主阅读以解答地理上的疑问作为标题，实际上是谈论了英国联邦形成的历史、政治、行政职能、文化方面的内容。Learning about Language部分通过语篇、对话填空练习巩固词汇。
Discovering useful structures	have/get/find/...+宾语+过去分词
Using Language（Reading, Listening, Speaking and writing）	在Using Language部分，读者将会读到一篇关于游览伦敦的所见所闻。文章依据时间和空间顺序描写了伦敦的主要人文景点；听力部分对英国王室做了介绍，并需要听者了解王室成员的关系；教材还设置了说的任务，要求学生展开导游和游客之间的对话，询问家乡一处有趣的建筑物或景点的问题；而在写作部分，教材设置为当地的旅游宣传手册写一篇文章，介绍自己家乡的写作任务。

从单元的内容中我们发现学生通过阅读英国的历史、地理、文化等方面的知识，了解人文景点，学习从历史发展的角度去看待一个国家的政治、文化；能运用说明文或游记的结构，介绍自己熟悉的地方。阅读文本中涉及了较多英国的历史文化知识，对学生的阅读构成一定的难度。教学时，要根据介绍的内容板块调动学生的背景知识，或对背景知识进行适当的补充和解释。为了让学生能有效地迁移所学的知识，教师在两篇阅读教学后需要设计角色扮演的任务，从而在语言、体裁上为输出任务做好铺垫。

2. 单元核心分析

表7　人教版旧版教材必修五第二单元核心分析

单元核心	具体分析
主题语境	本单元主题语境主要涉及人与社会，介绍某一国家和地方的历史、地理、政治、文化情况。
语篇类型	单元的语篇包括说明文、记叙文、对话和应用文，类型是多样的。在主阅读中以说明文的形式解开读者对英国的疑问；在语言运用部分则是用学生所熟悉的游记的形式叙述了游览伦敦的过程；在听力和口语表达部分，教材还设计了对话，让听者了解王室的关系和故事；写作的部分则需要学生在宣传册子上提供旨在吸引游客的关于家乡的介绍。在Workbook中同样通过记叙文叙述了Guy Fawkes Night的来历。
语言知识	本单元包含了较多历史人物和与政治、经济、地理相关的名词。学习中要根据说明文和记叙文语篇的写作目的去理解这些词汇。篇章的特点清晰，在说明文中前后呼应，段首句明确地显示段落大意，为了客观呈现历史事实，篇章中较多地使用了被动语态和动词的过去分词；而在记叙文中，通过表示顺序的first, the second和时间等显性的衔接词实现语篇的衔接，并运用了较多的联系动词表示景物目前的状态。
文化知识	本单元涉及较多英国的文化历史知识，如英联邦建立的历程、英格兰的行政区域的划分和功能、伦敦的历史、英国的节日等。
语言技能	学生能够运用背景知识理解和提取英国历史、政治、地理、文化知识，并能根据不同体裁的写作目的去分析篇章的结构；在语言输出任务中能有效地迁移体裁的语篇知识。
学习策略	在本单元的学习中，学生需要在新旧知识之间建立有机联系，可以通过以往单元的学习，如英语的发展、加拿大的游记等，结合本单元的学习，建构起一个介绍某个国家和地区的图式；学会借助图表等非语言信息来帮助理解文章。

3. 单元整体目标

（1）介绍英联邦的组成部分、形成历史、政治体制以及英格兰的历史和行政概况；

（2）说明一个国家制度、文化形成和历史的相关性；

（3）分析游记的写作手法（景物描写+态度观点）；

（4）在语境中准确运用“have/get/find/...+宾语+过去分词”结构，并在描述景色时运用该结构表达情感态度；

（5）听取和阅读英国的历史故事，记录历史故事的重要细节；

（6）完成家乡宣传册子的写作。

4. 教学内容分析

Puzzles in geography 是一篇说明文，介绍英联邦形成的过程、三个组成国独立的制度，重点介绍了英格兰及其首都。文本中配有标题、地图、英国的国旗、伦敦的代表性景物等，对学生理解英国的历史、地理、政治、文化提供了帮助。教师可以运用这些文本特征，丰富学生对英国的认识和对文本的理解。文本以问题引入，便于学生抓住即将阅读的内容大意。文本段落大意有的能从段首获取，有的则需要学生进行归纳概括。为了便于学生理解，段落内部结构较为清晰，使用较多表示时间、顺序、方位的语篇标记词。文本的结尾呼吁旅行者要体会英国的历史文化。篇章中有一定量的表示地点、历史人物的名词，段落中使用较多的被动语态和动词的过去分词，对学生的阅读造成一定的困扰。对于专有名词，教师可以在热身和引入环节进行专门教授，而被动语态和过去分词结构则可以在段落分析中结合理解。

5. 学习起点分析

（1）学习者学习特点

学习者是某所高中高二年级理科班学生。学生学习态度积极，但在课堂中参与教学活动不多，以认真听讲为主，口语表达能力不强。

（2）学习者原有基础和可能存在的学习困难

在背景知识方面，学生通过历史课和其他媒介对英国有一定的了解，因此需在阅读前充分调动学生已有知识，在阅读中要把语言与其背景知识建立关联；在体裁方面，学生对以游记形式介绍一个国家或地区的方式比较熟悉，对于说明文比较陌生，而且由于有些段落大意不是直接呈现的，需要学生在教师的引导下进行归纳概括，因此教师需注重利用语篇标记词和根据写作目的分析段落内部结构，帮助学生提高概括能力，形成对一个国家的总体认识，并且学会尊重一个国家的历史，从历史的角度去看待一个国家的文化表现。

6. 课时教学目标

（1）能提出问题，并较熟练地运用预测的阅读技能；

（2）概括文章的段落大意并基于此对文章进行分段；

（3）在已给信息（包括图表）的帮助下梳理英国的历史、政治体制、英格兰不同区域的特点和首都伦敦的丰富的历史文化；

（4）运用有关英国的知识介绍英国国旗的组成和意义；

（5）根据角色需要较流畅地完成交际任务；

（6）能够进行同伴提问和评价，促进阅读的深入和语言的交流。

7. 教学重点

（1）梳理英国的历史、政治体制、文化特点，谈论对英国的印象或感觉；

（2）根据角色选择和重组信息，并能较流畅地完成交际任务。

8. 教学难点

（1）领会文本中的文化知识，学会辨识和比较不同国家的文化特征；

（2）理解被动语态和动词过去分词与写作目的的关联。

9. 教学过程

Step 1: Pre-reading

★活动1：

教师播放反映英国伦敦生活的歌曲和视频；用开火车的形式，让学生介绍他们已知的英国知识；开展头脑风暴活动，思考两个问题：

（1）If you want to know about a country, what do you expect to read?

（2）What do you want to know about the United Kingdom?

教师收集学生的信息后，以思维导图的形式对学生的思考进行了梳理，并对内容进行了拓展，引出新单词或词组，如currency，invader，institution，legal system等。

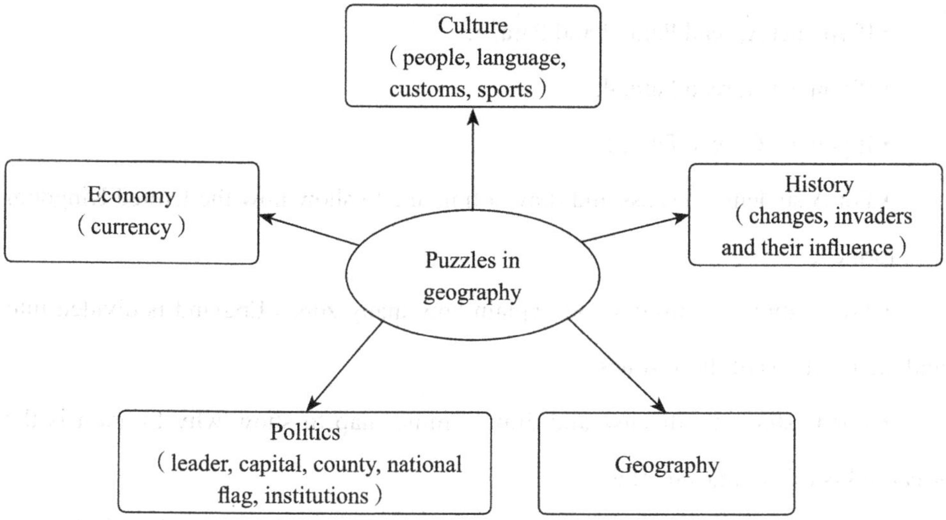

图2　阅读前预测思维导图

接着，教师阐述了本节课的教学目标，然后让学生从英国的历史中寻找问题的答案。

评析：本环节通过多模态的形式，激发学生已有知识和学习的积极性，建立起学生对阅读关于国家或地区介绍的图式。

Step 2：While-reading

★ 活动2：

教师给予学生6分钟的时间去阅读文章，指导学生找出自己想要读到的信息和说出没有预测到的内容，回答：

How many of your puzzles are solved? What else have you got from the text?

接着，开始第二轮的阅读，教师让学生迅速浏览，并让学生说出每个段落的大意。当学生感觉困难时，教师将学生进行分组，让学生从A、B、C三张卡片中选择一张完成卡片中任务，帮助学生提取段落大意。三张卡片分别代表英国的典型文化特征：

每张卡片的任务如下：

Select a card (A, B, C), get ready for the task. Questions will come from the teacher and other students!

• If you get A, read Para. 2 and Para. 3.

• If you get B, read Para. 4.

• If you get C, read Para. 5.

• For A students, discuss and draw a timeline to show how the United Kingdom was formed.

• For B students, discuss and explain how many zones England is divided into and the functions of these zones.

• For C students, discuss and draw a mind-map to show why London is the greatest historical treasure of all.

教师对每项任务都进行了解释，确认小组理解任务要求，并对任务的开展作了示范。比如在A任务中，教师需要学生画一条时间轴，这条时间轴表示英联邦形成的过程。在B任务中，学生需要在地图中标出英格兰的三个行政区域，并说明它们的行政功能。在C任务中，学生需要按照时间的顺序，梳理历史上对伦敦留下重要影响的事件。

在学生汇报时，教师有意识地引导学生关注联结段落的语篇标记词和结构，如第二段叙述英联邦建立的历史，篇章采用了first，next，finally呈现三个重要的历史时期，而且每个历史时期的语言表达结构都非常相似，分别运用了be linked with，be joined with，get...connected来表示民族逐渐融合的过程。

学生汇报后，教师并不直接点评，而是由其他组进行提问，汇报组对问题进行解答。

评析：本活动旨在帮助学生获取段落的核心信息，学生通过对文本信息的转换，形成对关键信息概括、整理、分析的能力。活动以分组的形式进行，借助具有文化标识的图片，营造英国文化氛围；活动不停留在文本的表层理解，教师通过学生汇报和相互提问，创设了一个互动的环境，给予学生之间相互评价和对文本进行深入交流的机会。

★ 活动3：

教师引导学生对篇章进行分段，并用短语概括段落大意，谈论他们读完篇章后对英国的感觉。接着，教师通过比较中国的国旗和英国的国旗，引导学生理解英国国旗的内涵，说明国旗代表着一个国家的历史、文化、信念，代表着每个国家所选择的政治道路都应该得到尊重。教师提出的问题如下：

（1）What does the national flag of a country represent?

（2）What does the national flag of the United Kingdom tell about the country?

（3）How do you understand the different names of different countries, for example, the United Kingdom, the United States, the Republic of China?

评析：本课的一个难点是涉及的文化理解的内容较多，因此，活动3聚焦篇章理解难点，通过国旗串联起篇章各个段落的主要内容，引导学生联系已有知识进行文化比较，深入主题意义。

Step 3: Post- reading

★ 活动4：

教师提供三个角色，分别是历史老师、导游、记者，学生选择其中的一个角色完成任务。三个角色的任务分别是：

（1）If you are a history teacher, prepare a lecture about how the United Kingdom came into being for your students.

（2）If you are a tour guide, prepare an introduction to England to the young visitors who want to enjoy a trip in England.

（3）If you are a reporter, prepare an interview with a person who just finishes a trip in London.

学生可以根据任务要求从篇章中获取有用的信息，同时可以查找和补充新的信息。教师还可以就任务的完成情况从信息选择、展示流畅性、交际得体性等方面提供评价的标准：

表8　任务评价标准

Items	Grades		
You can select suitable information to finish the task.	A. Excellent.	B. Good.	C. Need improvement.
You can present it fluently.	A. Excellent.	B. Good.	C. Need improvement.
You can use body language or other things to help you better communicate with the audience.	A. Excellent.	B. Good.	C. Need improvement.

评析：活动通过设计迁移创新的活动促使学生对主题语境、语篇类型、语言知识、文化知识、语言技能和学习策略六大要素进行关联和整合。遵循学生的学习特点，给予学生充分的选择性，提高学生自主决策、资源利用的能力。同时，活动的评价注重学习过程和任务的交际性，促进学生在真实情景中有效运用语言的能力。

10. 课例评析

本节阅读课介绍了英国历史、地理、政治和文化，内容丰富，句式结构较为复杂，对学生的阅读形成一定的挑战。通过文本的阅读，学生能更好地感受到理解一个国家历史的重要性。本课目标明确，不仅目标层次突出，目标覆盖也符合文本的特点。教师根据学生的原有基础，在教学设计中较好地把文化知识融入各个活动中，将语言理解与文本理解结合在一起。每个活动中的阅读技能训练指向非常明确，而且教师的脚手架搭建非常充分。

评价形式的多样性也是本节课的特点。教师的评价主要以对活动的反馈为主，而学生同伴之间的评价则是其主要形式。教师鼓励学生倾听和提问，实质上是改变少数人参与活动的局面，把活动面向全体，让全体都参与评价。在迁移创新环节中，教师的评价要求和内容非常清晰，学生开展语言活动方向明确，学生的语言成果展示让人印象深刻。这是教学评一体化下课堂活力和效率的一个重要指标。

二、词汇课

词汇教学的教、学、评

词汇是搭建外语学习大厦的基石，因此，词汇教学始终是高中英语教学的重点。从高中英语教材的单元编排特点可以看出，抓住了阅读和词汇教学，就等于抓住了高中英语教学的灵魂。词汇教学也是高中英语教学的难点。由于孤立地学习单词，学生词汇遗忘率高，记住的词汇往往不能在语境中被准确地提取和运用。

词汇学习效果需要通过有计划地学习来增强。教师需要引导学生关注词汇的音、形、义，显性教授词汇学习策略和记忆的方法，与学生共同制订词汇记忆计划。在课堂教学中，通过主题意义下词汇的整理和归类，帮助学生降低遗忘率，如建立词汇地图和词汇银行等。通过语境的创设，增加词汇在单元的复现率是提高单元整体教学中词汇教学效率的一种有效方法。郑秋秋、俞红珍认为，单元的语言知识（话题、词汇等）需要分层、分批地分解，复现到不同课型之中，构成完善的课时语言教学目标链。在单元整体规划设计下，词汇学习才有课时词汇学习的“小循环”过程和单元词汇学习的“大循环”过程。教师需要把握单元话题的主要内容，清楚词汇在话题表达中承载的意义和功能，界定核心词汇；提供具有完整语境的篇章，设计对学生生活有意义的场景和任务，对词汇持续加工，扩展词汇学习的广度和深度。研究者认为：有意义的任务更有利于学习者把词汇从短时记忆转入长时记忆。

语块是词汇教学中的一个重要概念，指语言中出现频率较高，形式和意义较固定，运用语境较确定，兼具词汇和语法功能，由多个词组成，以整体形式被记忆、加工、储存、提取形成成串的语言结构。可以说，在词汇教学中注意以语块为单位将对学生的词汇理解和运用产生积极作用。在日常高中英语教学中，教师可利用教材以话题为线索编写单元阅读，在阅读的各个环节渗透和突出语块教学，引导学生注意积累和运用与话题相关的语块。对词汇学习的评价方式也是非常重要的。教师需要在词汇检测和评价中引入更多生动的形式，建立学生学习词汇的兴趣，降低他们学习词汇的焦虑感，并通过评价方式的转变逐步地指引学生把词汇的学习与具体的语境相结合。当学生需要输出语言时（如写作），他们头脑中丰富的语境和充足的语块储备能更好地帮助他们解决问题。

教学评一体化下的词汇教学从导入、理解、巩固、运用四个环节引导学生理解词汇学习的过程，丰富词汇学习的语境，特别是建立词汇与主题语境的关联，促进词汇的内化和迁移。

表9　词汇课的教、学、评

教学环节	教学支持	学习活动	学习评价
导入	提出学习目标； 呈现主题语境。	理解和认同学习目标； 理解语境和词汇的关系。	是否明确目标？ 是否能理解词汇在语境中的作用、形式和意义？
理解	引导学生运用词汇学习策略（上下文语境、构词法、归类等）理解词汇的意义和用法； 对重点词句提供更多典型的例子。	有意识地运用词汇学习策略对词汇的音、形、义进行学习。	是否明确词汇学习策略？ 是否积极参与学习过程？ 能否运用学习策略？
巩固	根据主题创设新的情境，形成词汇记忆、复习、提取的线索； 初步运用词汇（游戏、图片、任务），引导学生在运用中关注词汇的准确性。	在语境中通过操练性的练习巩固词汇的记忆和用法。	能否理解练习的目的，并有意识地运用目标词汇？ 能否在新的情境中准确运用词汇，包括形式和意义？
运用	根据主题创设更具开放性的情境； 引导学生自评和互评词汇学习情况。	建立语境与词汇的关联； 反思词汇学习情况； 学会整理词汇，形成自己的词汇地图。	能否运用评价监控学习？ 能否通过整理促进对词汇的内化？
总结	师生从主题意义、词汇学习策略、评价能力进行小结，指出优势、不足和改进的路径。		

从教师教学支持的角度来看，单元整体教学下主题语境的创设摆在较为重要的位置，有别于之前脱离语境讲授词汇用法、侧重词汇机械记忆的传统教学方式。语境创设随着词汇学习的不同阶段逐步走向开放。在导入阶段，可以再次利用阅读的原文本，对阅读文本进行加工，有意识地突出目标词汇；在理解和巩固阶段，对主题语境进行进一步的拓展，但仍以控制型的活动为主，目的是操练词汇，注意词汇在语境中的正确形式和意义；在运用阶段，语境的主题意义更加突出，活动的目的指向综合的语言运用能力，词汇是作为任务的一个重要的部分。词汇学习策略的培养和训练也是实现教学评一体化的关键，是最终实现学生词汇自主学习能力的抓手。教师需要引导学生练习常见的学习策略，如猜测词义、构词法、词块记忆与提取以及基于语义场，运用思维导图对词汇进行归类等。而评价也会根据词汇作为陈述性知识的学习特点和每个阶段的侧重点相应发生变化，其目的是加强学生学习过程的成功体验和整理、组织、内化的能力。

案例3

案例3来自人教版旧版教材高中英语必修2第四单元Wildlife protection。

1. 单元内容分析

表10　人教版旧版教材必修2第四单元内容分析

单元板块	内容
Reading（Warming up, Pre-reading,Reading, Comprehending, Learning about Language）	主阅读语篇讨论野生动物保护问题。语篇以记叙文的形式，讲述一个叫Daisy的女孩梦中飞越不同的地方的所见所闻，呈现动物被人类捕杀，生活领地被侵占的现象，也看到了森林与人类生存的密切关系，了解了正在采用的动物保护措施。教材通过在中国境内的濒危动物的状况引起学生对动物保护的注意，着重帮助学生获得哪些动物需要保护、人类捕杀它们的目的是什么、它们的生存现状如何、采用什么保护措施、效果如何的信息，提高学生保护动物的意识，提供给学生以后参与动物保护的思路和方法。语篇中有较多的对话，因此语篇中的长句不多，包含一般过去时、一般现在时、现在进行时的被动语态等；同时语篇采用拟人的手法，突出主人公和动物的情感，例如“In relief Daisy burst into laughter...”，使整篇文章变得生动有趣。

续 表

单元板块	内容
Discovering useful structures	本单元要学习的语法项目是现在进行时的被动语态。教材中设计了通过运用现在进行时的被动语态谈论动物保护现状，创设了“假如正在发生……,你该怎么办？”的情境，要求学生运用该时态讨论可能采取的解决问题的措施或办法。
Using Language（Reading and listening，Speaking and writing）	在语言运用中，阅读语篇以说明文的形式介绍了曾经在地球上盛极一时的恐龙以及对它们灭亡原因的猜想，同时带出听力材料中将要介绍的渡渡鸟的灭绝原因；学生需要清楚阅读内容，激发听前的背景知识，并在听后判断大意，获取细节信息。学生通过了解动物的现状和灭绝或濒危的原因后，需要与同伴一起讨论自己希望保护的动物和保护计划，写一封信给WWF，阐述自己的建议。

通过单元内容，我们可以看到，单元的语篇包括记叙文和说明文，主要围绕濒危动物的现状、保护原因和措施展开。单元借助生动的记叙文让学生更容易进入动物保护这一当前世界重大课题。单元中的听、说、读、写、看技能活动内容衔接紧密，从输入到输出，线索非常清晰。

2. 单元核心分析

表11　人教版旧版教材必修2第四单元核心分析

单元核心	具体分析
主题语境	本单元的主题语境非常明确，属于人与自然中的人与动植物保护，单元传递出人与动植物关系密切，应该和谐相处的明确信息。
语篇类型	本单元的主阅读篇章是记叙文，以拟人的手法记叙了Daisy乘坐飞椅到达西藏、赞比亚和雨林的所见所闻，文笔生动有趣，表达出对野生动物生存现状的担忧，同时展示了人类已经开始探索与野生动物共存的有效措施，增强动植物保护的信心和信念。Reading是一篇说明文，介绍人们从化石中了解恐龙的生活和对恐龙灭绝的猜测。听力材料也是一篇记叙文，以灭绝的渡渡鸟的口吻讲述被人类捕杀的过程，引起学生对人与自然如何和谐相处的思考。单元最后希望学生以书信的形式，表达对动植物保护的关注和初步提出改善的措施。
语言知识	单元带领学生探索野生动植物的保护问题，涉及动物生存现状、濒危的原因、保护措施或建议，因此较多的词汇会与栖息地、食物等生存状况有关，也有带情态动词的句子或祈使句表达建议、措施。其中，现在进行时的被动语态有助于客观地呈现动植物的生存现状。

续 表

单元核心	具体分析
文化知识	单元所涉及的动植物生存环境、濒危原因和保护措施需要学生借助多方面的知识，如历史、地理和人文知识去理解，比如主阅读提到的赞比亚政府允许旅游者支付一定的金钱，猎杀少量大象，补贴农民，从而减少农民对大象的猎杀，使两者达到平衡状态，学生需要了解当地农民猎杀大象的原因，这样才能体会当地政府采用措施的目的和效果。
语言技能	经过本单元的学习，学生能够整理出谈论动植物保护的基本内容和结构图式；能够在故事和书信中描述动植物生存现状、濒危原因和提出保护建议或措施；能够运用现在进行时的被动语态，客观地呈现事件的现状，或就目前正在发生的事情提出解决方法。
学习策略	通过分类加深对词汇的理解和记忆；能够根据主题表达的需要，列出主要信息，组织基本信息结构；有意识地通过网络等获得更多与动植物保护相关的信息，扩充学习资源。

3. 单元整体目标

（1）能够梳理野生动物生存现状、濒危原因、保护措施或建议；

（2）能够用思维导图呈现动植物保护的基本内容和写作结构；

（3）能够评价人类在保护动植物过程中所采取措施；

（4）通过书信和口头语言描述动植物生存现状、濒危原因并提出保护措施；在呈现事件现状时，有意识地运用现在进行时的被动语态。

4. 教学内容分析

本节课聚焦学习单元主阅读*How Daisy learned to help wildlife*中涉及的重要词汇和句型。通过加深词汇和句型的理解，帮助学生建立语言与文本主题意义的关联，创设与主题意义一致的语境，达到准确运用词汇的目的。阅读中的词汇包括：carpet, respond, distant, fur, in relief, burst into laughter, without mercy, certain, importance, rub, protect...from, mosquito, insect, contain, powerful, affect, pay...attention to, appreciate等。根据主题语义场，我们把词汇归为三类，与动植物名称、栖息地等有关的，如Tibetan antelope, mosquito, fur, powerful drug；表示情感变化的，如：in relief, burst into laughter, be amazed; 表示态度的，如

without mercy, protect...from, pay...attention to, appreciate等。因为篇章采用对话比较多，句式不复杂，学生理解词汇的难度不大，所以本课的重点在于深化与动植物有关的语境，在语境创设中注意涵盖不同类别的词汇使用，引导学生回顾和拓展主题，在运用语言的同时，提高动植物保护的意识和学习具体保护案例，为后续的输出性任务奠定基础。

5. 学习起点分析

（1）学习者学习特点

授课班级是一所普通高中的高一学生。学生学习英语的热情较高，踊跃参与课堂教学活动。学生的语言表达能力较为欠缺。在词汇学习中，侧重于脱离文本的机械记忆，而且多以顺利通过课堂听写作为动力来记忆词汇，因此对词汇的学习有一定的畏难情绪。

（2）学习者原有基础和可能存在的学习困难

学生已经完成了对主阅读的理解，初步建构起关于动植物保护现状、濒危原因和解决措施的图式。教师可先对课文内容进行回顾，帮助学生理解词汇所在的语境。运用多模态教学，增加语境的生动性和直观性。在教学过程中，要建立主题意义和语境的相关性，并通过精加工策略，加深学生对目标词汇的印象，引导学生进一步观察词汇的形式、意义和搭配。

6. 课时教学目标

（1）能够回忆课文的主题，了解动植物保护的必要性、现状、濒危原因以及采取的措施；

（2）能够解释目标词汇并用正确的形式补全语境；

（3）能够从一则关于动物保护的视频中获取关键信息，并准确记录；

（4）能够运用与动植物保护主题相关的词汇完成申请书。

7. 教学重点

（1）在语境中能够说出词汇的意义，并在补全语境的活动中准确地运用词汇；

（2）运用目标词汇申请成为“动物代言人”。

8. 教学难点

（1）理解主题语境，并能解释目标词汇；

（2）运用目标词汇完成申请书。

9. 教学过程

Step 1: Lead-in

★ 活动1：

教师提出本节课的学习目标，与学生回顾文章的主题和主要内容，呈现文章的具体信息，要求学生回忆文章的具体信息，判断句子的正误，同时要求学生注意下划线的单词，让学生尝试解释单词的意思并观察词汇的搭配和用法。教师首先做了示范，如在“The antelope looked sad because their numbers were decreasing as a result of being hunted and killed for the wool beneath their stomachs.”中，“their numbers were decreasing”是“being hunted and killed for the wool beneath their stomachs”的结果，因此decrease是“reduce or become smaller in numbers”的意思。而be decreasing表示动物被捕杀，数目同步减少。当学生用英语解释遇到问题时，教师让学生从28页的练习1中寻找帮助或与同伴进行讨论。

Judge whether the following statements is true or false.

(　　) 1. Daisy suddenly longed to help endangered species of wildlife.

(　　) 2. When the flying carpet asked Daisy where to go, she responded slowly and then was first taken to a distant rainforest.

(　　) 3. The antelope looked sad because their numbers were decreasing as a result of being hunted and killed for the wool beneath their stomachs.

(　　) 4. After hearing the elephant's funny question, Daisy burst into tears in relief.

(　　) 5. In Zimbabwe, tourists could hunt as many wild animals as they liked if they paid the farmers.

(　　) 6. Daisy felt amazed to know that a millipede insect that contains a powerful drug which affects mosquitoes is being used by a monkey to protect itself from them.

(   ) 7. Daisy's amazing experience helps her appreciate how the animals live together and learn more about the importance of wildlife protection.

教材练习1：Find the word or expression for each of the following meanings from the text.

1. ________ far away in space or time
2. ________ to go down to a lower level
3. ________ able to control events
4. ________ to do something to make a change
5. ________ to understand how serious a situation is
6. ________ to run after animals in order to kill or catch them
7. ________ to keep someone or something safe from harm
8. ________ to do something as a reaction to something done or said
9. ________ feeling of comfort when something worrying has ended or not happened

完成练习后，教师与学生一起从词汇的意义、搭配、词性和典型例句方面进行了归纳。教师引导学生对画线词汇进行归类。

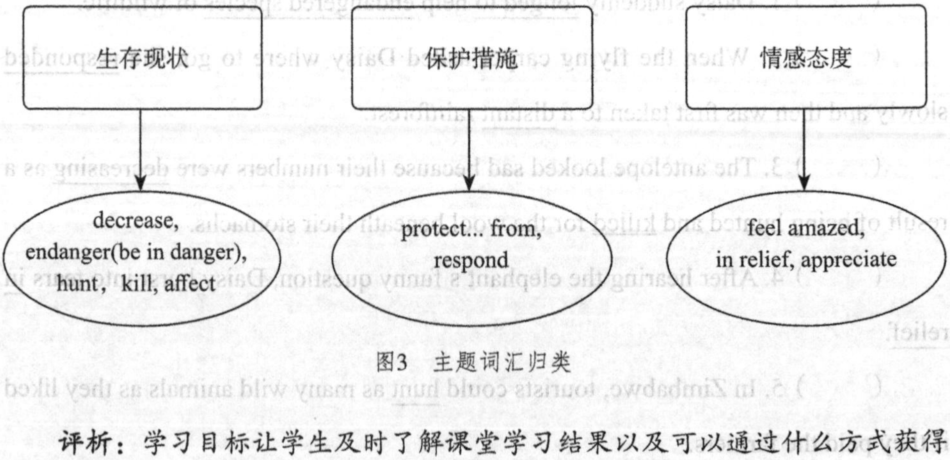

图3　主题词汇归类

评析：学习目标让学生及时了解课堂学习结果以及可以通过什么方式获得这样的学习结果，因此会让学生有意识地注意学习内容和采取的学习策略。本节课是词汇课，明确了学习目标后，学生更能从运用的角度去内化词汇的意义和用法。语篇是词汇的载体。只有通过语篇和语境才能更好地帮助学生理解词汇。尽管学生在学习阅读篇章时对词汇的意义有初步的了解，但是通过再现和画线引导学生关注和解释词汇意义，在语境中观察词汇搭配和用法，对词汇进行归类是非常必要的，而且较好地把语境和词汇结合起来，让学生进一步明确主题，抓住线索。

Step 2: Understanding the words

★ 活动2：

教师让学生阅读一篇与动物保护相关的语篇，并让学生从方框中选择恰当的单词或短语并用其正确形式填入语篇。

decrease, protect...from, endanger, feel amazed, as a result, hunt, affect, in relief, respond to, long to, appreciate

As we all know, more and more wild animals are ________ now and the number of them ________. Human beings are mainly to blame for this. On the one hand, people's increasing interest in the wild animals' furs, bones and meat encourages some greedy hunters ________ or kill them in order to get more money. On the other hand, their natural habitats are being destroyed seriously. ________, many rare animals are dying out. ________ the wild animals ________ disappearing, human beings should ________ the problems quickly.

First, human beings should guarantee a safe living area for the wild animals. For example, we should reduce the pollution so that fewer wild animals can be ________. Second, we must prevent them from being hunted. Third, we should do all we can to make people realize the importance of protecting the wildlife. More importantly, we can call on people to donate some money to build more natural habitats for wildlife.

________, we find many people have already on the way of protecting the wildlife. In China, both the government and the people are working together to improve the environment and protect the natural habitats for the wildlife. We ________ to see that wild animals are returning to their habitats. We ________ leave the wildlife in peace and we'll ________ every effort of saving the wildlife from going to extinct.

教师引导学生梳理短文的结构，让学生谈论造成野生动物灭绝的主要原因、措施和目前取得的成果。

评析：通过语篇链接主题，并且在语篇中对词汇进行初步加工、运用。始终把握整个单元对于野生动物保护所涉及的主要方面，为下面的活动做好铺垫。

Step 3: Consolidating the words

★ 活动3：

教师让学生观看一个呼吁保护野生动物的视频，让学生从中获取信息，并填写表格。

A piece of TV public service announcement/advertisement	
The name of the celebrity/ambassador/spokesman	
The number and the names of the endangered wild animals	
The name of the organization	
The slogan（口号）of the advertisement	

学生汇报所填写的信息，教师进行引导和补充。完成后，教师要求学生再听一次，并让学生填写所缺的单词。

When the buying stops, the killing can too.

________ if elephants could simply give us their ivory（象牙）, but instead, we ________ it by ________ up to 33,000 a year, just for things that could be made of something else. Elephants need their ivory. We don't. Please tell your friends and family to be ivory ________.

If people tell you shark fin（鱼翅）soup doesn't ________ millions of sharks each year, don't ________ it. If they tell you it's not ________ the shark population, don't ________ it. If they tell you it doesn't ________ mercury（汞）that can kill you, definitely don't ________ it. For your health, for the sharks, for the ocean, please say no to shark fin soup.

In the 1990s, Taiwan was the biggest ________ of rhino（犀牛）horn（角）, but when we realized it was wrong, we stopped and the poaching（偷猎）did, too. In 2009, Vietnam emerged as a new market and the poaching ________ again. So please, don't bring shame on your country. ________ us now in helping the rhinos. Never ________ rhino horn. Together, we can ________ the rhinos.

Some people think it's clever to eat these ________ animals—pangolins（穿山甲）. In fact, it's ________. There is a serious risk of picking up parasites（寄生虫）, or catching diseases. And the scales（鳞片）are used for medicine. They are keratin（角质）, just like your fingernails. And these animals are becoming ________. Never eat pangolins or use their scales.

教师提问：

What kind of writing is it?

What purpose does the writing serve?

The advertisement is mainly made up of short sentences. Why?

评析：本环节通过新情境的创设，让学生在语篇中练习听和写的技能，在运用和巩固词汇的同时，进一步体会野生动物令人担忧的现状以及人们对野生动物认识的一些误区，为下文"我为动物代言"的写作任务做好语言和话题准备。文本是一则公益广告，以短句为主，突出广告的特点，增强呼吁的力度和迫切性。教师引导学生注意语篇体裁的特点，注重学生语言得体性的培养。

Step 4: Using the words

★ **活动4：**

教师以野生救援协会面向全球中学生招募"动物代言人"为主题情境，要求学生完成申请表，让学生为自己喜欢的动物代言。写作具体要求如下：

Wild Aid（野生救援协会）现在正面向全球中学生招募"动物代言人"，希望申请者选择一种自己喜欢的濒危野生动物并为之代言（speak for）。假设你有意向参加该活动，请你先用英文在线填表。内容如下：

（1）表示有意向参加；

（2）说明参加的理由；

（3）打算为何种动物代言，并陈述自己作为代言人的计划；

（4）希望申请成功。

注：申请陈述的第一句已给出。

Application Form

Name		Sex（F/M）		Age	16
Email Address					
Statement of Application	I am a student from ______ School in ______, China.				

在呈现写作任务后，教师让学生讨论好的申请书应该具备什么特点，引导大家确定申请书的评价标准（见下表）。师生讨论结果如下：

表12　写作评价表

评价项目	具体内容	评价等级
内容	1. 申请者身份； 2. 与申请职位相匹配的特点或优势（可通过个人经历或别人的评价来突出）； 3. 申请目的和意愿。	A. 很好　B. 较好　C. 一般　D. 有待提高 A. 很好　B. 较好　C. 一般　D. 有待提高 A. 很好　B. 较好　C. 一般　D. 有待提高
语言	1. 准确，语法错误少； 2. 句子简练，适当运用情态动词和被动语态； 3. 结构清晰，内容要点之间衔接自然； 4. 得体，符合申请者的角色。	A. 很好　B. 较好　C. 一般　D. 有待提高 A. 很好　B. 较好　C. 一般　D. 有待提高 A. 很好　B. 较好　C. 一般　D. 有待提高 A. 很好　B. 较好　C. 一般　D. 有待提高
规范	书写整洁，标点符号准确。	A. 很好　B. 较好　C. 一般　D. 有待提高

评析：本节课以语言运用为驱动，逐步深入。在输出环节要求学生写一份申请书，申请作为“动物代言人”，旨在巧妙地把主题意义与词汇的运用结合起来。任务设计开放性强，给予学生选择、充分表达观点和评价的机会，有利于学生思维品质形成。虽然是综合的语言运用，但由于任务建立在学生前期词

汇整理、词汇策略学习和新情境的不断丰富的基础上，可以说是水到渠成。

★ 活动5：

教师指导学生根据评价表对写作作品开展自评、互评，并把评价意见写在习作上。教师参与到各小组的评价中，细心倾听，发现和讨论评价中出现的问题，并以其中的一篇典型篇章作为范例，对问题进行剖析。最后由学生代表分析和评价自己和同伴的一篇文章。教师要求学生根据自评和互评的结果，对文本进行修改。

评析：教学评价与深度学习有着密切的关系。教学评价的过程事实上是学生深度加工知识的过程。本活动通过多轮评价，增加评价参与的广度、深度，提供了一个师生开展意义协商的平台。

Step 5: Conclusion

★ 活动6：

教师给出5分钟的时间，让学生回顾本节课的学习内容，并对存有疑问的地方进行提问。最后教师以思维导图的形式再次回顾了本单元的主题意义，指出野生动物的生存现状、人类采取的措施，复现词汇，强调学习词汇过程中的策略。

what we learn today	What is happening to the wildlife? (extinct, die out, number decreased, endangered, be in danger, affect) What are we doing? (celebrities call for more efforts, protect natural habitats, stop buying)
what strategies we use to aid words	grouping the words put the words in context consciously use the words in context assess our work

图4 课堂学习内容总结

评析：总结是课堂教学的重要一环。词汇是陈述性知识，总结和归纳是学习陈述性知识的有效方法。在总结过程中不仅要注重知识的总结，还应注重方法的总结，强调学习过程策略的介入对语言知识学习的积极作用，培养学生的自我整理、评价和反思的能力。

10. 课例评析

本节课遵循导入、理解、巩固、运用四个教学环节，根据本单元的主题意义，在导入部分复现了学生刚学的语篇，通过引导学生观察和归纳词汇，融入词汇学习策略，使语言自然地嵌入语篇。在理解的部分着重词汇的初步运用，对语境进行了拓展，进一步谈论动物保护的现象和措施。在巩固部分，以一则保护动物的广告切入，广告以学生喜爱的明星为动物代言，引起学生情感的共鸣，更加突出动物保护的紧迫性，也为最后的输出任务做好铺垫。可以说，本节课目标清晰、具体，各个环节活动目的非常清晰，环节之间关联紧密。整个设计思路体现了"输入—内化—输出"的过程，教学中强调学生的学习能力和思维能力的发展，主题意义明确，课程内容的六要素（主题语境、语篇类型、语言知识、文化知识、语言技能和学习策略）融合得非常充分。评价是本节课的一个亮点。教师调动学生对于申请书的背景知识，结合当前的写作任务，通过师生共同讨论、协商形成评价标准。评价标准是建立在大家的共识上，因此评价标准能带给学生写作中语言、内容、逻辑方面具体的指引，对写作任务的完成和反思起到较好的促进作用，真正实现评价促学的功能。

案例4

案例4的课题选自人教版旧版教材高中英语选修8第一单元A land of diversity。

1. 单元内容分析

表13　人教版旧版教材选修8第一单元内容分析

单元板块	内容
Reading（Warming up, Pre-reading,Reading, Comprehending, Learning about Language）	Reading讲述了加利福尼亚州的移民史。语篇以小标题的形式叙述不同历史时期迁移到加利福尼亚州的主要民族、他们移民的目的和生活状况，需要学生思考加利福尼亚州为什么是一个多元的社会，其带来的问题有哪些等。Learning about Language部分通过构词法、语篇等学习词汇。
Revising useful structures	复习名词性从句。
Using Language（Listening and speaking，Reading and writing）	Using Language共包含Listening and speaking, Reading and writing两个部分。在Listening and speaking中展示了George在加利福尼亚州旅行的所见所闻，并要求学生谈论自己的旅行；在Reading and writing部分，通过George的日记更加详尽地描写了加利福尼亚州作为移民城市和多元社会的风土人情，希望学生写一封邮件或明信片描述自己的旅行。

单元的内容聚焦在国家或城市的多元性，倡导当前全球化趋势下各民族应该和谐共处的理念。单元详尽介绍了美国加利福尼亚州多元文化形成的过程及现状，在Workbook部分还补充了另外一个州——新泽西州的情况，逐步帮助学生深入了解什么是多元文化，讨论多元文化社会的利弊，还帮助学生描述一个多元社会所涉及的方面，如历史、气候、人口、文化等。

2. 单元核心分析

表14　人教版旧版教材选修8第一单元核心分析

单元核心	具体分析
主题语境	本单元的主题语境属于人与社会中的历史、文化与社会。单元以美国加利福尼亚州多元社会形成的过程和多元化社会呈现的面貌，表达人类应该放下战争，尊重彼此的历史和生活习惯，和平共处的良好愿望。
语篇类型	本单元的语篇类型主要包括说明文、日记、采访和人物传记。单元的Reading是一篇说明文，文本特征明显，有标题、小标题、图片等帮助读者尽快获取主要信息；Using Language中的语篇则是日记，突出口语化的语言特点，读起来较有亲切感；Workbook 中还包含电台采访和人物传记，叙述新泽西爵士乐的创始人Louis的成长、成名历程。

续 表

单元核心	具体分析
语言知识	由于本单元主要是谈论多元文化、多元社会，因此具有较多表示民族、国家、宗教、文化、生活（如职业、身份）的词汇，同时不可避免地使用许多具体的时间、地点来衔接事件；在历史事件的叙述中，使用了名词性从句加强历史事件的严密性和逻辑性。为了在对话中鼓励对话产出更多的信息，需要通过追问使对话更好地延续下去。
文化知识	本单元涉及很多关于美国移民历史的知识，通过了解历史及各民族文化对美国的影响，理解多元文化的内涵。
语言技能	学生能够熟练地运用文本特征（标题、小标题、插图等）获取语篇的大意；学会区分、分析和概括语篇中包含的观点和历史事实；谈论多元文化和多元社会的内涵以及必然性；通过听取一则关于新泽西州的采访，获取关于新泽西州风土人情的具体信息；描述一个具有多元文化特点的城市。
学习策略	通过图书馆、互联网等渠道了解美国作为多元化社会的原因和现状；寻找理据说明多元化社会是人类社会发展的必然选择；通过观察和比较，说明中国在全球化的背景下，正逐步走向多元文化。

3. 单元整体目标

（1）熟练运用文本特征获取语篇和段落大意，按照时间和空间的转移形成事件发展线索；

（2）区分历史事件描述中的观点和事实，并基于历史事实发表对多元文化的观点；

（3）从地理位置、气候、历史、人口、文化等方面谈论或描述一个地方。

4. 教学内容分析

本节课是在单元第一篇阅读*California*主体理解完成后的词汇教学。阅读文本中有较多国家、地区、宗教、文化、政治、经济、生活方式的词汇，反映了不同历史时期人们的生活现状和生活追求。Learning about Language中也涉及了与美国多元文化相关的句子和语篇，帮助学生巩固对这些词汇的认识。在本设计中，教师对主阅读的文本进行了二次开发，同时增加了描述加利福尼亚州的视频、文字，继续丰富学生对多元文化的理解。为了让学生体验我国改革开放后城市文化包容、文化繁盛的新面貌，教师选择了一篇描述北京作为多元文化代表城市的篇章，要求学生对篇章进行缩写，复现与多元文化相关的重点词汇的同时，训练学生根据观点提取支撑性事实信息的能力。

5. 学习起点分析

（1）学习者学习特点

本课所任教的学生是某所高中高二年级理科班学生。学生理科成绩突出，但英语成绩参差不齐，部分学生把英语学科看作是考试科目，课堂中会认真听讲，但积极发言的学生不多，需要创造激发学习兴趣的情景和活动。

（2）学习者原有基础和可能存在的学习困难

在主阅读的文章中，经过教师的引导和对篇章的理解，学生对多元文化有了一定程度的认识，并且加深了对本单元主题意义的理解：人类在漫长的历史中，经历了民族之间的偏见和战争后逐步融合，和谐共处是社会发展的必然趋势。只有相互融合、和谐共处，我们人类的文化才会更加璀璨。在此基础上，有必要对主阅读进行补充，呈现现在的加利福尼亚州多元文化的一面，并且从了解外国文化到讲述中国故事，需要把美国和中国两国的城市进行对比，提取作为多元文化城市的共性，增强对国家改革开放所取得成就的自豪感。阅读文本表示国家、宗教、文化、生活的词汇较多，熟词生义也造成学生理解和运用上的困难，因此，需要通过典型例句和学习策略支持，引导学生观察、发现和归纳，才能在语境中准确地运用。

6. 课时教学目标

（1）准确地拼读单词；

（2）观察和运用词汇学习策略归纳词汇的意义和用法；

（3）准确地运用词语和句型完成句子；

（4）运用词语完成一篇宣传北京作为多元文化城市的文章。

7. 教学重点

（1）观察和归纳词汇的意义和用法；

（2）描述北京的多元文化。

8. 教学难点

准确地运用目标词汇和句型描述北京的多元文化。

9. 教学过程

Step 1: Lead-in

★ 活动1：

教师用学生的语言说明了今天的学习目标，并呈现了评价内容和标准。评价内容和标准如下：

In this lesson,

I can correctly pronounce and spell the words.

I can tell the meaning and usage of the words in the context.

I can consciously apply vocabulary learning strategies, for example, word forming rules, to remembering and understanding the words and notice the words' correct forms when using them in sentences and passages.

I can consciously use the new words in writing about Beijing as a multicultural city.

接着，教师呈现了两组单词，要求学生写出单词的正确形式，并且大声、正确地读出来。

表15　阅读语篇词汇检测

Group 1	Group 2
Spain—Spanish	distinct—distinction *n.* 差别；区分
America—American	diverse—diversity *n.* 多样性
Russia—Russian	major—majority *n.* 大多数
Africa—African	immigrate—immigrant—immigration *n.* 移民
Italy—Italian	race—racial *adj.* 种族的
Jew—Jewish	hardship *n.* 苦难
Japan—Japanese	aircraft *n.* 飞机
Korea—Korean	boom *n.&vi.* 繁荣；处于经济迅速发展时期
Cambodia—Cambodian	elect *vt.* 选举某人
India—Indian	live on 继续存在
Vietnam—Vietnamese	by means of... 借助……
/ˌvjetnəˈmi:z/	make a life 习惯于新的生活方式、工作等
Pakistan—Pakistani	keep up 坚持，沿袭
/ˌpa:kɪˈsta:nɪ/	It is likely that... 有可能……
	It is believed that... 人们相信/认为……

（注：每列右边部分是学生需要写出的部分）

评析：本活动旨在给予学生清晰的学习目标和学习策略，提出学生学习的重点，并通过回顾主阅读中的词汇和对词汇进行初步的归类，帮助学生复习词汇。

Step 2: Understanding the words

★ 活动2：

教师让学生听一段关于加利福尼亚州的录音并补全短文。

California is the third largest state in the USA. It ________ to become the thirty-first federal state of the USA in 1850. With the ________ of being the most multicultural state in the USA, California has attracted people from all over the world to ________ and ________ their culture. No one knows when the first ________ arrived in California. They were killed or died from diseases, especially when the Europeans arrived. The 18th century saw different people, such as ________ soldiers, ________ hunters, adventurers, Chinese people ________ to California. They all had ________ in the state and their culture ________. As the industry developed, there was a ________ in immigrants. More ________ or cultural groups went to California ________. There were problems how these different groups of people could get along well with each other. There have been conflicts and compromises in the history of California. ________ that only ________ peaceful talks can human beings ________ their conflicts.

（括号中的单词包括：elected, distinction, settle, keep up, settlers, Spanish, Russian, immigrating, influence, lived on, boom, racial, to make a life, It is believed, by means of, settle）

学生完成后，师生核对答案，教师从篇章中提取个别句子，让学生用另外的表达方式替换下划线的部分，如：

<u>With the distinction of</u> being the most multicultural state in the USA, California has attracted people from all over the world to <u>settle</u> and <u>keep up</u> their culture.

（学生可以表达为：<u>Famous as</u> the most multicultural state in the USA, California has attracted people from all over the world to <u>come to live there</u> and preserve their culture.)

评析：活动2通过对教材阅读文本的改编，集中呈现了加利福尼亚州多元文化形成的过程，复现了本文的重要单词和词组。学生通过同义词或近义词的替换练习加深对目标词汇的理解。

★ 活动3：

教师让学生观察两组单词、两个动词和一个动词短语的用法：distinct & distinction；mean & means；settle；influence；keep up。以distinct & distinction；mean & means两组单词为例，教师提供例句，需要学生2—3人为一组，让学生归纳单词的词性、意义和搭配。

1. distinct

His voice was quiet but every word was distinct.

The results of the survey fell into two distinct groups.

There is a distinct smell of cigarettes in the room.

Distinct is a ________, meaning ____________________.

distinction

We need to draw a distinction between the two events.

He has the distinction of being regarded as the Federal Republic's greatest living writer.

The new law makes no distinction between adults and children.

Distinction is a ________, meaning ____________________.

2. mean

What did he mean by that remark?

Don't laugh! I mean it.

I meant no harm.

She's always been mean with money.

Mean is a ________ which has different meaning like ____________.

means

Television is an effective means of communication.

"Do you mind if I have a look?" "By all means."

After the COVID-19 broke out, college students continued their studies by means of online courses.

Means is a ________ which is close to ______________________.

评析：在活动3中，教师集中深化一词多义或熟词多义，引入语料库语境共现的理念，精选字典的例句，对目标词汇进行了拓展。教师非常注重学习策略的指导，具体引导学生如何观察和如何得出结论，为学生自主完成词汇的深加工奠定了基础。

Step 3: Consolidating the words

教师在学生观察和归纳词汇的意义和用法后，继续让学生完成句子，让学生自我评价是否关注了句子中词汇的正确形式，还对个别句子进行了讲评。

1. The ________ of us agree to travel across the ice ________ a dog sled and spend the night in the castle so that we can taste the local culture.

2. We should draw a ________ between right and wrong. It is not a certain racial group but the disease that causes pain and separation.

3. Chinatowns, the places where the Chinese immigrants ________, have become a symbol of Chinese culture in America.

4. ________ that China will ________ the world's developed countries and achieve China dream. China is exerting a strong ________ on the world today both in economy and culture.

5. ________ that more young men will come to Beijing to seek new opportunities as it is becoming a city of diversity.

（注：填入的单词包括：majority, by means of, distinction, settle, It is believed, keep up with, influence, It is likely）

评析：本活动的目的是继续巩固词汇的用法。教师精心选择了与多元文化和当前社会发展相关的句子，为下面环节做好情感和内容的铺垫。

Step 4: Using the words

★ 活动4：

教师呈现了一篇关于加利福尼亚州为什么具有吸引力的篇章，要求学生阅读并回答问题：Why is California one of the most dynamic places in the USA?

The culture of California is tied to the culture of the United States as a whole. However, there are features that are unique to California.

With roots in the cultures of Spain, Mexico, and the eastern United States, California integrates（融合）foods, languages and traditions from all over the world. California culture has also been greatly influenced by several other large immigrant populations, especially those from Latin America and East Asia, who still keep up their culture while making a life in the new land.

California is a true melting pot as well as an international gateway to the United States. It has long been a subject of interest in the public mind and has often been promoted by its boosters（推介者）as a kind of paradise. In the early 20th century, fueled by the efforts of state and local boosters, many Americans saw the Golden State as an ideal resort destination, sunny and dry all year round with easy access to the ocean, deserts and mountains.

California is also home to many famous universities including Stanford University, the California Institute of Technology. The California Gold Rush Period is still seen as a symbol of California's modern economic style, a pioneering spirit that tends to generate technology, social ventures, entertainment, and economic fads and booms that, in many cases, are followed all around the globe.

教师引导学生分析加利福尼亚州具有吸引力的原因，包括多元文化、优越的自然环境以及优质的教育资源。在分析的基础上，师生形成了文本结构的思维导图（见图5）。

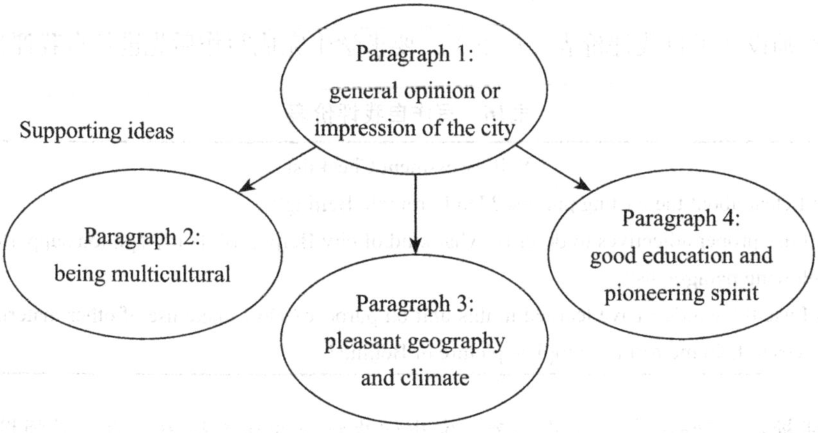

图5 阅读文本结构思维导图

评析：教师选取了对教材内容加以拓展的文本，讲述了加利福尼亚州目前的面貌。文本经过改写，凸显目标词汇；本文作为描述一个地方的范本，在语言和结构上都能为最后的输出任务提供支架。

★ 活动5：

教师播放了一段关于“今天的北京”的视频，视频展示了北京作为现代化大都市的美丽、多元和繁华。接着，教师提出了写作要求，要求学生为BTV冬奥会写一段介绍北京的视频写脚本。为了推动学生有意识地运用所学的词汇，教师还要求学生用波浪线画出所用单词。写作要求如下：

The Winter Olympic Games will be held in Beijing. BTV is producing a film to promote Beijing and welcome people around the world to visit Beijing. Write an introduction of Beijing and post it to BTV in no more than about 150 words. You can begin like this:

Beijing has been the political, economic and cultural center in China for many centuries. In recent years, it enjoys the reputation as one of the most ________ cities in China.

...

If you use the words and expressions in this unit, please mark them with wavy lines. You can use“A changing city” as reference.

教师设计了自我评价表（如下），要求学生完成写作后先进行自我评价。

表16 写作自我评价表

Self-assessment Checklist
1. Am I clear about the writing purpose? Do I promote Beijing?
2. Do I use proper adjectives to describe what kind of city Beijing is? Is my opinion supported by the following paragraphs?
3. Do I use the words I have learned in this unit on purpose? Do I make use of other materials as references to help me form a complete picture of Beijing?

评析：活动5是本节课的高潮，突出学生综合的语言输出能力。教师搭建了不同的支架，引领学生逐步把必备知识和关键能力迁移到新的情境中。任务富有时代感、真实性，能调动学生的写作热情，同时根据学生的水平，教师还巧妙地利用北师大版教材中关于北京的语篇，为学生提供了写作的资源，提升学生资源选择和利用的能力。评价是本节课始终贯穿的重要部分。在写作要求明确后，教师通过制订自我评价表强化学生自我监控意识，提高学生元认知能力。

10. 课例评析

本节课是教学评一体化下词汇教学的一节典型课例，教学内容、语境设置可谓精心。首先是对原阅读材料的再次利用，通过缩写再现词汇所承载的情境；接着对原材料进行补充，跨越加利福尼亚州的历史和现在，通过时间轴构建起课堂的教学线索；最后从讲述加利福尼亚州到认识北京，实现讲述中国故事，增强民族自豪感的育人目的。教师非常注重词汇学习策略的指导。虽然选修八每个单元的单词量很大，但是符合构词法的单词较多，根据高二学生对构词法掌握的情况，教师有意识地设计小测，让学生根据词汇学习策略对词汇进行整理。在活动2中，教师通过词汇转换引导学生借助近义词、反义词去记忆和理解词汇；在活动3中，教师则借助语料库的理念，通过多个例句让学生在语境中猜测词义，丰富词汇的内涵。本节课的亮点还体现在评价上。教师把学习目标和学习评价形成一个整体，以学生作为评价的主体，强调通过自我评价来实现语言、内容和思维的融合。

三、语法课

语法教学的教、学、评

在谈到语法教学的本质时，Diane Larsen-Freeman认为语法与听说读写一样，是一种技能，需要我们从动态的、变化的角度来看语法。语法知识是“形式—意义—使用”的统一体，与语音、词汇、语篇和语用知识紧密相连，直接影响语言理解和表达的准确性和得体性。那么如何提高语法教学的效率？朱正提出交际课堂与显性语法教学相结合，教师应在语篇层面开展语法教学活动，并在真实语境中构建语法教学的流程，通过组织意义协商来提升语法教学的效率。David Nunan曾提出面向三种学习层次的学习者的语法教学原则。

对于初学者来说，在语法教学中，①应保持适当的学习量，而且是逐步增加的，Nunan认为，过度增加学习者的负担是扼杀学习动机的最快方式之一；②循环复现；③归纳法优于演绎法学习。

对于中等程度的学习者来说，教师可以①引导学生从重复语言转变为创造性地使用语言；②尽可能将语法活动及练习个性化；③鼓励学生将语法视为整体过程，也就是说，在整个语言学习的过程中，语法教学不能独立于其他教学活动，反之，在阅读、写作、听力等练习和交际过程中，语法学习和运用能作为完成事情的一个部分。

而针对高级水平学习者来说，Nunan认为①帮助学习者明确语法和话语之间的关系；②鼓励学习者探寻口语和书面语之间的区别；③使学习者系统地接触真实的语言。Nunan还特别强调语法教学中的重复、分散练习和个性化活动，指出这是语法教学能调动和维持学生学习动机，达到成功语言教学的重要保证。在描述语法知识内容要求时，《课程标准》始终强调在语篇中理解和使用语法项目，把语法的学习与听、说、读、写、看的技能结合起来，通过比较、描述、交流等方式促进语法能力的形成。

表17 普通高中英语课程语法知识内容要求

课程类别	语法知识内容要求
必修	1. 意识到语言使用中的语法知识是“形式—意义—使用”的统一体，学习语法的最终目的是在语境中有效地运用语法知识来理解和表达意义； 2. 运用所学的语法知识，理解口头和书面语篇的基本意义，描述真实和想象世界中的人和物、情景和事件，简单地表达观点、意图和情感态度，在生活中进行一般性的人际交流； ……
选择性必修	1. 通过在语境中学习和运用语法知识，认识英语语法在哪些主要方面不同于汉语语法； 2. 运用所学的语法知识，理解所学语篇的基本意义和深层意义，恰当地描述真实和想象世界中的人和物、情境和实践，表达观点、意图和情感态度，进行人际交流； ……
提高类选修	1. 通过在语境中学习和运用语法知识，认识英语语法的基本体系及其特征； 2. 熟练地运用所学的语法知识，准确地理解所学语篇的基本意义和深层意义，有效地描述真实和想象世界中的人和物、情境和实践，表达观点、意图和情感态度，进行流畅的人际交流； ……

单元整体教学下，语法教学也需要放置在与单元主题意义一致的语境下去设计和实施。借助单元的语境，教师可以引导学生观察和归纳语法项目的使用场合、表达形式、基本意义和语用功能，并且把目标语法的“形式—意义—使用”放置在句子的整体框架下，从而形成语法项目较为完整的概念。

在引导学生观察、分析、理解语法概念以及规则时，教师指令应该非常明确，甚至需要先做好示范。教师选取的样例需具有体现目标语法项目意义和功能的典型性和代表性。

在概念形成的基础上，教师需要及时进行语法项目的巩固。可以引导学生在练习过程运用精加工的策略，提高有意注意，促进学生建立语境和语法项目的关联，加快语法知识的内化。如学习时态后，教师让学生阅读下面短文，在时态变化的地方用“/”标示出来，并解释为什么时态发生变化。用下横线画出过去时和将来时的动词，复习常用动词的过去时和将来时的正确形式。

Most people have great memories of their own amazing trips, but one of my favorite memories isn't mine — it's my mother's. My mother loved classical music — she studied it with her mother as a little girl, took piano lessons as a high school girl, and then went to university to study voice and organ. She dreamed of visiting Europe, the birthplace of the world's greatest classical music. But after graduation, she got married. Then she and my father both went back to university to study for master's degrees — and after that they had a baby, my oldest sister. My mother's dream journey seemed to be gone.

However, my dad knew about my mother's love of music, and he guessed her dream. So after they were married for about five years, he began to make plans for a big trip. He arranged for their little daughter to stay with her grandmother. And he and my mother set off on their big tour to the European homes of classical music: England, Germany and Italy.

They did not visit all the most famous places; they didn't see every great historical site. But my mother had the chance to see what she loved — places where great musicians were born and places where great music was performed. She listened to the music in England's great churches. She heard great concerts in Germany. She saw beautiful operas in Italy. That trip was unforgettable for my mother; she told us children stories about it for the rest of her life.

I think that everyone has a dream journey. It probably isn't to Europe. It might not be very exciting to other people, but to you, it will be unforgettable, because it will fulfill a dream of what you love. Maybe someday you will have the chance to take your own unforgettable trip. Where would you like to go?

最后是运用迁移。学生需要判断语法项目与任务的关联，思考在任务中使用语法项目的得体性。评价是促进学生对语言知识巩固和运用的重要手段，对促进学生在语法学习中深度学习有着独特的优势。在明确评价标准的指引下，通过自我评价和同伴评价，学生在任务完成过程中能主动开展解释、分析和反思工作。

在语法学习中，个体的总结反思对规则的内化非常重要。课堂教学中，我们鼓励学生完成了语法学习过程后，要建立个人特色的语法系统。如学习完三种中学阶段的基本时态后，学生可以按照下面的表格（见表18）通过个性化的例句强化对三种时态的认识。

表18　一般过去时、过去进行时、一般将来时三种时态整理表

概念与用法	构成	常见的时间状语或连用的句子结构	例句
一般过去时：1.表示过去某个时间发生的动作或存在的状态。2.表示过去经常或反复发生的动作。	1.was/were 2.Verb +-ed 3.irregular verb form（went, bought, ...）	1. ago, yesterday, the day before yesterday, last week, one day, etc. 2. often, always	
过去进行时：表示过去某一时刻或某一段时间正在进行的动作。	was/were + doing	1. 具体的过去时间 2. at this time yesterday, at that time 或以when, while引导的从句中的谓语动词是一般过去时	
一般将来时：1.表示将来某个时间要发生的动作或存在的状态。2.表示将来经常或反复发生的动作。	1. will + do 2. be going to +do	1. tomorrow, next week, next year, in the future, etc. 2. if, when, as soon as 等引导的从句中从句的谓语动词是一般现在时	

同时，要对学习过程中出现的语法错误或需要引起自己注意的地方进行整理、标注、解释。

单元整体教学下语法课的教学支持、学习活动和学习评价需要在导入、习得（概念）、操练、运用、总结五个教学环节中逐步推进。

表19　语法课的教、学、评

教学环节	教学支持	学习活动	学习评价
导入	提出学习目标； 复习旧知识； 呈现包含目标语法的主题语境。	理解和认同学习目标； 建立新旧知识的联系； 理解语境意义，初步感知目标语法对意义理解和表达的作用。	是否明确目标？ 是否主动调动已有知识去学习新的语法项目？ 是否能理解语法与语境的关系？
习得	从“形式—意义—使用”三个维度引导观察案例； 帮助归纳和完善概念； 运用精加工策略突出概念的关键因素。	有意识地从三个维度进行观察、讨论和归纳； 构建反映目标语法三个维度的系统概念，关注目标语法与其他句子成分的关联； 有意识地运用精加工策略。	是否明确语法的三个维度？ 是否积极参与学习过程，观察和归纳语法特征？ 能否主动运用句子成分知识去理解和形成新语法项目概念？ 能否主动运用精加工策略？
操练	进一步提供情境； 尝试练习； 评价、强化情境与语法项目的关联； 注重准确性。	通过操练性的练习判断目标语法出现的语境，关注和巩固语言形式； 有意识地运用精加工策略； 初步在语境中理解、解释和分析目标语法。	能否理解练习的目的并有意识地运用目标语法？ 能否判断在不同语境中语法的准确性和得体性？
运用	设计综合性和个性化的任务； 引导判断情境与目标语法的关联，评价语法的正确性和得体性。	判断情境与目标语法的关联； 准确地运用目标语法完成意义理解和表达； 根据语法概念和规则解释分析语法运用的准确性和得体性。	能否运用评价监控学习？ 能否主动地解释和分析语境中的语法现象？
总结	学生建立个性化的语法系统，并对语法使用进行总结反思。		

案例5

案例5的课题选自人教版旧版教材高中英语选修7第四单元Sharing。

1. 单元内容分析

表20 人教版旧版教材选修7第四单元内容分析

单元板块	内容
Reading（Warming up, Pre-reading,Reading, Comprehending, Learning about Language）	在Warming up部分，教材设计了一个调查表帮助学生理解什么是“volunteer”;在“Pre-reading”部分，则需要学生运用文本特征，从文章所提供的图片中了解主人公，一个来自澳大利亚，前往“Papua New Guinea（PNG）”进行志愿服务的老师所任教的环境，比较学生自己所在的学习环境，从而更好地了解PNG当地学生艰苦的学习条件。Reading则从主人公Jo写给朋友的一封信，详细描述了Jo在PNG从教的情况，从中可见当地教学环境的恶劣、教学设备的简陋和当地人生活条件的艰苦，但同时反映当地人的淳朴、善良和勤劳。文章通过对Jo志愿者经历的叙述，反映出志愿服务的重要性和志愿者的奉献精神。Learning about Language则设计了词义解释、选词填空和词义辨析练习巩固词汇的用法。
Revising useful structures	本单元的语法是定语从句，全面复习定语从句的语法形式，巩固定语从句用于描述和细节添加的意义。
Using Language（Reading and speaking, Listening and speaking, Writing）	Using Language设置了网页阅读，介绍The world’s most useful gift catalogue网页，鼓励读者购买礼物去帮助有需要的人。阅读任务体现了网页阅读的特点，要求学习者注意文本特征，从网页中的列表、列表顺序、图片等获取有用的信息，并学会使用网页了解不同礼物的用途。Using Language中的Listening and speaking部分是关于Dr Mary Murray援助苏丹的故事。听力中需要学习者在听的过程中获取故事的时间顺序，记录主要事件，说出Dr Mary Murray到艰苦地区从事志愿服务所面临的困难，并思考自己能否以Dr Mary Murray为榜样尝试规划自己的志愿行动。Writing部分设计为学校杂志写一篇介绍Dr Mary Murray的文章。

2. 单元核心分析

表21 人教版旧版教材选修7第四单元核心分析

单元核心	具体分析
主题语境	本单元主题是人与社会中的子主题社会服务与人际沟通：公益事业与志愿服务。单元通过分享志愿者志愿服务的故事、介绍志愿机构等鼓励学习者了解志愿服务的重要意义，并加入志愿服务或通过其他途径帮助他人。

续 表

单元核心	具体分析
语篇类型	单元分别覆盖了书信、新媒体语篇——网页、访问等多种体裁的语篇。
语言知识	在主阅读中以书信的形式，描述了志愿服务所在学校的教学环境和一些教学故事，介绍了一次家访的所见所闻。语篇中有较多的环境和动作描写，以空间转移突出写作的顺序和线索；在Using Language中则是网页阅读，图文并茂，版面设计突出网页阅读的特点和功能。听力材料则是对Dr Mary Murray的访谈，以时间为线索，叙述Dr Mary Murray甘于奉献的精神。由于涉及较多的场景描写，本单元语篇也使用了较多的定语从句。
文化知识	单元涉及了作者志愿服务所在地区生活、学习、工作、语言等情况的描写，需要学习者逐步了解、比较，从而尊重当地文化，理解志愿服务的重要性和志愿者的奉献精神。
语言技能	能够根据不同语篇采用不同的阅读策略；能够从场景描写和动作描写中获取关于志愿服务地区的生活、工作、文化状况；通过与自己所处的环境进行比较，谈论从事志愿服务可能遇到的困难和意义，表达对志愿服务和作为志愿者的计划和观点；熟练地运用人物访问的语篇知识听取关于人物主要贡献、做事目的以及影响力的信息；写一篇结合自身志愿服务经历，谈论志愿服务意义的文章，号召更多的人加入志愿服务。
学习策略	在获得的信息与个人经历之间建立有意义的联系，以便能更好地理解文本；根据不同语篇的特点，理解语篇的逻辑，以及段落间的现象；进行总结和反思，熟练具体语言形式的结构、意义和使用规律。

3. 单元整体目标

（1）能够根据不同语篇采用不同的阅读策略；

（2）能够从场景描写和动作描写中获取和概括主要信息；

（3）通过与自己所处的环境进行比较，谈论从事志愿服务可能遇到的困难和意义，表达对志愿服务的观点，谈论自己作为志愿者的经历；

（4）熟练地运用人物访问的语篇知识听取关于人物的关键信息，包括主要贡献、影响力等；

（5）结合自身志愿服务经历，写一篇关于志愿服务意义的演讲稿，号召更多的人加入志愿服务中。

4. 教学内容分析

本节课的教学内容为定语从句。定语从句早在初中就已经为学生所熟悉，在高一阶段也作为主要的语法项目进行学习。本单元是对定语从句进行全面的复习，巩固定语从句的语言形式、意义和运用。结合本单元的主题语境，以及定语从句用作添加细节，描述环境和人物的功能，课堂将整合教材P73 Workbook中Reading Task和P34 Using Language的内容，根据单元主题和本课目标，设计笔头和口头语言活动，为写作提供相应的背景知识。

5. 学习起点分析

（1）学习者学习特点

教学对象为高二理科班的学生，课堂气氛活跃，但英语基础较为薄弱。大部分的学生存在惧怕写作、句子写作不熟练、句子结构混乱、整体写作水平偏低的问题。

（2）学习者原有基础和可能存在的学习困难

学生在高一必修一第四单元学习了that, which, who, whose引导的定语从句；第五单元学习了where, when, why, *prep.* + which/whom引导的定语从句；必修二第一单元学习了限制性和非限制性定语从句。但学生对语法知识的遗忘率比较高，对定语从句的意义和运用还不清晰，大多数学生停留在辨认、做填空题的层次，却未能在口语、写作中运用定语从句进行准确的表达。针对学生的原有的基础，教师应在课前布置学生找出主阅读文本包括的定语从句，查阅资料，整理、总结定语从句的用法。在课堂针对语言形式的练习中，则侧重准确判断关系词与先行词的逻辑关系。针对语言意义和用法的练习中，则整合教材的其他部分内容，创设与单元主题相关的语境。

6. 课时教学目标

（1）回忆并归纳定语从句的用法，正确判断出定语从句；

（2）在语篇中正确选用关系代词和关系副词进行填空；

（3）准确使用定语从句说明捐赠礼物的用途；

（4）准确运用定语从句写信介绍一次慈善捐赠活动。

7. 教学重点

（1）准确判断定语从句关系代词和关系副词与先行词的关系；

（2）在语篇中正确运用定语从句进行描述。

8. 教学难点

准确运用定语从句介绍一次慈善捐赠活动。

9. 教学过程

Step 1: Lead-in

★ 活动1：

教师展示本节课的学习目标，说明本节课主要内容是复习和巩固定语从句的语言形式、意义和用法，然后展示学生收集到的阅读文本中的定语从句以及归纳情况。

文本中包含定语从句的句子如下：

（1）Thanks for your letter, which took a fortnight to arrive.

（2）...so I've included some photos which will help you picture the places （which）I talk about.

（3）The boys who had never come across anything like this before started jumping out of the windows.

（4）Sometimes I wonder how relevant chemistry is to these students, most of whom will be going back to their villages after Year 8 anyway.

（5）We walked for two and a half hours to get there—first up a mountain to a ridge from where we had fantastic views and then down a steep path to the valley below.

……

Step 2: Learning about the concept

★ 活动2：

教师请学生从所收集的例句中选取或补充典型的句子，说明定语从句的语法规则。学生展示如下：

表22　定语从句归纳表

语言项目： 定语从句	具体说明
概念	修饰名词，在句子中充当定语的从句。
要素	先行词（名词）、关系代词（副词）、从句其他部分。
注意	在从句中，关系代词（副词）代替的是先行词； “关系代词（副词）+从句其他部分”构成完整的句子； 关系代词与关系副词在从句中充当成分不同。关系代词充当主语、宾语、定语；关系副词充当状语。
示例	（1）The boys　who　had never come across anything like this before 先行词　关系代词　从句其他部分 （修饰人时用who或that, who充当从句的主语） started jumping out of the windows. （2）Sometimes I wonder how relevant chemistry is to these students, 先行词 most of whom　will be going back to their villages after Year 8 anyway. 介词+关系代词　从句其他部分 （介词后只用whom，whom充当介词的宾语） （3）...so I've included some photos　which　will help you picture 先行词　关系代词　从句其他部分 （修饰物时用which或that，which充当主语） the places　（which）　I talk about. 先行词　关系代词（当宾语省略）　从句其他部分 （4）Thanks for your letter,　which　took a fortnight to arrive. 先行词　关系代词　从句其他部分 （非限制性定语从句不用that, 用which充当主语） （5）We walked for two and a half hours to get there—first up a mountain to a ridge　from where　we had fantastic views and then 先行词　关系副词　从句其他部分 （where表示地点的关系副词, from where固定搭配） down a steep path to the valley below. （6）We set off very early at dawn,　when　it was still very quiet in the street. 先行词 关系副词　从句其他部分 （when表时间的关系副词，做时间状语）
意义	表示“……的”，用于描述或添加细节。
运用	一般用于记叙文、人物或景物描写。

评析：本节课是定语从句的复习课。学生已经完成了与志愿服务有关的阅读课的学习，把握了主题大意。文本中有大量的定语从句。本活动目的是利用学生熟悉的句子进行目标语法的复习，降低学生复习目标语法的心理压力，同时很好地体现语法在主题语境中的运用，为主题的深入做铺垫。

★ 活动3：

学生汇报后，教师让学生试比较两组句子，并询问定语从句是否加深了我们对Papua New Guinea学生学习环境和生活环境的了解。

Group 1:

（1）...so I've included some photos which will help you picture the places（which）I talk about.

（2）...so I've included some photos.

Group 2:

（1）The boys who had never come across anything like this before started jumping out of the windows.

（2）The boys started jumping out of the windows.

通过两组句子的比较，学生认为第一组句子中的含有定语从句的句子明确了寄送这些照片的意图；第二组句子中的含有定语从句的句子则让读者明白男孩做出该行为的原因。

接着，教师让学生欣赏Michael Jackson等演唱的*We Are The World*，并回答：

Why did they sing the song?

学生回答："To appeal people to help the poor Africans."。

教师让学生阅读下面的歌词，要求学生把含定语从句的句子挑出来，并让学生说明理由。

（1）There comes a time when we need a certain call.

（2）You know love is all we need.

（3）We are the ones who make a brighter day.

（4）There's a choice we're making...

（5）We can't go on pretending day by day that someone, somehow will soon make a change.

（6）It's true that we'll make a better day just you and me.

（7）Send them your heart so they'll know that someone cares...

（8）When you're down and out there seems no hope at all...

（9）Let's realize that a change can only come when we stand together as one.

评析：通过句子的对比，帮助学生更好地理解定语从句的意义；以歌曲*We Are The World*带出更多含定语从句的句子，形式新颖，激发学生兴趣。既是对主题语境的深化，也进一步检查和评估学生对定语从句的概念和特征的掌握情况，帮助学生很好地把定语从句与其他从句区分出来。

Step 3: Practicing the grammar

★ 活动4：

教师通过回顾歌词，让学生明白歌词所传达的希望大家互相帮助，共创美好明天的意境，并提出在世界上有不同的志愿者机构或组织在努力集合大家的力量，帮助他人。教师要求学生阅读短文，并让学生把短文补充完整。

Voluntary Service Overseas（VSO）is a charity 1. ________ sends volunteers to developing countries. It now has more than 2,0000 volunteers, most of 2. ________ work in Africa, 3.________ many people suffer from poverty. As is usual in this part of the world, each family is very large and most of their children can't go to school. They have to live in a small metal house 4. ________ roof is made of dried grass. They even do not have their own toilet and have to use an open field, 5. ________ increases the chances of diseases. Besides, they can not afford any equipment 6. ________ they greatly need for farming. Therefore, it is hard for them to support such a big family.

学生完成后，相互讨论，对照定语从句的总结表，修正自己的答案，并画出定语从句的各个要素，确定所填关系代词和关系副词在句子中的成分。

评析：本活动以介绍志愿组织为语篇内容，让学生通过阅读和语篇填空了解非洲人民面临的生活困境，说明志愿服务的必要性和意义。活动中，教师着重引导学生继续巩固定语从句的概念、要素，让学生加强对语言错误的有意注意和自我监控意识。

Step 4：Using the grammar

★ 活动5：

教师提问：

As we can see, many volunteers are willing to help other people, but how do they help those in need? Let's watch a video to get close to them to see what the volunteers do.

接着，教师播放视频。该视频展示了一群来到海南鹦哥岭的年轻人如何帮助村民脱离贫困，同时保护当地的野生动物的事迹。教师接着问：

Can we do the same thing as they do? What can we students do to help those in need?

当学生回答"We can work in the nursing homes, clean the streets at the weekend and donate some money when necessary."时，教师给予充分的肯定，并及时带出话题：

Today，let's see a very special way of donation.

接着，教师展示一个礼物清单（如下），并介绍礼物清单的用途：

The gift you give is a voluntary contribution towards the lives of people who really need it. Choose from this catalogue a really useful gift for some of the world's poorest and bring hope for a better future to a community in need.

教师要求学生组成小组，让学生运用定语从句完成一个口语活动"What are you going to donate?"。小组成员需要记录每个人计划捐赠的礼物，并告诉班级所有的同学。教师作示范：I decide to donate 50 yuan to buy a family toilet that/which reduces the chances of disease.

表23　礼物清单

Gift	Cost
Vegetable seeds	￥10
Tree seedlings	￥15
School books	￥20
Child vaccinations	￥25

续 表

Gift	Cost
A sewing machine	￥30
A goat	￥40
A family toilet	￥50
An ox for ploughing	￥60
A tractor	￥80

评析：展示一群年轻志愿者保护环境并帮助村民脱贫的视频能激发学生对话题的兴趣，自然地引入学生思考“我们可以做些什么？”。捐赠礼物的活动整合了教材Using Language的内容，巧妙地把定语从句运用与主题结合起来。

★ 活动6：

教师呈现写作任务，要求学生运用定语从句完成写作。

写作情境如下：

最近你打算参加一个慈善捐赠活动。你的朋友Tom知道了，他也有兴趣参加。请给他写一封回信，向他介绍活动的相关信息。内容包括：

表24 写作内容

主题	Give them a hand
组织者	Voluntary Service Overseas
目的	帮助那些过着贫困生活的人
参加方式	1. 登录网站*http://www. worldgifts. org/*； 2. 在礼物清单中选出你想捐赠的物品； 3. 将物品所需金额转入（transfer）指定账户。

信的开头已写出：

Dear Tom,

____

____

____

____

教师在学生写作后画出所用的定语从句，并抽取了1—2篇作文，对作文的整体和定语从句的使用进行了评价，然后要求学生对照定语从句的总结表，开展写作互评，指出用错的定语从句，并向同伴解释。

评析：本活动是课堂的高潮。与活动4连接紧密，进一步设置综合性情境，引导学生运用定语从句。定语从句的总结表是学生课堂监控语法准确度的一个评价标准，多次在课堂中得以使用。教师利用精加工策略和学生同伴解释语法等方法，帮助学生更好地巩固定语从句。

Step 5: Conclusion

教师给出2分钟的时间，让学生回顾自己本节课的学习内容，并根据自评表，评价本节课的学习效果。

定语从句学习情况自我评价清单

（1）我能关注定语从句的语言形式、意义和运用。

（2）在使用定语从句时，我注意到它的关键特征：先行词、关系代（副）词、从句的其他部分。

（3）我能从句子成分的角度准确地判断关系代词或关系副词。

（4）我注意收集自己的错误，并加以改正。对规则不太明确时，我能主动询问同伴、老师或查阅语法书。

（5）我会在记叙、描述或其他情境中通过运用定语从句来巩固它的用法。

10. 课例评析

这是一节传递志愿服务精神、倡导乐于助人价值观的语法课。主题突出，线索清晰，教学环节环环相扣。本节课的设计情境多样，活动丰富，选材灵活。围绕着单元整体教学下语法课的特点，在教学支持上，教师充分考虑到学生的最近发展区，引导学生利用已学的语篇，整理定语从句，突出语法作为陈述性知识的关键特征和要素。当需要把陈述性知识向程序性知识转化时，教师突出教学示范的作用，使活动清晰、可操作。学习活动上，分别设计了整理目标语法、听歌判断语法、情境运用语法的活动。教师注重细节，通过精加工策略等引导学生关注任务过程中语言的准确性，保证本节课重难点突出。评价设计较为巧妙。课堂中学生自我整理的定语从句规则成了学生课堂练习和写作的评价标准，而最后课堂的总结则通过自我评价表引导学生形成语法学习策略，尤其是学会关注易错点，主动学习和自我监控等。教学评的高度一致是本节课教学目标达成的重要保障。

案例6

该案例是人教版新教材必修第一册第二单元 Travelling Around的语法课。语法的项目是现在进行时表将来。

1. 单元内容分析

表25　人教版新教材必修第一册第二单元内容分析

单元板块	内容
Listening and Speaking	Listening and Speaking是整个单元的热身部分。教材设计讨论旅行前准备、听取对话，获取旅游准备的具体信息，并进行角色扮演，编写对话，谈论旅游计划。本部分的最后是语音练习。
Reading and Thinking	观看关于秘鲁的视频，阅读两篇介绍秘鲁的文章，需要学生判断百科全书和旅游手册不同的文体特征，并获取秘鲁的旅游信息。设计为不同需求的旅游者推荐合适的线路。
Discovering Useful Structures	本单元的语法项目是现在进行时表将来。教材设计了让学生观察句子、总结规则、判断改写和根据天气情况运用现在进行时谈论计划的活动。
Listening and Talking	通过听、说谈论如何根据旅行需要预订机票、酒店和餐饮。
Reading for Writing	阅读一封谈论旅游计划的邮件，学习相关的语言和邮件的结构，仿写一个讲述旅游计划的邮件，并根据评价表对写作进行评价。

续表

单元板块	内容
Assessing Your Progress	通过语篇对本单元的主要词汇和语法进行练习和复习，并需要引导学生对单元学习进行反思。
Project	阅读网络留言，根据需求设计一个星期的旅游安排，并制作一个有吸引力的旅游手册。
Video Time	观看介绍秘鲁的一座古城遗址的视频，获取具体信息，同时思考视频中具有争议性的问题：旅游对于文物是一种保护还是一种破坏？我们需不需要禁止到古建筑遗址进行旅游？

新教材每个板块的功能非常清晰，板块之间的关联也更为密切。本单元围绕着旅游计划，介绍了旅游前的准备、中外有名的旅游景点，并需要学生运用所学的知识为旅游者设计旅程。可以说，单元语篇类型丰富，包括对话、百科全书、旅游手册、邮件等。而且实用性强，极大地增强了学生的综合性语言能力。在单元学习中关注学生思维能力。本单元虽然有较多获取具体信息的活动，但是会引发学生思考如何平衡旅游和文物保护之间的关系。Workbook进一步丰富了教材的语料，设计了关于中外旅游景点的介绍、讨论旅游的弊端，并让学生思考哪些是文明的行为，哪些是不文明的行为。单元基于刚进入高一的学生的特点，选取与学生生活相关的旅游主题，提供给学生旅游当中的各种场景，增强学生运用语言的动机，激发学生热爱祖国的美丽河山，通过旅游拓展自己的视野的情怀。单元还注重批判性思维的培养，引导学生思考旅游带来的问题，以及探讨解决问题的方法。整个单元逐步深入，注重基础的同时，培养学生的文化意识和思维品质。

2. 单元核心分析

表26　人教版新教材必修第一册第二单元核心分析

单元核心	具体分析
主题语境	本单元的主题语境是人与自然，涉及自然环境；本单元也包含了较多人与社会的语境，主要体现在社会交往方面。因此，主题语境不是单一的。

续表

单元核心	具体分析
语篇类型	单元的语篇包括对话、应用文（百科全书、旅游手册、邮件）和议论文。在Listening and Speaking, Listening and Talking中呈现较多的人际交往的对话，谈论旅游前的准备和计划；在阅读中，则采用百科全书和旅游手册的形式介绍秘鲁以及秘鲁不同的旅游行程；在写作任务的设计上，则要求完成一封邮件，回复朋友关于旅游计划的询问；Workbook中的Reading是一篇议论文，讨论了旅游的弊端。
语言知识	本单元以旅游计划为线索，通过不同的语篇谈论了旅游需要了解和准备的知识。学生需要了解日常生活中与旅游相关的语篇，比如百科全书、旅游手册和邮件不同的结构和语言特点。单元的词汇与旅游密切相关，比如出行方式、景点描写、旅行用品等；语法则是现在进行时表将来。
文化知识	单元的文化知识丰富，包括旅游不同地方的著名景点和文化，以及旅行中依据不同的国情做出恰当的行为。
语言技能	通过听和说获取和谈论旅游计划，能够听懂和表达如何打电话预订机票、酒店、餐饮等。辨别介绍性文本和旅游宣传册的文体特征及语言特点，有效获取信息。归纳哪些动词的现在进行时能表示计划，并运用现在进行时谈论旅游计划。写一封回信，详细介绍自己的旅行计划。通过观看视频，表达旅游对文物保护的利弊，并提出合理的解决问题的途径。
学习策略	在与旅游相关的语境中学习词汇和语法，并通过分类、构词法等手段加深对词汇的理解和记忆。根据标题、图片等信息辨析语篇类型，并采用相对应的阅读策略。通过对整个单元学习的总结、评价、反思，增强学习效果。

3. 单元整体目标

（1）通过听、读获取旅游的具体信息，对所获信息进行比较和分析，并作出合理的判断。

（2）谈论计划和学会根据需要打电话预订、处理旅行过程衣食住行等事宜。

（3）通过文本特征判断文本类型，并运用不同的阅读策略。

（4）写一封邮件谈论自己的旅游计划，做到段落大意清晰，写作目的明确。

（5）设计一个与旅游者需求匹配的旅游手册。

（6）总结、评价、反思单元词汇、语法以及主题的学习情况。

（7）了解不同地方的著名景点和文化特色，培养爱国情怀，拓展国际视野。

（8）根据视频的内容，分析和表达旅游与文物保护之间的关系，提出解决问题的办法。

（9）分析旅游的利与弊，并提出旅游的文明行为，树立文明旅客意识。

4. 教学内容分析

本节课教学重点是现在进行时表将来。教材设计了理解语法意义，总结语法规则，运用语法规则判断和改写句子，最后根据天气情况，讨论周末计划。Workbook中提供了检查学生语法形式的准确性的填空和组词成句的练习，要求学生区分will do和现在进行时表将来的用法，并运用目标语法来描述自己的旅游计划。语篇的选择都围绕着旅行计划，教师可以根据学生的特点，结合教学重难点对教学内容进行选择、重组和增删。

5. 学习起点分析

（1）学习者学习特点

授课对象是高一年级学生。学生逐步熟悉了高一的学习环境，对新教材的内容非常感兴趣。在前期小组建设的基础上，大多数学生形成了课堂中主动合作、主动发言的习惯。

（2）学习者原有基础和可能存在的学习困难

在主题方面，大多数学生都具有旅游的经历。但由于部分学生来自农村，可能较少进行长途的旅行，所以对旅行计划中涉及的事项有些陌生。经过了前面三节课的学习，学生主题方面的知识得到充实，为运用目标语法谈论旅游计划提供了基础。现在进行时是学生接触最早的语法之一，其基本概念和常见用法已为学生熟悉。但学生大多理解现在进行时表正在进行的用法，对表计划和将来的用法比较陌生，而且经常与will do, be going to do等常见的表将来的语法结构混淆。因此，需要把握哪些动词可以用现在进行时表计划，并通过练习辨析几种将来时的区别和联系。

6. 课时教学目标

（1）归纳现在进行时表计划的动词。

（2）辨析现在进行时与其他将来时用法的区别。

（3）运用现在进行时谈论旅行计划。

7. 教学重点

运用现在进行时谈论旅行计划。

8. 教学难点

现在进行时与其他将来时的区别。

9. 教学过程

Step 1: Lead-in

★活动1：

教师展示日历，显示即将到来的中秋节和国庆节，并询问学生是否已经做好了假期的计划。

Mid-Autumn Festival and National Day are coming. You're going to have a few days for holidays. Are you planning to take a trip? Which place are you visiting?

教师让学生回忆在谈论即将发生的事情方面，动词需要用到什么时态，并一起复习了表示将来时的表达方式，be going to do, will/shall do以及在这个单元中大家所接触的be doing。接着，教师带出本节课的学习目标。

评析：教师通过与即将到来的节日相关联，激发学生的学习兴趣，迅速把学生带进本节课语法项目的情境中，明确本节课的学习重点。

Step 2：Learning about the concept

★活动2：

教师呈现了教材中Amy 和Jeremy的对话，要求学生观察两人是如何谈论计划的，并让学生画出表示将来的动词结构和表示伴随的时间状语。

Amy：Hello，Jeremy！What are you doing this weekend?

Jeremy: Hi, Amy! Some friends and I are going to that new water park on Saturday. Do you want to join us?

Amy: Sure, I'd love to! What time and where?

Jeremy: We're meeting at 10:00 a.m. at the bus stop near our school.

Amy: How about lunch? Are you eating at the water park?

Jeremy: Well, I'm bringing my own lunch. I think some of the others are eating at the park, but the food there is really expensive.

教师与学生进行互动讨论后，形成语法规则归纳表（如下）：

表27 现在进行时表将来用法归纳表（1）

语言项目：现在进行时表将来	具体说明
用法	表示计划采取的行动或要做的事情。
语言形式	be doing（going, meeting, eating, bringing...）
注意	1. 通常需要时间状语； 2. 强调事先计划好的安排、确定要做的事情。
示例	We're meeting at 10:00 a.m. at the bus stop near our school.

在形成了语法的基本概念和用法学习后，教师展示一组句子，让学生找出表达将来的计划的句子，并用现在进行时改写句子。教师注意观察学生的练习情况，并让学生在回答前进行简短的讨论。

1. I've just bought my air ticket! I'll visit my grandparents in December.

2. Gary might visit China next year, but he's still not sure.

3. Kate has been invited to a meeting in Iceland. She will apply for a visa soon.

4. Could you help me with this box, please? I'm afraid I'm going to drop it.

在学生回答练习情况时，教师没有正面作出回应，而是向学生提出了以下问题：

1. Does Sentence 1 show that visiting my grandparents is something I am planning?

2. Do the following two groups of sentences have the same meaning?

Group 1: Gary is visiting China next year.

Gary might visit China next year, but he's still not sure.

Group 2: Could you help me with this box, please? I'm afraid I'm going to drop it.

I am dropping this box.

通过问题1和比较第一组句子，学生明确了be doing表示计划好的、确定的事情，因此练习中的第一个句子可以改写成现在进行时表将来的结构；而第二个句子中的might visit以及not sure表达不确定性，因此不能改写成be doing的结构；在第二组句子中，be going to do 虽然表示将来时，但更倾向于表示说话者的打算和意图或根据当前情况作出预言，不适合用be doing来表示计划的意思。I'm dropping 是现在进行时表正在发生的事情。

评析：该对话继续以学生熟悉的旅行计划作为语篇主题，能让学生在更丰富的语境中归纳语法的形式和用法。在活动中强调精加工策略在语法学习中的应用能更好地帮助学生注意语言形式。通过辨析时态和改写练习，教师呈现出正、反面的例子，可以检查学生对时态的掌握情况，厘清和区分出目标语法的意义和用法。

Step 3: Practicing the grammar

★ 活动3：

教师以与朋友分享自己的国庆假期计划为情境，让学生把邮件补充完整。

Dear May,

I'm glad that I finally have time to write to you. You asked me about my plan for my National Day holidays. Well, I __________ (plan) to take a trip to Hangzhou. And I have finished my travel arrangements.

I __________ (stay) in Hangzhou for 4 days. On the evening of September 30, I __________ (fly) to Hangzhou and __________ (check) in at the hotel. On the first day of my holiday, I __________ (tour) around the West Lake. You know the West Lake is a very relaxing place and there are so many places of interest that I __________ (spend) a whole day there. Hopefully, I can see the lovely squirrels. Then, on the second and third day, I __________ (visit) Wuzhen to experience the beauty of the ancient water town. I __________ (do) shopping there. There must be a lot of attractions in Wuzhen. If you ask me whether I __________ (buy) some silk, I __________ (say) yes because Hangzhou __________ (produce) the best silk in China. On the afternoon of October 4th, I __________ (leave) for home.

What about your plan? Looking forward to hearing from you.

Yours,

Robin

教师提醒学生要根据时间状语、上下文语境和句式来判断正确的时态形式。在核对答案时，师生对一些难点和易混淆的地方进行了讨论。教师让学生对目标语法的用法进行小结，并把自己的思考补充到刚才的语法表里。

表28　现在进行时表将来用法归纳表（2）

语言项目：现在进行时表将来	具体说明
用法	表示计划好要采取的行动或要做的事情。
语言形式	be doing（going, meeting, eating, bringing...）
注意	1. 通常需要时间状语； 2. 强调事先计划好的安排、确定要做的事情； be going to do可以表示说话者的打算和意图或根据当前情况作出预言； will do更强调个人意愿和瞬间的决定，而且在if、when引导的条件状语从句中，主句用一般将来时will do，从句用一般现在时。
示例	We're meeting at 10:00 a.m. at the bus stop near our school. I will do shopping there. If you ask..., I will say...

评析：教师通过补全邮件的活动让学生判断和填写正确时态，进一步评估学生在语境中正确运用时态的能力，同时通过讨论和小结，给予学生及时总结语法学习的机会。

Step 4：Using the grammar

教师展示国庆假期天气情况和所在地计划举办的一些活动，建议学生在完成学习任务的同时，选择合适的户外活动，开阔自己的视野，增长自己的见识。教师让学生根据以上信息，结合自己的实际，形成一个假期计划，并让学生与同伴进行分享。每一个小组推选代表进行发言，并对组员的计划和分享情况进行评价。

表29　假期计划分享活动评价表

评价项目	评价情况
1. Is your classmate's plan reasonable? 2. Does it include both work and play? 3. When he/she shares his/her plan, has he/she used "be doing" correctly?	Perfect.　Good.　Not bad. Perfect.　Good.　Not bad. Perfect.　Good.　Not bad.
What are your suggestions to his/her plan?	

评析：教师设计真实的情境，根据学生学习的实际情况，通过制订和分享计划，引导学生学会做计划，提高学习效率，劳逸结合。

10. 课例评析

本节语法课以"引入—习得—操练—巩固—总结"五个课堂教学环节开展现在进行时表将来的教学。课堂教学体现整合和关联，层层深入，每个环节目的明确。整节课以即将到来的国庆节假期计划为主线，结合具体的语境，引导学生观察、归纳、整理语法的形式和意义。教师要根据本语法内容的重难点，注重设计引导性的问题，让学生能聚焦到现在进行时与之前所学将来时用法的区别。教师注重学习活动中学生的主体作用。通过语法规则表的使用增强学生的元认知，监控和评价自己语法的使用情况。本节课的教学设计没有停留在对语法项目的学习上，而是基于学生的学习实际升华主题意义，为了引导学生学会选择、学会为自己的生活做计划，教师呈现了国庆节和中秋节期间当地的一些活动，鼓励学生劳逸结合，学习与社会实践结合，丰富了计划的内涵，同时通过评价的引导，倡导合理的生活安排。

四、写作课

写作课的教、学、评

写作课是高中阶段最常见的课型之一，写作是语言输出的一个重要途径，是培养学生思维品质的重要方式，也是高中学生在学习英语过程中的一个难点。《新课程标准（2017年版）》把写作作为表达性技能，强调理解性技能和表达性技能在语言学习过程中的相辅相成、相互促进。《新课程标准》要求学生能够清楚地描述事件过程、个人经历和事务特征、传递信息、论证观点、表达情感、开展评论等，根据表达目的选择语篇、词汇、语法结构并注重得体性，注意借助衔接手段建立语篇的逻辑关系，以及总体考虑传情达意过程中标题、图像、表格、版式、字体、字号等有效手段的运用。相较于旧版的《课程标准》，2017年版的《课程标准》在教学策略上明确提出读写、听写等结合提高写作能力，对写作能力的要求更高，写作的语篇类型更广泛。

写作能力的提高并非短时间可以实现，因此写作能力的培养也需要分阶段做好规划。高一年级加大对阅读的引导，利用教材、新闻和文学作品等不同资源、媒介，做好词块的积累，为写作奠定坚实的基础。在写作任务的设计上，可以读写结合，从读中获取写作所需语言、结构，促进语言知识和技能的迁移；可把控制性写作与开放性写作相结合，提高学生的写作动机，加强读写的协同作用。比如应用读后续写，选取符合高中学生认知水平、能引起学生兴趣的英语文学作品，截取作品的一部分，在与文本充分对话的前提下，发挥想象力，为作品续写。高二年级是学生思维能力较为成熟的时期，在继续通过阅读进行语言输入和坚持多样化写作任务设计的同时，强化学生在审题、谋篇方面的能力，注重作品的主题、体裁、结构、语言的融合，开展写作评价标准的制订，指导学生学会自我评价和同伴评价，注重写作修改。通过评价和修改内化写作技能，提高学生的思辨能力。高三阶段是写作综合性训练较为集中的时期。可以结合对高考的研究，对写作任务的类型以及所需的知识和技能做一个整体的梳理，帮助学生形成结构化的知识，并以结构化的知识来指导和监控自己的写作过程。根据学生的重难点进行针对性的训练，以使学生对特定文体的写作达到较高的水平。

教学评一体化下单元整体教学对写作能力的提高有重要意义。在单元整体教学设计中，写作可以作为单元学习的输出目标，依托单元的语境，把完成写作任务所需的知识和技能放在单元不同的课时加以学习和巩固。这是一种以终为始的设计思路，帮助我们围绕终极目标对教学内容进行整合。比如在人教版旧教材必修5第一单元Great scientists的单元教学中，教材的写作任务是写一封信，请求伽利略出版他的“日心说”。根据对学情的判断，教师认为这个写作任务虽然能利用Using Language的阅读文本的信息，但由于与学生生活的时代相隔较远，难以调动学生的写作热情，因此调整为介绍我国科学家抗击新冠疫情过程中运用科学方法，取得抗击疫情重大胜利的事迹。为了达到目标，教师从阅读、词汇、语法、语言综合运用等不同的课型中提取和强调科学精神和科学研究方法，引导学生注意文本如何通过典型的事件去突出作者的写作意图。而在以Chinese Scientists Defeat COVID-19为题的写作中，教师把作品是否反映出中国科学家的科学精神、科学方法，是否通过介绍典型事件突出科学家的研究精神和科学方法作为评价的重要部分，使整个单元主题贯穿，核心突出。

在单元整体教学框架下，写作课往往聚焦写作微技能的训练，强化学生审题意识和能力，指导学生根据文体体裁特点和写作目的采用适当的语言和写作手法达到用写作交际的目的。下面我们以控制性写作为例，重点看一下如何在写作课中有效开展教、学、评活动。

表30　写作课的教、学、评

教学环节	教学支持	学习活动	学习评价
导入	提出学习目标； 激发写作动机。	理解和认同学习目标； 建立新旧知识的联系； 理解写作背景和目的。	是否明确目标？ 是否主动调动已有知识理解新写作情境？
写作前	呈现写作任务； 引导学生审题； 提供范例（正例为主，结合反例）； 比较和分析范例； 对写作重点进行练习； 共同制订写作评价表。	从写作背景、写作目的和写作内容形成对写作任务的整体认识； 从结构、语言、逻辑方面学习一类文章的写作。	能否在结构、语言、逻辑方面形成对写作任务完整的图式？ 能否通过范例的比较分析以及评价标准的制订注意写作的重点，内化写作技能？

续 表

教学环节	教学支持	学习活动	学习评价
写作中	写作过程适时介入。	独立或小组完成新任务的写作。	能否综合应用所学的结构、语言和逻辑方面的知识增强作品的准确性、流畅性和得体性？ 能否运用评价监控写作过程？
写作后	示范如何评价作文； 引导学生开展评价； 引导学生修改作文。	学习从结构、语言、逻辑方面开展自评和互评； 根据评价结果进一步完善作品。	能否通过自评和互评发现自己的优势与不足？ 能否根据评价修改自己的作品，在修改中提高写作能力？

控制性写作大多指向应用文类的写作，通过书信、邮件、海报、通知等传递信息，描述事件和表达观点。控制性写作中大多有对写作内容的提示，也留下一定的空白，需要作者补充部分信息。在“导入—写作前—写作中—写作后”四个教学环节中，教师在写作目标的制订、写作动机的激发方面起着主导作用，需要帮助学生把写作任务与生活中的具体情境结合起来，要明确交际的必要性，从而培养学生在真实情境交际的意识；在写作前，教师需要引导学生分析写作任务，开展审题和对范例的学习，并通过练习巩固写作重点。在经过了范例的剖析后，与学生共同制订写作评价表，检查学生对一类文章写作图式是否完整建构。而在写作后，则以示范和适时介入学生的评价活动为主，必要时，对学生的互评进行更深入的培训。学生的学习活动是建构对一类写作任务的图式并运用这些结构化的知识帮助完成写作任务的过程，通过教师示范、自评和互评，学生能够不断地内化写作技能，综合应用结构、语言和逻辑方面的知识，完成写作任务。评价渗透和体现在每一个主要教学环节。

案例7

案例7的课题是人教版旧版教材高中英语必修4第五单元 Theme parks。

1. 单元内容分析

表31 人教版旧版教材高中英语必修4第五单元内容分析

单元板块	内容
Reading（Warming up, Pre-reading,Reading, Comprehending, Learning about Language）	教材的Warming up部分提供了与公园有关的图片，需要学生理解公园的功能，分清普通公园与主题公园的区别。在阅读中，作者并没有直接回答什么是主题公园，而是介绍了三个人们熟悉的主题公园，主要围绕着主题公园的特色和主要活动。在Comprehending部分，教材编写者需要学生分析文章的体裁以及讨论标题的内涵，对主题公园的主题以及文本中提到的主题活动进行提取，同时引导学生思考和讨论主题公园设置的目的以及主题活动的设计，并让学生代入角色：假如我到主题公园玩，我会参加什么活动？以此增强学生的阅读体验。Learning about Language中，引导学生通过释义、填空来学习新词汇。
Discovering useful structures	本单元的语法是复习合成词。
Using Language（Listening, Reading，Speaking and writing）	Using Language设置了听力、阅读、口语表达和写作活动。听力中需要学生获取Ricky、Lucy和导游在民俗村谈论的主要内容。阅读是一篇介绍Futuroscope主题公园所见所闻的游记。在口语表达部分，则要求学生设计一个对话，谈论在主题公园旅游时如何问路和回应。最后要求学生为Futuroscope主题公园写一篇介绍，作为旅游手册。

从单元的内容来看，围绕着主题，教材通过多个语篇呈现了旅游手册和游记两种不同类型文本。教材需要学生关注主题公园与历史文化的关系，说明主题公园除了带给人们乐趣，也是一个人们能在其中体验文化，了解历史的地方。因此在主题活动的设计上也应体现与主题一致。单元运用了丰富的形容词和状语从句，帮助学生了解并运用吸引读者注意力和兴趣的写作手法。

2. 单元核心分析

表32 人教版旧版教材高中英语必修4第五单元核心分析

单元核心	具体分析
主题语境	本单元介绍世界各地的主题公园，反映人与社会主题下的历史、社会与文化。单元中的主题公园不仅为游客带来生活的乐趣，也在游览当中体现了当地的文化和人类的想象力。

续 表

单元核心	具体分析
语篇类型	单元的语篇类型丰富，主阅读是一个主题公园的旅游手册，Using Language中则是游览主题公园的游记。Workbook还包含了说明文和应用文。
语言知识	由于单元的主题是主题公园，因此文本中主要以主题公园的特色、评价以及主题公园的主要活动为内容。文本中运用了较多的形容词描述主题公园的特色和活动带给人的体验，如magical, unique等，并以祈使句和if条件状语从句为主，尤其是结尾，以祈使句号召人们到主题公园来，如Come to Dollywood to have fun learning all about America's historical southeastern culture!充分体现了旅游手册的特点。单元语法知识是复习合成词，进一步降低学习者阅读的焦虑。
文化知识	单元中介绍的主题公园大多与各地的文化有关，比如迪士尼乐园，里面的卡通形象来自著名的童话故事，而多莉山主题公园则体现了美国东南部的历史和文化，England's Camelot Park反映的是英国骑士和淑女的文化等。在阅读与主题公园有关的文本时，学习者领略到不同国家、不同时期、不同民族的生活状况。
语言技能	能够说出主题公园的特点和内涵；能够根据旅游手册、游记和说明文等体裁特点采用不同的阅读策略；能够提取和归纳主题公园的主题和特色活动，识别语篇中的内容要点和相应的支撑性信息；能够记录听力中的重要信息；能够根据本地文化历史设计一个主题公园。
学习策略	通过构词法、话题词建构词族、词汇语义网，扩大词汇量；通过比较，概括作者如何根据不同的交际目的选择不同的语篇类型。根据主题表达的需要，进行写作信息的组织。

3. 单元整体目标

（1）根据写作目的区分不同体裁，并采用相对应的阅读策略。

（2）通过标题和文本阅读，说出主题公园的特点和内涵。

（3）提取主题公园的特色和主要活动，辨识它们之间的逻辑关系。

（4）根据本地历史文化特色设计一个主题公园。

4. 教学内容分析

本节课是写作课。教材单元介绍了很多世界著名的主题公园，对公园的特色和主题活动进行了详尽的推荐。主题公园设计了哪些主题活动体现主题特色？是否充分？对游客是否有吸引力？文本通过怎样的写作方式达到写作目的？这些为本节写作课提供了结构、语言、逻辑的支持。教师会进一步选择与学生生活环境贴近的本地主题公园，引导学生评价、推荐本地主题公园或根据本地文化历史设计一个新的主题公园，从而让学生认识自己的文化，提高评价能力，激发写作动机和创造力。

5. 学习起点分析

（1）学习者学习特点

教学对象为高一学生，有一定的英语基础，对英语学习兴趣较大。平时学习中喜欢以小组为单位，开展相关的讨论和写作活动。

（2）学习者原有基础和可能存在的学习困难

学生在学习阅读篇章时，能够理解主题公园的内涵，并在老师的引导下，对教材中所提供的主题公园特点和主题活动进行了提取、梳理，但在具体运用语言和写作手法达到写作目的方面还存在一定的困难。不是所有的学生对本地的历史文化都有清晰的认识，因此需要学生提前做好资源的准备，教师也在课堂中给予相关知识的补充。

6. 课时教学目标

（1）复习旅游手册的结构和体裁特点。

（2）根据图片和文字提示，运用与主题公园相关的结构和语言口头介绍本地的主题公园。

（3）写一篇旅游小手册推介本地的主题公园或根据本土文化设计一个主题公园。

（4）根据旅游手册的特点开展自评和互评。

7. 教学重点

根据旅游手册的写作特点完成写作。

8. 教学难点

（1）评价主题公园与主题活动的优点与不足，并提出改进的措施。

（2）运用旅游手册的结构完成写作任务。

9. 教学过程

Step 1: Lead-in

★ 活动1：

教师展示Disneyland的图片并介绍Disneyland，然后提出问题，引导学生从文本写作内容、写作手法、逻辑关系简单回顾之前的学习内容，并要求学生作为游客对主题公园体现主题的特色活动给予建议。

（1）What has been introduced about Disneyland?

（2）What can people do in Disneyland? Do those activities well reflect the theme of the park? How does the writer make readers believe that this theme park is worth visiting in the brochure?

根据学生的回答，教师以Disneyland为例，梳理了主题公园的主题和特色活动。

表33 Disneyland阅读文本主要内容归纳

Park theme	Theme	Activities	Feelings
Disneyland	have fun and more than fun	1. visit a pirate ship or meet our favourite cartoon characters 2. provide exciting rides	magical, exciting

brochure的写作特点：

When writing a brochure of a theme park, you can

tell what is the theme of the park,

tell what people can do in this theme park,

use adjectives to describe how people feel about the activities and the theme park,

use imperative sentences and adverbial clauses to invite people to join with you to visit the park.

接着，教师引出本节课的教学目标：我们要为反映本地文化历史特点的主题公园写一本旅游小手册，把我们的主题公园推介出去，吸引更多的游客。

评析：借助学习过的典型篇章，对有关主题公园的旅游手册进行了整理，学生能更加清楚结构、语言和文本内部的逻辑关系，为写作任务做好铺垫。通过教学目标的呈现和理解，激发学生写作动机，明确写作目的。

Step 2: Pre-writing

★ 活动2：

教师让学生在课前搜集广州本地主题公园的资料，并进行讨论、完善，每个小组围绕着以下问题介绍主题公园：

（1）What is the name of the theme park?

（2）What is the theme of the park?

（3）What can people do in the park?（2—3 activities）

（4）How will people feel in the activities?

教师邀请2名学生代表小组介绍，其他小组的学生记录信息，如Name of the theme park, Theme, Activities, Feelings，填写下表：

Presenters	Name of the theme park	Theme	Activities	Feelings

介绍活动结束后，小组之间根据以下指引进行点评：

（1）Is the presentation clear and well organized?

（2）Does the presenter use adjectives to highlight the feature of the theme park or express people's feelings about it?

（3）Does the presenter use imperative sentences or adverbial clauses to invite the visitors to come?

学生点评时，教师给予肯定，并进行补充。接着，教师介绍自己最喜欢的本地主题公园——宝桑园，让学生对照自己的介绍：

Huadu Mulberry Garden, just 45 minutes' drive from Guangzhou city center, is one of the most welcome theme parks in Guangdong. If you want to experience the silk culture, then Mulberry Garden is the place for you. There's a Silk Culture Corridor where you can get to know how silk comes into being and how the world famous Silk Road was developed. You can also learn to feed the silkworms, try reeling silk and so on. If you just want to relax with your family, Mulberry Garden can provide you with a walk in the mulberry trees where you can pick and taste mulberry fruits freely and kite flying on the grass covering 50,000 square meters. There are a lot of popular games for you and your family. Everyone can find something interesting to do in the park. After a day's fantastic tour, you can have the most wonderful meal with local fresh vegetables and meat. Come to Mulberry Garden to find out China's historical silk culture and have fun!

教师问学生阅读完手册的感受，并让学生找出篇章中表示公园主题、活动的表达方式，重点关注使用了哪些语言让读者感受到主题公园的独特魅力。接着，教师对本单元相关的语言表达进行了归纳、整理。

表34　单元主题语言表达归纳

Words	Sentence patterns
magical（world）, exciting（rides）, beautiful, most unique, best, world-famous, historical, great, good, of fantasy	It will..., whether... As you..., you may/will... With all these attractions, no wonder... If you want to..., come to... Do you like...? Then...

评析：在写作前，教师与学生、学生与学生之间进行了多轮互动。通过围绕着旅游手册的写作内容、写作手法开展了学生介绍、互评、教师进一步示范的活动。教师没有进行过多的讲解，但在学生用语言做事的过程中，较好地通过评价指引使全体学生都参与到活动中去，从而关注和内化写作结构、语言和逻辑。

★ 活动3：

教师呈现了花都融创乐园的图片和活动内容，提出了两个写作任务。学生可以选择其中的一个进行写作，并根据活动2的评价指引进行自评和互评：

Writing task 1: Now, in our hometown, to promote our country's ice culture and let people who are living in the south experience the fun of playing with ice, a new theme park is built and attracting people from all over China to come here. The theme park is now in need of a brochure helping people understand its theme and major activities and invite people to come. Would you please help to finish the writing task?

Writing task 2: Just now, we can see in Guangzhou, we have theme parks where people can gain knowledge of wild animals, silk culture, plants, stones and so on. Think about what is something special that you want people to experience in Huadu. Create a theme park that can make your dream come true and introduce your theme park by writing a brochure.

评析：教师巧妙地引导学生把所学知识与现实生活相联系。教师以宣传新建成的花都融创乐园作为情境，激发了学生的写作动机，而且融创乐园为学生所熟悉，因此学生在写作中有话可说，可以融入真情实感。另一个写作任务——根据本地文化特色设计一个新主题乐园则给学生提出较大的挑战。该写作任务能加深学生对本地文化的理解，也能激发学生的创造力和想象力。两个写作任务为不同水平的学生提供了不同层次的写作选择，满足学生的发展需求。

Step 3: While-writing

学生独立完成写作，教师解答学生写作过程中的问题。

Step 4: Post-writing

★ 活动4：

教师在巡视过程中，注意收集学生的问题。写作完成后，教师把有代表性的文章作为示范，特别提醒学生在自评和互评过程中对乐园活动的描述要与公园的主题一致，并对形容词和状语从句的用法进行分析和纠正。接着，学生交换作品。教师根据评价指引提出修改意见，并对文章进行点评。

评析：写作评价对于学生来说是一个难点。评价指引给出了较为清晰的评价内容，而且在本课中自始至终得到了应用，可以较好地消除学生对评价的畏难心理。教师基于学生运用过程中出现的问题，在评价前聚焦问题，做了评价示范，也为评价活动的开展扫除了障碍。

10. 课例评析

本节写作课以教材的阅读文本引入，帮助学生回顾和提取旅游手册的结构、语言表达和逻辑关系，很好地调动了学生的已有知识。教师在对写作技能迁移运用的训练中，结合本土文化，选取了学生熟悉的主题公园进行谈论和写作。课中充分发挥学生搜索和利用资源的能力，通过学生的展示加深了学生对写作任务整体框架的认识，而教师则通过学生记录信息和评价活动有效地增加学生活动的参与度。写作前后教师给予学生提供了较多的脚手架，关注到不同层次的学生需要。学生参与度高，活动的目的清晰，活动层次分明，重难点突出。评价内容和标准贯穿整节课，促使学生由学习评价内容和标准到主动运用评价。

案例8

案例8来自人教版旧版教材必修4第四单元Body language。

1. 单元内容分析

表35 人教版旧版教材必修4第四单元内容分析

单元板块	内容
Reading（Warming up, Pre-reading,Reading, Comprehending, Learning about Language）	Warming up和Pre-reading呈现了四张图片，需要学生讨论四张图片中的手势分别代表的意义，并让学生通过动作展示其他15种常见肢体语言。读前由四个问题组成，引导学生思考“语言的目的是什么？”“离开语言如何交流？”“有多少途径可用非语言手段向他人问好？”“预测下面阅读课文内容”等问题，为Reading的学习做铺垫。Reading以机场迎接客人为场景，记叙了来自不同国家的学生由于文化背景的差异，在初次见面互相问候时因体势语不同而产生了一些误会，提出体势语是文化的产物，通过学习彼此的文化去避免交际的误会。在Comprehending部分，教材设置了三个任务：获取阅读文本的细节信息、探讨在具体的交际语境中如何运用肢体语言和文化的关系解决问题。这些问题的设置有助于学生对文本的浅层和深层次的理解。Learning about Language部分设计了英语释义、选词填空等练习巩固单元词汇的用法。
Discovering useful structures	本单元的语法是复习形容词和副词的用法。

续 表

单元板块	内容
Using Language（Reading, Listening and speaking, Speaking and writing）	Using Language的阅读文本是一篇说明文，介绍了日常生活中常见的体势语言以及它们的文化内涵。通过文本阅读，学习如何进行写作构思，注重主旨大意与支撑性信息的逻辑关系，同时继续深入思考如何正确辨识或运用体势语言以达到交际目的。Listening and speaking要求学生通过观察图片人物的体势语猜测故事发展的顺序，然后在听力中验证自己的假设。学生还被鼓励表演整个事件。Speaking and writing则通过观察到班里一位同学异常的表情，写一封信表达关切。

本单元以“body language”为主题，讨论体势语言与文化的密切关系，说明在交际中，要注意了解文化背景，观察肢体语言，才能避免交际的误会。单元的三大主要板块从记叙文和说明文的角度呈现了体势语的文化内涵，要求学生熟悉一些常见的体势语言在不同国家、不同文化的意义，并在日常交往中运用体势语言的知识解决问题。

2. 单元核心分析

表36　人教版旧版教材必修4第四单元核心分析

单元核心	具体分析
主题语境	单元的主题是人与社会中的人际关系与社会交往。通过对体势语言所包含的文化意义的理解，帮助人们减少交际中的误会，解决生活中的问题。
语篇类型	单元中主要的语篇类型包括记叙文和说明文。
语言知识	由于是以体势语言作为主题，因此单元中包含了许多表示体势语言的动词和名词，如approach, touch等。体势与文化密不可分，单元文本中也有很多国家名称、情感态度的词。记叙文主要描述了交际过程中由于对彼此文化不熟悉而造成的尴尬的局面，引出了作者对于体势语言和文化之间关系的思考；需要学生阅读后进行概括和分段，以便能更清晰地理解文本。说明文结构清晰，以“总—分—总”的语篇形式说明人们在体势语言上有很多共性。人类的情感是共通的，因此我们能相互了解和交流。
文化知识	了解不同国家的体势语言以及文化意义。
语言技能	能够熟练地运用扫读获取细节信息。根据记叙文的结构特点对文本进行分段和概括段意，提取主题意义。准确辨别和判断句子中的形容词和副词并能正确运用。分析说明文的主旨大意和支撑性信息的逻辑关系。描述事件和肢体语言，解决生活中的问题。
学习策略	能够通过分类整理学习词汇。通过图片等非语言信息帮助理解。

3. 单元整体目标

（1）说出不同国家不同体势语的含义。

（2）运用体势语言的相关知识，解释造成交际误会的原因或评价人物行为的得体性。

（3）准确地区分形容词和副词的用法，并能正确地运用形容词和副词描述事件和感情。

（4）根据记叙文和说明文的体裁特点准确地分段，并能分析主旨大意与支撑性信息的逻辑关系。

（5）完成邮件的写作，描述观察到的体势语，表达对同学的关切。

4. 教学内容分析

本次写作课需要学生根据同学的肢体语言所反映的不良情绪，及时地通过写留言条的形式描述自己的观察，猜测可能发生的事件，并能作为朋友提供具体恰当的帮助。学生在前期学习了部分肢体语言及其传达出的情感或意义，为本节课的写作铺垫了学生应该具备的基本描述肢体语言及其意义的能力。

5. 学习起点分析

（1）学习者学习特点

授课班级是一个文科班，上课比较活跃。学生英语基础较好，学习态度认真，学习英语很有热情。学生在高一这一学年已经养成了比较好的英语学习习惯，如预习、上课做笔记、积极进行学习结果的自我反馈等。学生具有一定的写作能力，如审题准确、遣词造句和谋篇布局的能力较好。学生之间和睦融洽，同学之间相互关心，班级大家庭氛围很好。

（2）学习者原有基础和可能存在的学习困难

大部分学生的写作热情浓厚，写作基本功较扎实，大部分学生能完成写作任务，达成交际的需要，但平时的写作较少涉及便条这种非正式的写作形式。另外，学生对于因果关系和问题解决两种行文逻辑平时缺乏有效关注和训练，因而需要教师引导学生分析范文内部的结构和逻辑，理解行文连贯的基本要求。

6. 课时教学目标

（1）归纳应用文的写作内容和结构。

（2）归纳表达询问、说明事件、提供帮助的语言表达。

（3）写一封对同学表达关心的邮件，并在写作中准确描述朋友的情绪及其体势语，说明事件并提供具体的帮助。

7. 教学重点

完成一封邮件，表达对同学的关切。

8. 教学难点

邮件写作中准确描述情绪及体势语。

9. 教学过程

Step 1: Lead-in

★ 活动1：

师生互相问候，教师与其中的两个学生进行交谈：

You look happy today, Li. I can see you smile as I enter the classroom. Is there anything happy that you want to share?

Well, Zeng, you look serious today. Are you still thinking about the maths problems in the last lesson?

接着，教师带出谈论的目的和本节课的学习目标：

In this unit, we have learned that body language is very important in our daily communication. We can be a careful observer and show concern to our friends.

评析：简明扼要地利用日常的教学情境引入本节课的学习目标，为下面的活动做好铺垫。

Step 2: Pre-writing

★ 活动2：

教师呈现Reading 1里面的插图并问下面三个问题：

（1）Who are they?

（2）What are they doing?

（3）Why was Julia surprised when Tony greeted her?（Tony approached Julia, touched her shoulder and kissed her on the cheek! She stepped back appearing surprised and put her hands, as if in defense.）

教师以Julia回到北京大学后发生的事情引出写作情境：

作者接回这些国际大学生之后，发现来自英国的Julia Smith在同作者一起学习的时候，情绪有点低落。因此，作者回到宿舍后发了一封邮件给她。草稿和修改后的邮件如下。

表37　邮件修改前后对比

草稿	修改后
Dear Julia, I notice that you seemed very sad this morning. Is there anything wrong? I am quite worried about you! Yours, Li Hua	Dear Julia, I notice that you seemed very sad this morning. It looked as if you had cried. Whenever we talk, you always put your head down and were lost in thought from time to time. Is there anything wrong? I heard that you are still mad at Tony, who didn't greet you properly and didn't apologize to you either. I am quite worried about you! Maybe we can have a little talk with Tony to clear up the misunderstandings between you guys. Yours, Li Hua

教师让学生比较邮件修改前后的变化，并让学生思考以下三个问题：

（1）What has been added in the revised draft? Why?

（2）What are included in the email?

（3）Can we change the order of the three paragraphs?

教师以表格的形式总结邮件的写作内容与结构。

表38 写作内容与结构

项目	写作内容与框架
Writing an email of concern	Paragraph 1：what you observe（emotion+detail of body language） Paragraph 2：your guess Paragraph 3：your concern and advice

评析：教师巧妙地利用阅读文本的语境，并根据实际做了延伸。教师通过两篇邮件的比较和问题的设计，较好地引导学生观察和关注写作内容、结构、逻辑以及细节的描写。

★ 活动3：

教师展示运动员和啦啦队在刚刚结束的校运会上的照片，请大家用英文给照片加批注，包括描述照片人物的情绪以及体势语。教师给予了示范。

Jane is in high spirit now. It seemed as if she had got the championship of the 100-meter-race competition. She raised her hands and waved to her classmates with a big smile.

评析：在邮件写作中，对人物情绪和体势语的描写是重难点。教师借助学生熟悉的情景，让学生通过给照片加批注的活动对重难点进行有效练习。

Step 3: While-writing

教师呈现新的写作任务：

你的美国朋友Mark作为交换生来学校学习了两个月。在校运会上，他参加了跳绳比赛，但未能取得好成绩。作为他的同桌和朋友，你观察到他的情绪，想写一封邮件给他，表达你的关心和建议。

学生进行独立写作。

Step 4：Post-writing

★ 活动4：

教师让学生对照活动2的写作内容和框架表进行自评。邀请两名有代表性的学生展示作品，并对自己的作品进行点评。其他学生给出评价的意见。然后再开展互评。教师适时地进行补充说明。

评析：写作后通常都开展对作品的评价和修改。由于前面部分示范和练习已经比较充分，教师认为学生对写作的评价标准已经较为清晰，因此在写作后环节开展了自评和互评活动，提高了学生的整体参与度，同时检测学生对邮件写作内容和标准的把握情况。这个环节给予了学生充分表达的机会，体现了“以学生为本”的教学理念。

10. 课例评析

本节写作课设计思路清晰。教师较好地利用学生的已有知识和情境对单元主阅读文本进行二次开发，迅速有效地把学生带进新课中。各个教学环节充分地调动学生学习的积极性。教师以文章修改前后进行比较，直观地呈现和说明了添加细节描述的必要性，并提取规则，指导学生学习规则，按照规则对描述进行了重点练习，从而为写作任务的顺利完成奠定坚实的基础。整个课堂虽然没有明显的评价标准，但教师和学生在各个环节都能围绕着总结出来的写作内容和框架开展语言活动，实际上已经形成了统一的标准。在写后环节中，教师精选了两名有代表性的学生进行展示和发言，其他学生也倾听和评价，评价涉及全体学生，达到了较好的课堂效果。教学评一体化在本节课中得到了很好的体现。

五、综合语言运用课

综合语言运用课的教、学、评：

综合语言运用顾名思义就是侧重多种语言技能的结合，侧重用语言做事，侧重问题解决。以人教版旧版教材为例，每个单元都有Using Language板块，听、说、读、写教学活动以主题为中心展开。在新版教材中，输入性技能和输出性技能的结合更为紧密，比如Listening and Speaking, Reading and Thinking, Listening and Talking, Reading for Writing等。每个单元还设计了Project板块。这里的综合语言运用指的是在主题单元基本知识和基本技能学习后，形成了一定的基于主题的语言基础，以综合性、系列性的任务提升学生用语言解决问题的能力。这些综合性的任务可以来源于教材，也可以来源于当前社会生活的真实问题。综合语言运用任务的设计反映了教师和学生主动建构和探索学习与生活的关联。

综合语言运用需以真实任务为导向。《课程标准》倡导指向学科核心素养发展的英语学习活动观和自主学习、合作学习、探究学习等学习方式。教师应设计具有综合性、关联性和实践性特点的英语学习活动。教材是实现《课程标准》总体目标的重要载体，对教材进行开发利用，并结合学生生活实际，补充拓展符合学生个性发展的教学内容，整合成具体的、具有真实语境的任务群，有利于学生提取语言知识、判断情境和运用适当的策略解决问题。比如人教版旧版教材选修7第四单元讲述的是志愿服务。单元叙述了志愿者到贫穷地区开展志愿服务的经历，描述了当地恶劣的生活和学习环境，也反映了当地人的淳朴和迫切需要帮助的情况；介绍了坚持在艰苦地区开展志愿服务的医生的感人事迹等，呼唤年轻的一代认识到志愿服务的意义，愿意加入志愿服务。教师在使用教材的同时，需要与当前时代的发展相结合。在新冠肺炎肆虐的时候，很多社区志愿服务者参与到这场战胜疫情的斗争中，因此志愿服务并不遥远。在我们身边就有很多通过志愿服务让事情变得更美好的例子。教师在单元教学中，可以设计一次让学生以志愿服务为主题的演讲，通过自己或别人的经历号召更多的人成为志愿者。

综合语言运用可能需要比一节课更多的时间去完成，因此要把完成任务所需的知识和能力分解并落实到单元教学中，使整个单元的教学成为任务链的一部分（见图6）。教师给予学习策略和解决问题策略的支持，帮助建构学习小组，引导学生对获得的资源进行深度加工，形成成果。

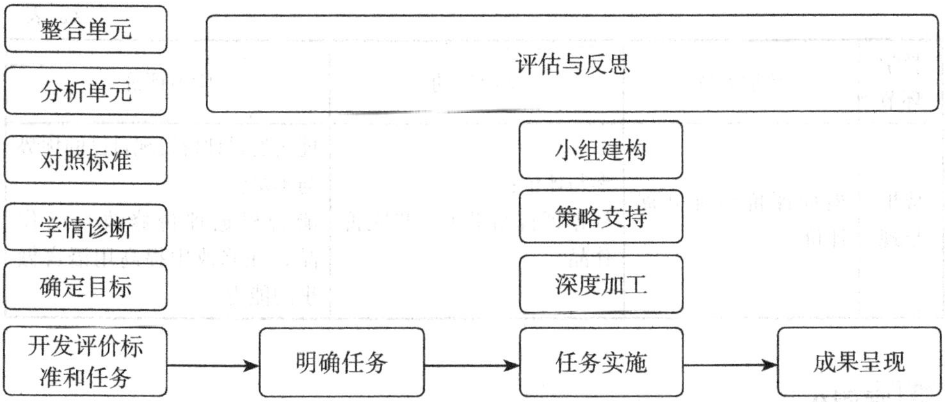

图6 单元整体教学下的综合语言运用设计路径

要把评估与反思贯穿在综合语言运用当中，鼓励学生参与制订评价标准，提高学生做事的积极性和主动性。评价内容和标准还应关注学生对任务的投入度以及与别人合作、沟通的能力。简言之，综合语言运用要重视做事的过程。要培养学生的规划意识、交际能力、资源策略以及良好的学习习惯。

表39 综合语言运用课的教、学、评

教学环节	教学支持	学习活动	学习评价
工作准备	提出任务和目标； 激发任务兴趣。	理解和认同任务的目的和目标。	是否明确任务目的和目标？
明确任务	引导确定解决问题的步骤； 商定评价标准。	明确解决问题的步骤； 参与和制订评价标准。	能否分解步骤？ 能否制订合理的评价标准？
任务实施	帮助建立学习小组； 提供策略指引、支持和训练； 引导资源的选择、整合和深加工。	形成学习小组； 明确小组成员职能； 对相关资源加以注意、选择和组织； 形成系列的输出性成果。	能否主动承担小组任务并协调小组内部和小组之间的合作？ 能否在小组合作过程中倾听和吸收别人的观点，并完善自己的成果？ 能否主动运用策略解决问题？ 能否根据任务有效地整合和组织信息？

续表

教学环节	教学支持	学习活动	学习评价
成果呈现	根据评价标准开展评价。	参与评价； 根据评价结果进一步完善作品。	能否通过评价发现自己的优势与不足？ 能否根据评价修改自己作品，在修改中提高用语言做事的能力？

案例9

案例9是人教版新教材必修第一册第三单元 Sports and Fitness，要求了解当前高中学生的体育习惯和对体育运动的看法，并对在学校加强体育锻炼提出建议。

1. 单元内容分析

表40　人教版新教材必修第一册第三单元内容分析

单元板块	内容
Listening and Speaking	Listening and Speaking设计了五个活动。首先是呈现四张运动海报，询问学生感兴趣的运动。接着是听力，要求学生回答对话的主要目的，教材还给予了策略提示：在听力中要抓住主旨而不是逐句来听。活动三要求学生从听力中圈出重音。活动四提供了另一个对话，需要学生获取关于“Blue Paint”run的具体信息。活动五则要求学生模仿对话练习，在Listening and Speaking中还需要学生关注反意疑问句的声调。
Reading and Thinking	该部分首先让学生阅读标题和图画，对文章的内容进行预测。文章对Living legends下定义，需要学生阅读后判断文章中谈论到的运动员在哪些方面符合成为Living legends。Thinking部分设计了较为深入的问题，需要学生判断哪些是文本的表层信息，哪些是需要经过推断获得的，哪些是文本中没有提到却是我们的常识。该活动教会学生区分文本信息和常识。Thinking部分还就文本的写作手法提出了问题，引起学生思考。学生需要阅读文本的事实，概括人物的特点，并迁移应用，选出自己的Living legends。
Discovering Useful Structures	本单元的语法项目是反意疑问句。教材设计了与体育运动相关的场景，让学生归纳反意疑问句的意义和用法。

续 表

单元板块	内容
Listening and Talking	该部分讨论的是体育运动中富有争议性的问题，运用表示同意和不同意的表达方式。
Reading for Writing	阅读在中学生中流行的健康书，随着作者健康观念的改变，其生活方式也发生了变化。阅读后，需要学生模仿写作方式，通过前后对比，在健康书上记录自己的经历。
Assessing Your Progress	对本单元的主要词汇和语法进行练习和复习，并需要引导学生对单元学习进行反思。
Project	开展调查，为学校新建运动俱乐部撰写报告，提供建议。
Video Time	观看关于开展攀岩运动的视频，讨论是否值得开展极限运动。

从单元内容分析来看，本单元探索了体育人物、体育精神、体育现象、体育与健康，特别强调了高中学生应形成正确的运动观念和健康观念。单元活动对思维的要求较高，要求学生理解篇章内部的逻辑关系，如首句和其他部分的关联、对比的写作手法等，对学生来说有一定的难度。教材中Project部分的情境与Unit 1有相似的地方，考虑到与单元前面学习内容的关联度，可以对Project的情境进行适当调整。

2. 单元核心分析

表41　人教版新教材必修第一册第三单元核心分析

单元核心	具体分析
主题语境	本单元的主题语境是人与社会， 涉及体育活动、赛事、体育与健康、体育精神等。通过对体育传奇人物的介绍，传递体育精神；通过对体育运动中具有争议性问题的讨论，引导人们正确看待一些社会现象；通过对健康生活方式的反思，引导人们树立正确的健康观念和运动意识。
语篇类型	单元的语篇较为丰富，有人物介绍、议论文和说明文。
语言知识	本单元呈现和讨论了关于体育与健康、体育精神等较多方面的现象和问题，文本中与体育相关的词汇比较集中，如运动名称、赛事名称；本单元还涉及表达同意和不同意、相似与区别的句型和短语，语法上学习反意疑问句在对话中的功能和意义。在听力和阅读文本中，要注意获取主旨大意和写作手法，比如通过使用典型的例子或前后对比手法。

续表

单元核心	具体分析
文化知识	单元中呈现了各地体育运动、赛事以及体育精神、正确的健康观念等。
语言技能	能够获取关于运动赛事的具体信息，编写邀请朋友观看比赛的对话；能够在口语表达时读准反意疑问句的声调并在语境中正确使用反意疑问句。能够在阅读时提取文本的主要观点和分析写作手法；能够运用今昔对比的写作手法写一篇健康随笔；能够谈论有争议性的问题，运用同意和不同意的句型表达自己的观点，发展自己的思维；能够设计一份调查问卷，并形成调查报告。
学习策略	能够在听时抓住大意；利用图片和标题预测内容。

3. 单元整体目标

（1）获取听力的具体信息，仿写对话。

（2）正确朗读和使用反意疑问句。

（3）运用图片和标题预测阅读内容。

（4）阅读理解中分析哪些是表层信息，哪些是深层信息，哪些是常识。

（5）分析人物介绍的写作手法，概括人物品质。

（6）就体育精神和公平竞争发表观点和理据。

（7）运用今昔对比写一篇健康随笔并能根据评价标准评价作品。

（8）设计一份调查问卷，形成调查报告，表达建议。

4. 学习起点分析

（1）学习者学习特点

授课对象是高一年级学生。刚进入高中，学生对学校的社团和公众活动参与度较高，希望有表达意见的机会。

（2）学习者原有基础和可能存在的学习困难

在本单元的学习中，提到许多运动名称和体育比赛的一些细节信息，Reading for Writing中的健康书也谈论了学生的运动习惯以及对运动健康的看法，为任务的实施奠定了基础。但是学生对调查问卷的设计以及如何撰写调查报告方面还不是很熟悉，需要教师进行示范引导。

5. 项目目标

（1）设计了解体育锻炼习惯和看法的问题，形成问卷。

（2）对问卷数据进行整理和解释。

（3）列出问题进行英文采访活动，形成采访对话。

（4）熟练运用调查报告的结构、语言和逻辑撰写调查报告，提出建议。

（5）根据评价标准开展评价活动，并修改完善自己的作品。

（6）积极参与到小组合作中，在完成自己任务的同时，与组员主动沟通协作。

（7）积极寻求合适的资源或遇到困难时，通过不同的方式寻求帮助。

6. 项目设计与实施过程

（1）工作准备

教师提出单元学习内容和目标，并对项目进行了说明，提出项目目标。

学校举行“我向学校提建议”的活动，向每一位同学征求改进学校体育锻炼工作的意见，以便满足同学们体育锻炼的兴趣和需求。请同学们开展调查，了解高一学生体育锻炼习惯和对体育锻炼的看法；同时了解学校在满足学生体育锻炼方面还有哪些不足，根据搜集到的资料撰写调查报告，为学校改进工作提出建议。

（2）明确任务

围绕着任务和具体目标，教师与学生一起拟定了开展研究的过程、成果呈现的形式和评价标准。

开展调查研究步骤

（1）积累常见体育运动的名词；

（2）从关于体育传奇人物阅读和听说活动中领会体育精神，形成自己对体育运动的观点；

（3）从健康随笔的阅读中对比自己对健康的看法；

（4）根据对本单元的学习思考，阅读教材、老师提供的调查问题和调查报告，积累常见的表达方式。

（5）明确学习小组的分工，在对问卷设计和调查报告的样例充分学习和讨论后，尝试设计自己的问卷，进行采访活动。

（6）形成报告。

成果呈现

（1）调查高一学生体育习惯和体育运动看法的问卷。

（2）问卷的原始数据和整理后的数据。

（3）采访学校学生会或体育老师的记录（一份）。

（4）撰写的英文报告。

（5）小组互评分。

（6）小组代表在班上流畅自信地陈述报告。

评价标准

（1）问卷设计、原始数据和访谈记录资料翔实、清晰。（5，4，3，2，1）

（2）调查报告的结构清晰，内容充实。（5，4，3，2，1）

（3）准确运用数字、看法、建议的句型和表示衔接的词汇，语言丰富。（5，4，3，2，1）

（4）小组内的交流合作有序有效。（5，4，3，2，1）

（5）代表发言自信、流畅，与听众形成良好的互动。（5，4，3，2，1）

（6）积极参与班级小组间的互评，积极提供建议。（5，4，3，2，1）

（3）任务实施

教师帮助组建学习小组，在单元的教学中，引导学生按照语义场对词汇进行分类，关注表示体育运动名称的名词、体育精神的形容词等，并就英文问卷设计和调查报告的撰写开展了小讲座，提供了更多的范例。

（4）成果呈现

开展了成果分享会和成果互评。各小组的调查报告张贴在教室内，各组相互阅读，并提出建议。调查报告作为过程性成果收录在班级的英语学习成果集里。

案例10

案例10是人教版旧版教材选修7第四单元 Sharing。

（由于在语法教学的案例中已经对单元进行了整体分析，此处略，故从第5点开始）

5. 项目目标

（1）学会描述经历和周围的环境。

（2）分析演讲稿的写作手法。

（3）结合自己或别人的志愿经历，谈论志愿服务的意义。

（4）积极参加小组讨论，倾听别人意见，融合观点。

（5）写一篇演讲稿，呼吁更多的人加入志愿服务队伍。

（6）富有感染力地发表演讲。

6. 项目设计与实施过程

（1）工作准备

在进入单元学习前，教师提出单元学习结束后的任务，并提出具体目标。

（2）明确任务

开展演讲活动步骤

1. 通过阅读文章，积累关于场景描写和经历描述的词汇和句型。

2. 通过听力练习，了解志愿服务的意义。

3. 观看TED视频，学习演讲的写作手法，进一步理解志愿服务。

4. 阅读新冠肺炎肆虐武汉期间志愿者的事迹，结合自己和别人的经历，形成对志愿服务的看法。

5. 写一篇演讲稿，结合事例，呼吁大家加入志愿服务队伍。

6. 发表演讲。

成果呈现

1. 词汇和句型积累笔记。

2. 小组讨论记录。

3. 演讲稿。

4. 演讲。

评价标准

1. 能整理笔记，积极参与小组讨论，注意获取新的观点。（20%）

2. 演讲稿内容充实，观点明确，选取的事例能充分证明观点。（20%）

3. 演讲稿语言准确，能运用一定的写作技巧，增强演讲稿的感染力。（30%）

4. 演讲流畅、自然，发音正确，能配合体势语，增强演讲的效果。（30%）

（3）任务实施

为了让学生对演讲的写作手法有所认识，同时增强学生对志愿服务的理解，教师补充了两个材料，分别是从TED中选取一个演讲视频*A life lesson from a volunteer firefighter*和从*ChinaDaily*中选取一篇关于志愿者的报道。教师引导学生对视频中的演讲进行深入学习，探讨志愿者的价值，分析作者介绍自己经历的写作目的，了解作者是如何发出呼吁的。第二篇阅读材料是一篇报道，介绍了“90后”的年轻人积极参与抗疫志愿服务，并形成了对人生的感悟。教师着重引导学生提取作者的感受和观点。

接着，教师组织学生进行了小组交流和讨论，分享做志愿者的经历，讨论、表达对志愿服务的理解。

教师通过词汇云图，把学生对志愿服务的理解展示出来，让学生对资料进行整理和组织，形成演讲稿。

（4）成果呈现

学生在4人小组内进行演讲，小组内进行评价。每小组推选出1人参加班级的演讲活动。

表42　演讲活动评价标准

Items	Descriptions	Scores
Content	Cover all the required information in the speech.	10
Language	Use rich language to achieve the writing purpose, and make few grammar mistakes.	10
Coherence	Have very clear logic in each paragraph and the whole text. Correctly use some conjunctive words to help achieve the coherence.	10
Comments		

班级由各小组组长组成评价小组，给评价各项打分，并评选出活动的优秀者。

教学评一体化下高中英语单元整体教学：

走向深度学习

下篇

一、深度学习的相关研究

深度学习最初由加拿大学者Hinton和他的学生Salakhutdinov提出。20世纪50年代中期，Ference Marton和Roger Saljo 开展了一系列对学习过程的实验研究。1976年，两位学者联名发表的《学习的本质区别：结果和过程》一文。文中根据学习者获取和加工信息的方式将学习者分为深度水平加工者和浅层水平加工者，首次提出深度学习（Deep Learning）和浅层学习（Surface Learning）概念。两位学者还采用实验研究的方法，比较了阅读过程中深度学习和浅层学习对学习者阅读质量的影响，阐述了深度学习的含义、特点、作用和意义。2010年Eric Jensen和LeAnn Nickelsen提出了深度学习的七种有力策略，又称为“深度学习路线”，为深度学习得到进一步的实践与应用提供了很好的抓手。这七种策略事实上涵盖了教学设计和实施的全过程，需要教学者对照《课程标准》进行教学设计；教师和学生对即将开展的教学任务进行评估，以充分了解学习内容的要求，并注意学习新的学习内容可能存在的问题；在学习中，要通过积极的学习氛围的构建、同伴学习促进学生的高投入；激活自己的背景知识帮助理解新的学习内容。

有研究者通过调查比较了学习文学课程和英语课程的学生的深度学习水平，发现学习文学课程的学生深度学习能力比英语课程的学生要高。研究提出深度学习对提升教学质量和学习水平是非常有价值的，并建议语言课堂中应该带给学生更多深度学习的体验。研究还发现语言学习课堂应该改变学习氛围，创造深度学习环境，鼓励学生批判性思维，将获取的不同观点进行整合，同时激发学生的元认知。

随着核心素养进入我国基础教育的视野，深度学习也成了探讨的主题。根据布鲁姆的教育目标分类，深度学习认知水平对应“应用、分析、综合、评价”这四个较高级的认知层次，不仅涉及记忆，还注重知识的理解和应用。张浩、吴秀娟认为深度学习的核心特征是高阶思维，发展高阶思维能力有助于实现和促进深度学习，同时深度学习又有助于提高学习者的思维品质和学习效能。两位研究者比较了深度学习和浅层学习在记忆方式、知识体系等八个方面的不同（见下表），概括了深度学习的六个特征，即深度学习注重批判性理解、强调信息整合、促进知识建构、着意迁移运用、面向问题解决、提倡终身学习。

表1 深度学习与浅层学习的比较

	深度学习	浅层学习
记忆方式	强调理解基础上的记忆	机械记忆
知识体系	在新知识和原有知识之间建立联系，掌握复杂概念、深层知识等非结构化知识	零散的、孤立的、当下所学的知识，而且都是概念、原理等结构化的浅层知识
关注焦点	关注解决问题所需的核心论点和概念	关注解决问题所需的公式和外在线索
投入程度	主动学习	被动学习
反思状态	逐步加深理解，批判性思维、自我反思	学习过程中缺少反思
迁移能力	能把所学知识迁移应用到实践中	不能灵活运用所学知识
思维层次	高阶思维	低阶思维
学习动机	学习是因为自我需求	学习是因为外在压力

国内学者何玲、黎加厚指出深度学习是指在理解的基础上，学习者能够批判地学习新思想和事实，并将它们融入原有的认知结构中，能够在众多思想间进行联系，并能够将已有的知识迁移到新的情境中。这个概念梳理了浅层学习和深度学习的关联：深度学习并不排斥浅层学习，相反，浅层学习是学生走向深度学习的基础。概念强调了实现深度学习过程中批判性思维的重要性以及知识的结构化、情景化和可迁移。

郑葳、刘月霞提出深度学习的核心和关键词。她们认为深度学习围绕学科核心概念，建立概念和原理之间的框架及其与生活世界关联。通过问题情境，以学生已有知识为基础，引导学生进行知识建构、问题解决和反思改进，从而实现概念的改变和知识的迁移。“学科核心”“知识结构”“学习动机”“深度理解”和“解决复杂问题”成为深度学习的关键词。

从文献中不难发现，随着研究的深入，人们意识到深度学习不仅涉及高阶思维，还包含了学习者的情感态度和学习动机。在开展深度学习实施中，学习环境、学习目标、学习活动的设计以及评价都需要进一步整合进而达到内化价值、活跃思维、提升能力的目的。

二、深度学习实施路径

那么如何实现深度学习？教学评一体化下的单元整体教学为深度学习提供了实践路径。当教师能以学科核心素养为方向，紧紧把握育人目标，依据《课程标准》设计教学活动和评价我们的教学效果，学生能主动参与学习活动，使学习成为自觉的行为，在课内外的实践学习中培养学科素养，通过评价监控和检测自己是否学会的时候，我们就实现了深度学习。教学评一体化下，我们通过目标关联、内容关联、策略关联和评价关联，构建起完整的以单元整体教学促进学科深度学习的路径。

（一）目标关联

在上述章节的单元整体教学设计中，我们呈现的是教材以主题划分的单元。实际上，我们还需要有大单元的概念。大单元则是依据《课程标准》“人与自我”“人与社会”“人与自然”三大主题语境，对教材单元进行有机的整合，对应《课程标准》不同学习阶段的要求，以及高考评价要求，实现《课程标准》、教材和高考的关联。课程标准是方向，确定了课程性质、基本理念、课程目标、课程结构、课程内容、学业质量和实施建议等；教材则是为实现《课程标准》提供了具体的主题语境、语篇和活动，展示学科素养形成过程；高考是评价《课程标准》落实情况的手段。在一核四层四翼总体命题思想指导下，通过评价任务的设计，全面考查学生学科素养。只有清楚这三者的关联，我们才能构建高中英语教学完整的系统，单元和课时目标定位才会更精准。我们可以通过遵循以下的逻辑路径，通过回答以下问题厘清教学的整体目标、阶段目标和单元目标。

（1）《课程标准》的学科核心素养和课程目标是什么？

（2）《课程标准》的学业质量有哪三个水平？

（3）《课程标准》的课程内容六要素分别有什么要求？

（4）对照高考一核四层四翼和高考试题，围绕着必备知识、关键能力、学科素养、核心价值以及基础性、综合性、应用性和创新性，在高中学习的不同阶段我们的教学的重点目标是什么？

（5）与各个不同水平学业质量相匹配的教材分别覆盖了哪些主题语境？设计了哪些语言活动？实现了课程内容六要素的哪些要求？能否反映相对应的学业质量水平？

（6）相近或相似的主题语境有哪些？在课程内容六要素、语言学习活动设计方面有哪些异同？侧重目标是什么？

（二）内容关联

教学内容是实现学科育人根本任务和学科核心素养的载体。一方面，教材依托主题语境，在单元内呈现了与主题语境一致的多个语篇。以主题语境为线索，可以有效地关联各个语篇。另一方面，作为英语学科核心素养的基本要素，语言能力也是一条重要的线索，能构建单元内外的关联。基于此，在教学内容的选择上，我们要尊重教材，充分利用教材中相近、相似主题强化学生对主题语境的应用理解和迁移实践能力，同时有机地补充和拓展相关的教学内容，运用what，how，why的文本分析方法，构建起具有丰富内涵的语境。以人物介绍为例，人教版旧教材分别有对Nelson Mandela, Jane Goodall, Charles Chaplin以及林巧稚、袁隆平等名人的事迹介绍。有些是从侧面反映人物的伟大事业和伟大精神，有些是直接详尽地介绍人物的生平。我们可以通过几个单元的学习，帮助学生完善人物介绍的主题意义、体裁结构和语言特点。在此基础上，选择一些名人传记或拓展在学生学习、生活环境中出现的人物，形成一个阅读群，更为完整地形成人物写作的图式。人教版新教材必修三册书中，也有很多与文化相关的内容，如第二册的Cultural heritage, History and traditions, Music, 第三册的Festivals and celebrations, Diverse cultures等，我们需要在夯实每个单元的课程内容的同时，要看到各自的侧重点，并在这些单元的教学中不断地建立与之前单元的联系，还可以挖掘旧教材的经典文本，以及用于高考试题的文本，逐步帮助学生建立结构化的知识体系，树立学生尊重历史、尊重文化、保护文化的意识。

在教学内容的选择上，我们要树立灵活的资源观，要善于从不同的渠道上获取和加工资源，如新闻、文学作品、高考试题；要善于利用信息技术，如建立语料库，帮助我们更快地搜索和提取所需的教学语料。

（三）策略关联

策略关联需要教师的教与学生的学融为一体。在教学中，教师、学生是两个关键因素。教师作为专业人员，根据对不同知识类型的判断以及学生知识，采用适当的教学策略，取得更好的教学效果。学生主动运用学习策略，有效地提高学习效果，增强自主学习能力。在深度学习的语境下，两者各自语域的策略得到联结，教师、学生、文本三者才能进行深度对话。

要实现深度学习，还需从课前、课中、课后三个学习发生的阶段来贯穿策略。从教师的角度来看，需要课前深入分析文本，关注如何提高学生学习动机、参与的意识和自主学习能力；如何促进学生获取关键信息、提出问题、表达观点、寻找理据的对话能力；如何促进学生敢于质疑、敢于表达、尊重对方的对话精神；在课中，注意观察和诊断策略使用是否得到落实；课堂教学结束后，则需要评估和反思，及时调整策略。从学生的角度来看，在课前、课中、课后都要采用有利于实现深度学习的方法开展学习。要善于以问题为导向，积极地参与学习活动，要主动地调动已有知识解决问题。在单元学习前评估自己的学习现状，带着问题进入新知识的学习；在单元学习中，勇于实践，有意识地把新知识运用到新情境中，探索和完成综合性的任务，提高自己的分析、评价、创造能力。单元学习后，要善于整理、总结和反思。这是一个系统工程，并非一天可以形成。但是只要我们掌握深度学习的策略，我们就在平时的教学中加以注意和培养。比如在学生进入高一学习后，教师可以通过单元预习和总结指引示范和引导学生有效学习策略的应用。

单元预习指引

1. 通过浏览content table了解单元的组成和内容；

2. 提前预习教材P112的词汇，跟录音读单词。朗读过程中总结发音的规则，对不熟悉的发音要多次朗读，直到掌握为止。尝试对词汇进行归类，可以依据主题意义、构词法等进行归类，或通过联想单词的近义词、反义词、图片进行单词的记忆和理解；每次朗读词汇时，分别用不同的符号标注自己已经熟悉、不太熟悉或完全不熟悉的单词。下次朗读时，调整一下顺序，从不太熟悉的单词开始朗读。

3. 根据主题，给自己提问：

（1）通常这个主题包含什么内容？

（2）我有过与这个主题相关的经历吗？

（3）我是否读过、听过与这个主题相关的内容？

（4）我能否运用以往的知识帮助我了解新内容？

单元总结指引

一、词汇：

1. 在本单元中，我印象深刻的词汇是：

2. 我通过构词法、给单词归类、联想（近义词、反义词、图形）等理解词汇。

3. 我经常以词组、句型为单位记忆、理解和运用词汇。

4. 我不仅记住了词汇的拼写和中英文意义，还从句子中观察到词汇在什么情境应用以及词汇的搭配。

5. 我在练习和其他学习活动中会有意识地运用刚学的词汇。

6. 对于本单元的词汇，我仍然存疑的是：

7. 本单元的词汇银行：

单词：

释义：

搭配：

近义词：

反义词：

例句：

二、语法：

语言项目：定语从句	具体说明
概念	
要素	
注意	
示例	
意义	
运用	

对于本单元的语法，我仍然存疑的是：

三、单元主题整理和总结

1. 运用Lapbook来进行单元总结；

2. 青青作品集（可以以自己喜欢的方式命名，专门用来收集多次修改的作文，在页面设计上，每篇作文的页面右侧留下修改的空间，用来改错和点评）

（四）评价关联

正如之前章节中提到的，评价包括了形成性评价和总结性评价。不同的评价形式侧重点不一样，但都非常重要。要实现深度学习，我们要围绕着学生学什么、怎样学、是否学会来开展评价，尤其是落实怎样学和是否学会这两个问题。在课堂教学中，我们也关注问题的设计和教学活动的开展，但学生并没有像我们所期待的那样参与和思考，究其原因，就是我们只注重对结果进行评价。比如在阅读理解中，我们不在意学生的阅读思维过程，只评价学生是否选对了选项。这样的评价是割裂学习过程和学习结果的，因此要发挥评价促学的作用，就要把过程和结果相关联，要体现出学生素养形成的阶段性。比如学科素养中的语言能力。在高中英语学业质量水平中描述了学生应该具备的阅读能力：

1-9：能通过读与看，抓住日常生活语篇的大意，获取其中的主要信息、观点和文化背景；能借助多模态语篇中的非文字资源，理解语篇的意义。

1-10：能区分语篇中的主要事实与观点；能基于所读和所看内容，进行推断、比较、分析和概括。

当我们开展高一第一册阅读教学时，我们不可能期望学生一下子能达到这种阅读水平。因此，我们会根据教材语篇的特点和高一学生的特点，进行预测、跳读等微技能的训练，强化学生概括能力和辨析主旨大意和支撑性信息的关系。因此，评价需要聚焦在阶段性的任务，体现能力形成过程的特点。又如读后续写。在高考中读后续写的评价标准由与短文的融洽度、内容、语言和衔接四个要素组成，但是在过程性训练中这四个要素的评价不一定能提高学生的读后续写能力。可以把读后续写能力的培养分成两个阶段，每个阶段采用更为具体的评价标准。

表2　读后续写第一阶段评价标准

评价内容	指标描述	得分
词数	至少80词。	30
内容	续写内容充实，能衔接上文。	30
语言	用词丰富、准确，能运用原文的词句。	30
规范	书写工整、标点清晰； 习作旁留有足够的空白以便老师或同伴批改与写评语； 借鉴别人好的方面或在老师、同学的帮助下进行二次修改。	10

表3 读后续写第二阶段评价标准

评价内容	指标描述	得分
词数	150词左右。	10
融洽度	续写内容与上文融洽度高，衔接合理。	20
内容	续写内容充实。	20
语言	用词丰富、准确，能恰当地运用原文的词句。	20
衔接	有效地使用了语句间的连接成分，续写短文结构紧凑。	20
规范	书写工整、标点清晰，能开展互评，并很好地吸收别人的建议进行完善。	10

深度学习是信息时代教学变革的必然选择，是基础教育课程改革深化的诉求，是促进学习核心素养的智慧之旅。在具体教学实践中，我们可以依托教学评一体化的单元整体教学，注重各要素的关联和整合，增强对学生学习过程的理解，提高学生的参与度，通过高认知活动设计，促进深度学习的发生。

三、案例展示

下面我们以高三的一个主题单元的复习课例来说明单元整体教学设计如何走向深度学习。

1. 单元内容和核心分析

该单元是人与社会中的子主题——良好的人际关系与社会交往。人教版旧版教材中必修一第一单元Friendship、选修七第四单元Sharing都涉及人际关系和社会交往。“人际关系”也是高考命题最常见的主题之一，该主题主要包括人与人之间的关系、矛盾冲突和问题的解决，包含友谊、信任、尊重和感恩等贴近学生日常生活的话题。这些话题的学习能为学生提供正确解决问题的方式，促进学生与家人和社会的和谐，促进身心健康成长，形成良好的价值观。

从教材以及历年高考试题与该主题相关的文本中我们可以发现围绕着“人际关系”的记叙文多描述与家人、朋友之间的关系，词汇上包含了人际关系、人际矛盾、心理变化和感受以及建议等表达方式，篇章中侧重并列、递进、转折的逻辑关系，定语从句、宾语从句、非谓语动词等语法应用得较多。体裁是说明文的，则呈现或介绍社会交往的新趋势或价值取向。体裁是议论文或夹叙夹议的，则大多提出对某种社会交往现象的观点或表达诉求，往往以“问题—原因—解决问题方法”的结构呈现。

2.《课程标准》对高三阶段学习的总体要求（高中英语学业质量水平二）

表4 《课程标准》对高三阶段学习的总体要求

序号	质量描述
2-1	在听的过程中，能熟悉话题语篇的大意，获取其中的主要信息、观点和文化背景。
2-2	理解说话者选用的词汇、语法结构和语音手段所实现的特殊表达效果。
2-3	能借助说话人使用的图片、表格、动画、影视片段、示意图等多模态资源，更准确地理解话语的意义。
2-4	在比较复杂的语境中，能口头描述自己或他人的经历，表达情感态度，描述事件发生、发展的过程，描述人或事物的特征，阐释和说明观点。
2-5	根据交际场合的正式程度和行事程序，选择正式或非正式、直接或委婉的语言形式表达道歉、请求、祝愿、建议、拒绝、接受等，体现文化理解，达到预期交际效果。
2-6	能在口头表达过程中有目的地选择词汇和语法结构。
2-7	能在表达中借助语言建构交际角色，体现跨文化意识和情感态度。
2-8	能判断和识别语篇的意图，获取其中的重要信息和观点：能识别语篇中的主要事实与观点之间的逻辑关系，理解语篇反映的文化背景；能推断语篇中的隐含意义。
2-9	能识别语篇中的内容要点和相应支撑论据；能根据定义线索，理解概念性词汇或术语；能理解文本信息与非文本信息的关系。
2-10	能识别语篇中新旧信息的布局及承接关系；能理解语篇成分之间的语义逻辑关系，如：次序关系、因果关系、概括与例证关系；能识别语篇中的时间顺序、空间顺序、过程顺序等。

续 表

序号	质量描述
2-11	能在语境中理解具体词语的功能、词语的内涵和外延以及使用者的意图和态度；能理解语篇中特定语言的使用意图以及语言在反映情感态度和价值观中所起的作用。
2-12	能根据所学概念性词语，从不同角度思考和认识周围世界；能识别语篇中间接反映或隐含的社会文化现象。
2-13	能在书面表达中有条理地描述自己或他人的经历，阐述观点，表达情感态度，能描述事件发生、发展的过程；能描述人或事物的特征、说明概念；能概述所读语篇的主要内容或续写语篇。
2-14	能在表达过程中有目的地选择词汇和语法结构。确切表达意思，体现意义的逻辑关联性；能使用多模态语篇资源，达到特殊的表达效果。

3. 单元整体目标

（1）能够根据主题和体裁的特点对词汇进行记忆和归类；能写出需要掌握的词汇的正确形式，并能在写作中正确运用。

（2）能够准确概括主题下不同体裁的篇章的大意和写作目的。

（3）能够用较丰富的词汇和正确的语法知识（定语从句）就关于人际关系的问题提出合理的解决方法或建议。

（4）能够根据主题意义合理续写故事结局。

（5）能够对“人际关系与社会交往”主题下必备知识、主题意义进行整理，形成完整的图式。

4. 课时教学目标

复习课时可以划分为词汇课（1课时，以本单元同一语境中的高频词汇为主）；语法课（2课时，以重点语法为主）；阅读（3课时）；写作（2课时）。其中各课时的目标如下：

词汇课：

（1）能收集有关人际关系的词汇并进行记忆，准确写出词汇在句子中的正确形式和意义；

（2）能运用表达与家人或朋友如何相处及解决矛盾的词汇，根据情景提出如何解决人际矛盾的建议。

阅读课：

（1）能区别记叙文和说明文的语篇结构特征；

（2）能概括和分析文章的主旨大意和写作目的。

语法课：

（1）能正确选择定语从句的关系词；

（2）能正确运用定语从句表达自己的诉求和建议。

写作课：

（1）通过学习和分析范文，学生能知道人际关系建议信的内容和评价标准；

（2）能根据交际情景运用建议句型写出合理而有说服力的建议；

（3）能在新的写作情景下，写一封针对人际关系困惑的建议信；

（4）能读懂阅读中关于家庭关系的篇章，并完成合理的续写。

5. 教学内容分析

本主题教学材料分别选自教材、历年的高考试题。学生对教材比较熟悉，因此教材内容的二次开发有利于调动学生的背景知识，让学生迅速进入新的学习内容。历年的高考试题的使用在高三复习中非常重要。高考试题经过专家挑选，文本典型，主题意义突出，能反映出高中阶段学习评价要求，因此需要对高考试题文本充分利用，不仅强化主题复习，还训练学生的解题策略。

6. 学习起点分析

（1）学习者学习特点

授课班级的学生整体英语基础较好，同学之间具有合作精神。对单元的知识能有意识地进行整理和总结。

（2）学习者原有基础和可能存在的学习困难

已经完成必修及选修模块的学习，正在进入第一轮复习；由于该话题贴近学生的现实生活，学生学习动机比较强。但平时学习词汇遗忘率高，前阶段仍专注于选修模块新课学习，话题及词汇的重现率较低，运用机会较少。

下面我们以词汇课、阅读课和写作课（读后续写）来展示单元整体教学下内容、策略和评价的关联。

（一）词汇课

首先是课前，教师需要学生完成两个活动：朗读与“人际关系”有关的短文一篇，并进行问答练习；整理教材中主题词汇和定语从句。

【课前】

Task 1:

1. Read the following passage and finish the exercises.

Part A

（1）I was never very neat, while my roommate Kate was extremely organized. Each of her objects had its place, but mine always hid somewhere. She even labeled（贴标签）everything. I always looked for everything. Over time, Kate got neater and I got messier. She would push my dirty clothing over, and I would lay my books on her tidy desk. We both got tired of each other.

（2）War broke out one evening. Kate came into the room. Soon, I heard her screaming, “Take your shoes away! Why under my bed!” Deafened, I saw my shoes flying at me. I jumped to my feet and started yelling. She yelled back louder...

2. Ask and answer.

（1）两个女孩之间是什么关系？

What’s the relationship between two girls?

（2）为什么Kate生气了？

What made Kate angry?

（3）如果你遇到类似的情况你会觉得怎样？

How would you feel if you come across a similar situation?

（4）如果你是其中的一个女孩，你会怎么做？

What would you do if you were one of them?

Task 2： Review what you have learned about words and grammar.

Interpersonal Relationship				
Relationship	The problem	Feelings	Solutions	Others
friend classmate parents …	get tired of disagree argue/ quarrel …	angry upset anxious …	apologize give in accompany …	friendly friendship merciful …

Task 3：Read about the attributive clause in the grammar book and try to sort out the grammar with a mind map or a form.

【课中】

Step 1： Lead-in

在导入环节，教师告知学生学习目标，让学生做课前练习。教师对人际关系的主题意义以及重点的词汇进行了梳理。

Step 2：Understanding and practicing the words

在理解词汇的环节，教师设计了四个活动。

★ 活动1：预测课前阅读的故事发展

教师提出问题：

What would happen? Would they break up? How would they solve the problem?

教师要求学生阅读B部分。学生验证自己的假设后，回答问题：

Part B

（3）The room was filled with anger. We could not have stayed together for a single minute but for a phone call. Kate answered it. From her end of the conversation, I could tell right away her grandma was seriously ill. When she hung up, she quickly crawled（爬）under her covers, sobbing. Obviously, that was something she should not go through alone. All of a sudden, a warm feeling of sympathy rose up in my heart.

(4) Slowly, I collected the pencils, took back the books, made my bed, cleaned the socks and swept the floor, even on her side. I got so absorbed into my work that I even didn't t notice Kate had sat up. She reached out her hands to grasp mine. I looked up into her eyes. She smiled at me, "Thanks."

(5) Kate and I stayed roommates for the rest of the year. We didn't always agree, but we learned the key to living together: giving in, cleaning up and holding on.

(1) Which one is the best title for the story? (　　)

A. My friend Kate　　B. Hard work pays off

C. How to be organized　　D. Learning to be roommates

(2) How did the girls deal with their disagreement? Is that what you would do?

从中归纳出：当遇到问题时，我们需要互相理解、互相帮助。

★ **活动2：梳理故事结构**

教师帮助学生找出段落关键句、梳理故事的结构，并让学生按照课前的词汇积累表的归类完善关于人际关系的表达方式。

表5　故事段落、大意和结构分析

Parts	Key sentences	Main ideas	Structures
1	Para.1: I was never very neat, while my roommate Kate was extremely organized.	Differences in characteristics/ lifestyle	Reason for the problem
2	Para.2: War broke out one evening.	War broke out	Beginning (the problem)
3	Para.3: We could not have stayed together for a single minute but for a phone call.	Turning point Relationship improved	Development

续 表

Parts	Key sentences	Main ideas		Structures
3	Para.4: Slowly, I collected the pencils, took back the books, made my bed, cleaned the socks and swept the floor, even on her side.	Behavior	Relationship improved	Ending (problems solved)
4	Para.5: We didn't always agree, but we learned the key to living together: giving in, cleaning up and holding on.	Problems solved		Theme: the key to living together

★ 活动3：语境中理解和练习高频词汇

在这个活动中，教师以填空、猜测词义的形式对表达情感和动作行为的词汇进行了重点练习，突出词块和熟词生义。

（1）Fill in the blanks with the correct forms of the following words. When telling the answer, tell others how you decide the correct form of a word.

confuse

Things were happening too quickly and Brian was ______________.

The uncertainty created by this situation must be ______________ for you.

depress

It must be really ______________ listening to everybody's complaints.

She's been very ______________and upset about this whole situation.

disappoint

Despite winning the first place, their last game ended in great ______________.

The wine was excellent, but the food was ______________.

When things go wrong, all of us naturally feel ______________ and frustrated.

embarrass

He accidentally fell on the ground, which made him ______________.

After a long moment of ______________, he accepted my apology happily.

I've never felt so ______________ in my life!

(2) Look at these phrases and make sure you understand them. Then use them correctly in the following sentences. Add more get-phrases you know.

get close to get in touch with get on/along well with get tired of get to know sb.

* Dick ______________ his new toy after playing with it for a week and tried to swap it for another one.

* John ______________ George very well as a teenager and they decided to go to the same university.

* I still remember, several years ago, when I never ______________ network, I spent most time in classroom or library, live simply and happily.

* It takes little children a little time to drop their guard and ______________ people.

* The idea of holding this activity is to encourage people to ______________ their neighbors.

(3) Competition. Read the following sentences and guess the meaning of the words in the sentences.

close

* If you are cold, close the window.

* He likes to work in a company close to home.

* There is a close connection between efforts and achievements.

* She and Linda became very close friends after they met for the first time.

excuse

*It's just an excuse for a party.

* He excused himself by saying he was forced to rob to support his family.

* Many people might have excused them for escaping their responsibilities.

treat

* People are often treated the way they expect to be treated.

* The boy was treated for a wound in his head in the hospital.

* It was many years before the city began to treat its air pollution.

* Mary always returned from town with some special treats for her.

settle

* He visited Paris 10 years ago and eventually settled there.

* Jessica settled into her chair with a small sigh of relief.

* The man let his eyes settle upon Jack's face.

* Both sides are looking for ways to settle their differences.

* I settled the bill for my coffee and his two glasses of wine.

Step 3 : Consolidating the words

在词汇巩固环节，教师设计了三个活动：听故事，做笔记；根据情境交流解决问题的方法；完成写作任务。

★ 活动4：听故事，做笔记

教师让学生边听故事边记录。故事讲述“我”在高中感到孤独，后来遵循老师的建议，交上朋友，参加活动，克服想家的问题。教师挖空了句型和短语，帮助学生巩固词汇的拼写和用法，同时训练学生记录、表达、复述的能力。

1. Time for sharing “my” story: listen and take notes.

When I became a senior student three years ago, I left my parents and boarded at school on my own. (1) It was my first time that I had left my parents. (2) There was a time when I felt upset and (3) suffered from loneliness and I didn't know how I could carry on. I missed my parents (4) so much that my mind was always at home. As a result, I was absent-minded in my class and (5) was tired of my study.

It seemed that everything was in a mess. I became a weak student and was poor at all subjects. What's worse, I fell ill now and then.

（6）To my joy, my teachers（7）were concerned about me and gave me a lot of valuable suggestions. They tried to（8）encourage me to make new friends and take part in all kinds of activities.（9）It was my teacher's encouragement that helped me settle my homesickness. I（10）was really grateful for it.

接着，教师提供了三个不同的情景：当你与父母有不同意见时；当你与老师的观点不一致时；当你与朋友相处不好时。学生可选择其中一个进行讨论。教师要求学生互相倾听和记录，并给予语言表达所用的词汇和句型提示。

2. Choose one of the situations and share your ideas with your deskmate.

* When you have different opinions against your parents, ...

* When you disagree with your teacher's idea, ...

* When you are not getting along well with your friends, ...

Student A: What difficulty do/did you meet and what is/was the solution?

Student B: Offer some suggestions according to Student A's problem.

表6　讨论要求和语言表达提示

Tips:	How to take notes:
- at least 3~5 sentences - while listening, Student B takes notes - retelling required	- Who : names/ relationship - When: - Where: - What: - Result:
How to give suggestions: I think you should/ can... It would be wiser/ more helpful if you... It should be a good idea to... You can try to... If I were you, I would... I suggest you should... Why not...? / Why don't you...? You had better... Only in this way, can you... As far as I am concerned/ In my opinion, ...	

Step 4: Using the words

教师设计了写作任务，让学生运用主题知识完成信件写作：

假定你是李华，你无意中发现你的母亲经常翻看你网上聊天记录（chat-online records），请你写一封信给你的母亲，内容包括：

（1）写信的原因；

（2）你的感受和想法；

（3）就该问题提出解决方法。

注意：

（1）词数100左右；

（2）可以适当增加细节，以使行文连贯。

【课后】

教师布置了几个任务：整理单元词汇、自评、限时的测试练习和美文朗读。

1. Sorting out the words and expressions about interpersonal relationship using your own mind map.

（1）表达“人际关系”：

（2）表达“人际矛盾产生的原因”：

（3）表达“心理变化和感受”：

（4）针对问题提出建议：

2. Self-assessment

表7　课堂学习自我评价表

（1）我能记住有关人际关系的词汇并能说出其中文意思	1	2	3	4	5
（2）我能准确地把表达情绪和感情的动词变形容词充当定语和表语	1	2	3	4	5
（3）我能注意到词义和词性变化，例如close，excuse，treat，settle	1	2	3	4	5
（4）我能注意到词的搭配、词的固定用法	1	2	3	4	5
（5）我能在不同语境中正确使用本单元重点词汇	1	2	3	4	5

3. Exercises

（1）Cloze Test

It was well after midnight, I stood silently staring out the ninth floor window of the New York hospital. At 9：00 am, I was __1__ into an operating room. After an eleven-hour __2__ I was put into a recovery room. It was then that I first __3__ him. He was so __4__ and stood in the doorway of the recovery room. He sent out sympathy and __5__ to me.

The man would be standing in the doorway, __6__ and nodding as I would pass with one or more members of my family. On the fourth week I was allowed to walk up the corridor __7__. As I passed his room, I stopped a minute to __8__. He introduced me to his wife and his son who was __9__ in a hospital bed. He explained that he and his wife had brought their __10__ to this hospital of hope from Iran. They were still __11__ but things were not going well. For three more weeks we continued our __12__, each giving the other the gift of caring and friendship.

There did come a day when the doctor told me I would be __13__ the following morning. The next morning he came to my room.I told him I would pray for his son. He __14__ me but shrugged his shoulders indicating the hopelessness. This man in his sorrow was so __15__ for me. I could feel his __16__. As I turned to walk down the corridor to the elevator, he was so __17__ and stood in the doorway, smiling, nodding and giving his blessing.

Fifteen years passed and I think of him __18__ and he is always in my heart as I feel I am in his.I think it is because when we face the __19__, our hearts and souls are open to those around us and we are able to accept the love and __20__ of others, almost freely and thankfully as children accept love.

1. A. dragged　B. pulled　C. wheeled　D. pushed

2. A. operation　B. experiment　C. practice　D. argument

3. A. discovered　B. observed　C. understood　D. saw

4. A. curious	B. worried	C. funny	D. confident
5. A. encouragement	B. curiosity	C. confusion	D. sorrow
6. A. singing	B. dancing	C. smiling	D. crying
7. A. carefully	B. independently	C. bravely	D. patiently
8. A. rest	B. breathe	C. recover	D. chat
9. A. playing	B. studying	C. lying	D. jumping
10. A. daughter	B. son	C. father	D. mother
11. A. dreaming	B. imagining	C. managing	D. hoping
12. A. conversations	B. games	C. journeys	D. challenges
13. A. transferred	B. discharged	C. delivered	D. shifted
14. A. thanked	B. encouraged	C. comforted	D. amused
15. A. strange	B. special	C. happy	D. important
16. A. courage	B. bravery	C. strength	D. love
17. A. tired	B. delighted	C. lucky	D. helpful
18. A. finally	B. immediately	C. slowly	D. frequently
19. A. anxiety	B. responsibility	C. disaster	D. failure
20. A. kindness	B. instruction	C. criticism	D. shortcoming

（2）Grammar Filling

Most Americans don't like to get advice from members of their family. They get advice from "strangers". When they need advice, they（1）__________（rare）go to people they know. Instead, many of（2）__________ write letters to newspapers and magazines（3）__________ give advice on many different subjects（4）__________（include）family problems, the use of language, health, cooking, child care, clothes, and even on how to buy a house or a car.

Most newspapers regularly print letters from readers with problems. Along with the letters there are answers written by people who（5）__________（suppose）to know how to solve such problems. Some of these writers are doctors, and others are lawyers or（6）__________（educate）. Among the writers, two women are famous.（7）__________ they have no special training for this kind of work, they can give the readers suitable advice because they are rich（8）__________ life experience and good at communicating with others. A survey was done last year about why people（9）__________（turn）to strangers for help and why the two women were well-received. Most people interviewed in（10）__________ survey said this way could help protect their privacy and the advice from the women was practical and effective.

（3）Read Aloud

Hello，everyone！As we all know，friends are the people who can share our happiness and sorrow. It's necessary to keep a good relationship with them. Here are my ideas on how to communicate with friends.

Firstly，we should respect and trust our friends. Don't be rude to them even if they offend you on some occasions. Secondly，if we often communicate with them，our friendship will be strengthened. Thirdly，if sometimes we don't agree with each other over some minor things，we should try to put ourselves in their shoes.

Thank you for listening.

When I Have a Different Opinion

We may have different opinions in organizing class activities. We may have various ways to deal with such a situation. When I have a better idea, I would choose to stick to it. By doing so, I can not only share good ideas with others but also learn to express myself clearly.

Once we were discussing where to go for an outing. Most of my classmates wanted to go to a park while I had an idea of going to a nicer place. I managed to persuade my classmates into accepting my idea. We did have a good time that day. Good opinions are worth sticking to because they can benefit us all.

（二）阅读课

【课中】

教师在课堂开始时，检查学生的课前作业的完成情况，并进行了答疑。接着，教师对词汇课的学习内容进行小测，主要诊断学生对于人际关系相关词句的掌握程度：

Check how well you can translate these sentences without referring to the books. Use the phrases or the sentence patterns to translate the following sentences.

（1）从这次经历中我明白了与人沟通、合作的重要性。（cooperate）

From this experience I have realized it was important to communicate and cooperate with others.

（2）让他等了这么久，我想你应该为此向他道歉。（apologize/ make an apology）

I think you must apologize/ make an apology to him for having kept him waiting so long.

（3）你最好不要伤害父母的感情，而是找机会与他们面对面好好谈一谈这个问题。（face to face）

Instead of hurting the feelings of your parents, you can look for a chance to talk about the problem with them face to face.

（4）你们对我这么好、这么热情，这让我感觉就像在自己家里一样。（定语从句）

You were so kind and so warm to me, which made me feel as if I were at my own home.

（5）学校组织的活动给我们提供彼此交流的机会，这有助于我们交流学习和生活上的经验。（定语从句）

Activities held by our school offer us chances to communicate with each other, which can help us exchange our learning and life experience.

（注：英文部分为答案，教师基于主题精心设计翻译练习）

Step 1： Lead-in

教师与学生开展互动，询问学生：我们应该如何与父母相处？当父母不喜欢自己的生活方式时，我们应该怎么办？接着，教师提出了本节课阅读记叙文学习任务，要求学生熟练运用记叙文的结构来分析故事的发展线索，并提炼主题意义。

Step 2: Pre-reading

教师引导学生回忆记叙文的结构和写作目的，同时展示两张父与子的图画：

It seems that there are so many differences between father and son, but can we find something that we can share? Can we build a bridge between the gap? How? Can we do this all by taking a trip?

Step 3: While-reading

教师派发2篇阅读材料。第一篇阅读材料选自2014年天津卷，第二篇阅读材料选自2016年天津卷。教师要求学生阅读这两篇文章，让学生根据记叙文开端、发展、高潮、结局（升华）四个部分对这篇文章进行分析，并完成两篇文章的阅读理解题。

★ 活动1：阅读并分析文本

教师给予了充分的时间，在学生独立完成的基础上开展小组讨论。教师对难点进行了点拨，理清了两篇文章的基本思路和内涵。

Passage 1

"Dad," I say one day, "let's take a trip. Why don't you fly and meet me?"

My father had just retired after 27 years as a manager for IBM. His job filled his day, his thought, his life. While he woke up and took a warm shower, I screamed under a freezing waterfall in Peru. While he tied a tie and put on the same Swiss watch, I rowed a boat across Lake of the Ozarks.

My father sees me drifting aimlessly, nothing to show for my 33 years but a passport full of funny stamps. He wants me to settle down, but now I want him to find an adventure.

He agrees to travel with me through the national parks. We meet four weeks later in Rapid City.

"What is our first stop?" asks my father.

"What time is it?"

"Still don't have a watch?"

Less than an hour away is Mount Rushmore. As he stares up at the four Presidents carved in granite, his mouth and eyes open slowly, like those of a little boy.

"Unbelievable," he says. "How was this done?"

A film in the information center shows sculptor Gutzon Borglum devoted 14 years to the sculpture and then left the final touches to his son.

We stared up and I asked myself, "Would I ever devote my life to anything?"

No directions, no goals. I always used to hear those words in my father's voice. Now I hear them in my own.

The next day we're at Yellowstone National Park, where we have a picnic.

"Did you ever travel with your dad?" I ask.

"Only once," he says. "I never spoke much with my father. We loved each other—but never said it. Whatever he could give me, he gave."

The last sentence—it's probably the same thing I'd say about my father. And what I'd want my child to say about me.

In Glacier National Park, my father says, "I've never seen water so blue." I have, in several places of the world. I can keep traveling, I realize—and maybe a regular job won't be as dull as I feared.

Weeks after our trip, I call my father.

"The photos from the trip are wonderful," he says. "We have got to take another trip like that sometime."

I tell him I've decided to settle down, and I'm wearing a watch.

1. Analyze the passage.

Structures	Parts	Main ideas
Beginning		
Development		
Climax		
Ending		
Main conflict		

2. Reading comprehension.

(1) We can learn from Paragraphs 2 and 3 that the father ____________.

A. followed the fashion

B. got bored with his job

C. was unhappy with the author's lifestyle

D. liked the author's collection of stamps

(2) What does the author realize at Mount Rushmore?

A. His father is interested in sculpture.

B. His father is as innocent as a little boy.

C. He should learn sculpture in the future.

D. He should pursue a specific aim in life.

(3) From the underlined paragraph, we can see that the author ____________.

A. wants his children to learn from their grandfather

B. comes to understand what parental love means

C. learns how to communicate with his father

D. hopes to give whatever he can to his father

(4) What could be inferred about the author and his father from the end of the story?

A. The call solves their disagreements.

B. The Swiss watch has drawn them closer.

C. They decide to learn photography together.

D. They begin to change their attitudes to life.

(5) What could be the best title for the passage?

A. Love Nature, Love Life　　B. A Son Lost in Adventure

C. A Journey with Dad　　D. The Art of Travel

Passage 2

Every man wants his son to be somewhat of a clone, not in features but in footsteps. As he grows you also age, and your ambitions become more unachievable. You begin to realize that your boy, in your footsteps, could probably accomplish what you hoped for. But footsteps can be muddied and they can go off in different directions.

My son Jody has hated school since day one in kindergarten. Science projects waited until the last moment. Book reports weren't written until the final threat.

I've been a newspaperman all my adult life. My daughter is a university graduate working toward her master's degree in English. But Jody? When he entered the tenth grade he became a "vo-tech" student. They're called "motorheads" by the rest of the student body.

When a secretary in my office first called him "motorhead", I was shocked. "Hey, he's a good kid," I wanted to say. "And smart, really."

I learned later that motorheads are, indeed, different. They usually have dirty hands and wear dirty work clothes. And they don't often make school honor rolls.

But being the parent of a motorhead is itself an experience in education. We who labor in clean shirts in offices don't have the abilities that motorheads have. I began to learn this when I had my car crashed. The cost to repair it was estimated at $800. "Hey, I can fix it," said Jody. I doubted it, but let him go ahead, for I had nothing to lose.

My son, with other motorheads, fixed the car. They got parts from a junk yard, and ability from vo-tech classes. The cost was $25 instead of $800.

Since that first repair job, a broken air-conditioner, a non-functioning washer and a non-toasting toaster have been fixed. Neighbors and co-workers trust their car repairs to him.

These kids are happiest when doing repairs. They joke and laugh and are living in their own relaxed world. And their minds are bright despite their dirty hands and clothes.

I have learned a lot from my motorhead: publishers need printers, engineers need mechanics, and architects need builders. Most importantly, I have learned that fathers don't need clones in footsteps or anywhere else.

My son may never make the school honor roll. But he made mine.

1. Analyze the passage.

Structures	Parts	Main ideas
Beginning		
Development		
Climax		
Ending		
Main conflict		

2. Reading comprehension.

（1）What used to be the author's hope for his son?

A. To avoid becoming his clone.

B. To resemble him in appearance.

C. To develop in a different direction.

D. To reach the author's unachieved goals.

（2）What can we learn about the author's children?

A. His daughter does better in school.

B. His daughter has got a master's degree.

C. His son tried hard to finish his homework.

D. His son couldn't write his book reports.

(3) The author let his son repair the car because he believed that __________.

A. his son had the ability to fix it

B. it would save him much time

C. it wouldn't cause him any more loss

D. other motorheads would come to help

(4) In the author's eyes, motorheads are __________.

A. tidy and hardworking

B. cheerful and smart

C. lazy but bright

D. relaxed but rude

(5) What did the author realize in the end?

A. It is unwise to expect your child to follow your path.

B. It is important for one to make the honor roll.

C. Architects play a more important role than builders.

D. Motorheads have greater ability than office workers.

★ 活动2：深入对比文本

教师呈现了两个文本故事发展的过程、主题内涵和主要冲突：

表8　两个文本情节、段落、主题对比

Plots	Passage 1	Theme	Passage 2	Theme
Beginning	My father and I had different ways of life. We disagree with each other, but we finally decided to take a trip together.	Both father and son can learn to see the world in the other's eyes, thus lead to mutual understanding and acceptance of each other.	Unlike me, my son was a "vo-tech" student.	You don't need your son to clone you.

续表

Plots	Passage 1	Theme	Passage 2	Theme
Development	When visiting Mount Rushmore, father and I learned to understand each other's way of life.		My son helped me fix the car and he did well.	
Climax	In National Park where we have a picnic, I realize that I want to change.		My son and his friends won the trust of neighbors with their work.	
Ending	Both father and I decide to try different ways of life.		I was proud of my son and thought that he could have his own way.	
Main conflict	My father and I have completely different ways of life.		The son doesn't have the same talents as the family.	

接着，教师通过提出问题引导学生对两个文本从写作内容、写作手法、写作目的方面进行深入比较。

T：In Passage 1, the writer is the son; in Passage 2, the writer is the father. At the beginning, they realize that father and son are different，but then by describing what they experience, they find out that it is necessary to understand each other,see the value of each other's way of life and respect each other. So mutual understanding is the theme of interpersonal relationship. Well, let's read these words from the passages and see what writing technique do the writers use?

Passage 1: While he woke up and took a warm shower, I screamed under a freezing waterfall in Peru. While he tied a tie and put on the same Swiss watch, I rowed a boat across Lake of the Ozarks.（试比较：My father and I have completely different ways of life. He likes a regular routine, but I like travelling.）

My father sees me drifting aimlessly, nothing to show for my 33 years but a passport full of funny stamps. He wants me to settle down, but now I want him to find an adventure.

"The photos from the trip are wonderful," he says. "We have got to take another trip like that sometime."

I tell him I've decided to settle down, and I'm wearing a watch.

Passage 2: My son Jody has hated school since day one in kindergarten. Science projects waited until the last moment. Book reports weren't written until the final threat.

I've been a newspaperman all my adult life. My daughter is a university graduate working toward her master's degree in English. But Jody? When he entered the tenth grade he became a "vo-tech" student. They're called "motorheads" by the rest of the student body.

And their minds are bright despite their dirty hands and clothes.

My son may never make the school honor roll. But he made mine.

教师通过对语言的赏析和对比，引导学生关注文本的表达手法以及while, but, despite等连接词的使用，说明两篇文章采用了对比的写作手法生动地展示父子的差异。

★ 活动3：词汇积累

教师让学生摘录表示学习生活的词句，包括take a trip, tie a tie, row a boat, devote... to... , have a picnic, a master's degree in English, make school honor roll等，让学生翻译和赏析文本。

Step 4：Post-reading

★ 活动4：阅读反思

在读后活动中，学生对本节课的阅读进行反思。反思内容不仅要涉及语言知识、技能、策略，还要强化学生学习与现实生活的联系。

表9　课堂学习自我评价表

1. 我能根据记叙文的结构分析文本内容。	1	2	3	4	5
2. 我会通过把握故事主要线索把握文章大意和内涵。	1	2	3	4	5
3. 我能深入文本，提取对比的写作手法。	1	2	3	4	5
4.我能运用主题阅读策略提高测试准确率。	1	2	3	4	5
5. 我能用从这篇故事中所悟出的道理解决我和父母的分歧。	1	2	3	4	5

【课后】

教师提供了2016年全国I卷的阅读文章，需要学生对所学知识进行迁移应用，并完成下面的思考：

1. What does "answer a call" mean in the title? Who gives the call? What is the call?

2. Compared with the stories we read, what kind of article is it? What has been talked about?

3. Does the writer use contrast in the passage? What's the purpose of doing that?

4. Finish the Reading Comprehension and make a conclusion of what these three passages (the fourth is optional) want us to know about family relationship.

Passage A: Grandparents Answer a Call

As a third generation native of Brownsville, Texas, Mildred Garza never planned to move away. Even when her daughter and son asked her to move to San Antonio to help with their children, she politely refused. Only after a year of friendly discussion did Ms. Garza finally say yes. That was four years ago. Today all three generations regard the move as a success, giving them a closer relationship than they would have had in separate cities.

No statistics show the number of grandparents like Garza who are moving closer to adult children and grandchildren. Yet there is evidence suggesting that the trend is growing. Even President Obama's mother-in-law, Marian Robinson, has agreed to leave Chicago and move into the White House to help care for her granddaughters. According to a study by *grandparents.com*, 83 percent of the people said Mrs. Robinson's decision will influence the grandparents in the American family. Two-thirds believe more families will follow the example of Obama's family.

"In the 1960s we were all a little wild and couldn't get away from home far enough or fast enough to prove we could do it on our own," says Christine Crosby, publisher of *Grand*, a magazine for grandparents. "We now realize how important family is and how important it is to be near them, especially when you're raising children."

Moving is not for everyone. Almost every grandparent wants to be with his or her grandchildren and is willing to make sacrifices, but sometimes it is wiser to say no and visit frequently instead. Having your grandchildren far away is hard, especially knowing your adult child is struggling, but giving up the life you know may be harder.

1. Why was Garza's move a success?

A. It strengthened her family ties.

B. It improved her living conditions.

C. It enabled her make more friends.

D. It helped her know more new places.

2. What was the reaction of the public to Mrs. Robinson's decision?

A. 17% expressed their support for it.

B. Few people responded sympathetically.

C. 83% believed it had a bad influence.

D. The majority thought it was a trend.

3. What did Crosby say about people in the 1960s?

A. They were unsure of raising more children.

B. They were eager to raise more children.

C. They wanted to live away from their parents.

D. They had little respect for their grandparents.

4. What does the author suggest the grandparents do in the last paragraph?

A. Make decisions in the best interests of their own.

B. Ask their children to pay more visits to them.

C. Sacrifice for their struggling children.

D. Get to know themselves better.

Passage B（Optional）

Parents everywhere praise their kids. Jenn Berman, author of *The A to Z Guide to Raising Happy and Confident Kids,* says, "We've gone to the opposite extreme of a few decades ago when parents tended to be more strict." By giving kids a lot of praise, parents think they're building their children's confidence, when, in fact, it may be just the opposite. Too much praise can backfire and, when given in a way that's insincere, make kids afraid to try new things or take a risk for fear of not being able to stay on top where their parents' praise has put them.

Still, don't go too far in the other direction. Not giving enough praise can be just as damaging as giving too much. Kids will feel like they're not good enough or that you don't care and, as a result, may see no point in trying hard for their accomplishments.

So what is the right amount of praise? Experts say that the quality of praise is more important than the quantity. If praise is sincere and focused on the effort not the outcome, you can give it as often as your child does something that deserves a verbal reward. " We should especially recognize our children's efforts to push themselves and work hard to achieve a goal," says Donahue, author of *Parenting Without Fear: Letting Go of Worry and Focusing on What Really Matters*. "One thing to remember is that it's the process not the end product that matters."

Your son may not be the best basketball player on his team. But if he's out there every day and playing hard, you should praise his effort regardless of whether his team wins or loses. Praising the effort and not the outcome can also mean recognizing your child when she has worked hard to clean the yard, cook dinner, or finish a book report. But whatever it is, praise should be given on a case-by-case basis and be proportionate（相称的）to the amount of effort your child has put into it.

（三）写作课（读后续写）

【课前】

学生需要阅读一篇讲述父女关系的文章，并根据记叙文的基本结构对文本进行初步分析，同时练习动作和心理描写。

"Missy," I cried to my wife, "did you put the banana skin on my desk?" "No, honey, Meghan probably did." As I'd feared, she had missed my real purpose of the question which was to make it clear to her that she hadn't done her job: defend my desk against the invader—our naughty girl. I abandoned the conversation.

I sat here at the desk, and stared at the screen. I waited patiently for ideas to come to me, exam questions for a test I would give my English students. My wife was off to a reunion somewhere, but I was not alone. Meghan, our 22-month-old daughter, kept me company. Yet her plans that day seemed to go against mine.

She followed a daily routine that was both time-consuming and challenging. It included certain basic tasks: watching the fish, sweeping the carpet in her room, climbing up and down her bed.

At first I could concentrate on designing my test paper. But I was soon sidetracked（分心的）. I had not counted on the arrival of the "bib-bibs"（"Bib-bibs" were birds.）. "Bib-bibs, bib-bibs!" Meghan screamed excitedly, her eyes alive with expectation. She insisted that I go with her to the window.

"In a second, just let me finish this question," I said. She pulled me by the hand（two fingers, actually）toward the window. I saw myself as a fool, being led to watch the bib-bibs. And we did watch them. They chattered and leaped back and forth on the lawn just outside our apartment window. Meghan was absorbed, but as I watched them, I still thought about my work.

Suddenly she rushed out from the room, and I heard her naked feet slapping against the wooden floor outside. She returned with her doll, Dumpty. She held him up to the window, stretching him out by his two arms and whispering into his none-xistent ear. "Bib-bibs, Dumpty, bib-bibs!" Then I left them in conversation and returned to my desk.

1. Analyze the characters of the story, find out who they are and their relationship. What kind of father am I? What do I think of my daughter?

2. Analyze the plots of the story based on the basic elements.

Plots	Parts	Main ideas	Theme
Beginning			
Development			
Climax			
Ending			

3. What are father's attitudes to his little daughter and his work?

4. Fill in the blank to complete the sentences to express certain feelings.

(1) He was so ________ and stood in the doorway of the recovery room. He sent out ________ and encouragement to me. (worried and sympathetic)

(2) These kids are happiest when doing repairs. They ________ and laugh and are living in their own relaxed world. And their minds are ________ despite their dirty hands and clothes. (happy)

(3) As he ________ up at the four Presidents carved in granite, his mouth and eyes open slowly, like those of little boy. (surprised)

(4) Soon, I heard her ________, "Take your shoes away! Why under my bed!" Deafened, I saw my shoes flying at me. I jumped to my feet and started ________. She yelled back louder. (angry)

(5) Meghan screamed excitedly, her eyes ________ with expectation. (excited)

【课中】

Step 1: Lead-in

教师展示一幅父女其乐融融的画面，指出家庭成员间的相互陪伴是家庭和睦的基础，而这正是人际关系方面的文章主题。教师让学生分享他们课前对故事的理解和分析，并提问：

What is the possible theme of the story?

Step 2: Pre-writing

★ 活动1: 根据首句进行预测

教师呈现写作任务，要求学生根据阅读内容和所给段落开头语续写两段，使之构成一篇完整的短文。

Unfortunately, she came again soon, with her shoes in hands and preparing for an outing.

____

____

____

____

____

____

____

Out of the corner of my eye I could see the little girl sobbing because I didn't have time for her.

____

____

____

____

在学生阅读了首句后，教师让学生根据已有信息串联故事:The little girl wanted to go out to play, but I didn't have time for her, and she was unhappy.

T：So what is the main conflict of the story between a father and a daughter? Let's look at this sentence: Unfortunately, she came again soon, with her shoes in hands and preparing for an outing. Why did the writer say "Unfortunately"? What will be followed up?

S: The main conflict is father wants to work while the daughter wants to go out. The father would be impatient and refused the little girl's request.

T: Quite right. So you need to describe how impatient the father was and how he refused and why he refused. After that, "I", the father, out of the corner of my eye, could see the little girl sobbing because I didn't have time for her. Why did "I" use "out of the corner of my eye"?

S: To show that he still cared about the little girl even thought he was working.

T: And also tell us that the little girl, in fact, did not go far away. Maybe, she was thinking that her father would change her mind. Then, what would he think of when he saw his daughter sobbing? What would he do? How would the little girl and the father feel after that?

在引导后，教师让学生在自己的作业纸上梳理思路，形成思维导图或问题串。

★ 活动2：赏析语言，并进行模仿

教师指出父亲一开始对待自己的工作态度与对待女儿的态度是有所不同的，并选取了一个片段，让学生运用已学的知识了解文本中是如何描写父亲和女儿看小鸟的动作和态度的：

Meghan screamed excitedly, her eyes alive with expectation. She insisted that I go with her to the window.

I saw myself as a fool, being led to watch the bib-bibs. And we did watch them. They chattered and leaped back and forth on the lawn just outside our apartment window. Meghan was absorbed, but as I watched them, I still thought about my work.

Suddenly she rushed out from the room, and I heard her naked feet slapping against the wooden floor outside. She returned with her doll, Dumpty. She held him up to the window, stretching him out by his two arms and whispering into his nonexistent ear. "Bib-bibs, Dumpty, bib-bibs!" Then I left them in conversation and returned to my desk.

表10 父女动作和态度对比

	Actions	Feelings
Father	be led to, did watch, thought about my work, left them, returned to	as a fool, impatient, show no interest in watching the bird
Daughter	screamed excitedly, her eyes alive with expectation, absorbed, rushed out, slapping against, held him up, stretching him out	excited, eager, in great need of company

接着，教师呈现读后续写的评价标准：

表11 读后续写评价表

评价内容	指标描述	得分
字数	150词左右。	10
融洽度	续写内容与上文融洽度高，衔接合理。	20
内容	续写内容充实。	20
语言	用词丰富、准确，能恰当地运用原文的词句。	20
衔接	有效地使用了语句间的连接成分，续写短文结构紧凑，能恰当地运用对比的写作手法。	20
规范	书写工整、标点清晰，能开展互评，很好地吸收别人的建议，能对续写内容进行完善。	10

教师让学生尝试运用对比的手法来完成第一段的续写，并引导学生对作品开展评析活动，让学生从动作描写和心理活动方面提供反馈。根据学生的

一些写作误区，提醒学生紧扣theme和main conflict来铺开，形成续写篇章的事件发展和人物表现的整体脉络。（以下是老师自己写的范例，并根据范例进行的分析）

Unfortunately, she came again soon, with her shoes in hands and preparing for an outing. She came to pull my clothes. "Sorry, Missy," I signed. "Daddy is too busy. Could you just find bib-bibs to play with?" "Bib-bibs are in the park. I want to go to the park," she pointed outside and jumped up to show that she couldn't wait to go. My impatience grew and I began to raise my voice, "Listen, Missy. Can't you see Daddy is working? Leave me alone!" Greatly disappointed, she turned her head. Instead of leaving, she stood against the wall, with her eyes begging for my approval. I pretended to be absorbed in my work.

表12　第一段续写父女动作和态度对比

	Actions	Feelings
Father	be led to, did watch, thought about my work, left them, returned to	as a fool, impatient, show no interest in watching the bird
	signed, raise my voice, pretended	a little annoyed, impatient
	?	?
Daughter	screamed excitedly, her eyes alive with expectation, absorbed, rushed out, slapping against, held him up, stretching him out	excited, eager, in great need of company
	pull my clothes, pointed, jumped up, turned her head, stood against, begging for	eager, greatly disappointed but still hopeful
	?	?

T: Remember what kind of father he is. So as I read your written work, I find that some of us say that the father is so angry that he beats his daughter. There's no doubt that the little daughter is naughty and wants to play outside, but she doesn't do something wrong. We should write based on the theme.

Step 3: While-writing

学生继续独立完成第二段的续写。

Step 4: Post-writing

教师指导学生进行读后续写的评价活动,并要求学生根据评价修改自己的文章。

【课后】

学生修改完善自己的作品后上交，整理单元的错题和准备限时测试。

四、案例评析

“人际关系和社会交往”是人与社会的一个重要的主题。本单元的教学设计和实施体现了如下的特点：

（一）充分体现学习阶段特点

本单元的教学是基于高三第一轮复习设计的。在能力要求上，高三更注重语言情境和语言能力的基础性、应用性、综合性和创新性。整个单元的语言活动覆盖了听、说、读、写看的技能的强化练习，注重基础，比如朗读、问答、积累好词好句、词句练习、单项技能的训练等；注重应用，以高考题型为主，同时精心选择了与学生生活相关的篇章，创设了学生熟悉的语境，注重迁移到实际问题的解决；注重综合，在语篇中训练和检测学生阅读理解能力、语言知识综合运用能力、写作能力等；注重创新，在篇章理解问题设计方面，设计考查不同思维层次的、以及不同提问方式的问题，采用多种教学活动。可以说，本单元的设计和实施指向高考评价要求，体现出高三学习阶段特点。

（二）单元、课时关联紧密，结构严谨

在深度学习中，关联、结构化知识是关键词，是实现高认知的条件。“人际关系、社会交往”的主题单元设计体现了目标关联、内容关联、策略关联和评价关联。首先是目标，单元目标与学业质量水平的吻合度较高；不同课时的目标关联度较高，线索是非常清晰的、主干是非常突出的。在单元教学设计中，设计者对单元的核心定位较为准确。在主题方面，认识到沟通、宽容、共情、陪伴、爱护可以处理人们交往中出现的问题。在语篇方面，主要通过记叙文的学习，深入记叙文写作顺序和写作手法，尤其是运用对比的手法来呈现矛盾双方在动作、情感方面的表现，突出解决问题的必要性，增加篇章的感染力。同时不限于记叙文的学习，通过说明文和议论文，多角度地呈现同一主题，使学生的语言体验更加丰富，从而增强学生迁移能力。在语言知识方面，掌握在人际关系和社会交往中具有核心功能的词汇，如“关系”“问题”“感受和心理”“建议”等；了解记叙文的开端、发展、高潮、结局、冲突、主题等语篇基本要素；掌握描述问题冲突、解决问题时经常需要运用的定语从句。在文化知识方面，了解不同国家的家庭观念和文化，形成对家庭关系的价值判读。在语言技能方面，学生能听取、记录与人际关系相关的信息，学会提问和回答与人际关系相关的问题；理解篇章的具体信息，分析篇章结构，理解语义逻辑关系，进行推理判断，发掘隐含意义；能够描述问题，提出解决问题的建议，完成故事续写等。在学习策略方面，则要求通过背景知识的激发、知识整理、评价和反思等提高学习效率。

内容上，单元选取了以高考试题为主的语篇。主题意义一致，包含了与学生生活关系密切的同学之间的关系、父母与孩子的关系等，让学生在反复接触同类型的语篇中逐步形成对主题的较为全面的知识。

策略上，单元教学呈现出课前、课中、课后三个环节完整的设计，教学活动由浅入深，层层铺垫、逐步深入。语篇贯穿单元教学，在第一课时的词汇课中，会选择较为短小的语篇，结合听说训练，着重一词多义、熟词生义的练习，通过写来巩固语言功能项目；在第二课时的阅读课中，选取典型篇章，重点落在记叙文结构和写作手法的学习，同时兼顾阅读多种微技能和解题策略的训练；最后的读后续写课是建立在前期练习的基础上设计的。学生需要熟练地运用主题知识、记叙文的结构、写作手法等完成续写，达到水到渠成的效果。教学活动注重思维训练。教师采用了整合、对比等方法，引导学生观察、总结、讨论、评析篇章结构和逻辑关系，并与现实世界形成关联。这些恰恰是深度学习者应该具有的思维品质。

评价上也体现了连贯性。既有课时的特点，也是单元总体目标的一个环节。评价的内容和标准具体、细致、清晰，有利于操作，对学生监控、评价和反思自己的学习有重要的作用。

附 录

附录 1 阅读课案例的教学材料

A PIONEER FOR ALL PEOPLE

（选自人教版旧版教材必修4第二单元）

Although he is one of China's most famous scientists, Yuan Longping considers himself a farmer, for he works the land to do his research. Indeed, his sunburnt face and arms and his slim, strong body are just like those of millions of Chinese farmers, for whom he has struggled for the past five decades. Dr Yuan Longping grows what is called super hybrid rice. In 1974, he became the first agricultural pioneer in the world to grow rice that has a high output. This special strain of rice makes it possible to produce one-third more of the crop in the same fields. Now more than 60% of the rice produced in China each year is from this hybrid strain.

Born in 1930, Dr Yuan graduated from Southwest Agricultural College in 1953. Since then, finding ways to grow more rice has been his life goal. As a young man, he saw the great need for increasing the rice output. At that time, hunger was a disturbing problem in many parts of the countryside. Dr Yuan searched for a way to increase rice harvests without expanding the area of the fields. In 1950, Chinese farmers could produce only fifty million tons of rice. In a recent harvest, however, nearly two hundred million tons of rice was produced. These increased harvests mean that 22% of the world's people are fed from just 7% of the farmland in China. Dr Yuan is now circulating his knowledge in India,

Vietnam and many other less developed countries to increase their rice harvests. Thanks to his research, the UN has more tools in the battle to rid the world of hunger. Using his hybrid rice, farmers are producing harvests twice as large as before.

Dr Yuan is quite satisfied with his life. However, he doesn't care about being famous. He feels it gives him less freedom to do his research. He would much rather keep time for his hobbies. He enjoys listening to violin music, playing mah-jong, swimming and reading. Spending money on himself or leading a comfortable life also means very little to him. Indeed, he believes that a person with too much money has more rather than fewer troubles. He therefore gives millions of yuan to equip others for their research in agriculture.

Just dreaming for things, however, costs nothing. Long ago Dr Yuan had a dream about rice plants as tall as sorghum. Each ear of rice was as big as an ear of corn and each grain of rice was as huge as a peanut. Dr Yuan awoke from his dream with the hope of producing a kind of rice that could feed more people. Now, many years later, Dr Yuan has another dream: to export his rice so that it can be grown around the globe. One dream is not always enough, especially for a person who loves and cares for his people.

PUZZLES IN GEOGRAPHY

（选自人教版旧版教材必修5第二单元）

People may wonder why different words are used to describe these four countries: England, Wales, Scotland and Northern Ireland. You can clarify this question if you study British history.

First there was England. Wales was linked to it in the thirteenth century. Now when people refer to England you find Wales included as well. Next England and Wales were joined to Scotland in the seventeenth century and later the name was changed to "Great Britain". Happily this was accomplished without conflict when King James of Scotland became King of England and Wales as well. Finally the English government tried in the early twentieth century to form the United Kingdom by getting Ireland connected in the same peaceful way. However, the southern part of Ireland was unwilling and broke away to form its own government. So only Northern Ireland joined with England, Wales and Scotland to become the United Kingdom and this was shown to the world in a new flag called the Union Jack.

To their credit the four countries do work together in some areas (eg, the currency and international relations), but they still have very different institutions. For example, Northern Ireland, England and Scotland have different educational and legal systems as well as different football teams for competitions like the World Cup!

England is the largest of the four countries, and for convenience it is divided roughly into three zones. The zone nearest France is called the South of England, the middle zone is called the Midlands and the one nearest to Scotland is known as the North. You find most of the population settled in the south, but most of the industrial cities in the Midlands and the North of England. Although, nationwide, these cities are not as large as those in China, they have world-famous football teams and some of them even have two! It is a pity that the industrial cities built in the nineteenth century do not attract visitors. For historical architecture you have to go to older but smaller towns built by the Romans. There you will find out more about British history and culture.

The greatest historical treasure of all is London with its museums, art collections, theatres, parks and buildings. It is the center of national government and its administration. It has the oldest port built by the Romans in the first century AD, the oldest building begun by the Anglo-Saxons in the 1060s and the oldest castle constructed by later Norman rulers in 1066. There have been four sets of invaders of England. The first invaders, the Romans, left their towns and roads. The second, the Anglo-Saxons, left their language and their government. The third, the Vikings, influenced the vocabulary and place-names of the North of England, and the fourth, the Normans, left castles and introduced new words for food.

If you look around the British countryside you will find evidence of all these invaders. You must keep your eyes open if you are going to make your trip to the United Kingdom enjoyable and worthwhile.

附录 2 词汇课案例教学材料

HOW DAISY LEARNED TO HELP WILDLIFE

（选自人教版旧版教材必修2第四单元）

Daisy had always longed to help endangered species of wildlife. One day she woke up and found a flying carpet by her bed. "Where do you want to go?" it asked. Daisy responded immediately. "I'd like to see some endangered wildlife," she said. "Please take me to a distant land where I can find the animal that gave fur to make this sweater." At once the carpet flew away and took her to Tibet. There Daisy saw an antelope looking sad. It said, "We're being killed for the wool beneath our stomachs. Our fur is being used to make sweaters for people like you. As a result, we are now an endangered species." At that Daisy cried, "I'm sorry I didn't know that. I wonder what is being done to help you. Flying carpet, please show me a place where there's some wildlife protection."

The flying carpet travelled so fast that next minute they were in Zimbabwe. Daisy turned around and found that she was being watched by an elephant. "Have you come to take my photo?" it asked. In relief Daisy burst into laughter. "Don't laugh," said the elephant, "We used to be an endangered species. Farmers hunted us without mercy. They said we destroyed their farms, and money from tourists only went to the large tour companies. So the government decided to help. They allowed tourists to hunt only a certain number of animals if they paid the farmers. Now the farmers are happy and our numbers are increasing. So good things are being done here to save local wildlife."

Daisy smiled. "That's good news. It shows the importance of wildlife protection, but I'd like to help as the WWF suggests." The carpet rose again and almost at once they were in a thick rainforest. A monkey watched them as it rubbed itself. "What are you doing?" asked Daisy. "I'm protecting myself from mosquitoes," it replied. "When I find a millipede insect, I rub it over my body. It contains a powerful drug which affects mosquitoes. You should pay more attention to the rainforest where I live and appreciate how the animals live together. No rainforest, no animals, no drugs."

Daisy was amazed. "Flying carpet, please take me home so I can tell WWF and we can begin producing this new drug. Monkey, please come and help." The monkey agreed. The carpet flew home. As they landed, things began to disappear. Two minutes later everything had gone—the monkey, too. So Daisy was not able to make her new drug. But what an experience! She had learned so much! And there was always WWF...

CALIFORNIA

（选自人教版旧版教材选修8第一单元）

California is the third largest state in the USA but has the largest population. It also has the distinction of being the most multicultural state in the USA, having attracted people from all over the world. The customs and languages of the immigrants live on in their new home. This diversity of culture is not surprising when you know the history of California.

NATIVE AMERICANS

Exactly when the first people arrived in what we now know as California, no one really knows. However, it is likely that Native Americans were living in California at least fifteen thousand years ago. Scientists believe that these settlers crossed the Bering Strait in the Arctic to America by means of a land bridge which existed in prehistoric times. In the 16th century, after the arrival of the Europeans, the native people suffered greatly. Thousands were killed or forced into slavery. In addition, many died from the diseases brought by the Europeans. However, some survived these terrible times, and today there are more Native Americans living in California than in any other state.

THE SPANISH

In the 18th century California was ruled by Spain. Spanish soldiers first arrived in South America in the early 16th century, when they fought against the native people and took their land. Two centuries later, the Spanish had settled in most parts of South

America and along the northwest coast of what we now call the United States. Of the first Spanish to go to California, the majority were religious men, whose ministry was to teach the Catholic religion to the natives. In 1821, the people of Mexico gained their independence from Spain. California then became part of Mexico. In 1846 the United States declared war on Mexico, and after the war won by the USA, Mexico had to give California to the USA. However, there is still a strong Spanish influence in the state. That is why today over 40% of Californians speak Spanish as a first or second language.

RUSSIANS

In the early 1800s, Russian hunters, who had originally gone to Alaska, began settling in California. Today there are about 25,000 Russian-Americans living in and around San Francisco.

GOLD MINERS

In 1848, not long after the American-Mexican war, gold was discovered in California. The dream of becoming rich quickly attracted people from all over the world. The nearest, and therefore the first to arrive, were South Americans and people from the United States. Then adventurers from Europe and Asia soon followed. In fact, few achieved their dream of becoming rich. Some died or returned home, but most remained in California to make a life for themselves despite great hardship. They settled in the new towns or on farms. By the time California elected to become the thirty-first federal state of the USA in 1850, it was already a multicultural society.

LATER ARRIVALS

Although Chinese immigrants began to arrive during the Gold Rush Period, it was the building of the rail network from the west to the east coast that brought even larger numbers to California in the 1860s. Today, Chinese-Americans live in all parts of California, although a large percentage have chosen to stay in the "Chinatowns" of Los Angeles and San Francisco.

Other immigrants such as Italians, mainly fishermen but also wine makers, arrived in California in the late 19th century. In 1911 immigrants from Denmark established a town of their own, which today still keeps up their Danish culture. By the 1920s the film industry was well established in Hollywood, California. The industry boom attracted Europeans including many Jewish people. Today California has the second largest Jewish population in the United States.

Japanese farmers began arriving in California at the beginning of the 20th century, and since the 1980s a lot more have settled there. People from Africa have been living in California since the 1800s, when they moved north from Mexico. However, even more arrived between 1942 and 1945 to work in the ship and aircraft industries.

MOST RECENT ARRIVALS

In more recent decades, California has become home to more people from Asia, including Koreans, Cambodians, Vietnamese and Laotians. Since its beginning in the 1970s, the computer industry has attracted Indians and Pakistanis to California.

THE FUTURE

People from different parts of the world, attracted by the climate and the lifestyle, still immigrate to California. It is believed that before long the mix of nationalities will be so great that there will be no distinct major racial or cultural groups, but simply a mixture of many races and cultures.

附录 3 语法课案例教学材料

A LETTER HOME

（选自人教版旧版教材选修7第四单元）

Dear Rosemary,

Thanks for your letter, which took a fortnight to arrive. It was wonderful to hear from you. I know you're dying to hear all about my life here, so I've included some photos which will help you picture the places I talk about.

You asked about my high school. Well, it's a bush school—the classrooms are made of bamboo and the roofs of grass. It takes me only a few minutes to walk to school down a muddy track. When I reach the school grounds there are lots of "good mornings" for me from the boys. Many of them have walked a long way, sometimes up to two hours, to get to school.

There's no electricity or water and even no textbooks either! I'm still trying to adapt to these conditions. However, one thing is for sure, I've become more imaginative in my teaching. Science is my most challenging subject as my students have no concept of doing experiments. In fact there is no equipment, and if I need water I have to carry it from my house in a bucket! The other day I was showing the boys the weekly chemistry experiment when, before I knew it, the mixture was bubbling over everywhere! The boys who had never come across anything like this before started jumping out of the windows. Sometimes I wonder how relevant chemistry is to these students, most of whom will be going back to their villages after Year 8 anyway. To be honest, I doubt whether I'm making any difference to these boys' lives at all.

You asked whether I'm getting to know any local people. Well, that's actually quite difficult as I don't speak much of the local English dialect yet. But last weekend another teacher, Jenny, and I did visit a village which is the home of one of the boys, Tombe. It was my first visit to a remote village. We walked for two and a half hours to get there—first up a mountain to a ridge from where we had fantastic views and then down a steep path to the valley below. When we arrived at the village, Tombe's mother, Kiak, who had been pulling weeds in her garden, started crying "ieee ieee". We shook hands with all the villagers. Everyone seemed to be a relative of Tombe's.

Tombe's father, Mukap, led us to his house, a low bamboo hut with grass sticking out of the roof—this shows it is a man's house. The huts were round, not rectangular like the school buildings.

There were no windows and the doorway was just big enough to get through. The hut was dark inside so it took time for our eyes to adjust. Fresh grass had been laid on the floor and there was a newly made platform for Jenny and me to sleep on. Usually Kiak would sleep in her own hut, but that night she was going to share the platform with us. Mukap and Tombe were to sleep on small beds in another part of the hut. There was a fireplace in the centre of the hut near the doorway. The only possessions I could see were one broom, a few tin plates and cups and a couple of jars.

Outside Mukap was building a fire. Once the fire was going, he laid stones on it. When hot, he placed them in an empty oil drum with kau kau (sweet potato), corn and greens. He then covered the vegetables with banana leaves and left them to steam. I sniffed the food; it smelled delicious. We ate inside the hut sitting round the fire. I loved listening to the family softly talking to each other in their language, even though I could not participate in the conversation. Luckily, Tombe could be our interpreter.

Later, I noticed a tin can standing upside down on the grill over the fire. After a short time Tombe threw it out of the doorway. I was puzzled. Tombe told me that the can was heated to dry out the leftover food. They believe that any leftovers attract evil spirits in the night, so the food is dried up in the can and the can is then thrown out of the hut. Otherwise they don't waste anything.

We left the village the next morning after many goodbyes and firm handshakes. My muscles were aching and my knees shaking as we climbed down the mountain towards home. That evening I fell happily into bed. It was such a privilege to have spent a day with Tombe's family.

It's getting late and I have to prepare tomorrow's lessons and do some paperwork. Please write soon.

Love,

Jo

附录 4 写作课案例教学材料

THEME PARKS—FUN AND MORE THAN FUN

（选自人教版旧版教材必修4第五单元）

Which theme park would you like to visit? There are various kinds of theme parks, with a different park for almost everything: food, culture, science, cartoons, movies or history. Some parks are famous for having the biggest or longest roller coasters, others for showing the famous sights and sounds of a culture. Whichever and whatever you like, there is a theme park for you!

The theme park you are probably most familiar with is Disneyland. It can be found in several parts of the world. It will bring you into a magical world and make your dreams come true, whether you are travelling through space, visiting a pirate ship or meeting your favourite fairy tale or Disney cartoon character. As you wander around the fantasy amusement park, you may see Snow White or Mickey Mouse in a parade or on the street. Of course Disneyland also has many exciting rides, from giant swinging ships to terrifying free-fall drops. With all these attractions, no wonder tourism is increasing wherever there is a Disneyland. If you want to have fun and more than fun, come to Disneyland!

Dollywood, in the beautiful Smoky Mountains in the southeastern USA, is one of the most unique theme parks in the world. Dollywood shows and celebrates America's traditional southeastern culture. Although Dollywood has rides, the park's main attraction is its culture. Famous country music groups perform there all year in indoor and outdoor theatres. People come from all over America to see carpenters and other craftsmen make wood, glass and iron objects in the old-fashioned way. Visit the candy shop to try the same kind of candy that American southerners made 150 years ago, or take a ride on the only steam- engine train still working in the southeast USA. You can even see beautiful bald eagles in the world's largest bald eagle preserve. And for those who like rides, Dollywood has one of the best old wooden roller coasters, Thunderhead. It is world-famous for having the most length in the smallest space. Come to Dollywood to have fun learning all about America's historical southeastern culture!

If you want to experience the ancient days and great deeds of English knights and ladies, princes and queens, then England's Camelot Park is the place for you. Every area of the park is modelled after life in the days of King Arthur and the Knights of the Round Table. In one place, you can watch magic shows with

Merlin the Wizard. If you want to see fighting with swords or on horseback, then the jousting area is a good place to visit. If you do well there, King Arthur may choose you to fight in the big jousting tournament. Do you like animals? Then visit the farm area, and learn how people in ancient England ran their farms and took care of their animals. To enter a world of fantasy about ancient England, come to Camelot Park!

COMMUNICATION: NO PROBLEM?

（选自人教版旧版教材必修4第四单元）

Yesterday, another student and I, representing our university's student association, went to the Capital International Airport to meet this year's international students. They were coming to study at Beijing University. We would take them first to their dormitories and then to the student canteen. After half an hour of waiting for their flight to arrive, I saw several young people enter the waiting area looking around curiously. I stood for a minute watching them and then went to greet them.

The first person to arrive was Tony Garcia from Colombia, closely followed by Julia Smith from Britain. After I met them and then introduced them to each other, I was very surprised. Tony approached Julia, touched her shoulder and kissed her on the cheek! She stepped back appearing surprised and put up her hands, as if in defence. I guessed that there was probably a major misunderstanding. Then Akira Nagata from Japan came in smiling, together with George Cook from Canada. As they were introduced, George reached his hand out to the Japanese student. Just at that moment, however, Akira bowed so his nose touched George's moving hand. They both apologized—another cultural mistake!

Ahmed Aziz, another international student, was from Jordan. When we met yesterday, he moved very close to me as I introduced myself. I moved back a bit, but he came closer to ask a question and then shook my hand. When Darlene Coulon from France came dashing through the door, she recognized Tony Garcia's smiling face. They shook hands and then kissed each other twice on each cheek, since that is the French custom when adults meet people they know. Ahmed Aziz, on the contrary, simply nodded at the girls. Men from Middle Eastern and other Muslim countries will often stand quite close to other men to talk but will usually not touch women.

As I get to know more international friends, I learn more about this cultural "body language". Not all cultures greet each other the same way, nor are they comfortable in the same way with touching or distance between people. In the same way that people communicate with spoken language, they also express their feelings using unspoken "language" through physical distance, actions or posture. English people, for example, do not usually stand very close to others or touch strangers as soon as they meet. However, people from places like Spain, Italy or South American countries approach others closely and are more likely to touch them. Most people around the world now greet each other by shaking hands, but some cultures use other greetings as well, such as the Japanese, who prefer to bow.

These actions are not good or bad, but are simply ways in which cultures have developed. I have seen, however, that cultural customs for body language are very general—not all members of a culture behave in the same way. In general, though, studying international customs can certainly help avoid difficulties in today's world of cultural crossroads!

附录 5 综合语言运用案例教学材料

A life lesson from a volunteer firefighter

（选自TED）

Back in New York, I am the head of development for a non-profit called Robin Hood. When I'm not fighting poverty, I'm fighting fires as the assistant captain of a volunteer fire company. Now in our town, where the volunteers supplement a highly skilled career staff, you have to get to the fire scene pretty early to get in on any action.

I remember my first fire. I was the second volunteer on the scene, so there was a pretty good chance I was going to get in. But still it was a real footrace against the other volunteers to get to the captain in charge to find out what our assignments would be. When I found the captain, he was having a very engaging conversation with the homeowner, who was surely having one of the worst days of her life. Here it was, the middle of the night, she was standing outside in the pouring rain, under an umbrella, in her pajamas, barefoot, while her house was in flames. The other volunteer who had arrived just before me—let's call him Lex Luther—got to the captain first and was asked to go inside and save the homeowner's dog. The dog! I was stunned with jealousy. Here was some lawyer or money manager who, for the rest of his life, gets to tell people that he went into a burning building to save a living creature, just because he beat me by five seconds.

Well, I was next. The captain waved me over. He said, "Bezos, I need you to go into the house. I need you to go upstairs, past the fire, and I need you to get this woman a pair of shoes." I swear. So, not exactly what I was hoping for, but off I went —up the stairs, down the hall, past the "real" firefighters, who were pretty much done putting out the fire at this point, into the master bedroom to get a pair of shoes.

Now I know what you're thinking, but I'm no hero. I carried my payload back downstairs where I met my nemesis and the precious dog by the front door. We took our treasures outside to the homeowner, where, not surprisingly, his received much more attention than did mine. A few weeks later, the department received a letter from the homeowner thanking us for the valiant effort displayed in saving her home. The act of kindness she noted above all others: someone had even gotten her a pair of shoes.

In both my vocation at Robin Hood and my avocation as a volunteer firefighter, I am witness to acts of generosity and kindness on a monumental scale, but I'm also witness to acts of grace and courage on an individual basis. And you know what I've learned? They all matter. So as I look around this room at people who either have achieved, or are on their way to achieving, remarkable levels of success, I would offer this reminder: don't wait. Don't wait until you make your first million to make a difference in somebody's life. If you have something to give, give it now. Serve food at a soup kitchen. Clean up a neighborhood park. Be a mentor.

Not every day is going to offer us a chance to save somebody's life, but every day offers us an opportunity to affect one. So get in the game. Save the shoes. Thank you!

本材料选自*ChinaDaily*

The Wuhan Institute of Shipbuilding Technology in Hubei Province was used as a quarantine site from Feb. 8 to March 28, hosting 1,962 people in total. Cheng Shixiong, 21, a volunteer, didn't take a single day off when helping to run the site.

On the morning of March 28, the last batch of recovered COVID-19 patients completed their quarantine and left. "When I saw their smiles, I felt like all our efforts were worthwhile," Cheng says.

As the youngest volunteer at this site, and also a sports training major student, Cheng took on physical work as well as paperwork. He also chose to live at the quarantine site so that he could show up whenever he was needed.

Once a new batch of COVID-19 suspected patients came, Cheng and four other volunteers had to coordinate beds and bedding and prepare dozens of items for daily use including toothpaste, toothbrushes and soap.

One day a 15 metric-ton supply of mineral water arrived. Cheng and two other volunteers needed to move all the bottles from the truck to storage. When they were becoming exhausted, more than 50 firemen showed up to help.

"We took more than 3 hours to move all 1,462 boxes of mineral water. Without the firemen's help, we couldn't have finished it," Cheng says. "A single person's strength is limited, but we know the whole country is helping us."

Like Cheng, 28-year-old Wuhan local Zhu Aobing also volunteered to help his home city. He signed up right away when he heard about the recruiting of volunteers for the vaccine. A total of 108 Wuhan locals became the first batch of COVID-19 vaccine volunteer in March. They are healthy adults aged from 18 to 60 selected from thousands of people who applied. Zhu was one of them.

"Since the lockdown, I've always been thinking what I can do for my hometown during the pandemic, and I won't miss this voluntary opportunity," he says. "I think I have the responsibility to go to the front line when the country needs me, and when facing this pandemic, being a vaccine volunteer is what I should do," he says.

His vlog each day on Sina Weibo during his 14-day quarantine attracted tens of thousands of followers who were concerned about his health. Besides reporting his health condition, Zhu also uses his one-minute vlog to introduce Wuhan to his audience including its traditional snacks. "I'll continue to make the vlogs, letting more people know about Wuhan and also continue to do more voluntary work," he says.

For Zhao Yue, 23, a volunteer teacher in a senior high school in Nanjian Yi autonomous county in Yunnan province, the priority is to make sure her students digest the physics courses she teaches. Zhao is taking a gap year to be a member of the 21st group of volunteer teachers made up by Tsinghua graduates. Her volunteer teacher experience started when she was a freshman student and she led her classmates to help at elementary schools for children of migrant workers in Beijing. Zhao is going back to Tsinghua University this September for graduate study, but her volunteering will not stop.

"For us who are born after 1990s, there are countless chances and possibilities, and it's easy to lose focus," Zhao says. "For those who find their purpose and pursue it, they will make it work." She says she would always practice as her favorite quote from Chinese writer Lu Xun that says: "Give as much light as a slice of heat can produce, like however little light a firefly can make in the dark. Do not wait for the torchlight."

参考文献

[1] Eric J，LeAnn N. 深度学习的7种有力策略［M］. 温暖，译. 上海：华东师范大学出版社，2010.

[2] Khazima Tahir，Ed D. Student Deep Learning in Bachelor English Programs Within Pakistani Universities［J］. Journal for Leadership and Instruction，2015：31-35.

[3] Larsen-Freeman，D. 语言教学：从语法到语法技能［M］. 北京：北京师范大学出版社，2007.

[4] Nunan D. 语法教学实用技巧［M］. 陶懿，郭秀茹. 译. 南京：译林出版社，2007.

[5] 安德森，等，学习、教学和评估的分类学［M］. 皮连生，主译. 上海：华东师范大学出版社，2007.

[6] 加涅，等.教学设计原理［M］. 王小明，等，译. 第五版. 上海：华东师范大学出版社，2005.

[7] 李亮. 核心素养背景下教—学—评一体化设计与实践——以高中英语项目式教学为例［J］. 中小学教师培训，2018（10）：62-66.

[8] 李玉苑. 探究高中英语写作整体教学［J］. 中学外语教与学，2013（10）：36-38.

[9] 刘丹，李志河. 近十年我国深度学习研究综述［J］. 教育现代化，2017（51）：284-285.

[10] 梅德明，王蔷. 普通高中英语课程标准（2017年版）解读［M］. 北京：高等教育出版社，2018.

[11] 皮连生. 科学取向的教学论的核心理念及其应用的基本操作程序［J］. 当

代教育科学，2012（8）：3-5.
[12] 上海市教育委员会教学研究室. 高中英语单元教学设计指南［M］. 北京：人民教育出版社，2018.
[13] 宋文娟，李文岩. Language Support的文本任务形式及课堂使用探究——基于瑞士小学英语课堂的观察［J］. 中小学英语教学与研究，2013（10）：6-9.
[14] 王初明. 外语是怎样学会的［M］. 北京：外语教学与研究出版社，2010.
[15] 王笃勤. 英语阅读教学［M］. 北京：外语教学与研究出版社，2012.
[16] 吴红耘，皮连生. 任务分析与教师的教学技能成长［J］.心理科学，2004（1）：66-68.
[17] 谢露. 深度学习视域下的阅读教学策略［J］. 福建教育，2017（11）：17-19.
[18] 曾燕文.单元整体教学下的高中英语词汇教学探索［J］. 中小学外语教学 2015（2）：23-29.
[19] 张浩，吴秀娟. 深度学习的内涵及认知理论基础探析［J］. 中国电化教育，2012（10）：7-11，21.
[20] 张晓玲，殷刚魁. 基于深度学习的中学英语写作教学策略［J］. 中小学英语教学与研究，2018（6）：34-38.
[21] 郑焕华. 例谈高中英语词汇教学中的问题及对策［J］. 中小学外语教学，2013（12）：27-32.
[22] 郑葳，刘月霞. 深度学习：基于核心素养的教学改进［J］. 教育研究，2018（11）：56-60.
[23] 中华人民共和国教育部.普通高中英语课程标准（2017年版）［S］. 北京：人民教育出版社，2018.
[24] 朱正. 语法教学在交际法课堂上的实现与提升［J］. 中小学外语教学，2007（1）：1-5.

2017年度河北省社会科学发展研究课题
课题名：农村合作金融法律制度的改革与创新研究，课题编号：201703030113

发展与选择

——农村合作金融的现实异化与法制创新

邢 琳 著

NORTHEAST NORMAL UNIVERSITY PRESS
WWW.NENUP.COM
东北师范大学出版社

前言

合作金融是合作金融组织按照合作金融的原则而进行的各种资金融通活动。农村合作金融组织是指在农村地区以合作制为原则，由农民和农村小企业自愿入股联合，实行民主管理，主要为成员提供资金融通服务的组织。农村合作金融是农村金融体系的基础和核心，是推动基本金融服务均等化，使金融要素更多地进入农村的关键。

就目前而言，我国农村合作金融的制度建设还存在许多不足之处，应尽快完善农村合作金融法律体系，促进农村合作金融的法制创新，这是推动农村合作金融事业健康发展的有效途径，也是社会主义新农村建设的必然要求。结合以上分析，笔者以理论和实践的结合为研究视角，对农村合作金融制度的基础理论、历史沿革、现实异化、域外借鉴、法制创新等方面进行深入分析，以期为我国农村合作金融法律制度的发展提供有益的参考。

此外，在编写过程中，笔者参考、借鉴了国内外许多专家学者的专著、论文和研究报告，在此对这些学者表示衷心的感谢。同时，对于书中未列出的引用文献和论著，笔者深表歉意，并同样表示感谢。由于时间及编者水平所限，本书难免存在不足之处，在此真诚地欢迎各位专家、读者提出宝贵的意见和建议。

目录

第一章　农村合作金融的基础理论

第一节　合作经济与合作金融

合作金融是一种特殊性的金融组织形式，是合作经济的重要组成部分。一般而言，它主要依据国际社会所认可的基本原则，鼓励参与者自愿加入，并且通过民主管理的方式，为所有成员提供金融领域的互惠互利的服务。由于合作金融属于合作经济模式，人们在理解合作金融的时候，需要对合作经济进行深入的研究，这也是研究合作金融问题的前提和基础。

一、合作经济

合作经济是社会发展到一定阶段的产物。合作经济是一个历史范畴，人们在理解的时候，要将其区别于一般的合作。它是在合作企业或者合作社的基础上产生的特殊经济形式，并且有广义和狭义之分。从广义上说，它是指通过人力、技术、资金等方面的联合，优化生产要素，达到经济效益最佳的联合劳动制度。从狭义上讲，它是指某一部分弱小的群体，在自愿互利的基础上，为了某种利益而采取的互助自救的经济联合体，这一经济联合体包括合作农场、供销合作社、信用合作社、消费合作社等。就目前而言，合作经济就是合作社经济。

合作经济的主要内容包括以下六个部分：其一，成员构成必须在三人以上，而且各成员是自愿加入合作经济的；其二，对于合作经济的产权问题要明确，保证进退机制的自由；其三，通过生产要素的优化来分配利益，实现个人所不能实现的利益；其四，实行合作积累制，用公积金和公益金等来发展合作事业；其五，在利益获取与风险分担上，坚持全体成员平等、互利的原则；其六，对于内部的具体管理坚持民主制，实行一人一票的投票机制。

合作社的产生可以追溯到近代，其根源在于劳动者处在相对弱势的地位，这种不利的处境会使劳动者联合起来，以加强自身的力量。1844 年，英国成立了世界上第一个成功的合作社——罗虚代尔公平先锋社。在成立初期，它的目标就是维护全社员的经济利益，并逐步改善其社会地位和家庭状况。为此，它制定了七个原则：入社与退社自愿；全体社员表决权平等；对于政治宗教保持中立；合作社盈余在必要费用扣除后按社员的购买额分配；重视对社员素质的培养；按市价进行现金交易；交易要公平且保质保量。这些原则的确立，从根本上体现了互助合作、利益共享、风险共担的办社思想。由于罗虚代尔公平先锋社的成功，这种合作形式逐步被人们认可和接受。在19世纪后期，由于英国、美国及北欧国家的工业城镇迅速发展，工人阶级队伍迅速壮大，合作社运动风起云涌。1895年，国际合作社联盟正式成立，罗虚代尔公平先锋社的办社原则被进一步肯定，被后世称为“罗虚代尔原则”。

不过必须承认，在时代前行的过程中，任何制度、原则、章程都不是一成不变的，它们要与时代保持一致，体现时代的新发展。国际合作社联盟根据实际情况的考量，也对罗虚代尔原则进行了修改、删减与补充。例如，在1934年，它增加了限制股金分红的原则；在1936年，它对入社自由和交易限于社员的原则进行了进一步的强调和重申；1966年，它对原有的七项原则进行了删减，增加了促进关于国际合作的内容，删掉了现金交易和对政治与宗教守中立等内容。

就目前而言，国际所公认的新的合作原则是在1995年诞生的。其内容相比之前，有了一些变化，具体包括：其一，社员进退机制的自愿与开放；其二，在合作社内部实行民主管理；其三，合作社内部社员经济的参与；其四，坚持自主与自立；其五，普及教育与培训信息；其六，鼓励合作社之间的互助与合作事宜；其七，要在发展中关注社会动向。可以说，合作社的原则自产生之初到现在有了很大的变化。通过分析这些具体原则，笔者发现，它们体现了合作社的本质特征，即自愿联合、民主管理、共同所有、互助共济、非营利。在市场竞争日益激烈的情况下，这种形式的合作使那些弱小的群体可以依靠合作社的力量，提升自身的生存空间，保护自己的合法利益，从而体现社会公平与效率的有效统一。

20世纪90年代，随着美国农村经济的发展和农业结构的不断变革，其农业产业化脚步也逐步加快，农村贸易市场开始朝着企业一体化方向迈进。这使农村贸易市场随之缩水，呈现萎靡状态，更多地趋向于企业间私下交换或者双方签订合同达成一定的交易。这时候，美国农民群体已经深刻认识到传统合作社已经不再和当前农村经济的发展相匹配，开始有意识地进行新合作社模式的探究和创新。

不久之后，北美新的农村合作社模式应时代而生，早期具有代表性的是美国的北达科他州和明尼苏达州，新合作社模式与原有的模式有很大差异，具体表现在以下几个方面：① 合作社的投资规模设定依据是加工业务量的多少。确定新型合作社的业务量是首要任务，并以此计算出总的股本和所能容纳的社员数量，根据分析结果科学制定社员入社计划。合作社所有社员，一旦入社之后，不能够随意退股，可采用股份转让的方式让股退社。经过理事会同意之后的转让股份，其他合作社社员拥有优先购买权，其次才考虑转让给社外之人。② 新模式承认社外人员具有从事合作社理事会相关工作的资格，可聘请外界专家协作合作社的经营管理。有小部分新型农村合作社彻底打破均衡的“话语权”制度，以投资额的比重界定投票权等内部话语权。③ 新模式的合作社社员不仅需要持有资格股，同时要购买一定的交易权股。交易权股是通过预算社员与合作社后期的交易量合理制定的，需要指出的是，合作社会对其社员持股比例划定出明确的范围，大部分交易股份只存在于少数部分社员的手中。④ 新一代合作社盈利不用作公共资金积累，一般采用交易权分红形式返还给社员。若是合作社想扩大经营规模，有一定的资金需求，每位社员再按照其交易量占的比例增加投资。新一代合作社以对外营利为终极目标，主要业务是产品加工增值。

北美新一代合作社模式引起了当地农民的普遍认同和各地人们的广泛关注，其优势非常显著。与传统合作社相比较，其利用优先股的发行，吸纳了更多外部资金，拓宽了资金来源的渠道；引进外部人才参与理事会工作，外部专家协助合作社的经营发展，优化了合作社的管理结构和提升其整体管理水平；打破均衡的“话语权”制度，给予资本投入者相应的投票权以及对社员持股比例进行限制，从根本上杜绝了合作社股份掌握在少数人手中的不合理现象的出现。因此，新一代合作社模式是在传统模式上的科学升级，其民主管理本质并没有改变它规定可以采用股份转让的方式让股退社，保证了合作社法人财产的稳定性。

我国于 2007 年 7 月 1 日颁布实施了《农民专业合作社法》，其中对农民专业合作社的规定是“在农村家庭承包经营基础上，同类农产品的生产经营者或者同类农业生产经营服务的提供者、利用者，可以自愿联合，是民主管理的互助性经济组织”。其具有以下几个原则：① 成员以农民为主体；② 以服务成员为宗旨，谋求全体成员的共同利益；③ 入社自愿，退社自由；④ 成员地位平等，实行民主管理；⑤ 盈余主要按照成员与农民专业合作社的交易量（额）比例返还。

在国外合作社原则的变化以及我国对农民专业合作社的规定中，合作经济的本质特征包括：成员是在产权私人所有基础上的自愿联合；投入资产私有共用，积累资金共有共用；民主管理；主要面向社员提供服务。

二、合作金融

合作金融是一种新的经济形态。在 19 世纪早期的德国，农奴获得解放，农村土地的自由买卖盛行，农民对资金的需求量有了很大的提高，但是农民获得资金的渠道非常有限，农村借贷产业落后。农民大多都被迫选择了利息非常高的高利贷。然而，高利贷也有其局限性，受当时其发展规模和成熟度所限，根本无法满足农民的资金需求。另外，就是高利息使农民承受着很大的经济压力。在这样的社会环境下，诞生了世界上第一个农村信用合作社。它是1849年由雷发巽成立的，主要是为了解决农民生产资金不够用的问题，是合作金融的最原始形式。农村信用合作社的开设不以商业化营利为最终目的，主要是为入社的农民提供资金流转服务。如果农民有意愿入社的话，需要按规定缴纳股金，而且承担相应的义务。入社成功的农民可以享受资金借贷的服务以及相应的优惠政策。

在不同的历史时期，由于社会经济和背景的不同，合作金融的样态呈现出了不同的特点。与现代合作金融相比，过去的信用合作多发生在亲戚好友之间，其借贷关系以情感关系作为纽带，这种情况导致了信用运营的范围受限，借贷的收益低下。随着经济的发展与进步，现在的合作金融呈现出以下几点特征：第一，合作金融是为入社成员提供金融服务的，形式上是需要资金的农民自愿结合，联合入社，投入股金，主要是进行资金之间的互帮互助。第二，民主管理制度从本质上仍然存在。现代合作金融是人与人之间的联合互助，而非单纯的资本结合。第三，合作金融组织是为社员服务的，一般情况下不会大量地为非社员服务，所以并不存在营利的目的。而合作金融组织的盈余一般用于股息分红、弥补亏损或者返还盈利等方面。

随着经济的发展，一人一票的原则也在发生着变化。在合作金融组织成立的早期，由于业务少、单一且规模小，所以社员自己即可将合作社经营起来。在重大事项决策中，由入社成员一人一票进行表决。经过不断发展，社员的资金需求量不断增加，并且在合作金融组织内部也开始存在贫富差距很大的现象。所以，拥有大股金的社员在合作金融组织里就承担着更多的责任和风险，这就需要相匹配的权利，所以一人一票的制度对他们而言是不公平的。此外，由于社员中个体素质存在差异，因此一人一票制度并不能实现真正意义上的民主。因此，德国在1973年修订了《合作社法》，并规定合作社原则上实行一人一票制，但在特殊情况下，可适当增加票数，最多可达三票。随着这部法律的出台，德国很多合作金融组织都适当地为入股多的社员增加了票数。

随着信用社的发展，合作银行的形式出现了。合作银行是合作金融的最高组织形式。根据《中国金融百科全书》对合作银行的定义，合作银行是在信用合作社的基础上建立起来的，是由私人和信用合作社互助组成的合作性金融组织，具有与信用合作社一样的宗旨和经营原则。根据《农村合作银行管理暂行规定》第二条，农村合作银行的任务是为农民、农业和农村经济发展提供金融服务，它是由辖内农民、农村工商户、企业法人和其他经济组织入股组成的股份合作制社区性地方金融机构。尽管农村合作银行与信用合作社相比，发生了一些变化，但所有的合作银行都具有一个共同的特征，即成员所有制。

1997年9月，由中国人民银行颁布的《农村信用合作社管理规定》规定，农村信用社是指经中国人民银行批准设立、由社员入股、实行民主管理，主要为社员提供金融服务的农村合作金融机构。我国政府将合作金融订立为三个方面：自愿入股、民主管理和主要为社员服务。笔者借鉴了白钦先、李钧的部分观点，对农村合作金融的功能进行分析，得出其具体功能有如下几点：第一，筹集信用和资源分配的功能。具体表现为可以为农村需要资金的主体筹集资金或者协助其筹资，这样可以使农村有需要的个体实现现在与将来的利益交换。另外，可以使农村内部和城乡之间实现资金的互融互通。第二，在支付过程中起到中介作用。具体是指为农村经济主体提供便利的交换媒介。通过向农村经济主体提供货币作为交换媒介，使其以更低的成本和更高的效率获取劳务和商品。第三，互助互利功能。因为农村合作金融组织是以成员利益为首要的，而不把自身营利作为主要目标，因此成员之间能进行有效的互惠互助。第四，风险管理功能。由于农村合作金融自身的特点，合作金融能够保障成员的资金风险分散和转移。另外，由于农村合作金融组织具有金融行业的特性，因此能及时获取各种信息和知识，并且贴近农户实际，能及时地把信息传达给农户，使组织和农户之间的合作和经济利益得到提升。

第二节　农村合作金融的地位与特征

在复杂多变的社会经济中，合作金融组织的特点就决定了它自身的优势。一方面，对比传统金融机构，合作金融组织中的会员分布具有很强的区域性，居住地比较集中，并且职业较相似，他们之间互助合作较为便捷，风险小。另一方面，对比非正规的民间金融组织，合作金融组织的结构相对合理、稳定，能够保证长期、稳健地进行各项金融活动，促使社会和经济的健康持续发展。体制健全、结构合理的合作金融组织能在很大限度上替代非规范金融交易，有强大的生存力和竞争力。合作金融组织对各个方面有着明确的规定，如对金融活动各方的参与者相应的权利、义务和责任等做出明确的规定，保证会员之间及会员和组织之间进行无障碍的信息交流互动，以此来控制违约风险并使利率能稳定在一个合理的、可接受的范围之内。

一、农村合作金融的地位

当下，我国农业正处于从传统农业向现代化农业的转化过程中。现代化农业就是一种集约经营、资本密集的农业，其发展主要依靠资金的投入和科技的推动。但是，我国农业在向现代化农业的转化过程中，存在着很大的问题。我国用于农业投入的资金非常短缺，农业自身积累的资金也用于非农产业上，再加上其他商业性和政策性的金融组织不能拨款给农业投入，因此农村金融合作组织的任务就非常艰巨。但农村合作金融独有的服务宗旨，可以使农民群众之间更好地进行互助合作，入社成员能享受到优质的金融服务，这样就能及时弥补农业资金供给不足带来的问题。

在社会经济体系中，金融是一个系统的经济体，有政策性金融、商业性金融、合作金融等多种不同的形态。金融组织机构的多元化、多样化的现状归结到底是由经济成分的多样化决定的。不同的经济成分需要的金融服务存在较大的差异，只有它们通力合作，才能共同推动社会经济的快速发展。同样，农村经济的发展很大限度上受益于农村信用社发挥的作用。目前，农村信用社负责发放农业贷款的 80%、乡镇企业贷款的 70%。对大量分散的、零星的个体、私营和合作经济组织而言，商业银行出于经营成本和利润微薄的考虑不能顾及它们，而国家政策性银行因政策规定也不能顾及。因此，合作金融组织是它们筹措资金的主要甚至唯一渠道。

合作金融在其他金融机构力所不及的经济领域中发挥作用，以灵活、方便、优惠的方式为分散、落后、经营规模小、营利水平低的成员及城乡中小企业提供力所能及的金融服务，从而为经济和社会发展做出贡献。合作金融是金融体系中一个十分重要的组成部分，它对促进农业和中小工商业的发展，实现宏观经济运行的协调与均衡有着极其重要的作用。农业乃国民经济之基础，而合作金融又是主要负责对农民、农业和农村经济发展的资金融通，这便决定了它在整个金融体系中的重要地位。因此，农村合作金融是农业资金供给的主导力量。农村合作金融组织以为社员服务为宗旨，社员将不急用的资金存入里面，将资金的使用权转给合作金融，然后合作金融把入社资金提供给需要的社员。所以说，合作金融是支持中国农业和农村经济发展的主体力量，它不仅是整个金融体系的重要组成部分，而且在金融体系居于基础地位，对中国农业和农村经济的发展起着重要作用。

二、农村合作金融的特征

合作金融具有区别于商业金融、政策性金融的明显特征，它作为一种特殊的资金融通方式，其根本目的是改善参与者的融资地位和融资条件，促进参与者经济条件的提高。

（一）资金来源的区域性

合作金融组织作为农村金融市场的重要力量，主要是为其所在地的农户和经济组织提供服务，它是由愿意参与互助合作的个人或法人，按照“自愿平等、利益共享、风险共担”的原则，交纳股金入股组成。因此，合作金融组织所在乡村中的农户、农村中小经济组织是主要参与者，也是合作金融的主要资金来源。合作金融与商业金融、政策金融在资金来源上存在明显差异。农村合作金融组织的服务对象、从业人员以及股东多是集中在某个乡或者村，所以其资金来源和流动也局限于该区域，其目的是为支持本地经济的发展。商业金融的资本不局限于某一个地区，任何人只要购买一定数量的股票就能成为股东，而且购买数量没有限制，股票可以在市场上进行自由买卖，因此资本的流动性较强。而政策金融的资本则多由政府供给，其营业资金的主要来源是财政拨款或政府在国内外发行的证券和贷款。

（二）资金融通的互助性

资金上的互助合作是合作金融组织的一个明显特征。这一特征使合作金融区别于商业金融和政策性金融而自成体系。在现代经济背景下，中小商业生产者和劳动群众，由于生产规模小、抗风险能力差，因而很难获得商业金融在资金上的支持，即使能获得一部分资金，其条件也是很严格的。就这样，农民互助性质的合作金融组织就应运而生，这些经济上存在困难的人通过资金互助进行自救，利用群体的力量来完成个人力量不能做到的事情。这种利用群体互助的方法将分散的小额资金汇集，变成较大数额的中长期资金，来帮助经济上需要帮助的“弱势群体”，进而促进成员的共同进步和社会经济的发展，这也有效抵制了高利贷的发放。而商业金融不具备这种互助合作的特点和功能，因为储户在这里存钱是为了获得利益而不是为了给别人提供帮助。所以说，互助融资是合作金融的本质特征，是合作金融的最主要衡量标准。

（三）人性化的管理方式

合作金融实行一人一票的管理方式，合作金融是以人的联合为主，资金处于次要位置。在这里，具有某种共同需求的人们是主体，资金的联合是客体。在管理方式上，坚持以人为本，所有成员不论出资金额的差异，一律平等，使每个人真正实现权利的行使。随着经济的发展，虽然一些合作金融组织放弃了一人一票制，实行加权投票，但是对票数的最高额进行了限制，以防出现个别人控制表决权的情况。现代商业金融组织则完全不同，它以股份制为主导，因此股份越多的成员掌握的票数就越多，因此对股票少的成员就比较不公平。

（四）经营目标的双重性

合作金融是为更好地服务于社员而生的，致力于促进组织成员之间的交流合作，助力社员解决暂时的资金困境。通过相互之间的资金融通，为入股成员提供方便，不以营利为首要目标。但是，这也并不代表它不营利。合作金融的开设也是需要营利的，只有必要的营利才能更好地为社员提供服务，相对于其他企业，它要求较低，只需在保证原有资金不损失的前提下，略有盈利即可。合作金融组织在日后的经营活动中，需要具备一定的营利能力，更重要的是保证自身经济不受损失，使每个社员的合法权益得到充分保障，这样才能不断地满足社员日益提高的服务需求，这也是合作金融得以存在与发展的基础。因此，合作金融具有服务性和营利性的双重目标，这是与商业金融最显著的区别。商业金融以追求利益（经济利益）为目标，收益越多其发展就越好，资金流转和流通也就越有效率。因此，商业金融的股东，其入股的目的是为了取得最大的投资回报。而政策金融虽与合作金融类似，也不以营利为首要目标，但其经营宗旨却是立足于宏观层面的，是以国家政策和发展为前提的。政策金融以宏观经济为着眼点，带有明显的政策性色彩，以特定的宏观政策、产业政策为依据，扶持的是全行业或全地区的事业，而不是合作金融扶持某个有限区域的经济“弱势群体”。

（五）收益分配的复合性

合作金融在利益分配上，实行在有限制的分红基础上，按参与合作者与合作金融组织间的交易量返还利润，以按劳分配为主的原则。合作金融的盈利主要用于公共积累，以增强合作金融组织的实力，提高服务水平，其积累归全体参与者共同所有，按照股份金额量化至每个社员。部分利润则实行按劳分配和按资分配相结合，以按劳分配为主的原则：一是按章程规定，按合作社股金发给固定的利息，不因合作金融组织的盈亏状况而变动；二是根据入股成员提供的交易量（如存款或贷款量），按比例返还给各个成员，即所谓的交易返还原则，实际上是按劳分配的一种形式。按照国际通行原则，合作金融是互助合作性质的金融企业，对股金分红应予以严格限制，许多国家规定，每年股息不得超过银行的平均存款利率。因此，合作金融的收益分配方式是限制股金分红，以按劳分配为主。而商业金融对收益实行按资分配，公司的盈利完全按股金比例分配，投资较多的人，便可获得较多的红利。这也是两者区别的一个显著特征。

总之，合作金融作为合作经济的重要组成部分，具有区别于其他金融形式的独特性质与特征。作为与商业金融、政策性金融平行并存的金融组织形式，它以灵活的优势支持了地方经济的发展，构成了我国金融组织体系中不可或缺的一部分。当然，以上所述仅是合作金融的典型特征。为适应经济发展，近年来，合作金融组织在组织形式、管理体制、业务经营、分配方式等方面都发生了许多变化，上述特征在一些国家的合作金融上已逐渐被弱化，有的已异化出新的特点。

第三节　农村合作金融组织的社会功能研究

农村合作金融组织对推动农村经济发展、促进社会经济建设等方面具有明显的优势，它对农村社会乃至整个国家的发展所发挥的作用是追求利益最大化的商业金融无法实现和替代的。

一、农村合作金融组织的性质

从我国目前相关法律规范来看，其对农村信用社的合作社性质的认定是比较明确的。1997 年的《农村信用合作社管理规定》指出，合作社“由社员入股组成，实行社员民主管理，主要为社员提供金融服务”；1998 年的《国务院办公厅转发中国人民银行〈关于进一步做好农村信用合作社改革整顿规范管理工作的意见〉的通知》，把我国农村信用社的合作制原则解释为自愿入股、民主管理、和主要为入股社员服务。可以看出，其本质特征是社员入股组成，实行民主管理，主要为社员服务。

但是，从实际情况来看，目前作为我国农村合作金融组织典型代表的农村信用社，从其资金来源、服务对象、治理结构、管理规则等方面来看，都与法律界定的“社员入股，民主管理，主要为社员服务”相去甚远。鉴于这种情况，笔者认为，我国目前现实存在的以农村信用社为代表的农村合作金融组织，实际上是一种混合性质的组织。其合作金融组织的性质已经蜕变，尽管具有农村合作金融组织的外形，但实际上并不是真正的合作金融组织。

因此，探讨农村合作金融组织的性质，不能以现行的法律规定和现实存在的名义上作为农村合作金融组织的实际状况，而应当探求理想状态下农村合作金融组织应当具有的固有的、本质的特性，探讨其作为一种特殊的、独立于其他金融组织而存在的金融组织应当具备的基本属性。

笔者认为，农村合作金融组织先是一种金融组织，这是农村合作金融组织与其他经济组织和非经济组织的根本区别。其次，农村合作金融是一种合作型金融组织，这是农村合作金融组织与非合作型金融机构的根本差异。

（一）农村合作金融组织是一种金融组织

农村合作金融组织先是一种经济组织。经济组织是为一定的目的而将各种资源进行组合，并进行各种经济活动的一种相对固定的制度安排。

农村合作金融组织通过将特定领域社会成员及其投入的资金等要素集结起来，形成具有相对稳定的组织结构的经济单元，在特定的范围内开展资金融通活动，调节资金余缺，满足社会的融资要求。农村合作金融组织具有相对的稳定性，它不同于人们通过契约做出的临时性的相向的安排（如不同的经济主体之间所进行的买卖交易，在交易完成后，买卖双方便结束相互之间的联系）；也不同于人们做出的临时性的同向的契约安排（如为完成特定的任务，人们共同协商，成立临时性的团队，在任务完成后，该团队便告解散）。尽管可能有一定的期限，但它却以相对稳定的结构长期持续地存在。作为一种相对固定的经济单元，农村合作金融组织可以以自己的名义进行其章程设定的经济活动，如资金融通活动。

但是，农村合作经济组织不是一般的经济组织，而是专门以进行资金融通活动为主要业务的金融组织。它通过日常的业务活动，在特定的范围内，吸纳社会闲置资金，并以一定的条件、按照特定的规则，发放给需要资金的人。从法律的视角来看，作为金融组织的一种类型，农村合作金融组织是具有特殊权利能力的经济组织。特殊的权利能力意味着它可以在法律规定的范围内从事各种金融业务，但在一般情况下不得以营利为目的，从事除满足其自身需要（如购买办公用品）以外的其他经济活动。特殊的权利能力，还意味着作为金融组织，农村合作金融组织要像其他金融组织一样接受有关金融监管机构的监管，尽管在监管的具体内容和程序规则等方面，农村合作金融组织与商业银行和其他金融机构相比有很大差异。

（二）农村合作金融组织是合作性的金融组织

合作性是合作金融组织最基本的特征，这一特征使合作金融组织相对自成体系，与商业金融、政策性金融机构等其他金融组织形成基本区别。从字面意义来看，“合作”一词最基本的含义是“共同去做”。“合”者，共同也。但是，合作中的“合”，又不同于一般意义的“共同”。“合”还隐含着自愿的、情投意合的意义。大家自愿走到一起，共同完成某项任务，才能称为合作。如果强行让某几个人一起去做什么，不能说是合作。进而言之，“合”是在平等基础上自愿走到一起的。农村合作金融组织具有合作性，它的最高原则是“平等原则”。它强调农村合作金融组织不是“钱”的结合，而是“人”的结合，是经济民主的团体。正因为如此，有人认为民主制度的基本要素为人格平等。

合作中的“合”是平等基础上的人的结合。在“合作性”的活动中，合作者走到一起，具有某种特定的目的。就农村合作金融组织来说，这种目的就是“互助”。农村合作金融组织是以互助为基础的组织，合作互助的力量越大，事业的范围越广，成功的可能性也越大。农村合作金融组织是以人结合的力量，为其活动的源泉。强调人人都为他人而生活，他人也为我而生活，“我为人人，人人为我”是其存在的基本理念。这种互助建立在经济的互助之上，是由经济上的共同需要者结成连锁的相互关系，以满足自身的需要，使享有权利与履行义务的人属于一个团体。

“作”者，做也。对作为经营组织的农村合作金融组织来说，“作”就是经营金融业务。从这个意义上说，合作必然含有“共同经营”的意思。只有通过社员的共同经营，才能实现组织的互助。

综观各国立法和国际性的规范性文件，不难发现，在具有代表性的有关合作制的立法性文献中，对合作制的特征都有不同限度的强调。在美国，按照被称作“合作社大宪章”的《卡帕——沃尔斯坦德法》的规定，农业合作社是农业生产者在自愿基础上成立的互利组织，它必须符合以下条件：①坚持互利原则；②实行“一人一票”且红利分配每年不超过 8%；③为非社员处理的农产品的价值不超过为社员处理的农产品的价值。在荷兰，农业合作社被定义为“长期从事经营活动的农民组织”，农业合作社共同核算，共同承担风险，同时保持农业活动的独立性以及使有关的经济活动尽可能多地获得利润。国际合作社联盟（ICA）和国际劳工组织（ILO）的《合作社促进建议书》规定，“自助、自担责任、民主、平等、公平与团结的合作社价值和诚信、开放、社会责任与关怀他人的伦理价值”是合作社遵循的价值准则，合作社须遵循自愿和开放的社员原则、社员民主管理原则、社员经济参与原则。

基于以上考察，笔者认为，农村合作金融组织作为合作经济组织的一种形态，在合作性方面，与其他合作经济组织应当是相同的。它只有具备了合作性经济组织所具有的基本要素，才能真正称得上是合作金融组织。也就是说，农村合作金融组织是具有合作社性质的经济组织，它应当具备合作社所应具备的合作性要素。这些要素也就是前文所说的平等自愿性、合力组织性、互助共济性和共同管理性。

具体地说，根据合作社的平等自愿性，农村合作金融组织应当是社员在平等自愿基础上达成协议而组成的。在其最初创设时，无论有无书面的正式协议，但至少应当存在社员共同一致的意愿表示。根据合作社的合力组织性，农村合作金融组织，应当是聚集了参加合作社的村民共同的资金而组建的金融组织，尽管政府或第三方可以在一定程度上投入一定的资金，但资金的基本来源应当是社员的出资。根据合作社的互助共济性，农村合作金融组织应当为全体社员的共同利益而从事金融活动，满足社员的融资需求。根据合作社的共同管理性，农村金融合作组织应当由社员共同管理，合作社内部治理结构中，应当存在能够使社员充分发表意见的组织机构——社员大会，社员大会的决议，应当具有最高效力，合作社必须执行。

对于这种合作金融组织，如何从所有制角度理解农村合作金融组织的性质呢？有人认为，农村合作金融组织由农民集资入股，从事金融活动，内部实行民主管理，使所有者和雇员均受益，因此合作制经济应当属于“公有制”范畴，该观点认为我国理论界有关“公有制”范畴、理念的引入源于苏联《政治经济学教科书》，关于“公有制”的制度设计，源于对马克思有关未来社会所有制理论的误读及苏联模式。马克思设想的未来社会的所有制是“个人所有 + 共同占有”的集体所有制或社会所有制，具体形式包括劳动者普遍持股的股份制公司和合作经济组织。我国传统的排除个人所有权的集体所有制与马克思心目中的集体所有制不符，合作金融的产权形式恰好就是马克思所指的集体所有制。正如有学者指出，合作制“产权清晰，能体现联合的力量，是社会上弱势群体组织起来，完成自主自治的联合体”，马克思“从来都把它看成为劳动群众自我解放的好形式”。应该鼓励将集体所有制形式中的产权具体到成员，要认识到剥夺个人所有权的集体所有制仅有“集体”之名，劳动者仍然是“无产者”。为了避免人们将合作经济与传统集体所有制混同，也可以将合作制作为一种独立的所有制形式，可称其为“新公有制”。笔者赞同这样的观点，从所有制性质来看，农村合作金融应当是我国公有制经济的一个组成部分，是公有经济的一种特殊形式。

（三）农村合作金融组织应当是具有特殊权利能力的民事主体

从法律的角度来看，农村合作金融是应当具有特殊权利能力的民事主体。这是因为：①设立农村合作金融组织是为了在特定的领域开展资金融通活动。为了实现这一目的，农村合作金融组织应当以自己的名义开展各种金融活动，在农村合作金融组织设立以后，社员将自己的资金投入金融组织之中，通过金融组织，开展金融服务，而不再以社员各自的名义开展活动，农村合作金融组织因此是独立的民事主体。②农村合作金融组织作为一种经济组织，其主要业务是从事货币资金的融通活动，这种资金融通活动，大多属于金钱借贷关系。这种借贷关系的性质是一种民事关系。③在农村合作金融组织开展金融服务活动时，与其服务对象之间只能在平等的基础上进行交易。任何一方都不得将自己的意志强加于另一方。④农村合作金融组织以自己的名义享受各种民事权利，承担各种民事义务。如因自己的行为产生问题，也应当以自己的名义承担。由此可见，农村合作金融组织以独立的名义，在平等的基础上与各种服务对象开展金融活动，以自己的名义享受权利，承担责任，具有独立的民事主体身份，因而具有民事主体的性质。

农村合作金融组织不仅是民事主体，而且是一种具有特殊权利能力的民事主体。因为它可以依法进行普通民事主体不能经营的金融服务业务。尤其他与其他金融组织一样，具有金融业的一般属性和特点，在通常情况下，其经营范围包括：办理人民币存款、贷款和消费信贷，居民储蓄，各类结算，代理其他银行委托的各种业务以及经中国银行业监督管理委员会依照有关法律、行政法规和其他规定批准的业务。

在当今中国，农村信用社被视为最具代表性的农村合作金融组织。尽管理论界对其性质仍存在质疑，但是相关立法文件对其定性是明确的，将其界定为“经中国人民银行批准设立、由社员入股组成、实行社员民主管理、主要为社员提供金融服务的农村合作金融机构”，因此农村信用社应是具有特殊权利能力的法人。

二、农村合作金融组织的社会功能

（一）为农村经济发展提供便捷的市场融资渠道，解决投入难题

政府政策的扶持、科学技术的支持和农村投入的增加成为加快农村发展的三大助力。在不同的经济体制下，农村投入问题的解决模式也呈现出不同的特点。小农经济时代，农民自身的积累成为农村投入的主要渠道；计划经济时代，政府资金投入成为农村投入的主要渠道；而在社会主义市场经济时代，农村的投入问题则主要依靠市场渠道来解决。

农村投入问题一直得不到有效解决，并且在很大限度上制约着农村经济的进一步发展。最主要的原因在于市场融资渠道问题上。虽然，我们不能否认农民自身积累和政府投入对于农村资金投入的作用和价值，但是其局限性也是不容忽视的。

总体而言，政府对于农村的投入主要通过以下两种途径：一是扶贫投入，解决贫困人群的基本生活问题；二是发展投入，扶持农村经济发展扶贫投入的目的在于为贫困人口提供生活保障，这些资金一般会通过民政、社保进入农村，并且逐步落实到贫困人口手中。其局限性在于，第一资金数额有限，第二资金用途单一。这些有限资金往往用于购买生活必需品，解决生存之需，不能转化为生产力，也不能直接推动农村经济的发展。

政府对于农村发展资金的投入往往是以扶贫自救、农村基础设施建设、支持农民发展农业生产等各类项目的形式进入农村，这些项目的资金投入都体现出了一定的政策，并且实实在在地推动了农村经济的发展。比如，为了改善农村的基本生产生活条件而进行的公共设施建设项目；为帮扶农业种植户、养殖户解决资金问题的农业生产项目；为推动贫困地区经济发展的扶贫自救项目等。但是，具体到每一个农业经济组织或者每一个农民身上，他们对于资金的需求量、需求时间是不同的，政府不可能对于他们的资金需求做到有求必应，因此他们对于资金的需求不可能通过政府来解决。即便是农民得到了政府投入的资金，由于其自身局限性，也无法妥善运用这笔资金。因为如果政府的资金投入是无偿的，农民势必会因追求利益最大化而要求政府提供无限量的资金，这样政府是无法满足农民需求的；若政府进行有偿的资金投入，则肯定会有一些人能符合政府的条件，一部分人则不符合政府的条件。因此，只依靠政府的投入不可能充分满足农村的资金需求。

农民想要依靠自身的实力和努力积累资金，必须考虑以下两个因素：第一，经济来源。农民参与的具体经济活动，需要突破一定范畴才能有资金积累，因此对那些通过农业生产，仅仅能够勉强维持其温饱的农民群体来说，不大可能实现凭借自身的资金积累谋求发展。第二，资金积累所需的时间。如果时间长，就不能解决从事农业生产工作者对资金的迫切需要，更不能够在短时间内扩大其生产规模，达到推动农村经济快速发展的目的。尤其是规模化进行的现代农业，无论处于起步阶段还是成长阶段，都有大量的资金需求，如仅仅依靠农民自身资金的积累是得不到有效解决的。

综上所述，单纯的政府投入和农民积累两种资金来源方式都具有一定限度的局限性，无法有效满足农村的资金需求。因此，要想有效满足农村对于资金的需求，开拓市场化融资渠道势在必行。只有这样，农民和农村经济组织等在需要资金的时候，才能通过市场化融资渠道快速便捷地获取资金；同样，农民和农村经济组织在生产经营过程中产生的暂时闲置的资金，也能够通过市场化融资途径，进入资金“供给池”中，给其他需要资金的人或经济组织提供资金支持。农村金融合作组织是规范的市场化融资途径，借助此途径，农民或农民组织可通过规范的操作随时从农村合作金融组织处得到相应的资金，以缓解资金需求。这样妥善地解决农村资金投入问题，才能全面推动农村经济的发展。

（二）有效降低融资成本，便利农民获得融资

合作金融是怎样形成并发展起来的呢？从西方国家的合作金融发展历史来看，合作金融的产生并不是因为人们单纯对于融资的需求，而是在交易意识的驱动下，降低交易成本的需要。

在经济高速发展的中国，农业经济组织、农民等农村需求通过正规的金融机构获取融资的渠道也逐步得到发展和完善。从理论层面来说，各大银行、其他商业性质的金融组织应该平等对待有融资需求的个体或组织，不应差别对待；从现实层面来讲，这些金融组织也基本上做到了这一点，基本保障了资金需求者获得融资的平等权利。即便这样，农村在融资方面也依旧存在各种各样的问题。这说明即使这些商业性的正规金融机构平等地对待农村资金需求者，一视同仁地为他们提供了应有的资金和服务，仍然普遍存在农村资金需求者不能获得这些金融机构融资的现象。在笔者看来，农业经济组织、农民之所以面临融资难的问题，其最根本的原因不在于正规的金融机构对于农村资金需求者的不公平对待，而在于他们通过这些金融机构获取融资的成本太高，相对于城市资金需求者而言没有成本优势。主要原因如下。

1. 距离问题

正规金融机构一般在城镇，而农村资金需求者在农村，如果金融机构没有在各村设置分级机构，那么农村资金需求者按照正规程序到金融机构办理借贷手续就必然要往返于农村和城镇之间，耗费大量的时间和精力，其融资成本必然要比城市资金需求者的成本高。

2. 担保问题

金融机构最基本的前提是充分保障自身资金安全和一定的收益。因此，资金申请者从金融机构处获取资金的必要前提是融资担保。

城市资金需求群体持有的资源明显具有商品化和财产化的特点，可以满足金融机构的融资担保要求；而农村资金需求者所拥有的资源并没有充分实现商品化和财产化，很难满足金融机构所提出的融资担保要求，因此很难获取融资。

3. 信息成本

农村的制度建设和社会服务远远落后于城市。因此，相对于城市社会而言，农村获得信息的成本很高，融资交易难度也会相应地提升。

以上这些因素即便是在发达国家也同样存在，就我国而言，由于经济发展的不平衡性，这些问题更加严重。

为了缓解农村资金需求者融资难的问题，发展农村合作金融组织变得尤为迫切，通过农村合作金融组织，更多的农业组织或农民能够相对便利地获得融资，其原因大致如下。

1.获取资金便捷

农村合作金融组织一般是按照行政区划来设置机构和网点，根据实际情况将机构和网点设置在乡镇或村子中，服务对象以社区服务为主，与农民联系密切，沟通起来比较便捷。由于农村合作金融组织的服务人员与资金需求者互为相邻，比较熟悉，透过这层关系，通过合理安排，农村合作金融组织甚至可以提供上门服务，这大大便利了农村资金需求者，成本也得到了大幅度降低。

2.满足贷款条件的成本下降

作为正规的金融组织，农村合作金融组织的融资活动同样要以保障资金安全和收益为前提。但是在保障资金安全的途径上，农村合作金融组织则和其他金融组织有所不同。农村合作金融组织的融资规则建立在熟人社会关系之上，因此其保障融资安全的途径不一定要硬性的抵押。熟人之间的连带关系、熟人社会的舆论都可以在很大限度上保障资金安全。例如，可以通过联保的方式，让与借款人有关的人联合拘保借款人债务的履行。通过这种途径，农村资金需求者的贷款就会变得相对容易，满足贷款条件的成本会大幅下降。

3.信息成本降低

农村合作金融组织的组织者是本地农民，他们对于当地的实际情况以及资金需求者的个人信用情况比较了解。因此，在信用交易的过程中很少出现信息不对应的问题。农村合作金融组织不用为了调查资金需求者的相关信息而花费过多的人力物力，同样资金需求者也避免了为准备大量信息而投入时间、财力、人力。信息成本的降低以及由此带来的交易总成本的降低，为农村资金需求者及时有效地获得相应的资金再加一层保障。

（三）分散融资风险，维护金融安全

农村合作金融组织建设思想可以理解为农民群体通过自发组织，来解决自身资金需求难题。因此，农村合作金融组织的设立和运用可以分散整个社会资金需求的满足。如果社会中类似于此种性质的合作性金融组织普遍存在，就会有数额庞大的资金需求借助除商业性正规金融机构以外的金融机构获得满足。如此，商业性金融机构借款数额将会大大减少，其面临的相应的各种风险也会随之大大降低。此外，农村合作金融组织的资金需求主要来源于农民和从事于农业的生产组织，理性分析，此类资金需求者收入和积累资金毕竟有限，所以担保能力较差，加之我国农村各类资源财产化、商业化程度不够，所有贷款给农民群体风险相对较大。据普遍调查的结果来看，我国商业银行确实不愿意向从事农业生产群体提供借贷服务。在笔者看来，由于中国农业人口在人口比重中所占比例较大，因此要想妥善解决农业投入问题，单纯地依赖银行来解决资金问题是不现实的，也解决不了。农村经济需求如果长期地单纯依赖银行，那金融危机就会不可避免，势必对国民经济的发展产生不良影响。

合作金融组织的发展可以有效缓解金融机构的融资压力。从宏观经济角度来看，合作金融组织可以通过有效的融资方式控制融资风险，保障资金安全。其组织资金主要来源于社员，服务对象也是以社员为主，这种组织和服务方式可以很好地对风险的传导和扩散进行控制。如果该合作金融组织的借款人在规定期限内无法偿还债务，那么他影响的仅是该组织以及依赖该组织获得资金的其他成员的融资可得性问题，不会对组织以外的金融组织产生影响，也不会影响整个金融系统的正常运行。

（四）保障农民平等的发展机会，促进社会公正

获得平等的发展机会是每一个社会成员的向往和追求，国家应当制定相应的政策、采取相应的措施来保障每一个社会成员平等的发展权利，为社会成员和社会组织提供平等的发展机会。在市场经济环境中，社会成员和社会组织的发展条件与其获取资金的能力呈正相关关系。资金对于社会成员和社会组织的意义重大，一切创业活动的开端和发展都离不开资金的支持，如果资金匮乏，无论个人能力有多强，都不能得到充分的发展。比如，一个具有很强农业经营能力的农民，在没有资金支持的情况下，只能通过经营自己承包的几亩地来进行生产劳动，勉强维持温饱，个人经营能力得不到发挥，个人价值也得不到很好的实现。但是，如果能够获得足够的资金支持，他就有机会获得相关生产资源，生产规模和经营规模也会不断扩大，所积累的个人财富也会不断增加，进而带动区域经济的发展，个人价值也会得到更大的彰显。由此可以看出，获取融资的问题不只是单纯的经济问题，也是一个社会公平公正问题。从这个层面来说，农村合作金融在保障农民和农民组织获得平等发展机会方面发挥了积极作用。

从中国当前的经济发展形势来看，农村经济的发展依然面临着诸多难题，其中解决融资问题是重中之重。加大农村资金投入、调整农村产业结构、扩大农业生产规模成为提升我国农业竞争力的重要途径。但是，目前农业银行已经基本上撤出农村，农村信用社也大有进军城市的倾向，把农村作为吸收存款的基地，把农村中本就缺乏的资金大量投入城市之中，更加剧了农民贷款难的问题，给农村经济发展带来了极大的困扰。因此，必须大力发展农村合作金融组织，发挥合作金融的作用，利用合作金融的优势，为农村经济发展提供资金支持，对农村经济发展起到促进作用。

第二章　合作金融的制度模式与组织运行分析

在中国农村经济的发展过程中，合作金融组织是必不可少的。纵观我国广大农村整体现实状况，民间金融组织和一些非正规的金融机构多被社会视作非法组织而被局限在极为有限的空间里。为了进一步明确合作金融的目的和存在意义，成立农民群体自己的合作组织，保持农村金融的稳定性和持久性，建立相对完善的合作金融的制度模式和运行机制势在必行。

第一节　合作金融的制度模式分析

在合作金融的发展过程中，世界上已经形成了多种各具特色的合作金融的制度模式，存在着丰富多彩的组织体系，但从本质上讲，其形成的基本原因是一致的。一是各国合作金融制度的形成与该国生产力、生产关系、社会制度、经济制度是紧密联系的；二是各国合作金融制度是经过长期实践并相互借鉴经验，逐步改进和完善起来的。下面笔者对西方发达国家的合作金融的制度模式来进行分析。

一、合作金融制度模式的种类

从 19 世纪中期到现在，合作金融事业得到了迅速的发展，范围已经覆盖了全世界，并且在各个多家的金融体系当中愈加凸显其重要作用，在很大限度上促进了各个国家的经济繁荣发展。目前，西方一些发达国家的合作金融事业的运行模式主要有以下四种。

（一）单元金字塔模式

单元金字塔模式指农村合作金融只有一个系统，这种模式分为上层、中层以及底层三个层次。最上层是具有全国性特征的统一联合组织，中层是具有区域性特点的合作金融联合组织，而信用合作社则是该模式的底层，这个结构从整体上看就像一个金字塔。这种体系的主要代表国家是德国，其最高层是具有全国性特征的中央金融机构，中层以区域性合作银行为主，底层以地方性合作银行为主。其中，顶层是德国中央合作银行，中层主要以 GZB 银行、WSZ 银行和 SGZ 银行为主，底层是雷发巽银行及其分支机构和营业网点。

在单元金字塔的模式中，每个层次都拥有上一个层次的股份，这种持股方式为自上而下的持股方式。在这个模式中，处于基层的金融机构拥有经营货币信贷的权力，第二次世界大战以后还拓展了结算业务、信用卡以及证券代理业务等。这些业务开始主要为股东进行服务，而现在对一些客户也开展了相关业务的服务。一些地区管理机构主要是通过协调和管理，以充分保障基层金融机构的流动资金和保存准备金，并且对基层金融机构提供一定的信息，加强这些机构同外界之间的联系。具有全国性特征的重要管理机构则对地区性质的管理机构进行一定的管理和协调，并且负责政府相关机构之间的联系以及国际业务等。

单元金字塔模式的三个层级中的合作银行，不仅是一个独立的经济个体，同时是一个有机整体。这种独立个体与整体之间的关系主要表现为自上而下存储资金和从下往上进行资金融通。基层合作银行每年都需要存入一定的贷款担保基金以抵御风险。当金融机构难以承担一些比较大的危机时，则由贷款担保基金进行全额补偿。

（二）多元复合模式

多元复合模式包含多个类别的系统，各个系统内部又分成了多个级别的组织，其主要代表国家是美国和丹麦。以美国为例，美国的金融合作组织在组织架构层次上，依据经营范围被分成了三个主要的层次，分别是美国中央信用联社、联邦土地银行以及合作银行等区域性的合作银行组织。但是，这个组织架构比较松散，呈现出一种多元并列的形态。在这个框架结构中，联邦土地银行为一个统一的中央机构，分为 12 个独立的联邦土地银行，各个联邦土地银行中又包括一个中央合作银行以及 12 个地区合作银行。一个中央合作银行以及 12 个地区合作银行构成了一个合作银行系统。

和其他一些国家的金融机构大致相似，美国的合作金融机构在很大程度上也有着比较完善的存款保险系统。美国在全国范围内建立了信用社股金保险基金，这个基金的交纳比例按照参保信用社的存款总额的 1% 进行收取，其中保险金额最高可以达到 10 万美元。

对于美国合作金融组织的监督管理，则由两个机构负责。这两个机构分别是监管机构以及协会组织，其中监管机构行使监管的职能，协会组织行使行业管理的职能。而监管机构主要由两方面组成，一方面是美国的信用社管理局，另一方面是美国各州的州政府建立的信用社监管机构。

（三）上官下民模式

上官下民模式的主体主要是中央合作金融机构以及地区和基层合作金融机构。中央合作金融机构的财政主要是政府财政的支持，地区和基层合作的金融机构的资金来源则主要是农民的投入。这种模式的主要代表国家是法国，法国的银行建立是按照三级法人的制度，第一层是基层的民间组织，主要是一些地方性农业信贷合作社或者互助银行，第二层主要是省级的农业信贷互助银行，第三层是具有全国性特征的金融合作机构，即法国农业信贷互助银行总行。

总行的资本主要依靠政府的财政支出；省级银行的资本主要来自一些地方的互助银行，其中还有部分资金来自银行的工作人员；地方的银行资金主要来自社员的支持，其中还有一些小工厂主和雇员。

农业信贷互助银行的领导机构是农业部以及财政部，它的总行是其最高的管理机关，职能主要是对省级信贷银行的账务进行一定的审查，以监督各个银行的业务。总行在级别上属于一级的核算单位，它的主要职能是对票据进行一定的清算，并且给予亏损地区一定的金额补贴。总行一般情况下不经营一些规格比较小的信贷业务，其职责主要是向省级的合作银行提供一定的资金支持，并且办理结算以及内部稽核等工作。

（四）协同组合模式（即与农村合作组织一体化模式）

协同组合模式主要的构成要素是：政府和农民投入的二重结构；农业、林业以及渔业的三个系统；上级和中级以及下级的三个层次。因为独特的构成要素，因此这种模式又被称为“二三三模式”，主要代表国家是日本。日本的这种合作金融组织不仅区别于独立的系统，还和农业协调组合相互协调配合。

和其他国家的合作金融组织大致一样，日本的农村合作金融组织也分为三个层次。位于最高层的是合作金融组织的中央级机构即农林中央金库，位于中间层次的机构是农业协同组合联合会，第三个层次是综合农协。农林中央金库是一个信用合作组织，由农业、林业以及渔业系统共同组成；中层机构的组合联合会则由都、道、府、县部门机构组成；基层农协主要是农业协同组合、森林协同组合以及渔业协同组合。其中，农林中央金库是农业和林业以及渔业三个系统的信用合作组织，主要办理存款、放款以及汇兑等业务，农林中央央行有一定的权力可以发行一定的农林债券，并且开办一定的外汇业务；县信用农业协同组合联合会主要是调剂基层农业协同联合会的资金短缺。

二、合作金融制度模式的特点

（一）多级法人合作的金融体系

一般情况下，各个国家的合作金融组织的制度基本上都是多级法人制度，并且这些金融机构拥有自主经营的权力和独立的法人资格，相互之间没有领导与被领导的关系。合作金融组织的这种关系在很大限度上也形成了经济和合作银行系统上的强大联合。

（二）上虚下实的合作金融体系

基层合作金融组织向中层机构入股，中层机构向中央级的合作金融投资入股。这种入股方式决定了每个层级的合作金融组织都有其职责分工。上一级的金融机构是下一级的联合组织，主要负责管理以及服务。

（三）基层信用社的基础性

合作金融体系的根基是基层信用社的合作制，关系着整个金融合作组织的发展。从世界范围来看，处于基层的合作金融组织是整个合作金融体系的关键，而影响和决定合作金融性质的也是基层合作金融组织。

综合而言，农村合作金融的产生与发展，都具有浓厚的乡土气息，离不开各国当时的社会经济文化背景和自然条件，而且与时俱进，随着经济社会状况的变化而不断自我调适。农村合作金融的发展变化具有较强的时代性与地域性。我国幅员辽阔，行政区划众多，较为适合建立多级法人的“金字塔式”的合作金融组织模式，即基层农村合作金融机构——县（市）农村合作金融联合社——省（自治区、直辖市）农村合作金融联合社——中央农村合作金融联合社，通过多级法人自下而上、层层入股形成，并自上而下进行管理、指导、协调和服务。这样，既有区域性的协调管理机构，也有全国性的协调管理机构。在该体系中，基层农村金融合作机构不是上级联合社的分支机构，上级联合社除了为其下级合作金融机构提供资金调剂、异地支付等服务外，本身也是具有营业资格与营业能力的独立法人，可以独立向农户提供较大数额的贷款。这种金字塔式的组织体系有利于发挥合作金融的资金合力，提高资金的运作效率，并有利于实现系统管理，为金融监管和国家宏观调控提供便利条件，同时通过这一体系疏通结算渠道，便于开展中间业务，提高服务能力，更好地为经济社会的发展服务。

第二节　合作金融组织的运行机制研究

合作金融组织的运行机制，是合作金融组织的命脉。一个设计良好的运行机制对合作金融的发展往往能起到举足轻重的作用。根据合作金融组织的运行过程，可以将其运行机制划分为五个相互联系的组成部分，即产权机制、管理机制、经营机制、分配机制和约束机制。

一、产权机制

一般地说，产权就是对财产的权力，是人们围绕财产而形成的经济权利关系。

广义的所有权概念与产权在很大限度上是比较一致的，即包括财产的归属权、占有权、支配权和使用权。产权不是一个具体的可见的物品，而是体现为一种比较抽象的社会关系，是权利与义务两种关系的集合，主要围绕的是人和人之间的财产归属、占有和支配等。产权制度就是制度化的产权关系。

合作金融的产权制度对信用活动起着决定性的作用。信用活动得以产生的前提是财产权的明确界定，只有在财产权界定明确且为法律所保护时，信用、借贷活动才会产生。因此，良好的产权机制是合作金融组织高效运作的基础。

一些劳动者为了改善自己的生活状况，对资金进行了一定的联合，这样确保社员之间可以互相调整资金的短缺情况，获得共同的服务和利益，以达到一种互助与合作的方式，这种方式的具体呈现即为信用合作社。虽然劳动者的身份各不相同，但是劳动者的合作都是以货币资金为具体形式，每个劳动者都需要交纳一定的股金才能入社，而这些资金就是信用合作社的原始资金。这种模式在很大限度上成为合作金融组织产权制度的主要内容。

初始股金数额一般都很小，具有浓厚的“入社费”色彩，是社员资格得到确认的一种表现形式。社员认购的股份也都有最高限额的限制，并且对这部分股金，除了支付利息和股息外，社员在退出时要如数退还。

这种信用合作社入股资金大体均等的产权制度在一定限度上保证了“一人一票”民主管理制的公平性，但是在实践中却出现了两个缺陷。一是信用合作社入股资金数额较小且社员入股有最高额的限制，使信用合作社的资本金比其他金融机构较弱；二是信用合作社实行“自愿进出”原则，允许社员退社时撤走其投资，使信用合作社的核心资本处于不稳定状态，这就与《巴塞尔协议》中对资本充足率的要求不相适应。另外，信用合作社资本金规模的弱小以及状态的不稳定也必然使信用合作社在竞争中处于不利地位，从而逆向要求进行产权制度的调整与变革。

这种调整与改革在实践中有着诸多试验与创造，其表现主要以下几个方面。第一，为了扩大股金规模，信用合作社逐步放开其入股资金限额政策。第二，信用合作社制定政策鼓励社员将合作社盈余分配所得留在社内转为股金，以扩大信用合作社的资本基础。第三，对社员退社退股的自由设置条件进行限制，如德国《合作社法》规定：社员需在合作社会计年度终止 3 个月前提出退社要求，合作社可以在章程中将该期限延长至最长 5 年。第四，实行公积金制度。通过信用合作社立法或者信用合作组织章程规定，将信用合作社一定比例的盈余提取为法定盈余公积金，用于合作金融组织的发展，这笔资金不直接属于社员个人而属于合作社社员集体所有。通过上述一系列的改革措施，将信用合作社的产权机制转变为股金个人所有集体运用与公积金集体所有相结合这一新的产权模式。另外，在产权制度改革的过程中，还借鉴其他领域的先进经验，如借鉴股份制企业的优先股制度，从而进行产权制度创新。在信用合作社中引入优先股制度设立新类型股金，称为“附加股”或“投资股”，甚至直称“优先股”。这种新类型股金的加入大大加强了信用合作社资金融通的物质基础，但并不动摇信用合作社的人合性质，这种产权制度的创新与“三农”新的融资需求相适应，是传统合作制原则对新的社会发展的回应。

二、管理机制

实行社员民主管理是合作社的基本原则。社员民主管理原则要求合作社在组织结构上保证合作社事务由社员共同、平等决定，合作社事务执行机构和监督机构的工作人员由社员选举或任命产生，合作社的事务活动接受社员的监督。一人一票制成为合作社民主管理最集中、最形象的表达，从而使每一个入股社员，不论其入股资金多少，都是合作社的主人，与其他合作社成员一起平等参与对合作社的事务管理。

但是，随着合作金融组织规模的不断扩大，社员之间的持股数额差异日渐增大，因此一人一票制的表决原则对于提供大额股金的社员也就显得有些不合时宜。但基于合作社的性质与一般性的商业金融机构并不相同，不宜根据出资额比例行使表决权。解决的办法只有折中。

对于一人一票制度和按照股金比例进行一定的表决权进行折中，就是一种比较新颖的表决权加权计算制度，如德国 1973 年的《合作社法》规定最多可以一人三票。

除表决权制度之外，在日常管理和决策上，原有的管理人员由社员兼任的荣誉职务制度也渐渐无法适应合作社规模扩大的需要。随着合作金融组织与市场联系的日益紧密以及新的业务领域的开拓，合作金融活动的专业性日渐加强，业务的专业性要求管理层的专业化，于是聘请专业管理人员替代志愿性社员对信用合作社进行管理便成为一种趋势与时尚。

这种制度在很大限度上造成了合作金融组织的权力被转移和集中到了专业的管理人员手中，合作金融组织的经营权以及所有权逐渐被分离，这使传统的合作社在民主管理原则中面临着一些挑战，并由此带来一系列问题。合作社的所有权和经营权分离之后，怎样才能让实际意义上的控制权被所有者拥有，或者怎样才能让所有者对合作社的专业管理人员进行一定的制约以及监督。

对此，国外比较成熟的做法是通过建立和完善所有者与经营者相互制衡的合作金融组织治理结构来保证所有者的控制权。为此，合作社借鉴了现代企业管理制度中三权分立的决策机制和约束机制，建立起社员大会决策、理事会执行和监事会监督这样一个三权分立与制衡的权力运行机制。其中，社员大会或社员代表大会是合作金融组织的决议组织，合作金融组织的重大决策，如年终结算、盈余分配、理事会和监事会成员的选举、罢免和更换、章程的修订等，须经其讨论通过，但由于合作金融组织一般社员较多，社员大会或社员代表大会也只能是一年一次或一年两次，那些需要在短期内甚至需要立即付诸实施的决策和日常经营决策，如合作金融组织的日常存贷款经营决策、与雇员的劳务合同、设备的购买等，就不能依靠社员大会或社员代表大会来决议，否则合作金融组织就不能有效地运转，这就产生了对于能处理合作金融组织日常事务的执行机构——理事会。理事会一般只在社员大会或社员代表大会授权的范围内有权自行决策和行动，社员大会或社员代表大会保留对这些决策进行纠正和干涉的权力。所以，理事会的权力不是独立存在的，而是受到社员大会或社员代表大会的制约。监事会是监督机构，对理事会执行社员大会或社员代表大会决议的情况和执行合作金融事务的情况进行监督，以保证所有人的权利不受侵害。鉴于社员大会或社员代表大会的决议形式是会议，不是驻社机构，它对业务执行理事会的监督不能持续地进行，因此产生了监事会。为了保证监事会能够正确履行监督职责，监事会成员一般均由非理事会成员担任，且人数不少于 3 人。

三、经营机制

随着商品经济的发展，各国的合作金融机构与商业银行的经营管理并没有太大的差别。主要表现在：除了传统的存、放、汇总业务外，还办理低压贷款、租赁、代发股票债券、保险等业务；在一些国家，基层合作银行除了从事银行业务外，还经营农业生产资料购销业务等。为了适应经济社会发展的需要，合作银行也将在几个重要的国际金融中心设立分支机构，逐步开放国外市场。

虽然为形势所迫，合作金融机构的合作性逐渐弃守，商业性日渐增强，但与其他商业性金融机构相比，仍然缺乏制度优势。因此，为了适应竞争的需要，合作金融组织充分发挥其接近客户、了解客户、方便客户的优势，大打便利牌，将为客户提供包括贷款、储蓄、保险、投资在内的一揽子综合性金融服务作为主攻方向。合作金融组织不以追求股东利益最大化为经营宗旨，而是以合理的价格、优质的服务帮助客户实现经营目标，如荷兰拉博银行为客户提供包括贷款、储蓄、保险、投资、结算等在内的一揽子金融服务，荷兰农业贷款的 90% 由拉博银行提供，银行的客户不局限于农民，非农业企业客户占总客户的 34%。1996 年，在银行全部业务中，农业贷款占 22%，农户贷款占 41%，国际国内贸易贷款占 22%。银行贷款全部实行市场利率，社员与非社员客户一视同仁。银行的年终利润，不以红利的形式支付给股东，而是以社员账户的形式转入储蓄账户，以扩充自身的投资实力。

四、分配机制

在盈余分配方面，许多国家的合作金融机构都开发出符合自身特点的新模式。通常的做法是采取“社员导向型盈利分配”的策略。也就是说，根据合作金融机构的成员数量和合作金融机构的交易量分配利润和剩余。这是合作金融的重要组成部分，也是现代合作金融机构激励机制的核心。在交易量方面，各国的合作金融行业在管理过程中通常存款金额和贷款金额来衡量。

现在所存在的合作金融组织基本上已经脱离了罗虚代尔公平先锋社设计的分配模式，它们大都根据现在的经济发展特点以及自身的发展状况设计了具有自身特点的盈余分配模式。因为各个国家的经济环境以及社会制度存在一定的差别，即便是在同一个国家，有关合作金融的分配制度仍然有很大差异。对于合作金融中的差异量，各个国家在管理的过程中以存款量和贷款量两种方式作为交易量。除了依据社员和组织机构的贷款量进行一定分配之外，还有多种分配激励模式。

过去，我国农村信用合作社长期忽视社员利益，对经营盈余不分配或较少分配。农村信用合作社的大部分社员特别是农户社员，既不能便利地从农信社获得贷款，又没有体会到农信社利润分配的好处，从而导致社员缺乏参与农村信用合作社民主管理的积极性。有鉴于此，重建后的中国农村合作金融企业，在对经营盈余提取一定比例作为发展资金之后，必须按照“社员导向型盈利分配”策略对经营盈余进行分配。

五、约束机制

合作金融机构的约束机制可分为内部约束机制和外部约束机制。内部约束机制除了三权分立的内部治理结构之外，贷款风险控制制度、信贷资产控制制度、存款增长评价制度和成本费用控制制度。为确保合作金融机构健康发展，各国合作金融机构建立了健全的审计监督机构。当地合作银行审计监督机构由股东大会选举产生，合作银行业务应定期上报监管委员会监督。合作金融组织制度有严格的审计监督机构，总部允许合作社委托当地合作银行进行审计监督。作为合作审计制度的成员，各级协作银行都需要参与协会。

从外部约束机制看，合作组织金融机构普遍面临政府约束、社会约束、市场约束和国际规则。其中，政府约束，是政府运用法律、经济、行政等手段进行一定的干预和指导。一般而言，在经济较为发达和市场发育较为完善的国家，政府较为倾向于用非行政和非强制性的办法来引导合作金融事业的发展；而在经济相对不发达、市场相对不完善的国家，政府则更倾向于用行政性的强制手段干预合作金融组织的日常运作。社会约束是指通过法律、法规和社会舆论监督来对合作金融企业进行约束，从而为合作金融企业创造一个公平和有效的法律环境和社会环境，使合作金融企业的行为受到社会的监督和规范。市场约束是一种硬约束，是指合作金融企业的行为最终要在市场上受到评价。那些运作良好的适应市场竞争的企业就可以有适当的盈利，来对成员返还红利，从而激励成员更多地参与合作金融企业及其交易行为；而那些运作不佳的难以适应市场竞争的企业，就有可能因为亏损而使成员的股份受到损失，从而打击成员参加合作金融组织的积极性。国际规范约束，是指一般的合作金融组织都接受国际通行的合作金融组织行为规范，并按照这些规范来进行经营和管理，以防范经营风险，提高经营质量。这些国际规范主要是指《巴塞尔协议》以及其他会计财务制度。目前，世界上大部分国家的合作金融组织都在比照《巴塞尔协议》的要求进行内部管理，提高资本充足率（目标比率为8%，其中核心资本与风险资产的比率至少为4%），并有效进行风险控制和风险管理。在风险管理方面，一般按照资产负债管理的要求，以负债制约资产，约束其资产扩张行为。其控制指标一般包括存贷款比率、贷款投向比率、中长期贷款比率、资产流动性比率、备付金比率、单户贷款比率等。

第三节　新世纪合作金融的国际趋势分析

合作金融是弱小经济的联合体，是为了满足经营的资金需求和自身的生产的组织和经济形式。只要商品经济造成的分化所形成的经济金融中的弱势群体依然存在，合作金融组织就会存在。因此，合作金融的存在具有永恒性。它与经济发展程度无关。无论发达国家还是发展中国家，只要有弱小经济存在，就需要合作金融存在。

但是，我们也必须看到，世界在向前发展，全球经济结构和经济事务方面已经发生了根本性的变化，金融机构之间的竞争已经越来越激烈，合作金融组织面临巨大的挑战。在这种情况下，为了吸收资金，扩大规模，增加对风险的抵御能力，合作金融的内部治理结构、盈利模式、利益分配模式等不可避免地在发生变化，这是与时俱进的需要。

另外，合作金融组织自身的机制缺陷也使其发展受到越来越多的挑战。就其内部管理制度而言，合作金融组织管理人员的选拔一般在成员内部进行，具有一定的局限性，难以适应激烈竞争的市场对人才的高要求；合作金融组织的民主制度尽管保证了成员的民主权利，但是与现代企业相比，其管理制度显得效率不足，难以适应市场竞争的需要；就其运行机制而言，合作金融组织的运作和交易主要在其成员内部进行，业务范围狭窄且资金不足的现象严重（社员权利的平等性导致合作金融组织对成员的出资额度没有足够的激励），成员撤出资金的自由度较高导致合作金融组织的自有资金规模往往有较大波动。合作金融组织的这些特征严重影响了它的效率，使合作金融组织不得不发生一些适应市场竞争的转变，在内部治理结构和运行机制上更多地吸收其他金融组织和现代企业制度的元素。

合作金融之合作，是资本基础上劳动的联合，它是劳动与资本两方面的共同联合与合作，其发展的过程必然是资本联合与劳动联合的博弈过程，并且两种联合随着社会经济的发展，必然出现不平衡博弈——在经济欠发达时，寻求互助和服务的劳动联合占主体地位，相应的是合作制原则占上风，人们的合作愿望在于互助。这时，合作金融组织的运行特征充分体现“合作”特色，人文关爱、友情互助色彩明显。随着经济实力的增强和向发达经济形态的过渡，弱势群体相应缩小（期间伴随着农村工业化和城镇化进程），寻求互助的资金运用减少，博弈结果的天平势必向货币资本的联合倾斜，合作制原则随之调整，在确保合作制原则的前提下充分体现投资者的利益，股权结构必然分化，进而实现多元化。这时人们从合作经济组织（或企业）中所期望的不仅仅是一种互助的满足，而是呈现动机的多元化，其中包括投资获利的动机和目的。因此，随着商品经济的发展，特别是20世纪60年代以来，各国合作金融组织在坚持合作制原则的前提下，不断完善服务功能和手段，业务经营范围和经营方式都发生了很大变化，逐渐显现出商业化发展趋势。

一、业务项目多元化

合作金融机构和相应制度的充分融合推动了金融业务向多元化方向延伸。例如，德国的合作银行体系是通过内部合作为客户提供按揭贷款、建筑贷款、租赁、代发股票、投资、保险等业务。德国合作银行的多元化也体现在农业生产资料的购销，基层银行对农产品的收购和加工上。

二、融资经营综合化

在竞争激烈的现代市场经济时代，发达国家的农村信用合作金融机构相对于商业银行并无特殊优势。特别是，因为商业银行把机构下伸到基层，农村信用社，面临更严峻的挑战，在这种情况下，农村信用社。

英格兰银行成功的秘诀在于充分发挥其与商业消费合作相结合，分支结构遍布全国销售网点的优势，除了提供传统的金融服务外，还提供预算账户、信用卡和旅游支票等服务。这些措施使农村信用社成为英国发展最快的金融机构之一。

三、信用互助合作倾向股份化

近年来，西方发达国家的合作金融组织逐步由互助合作制向现代股份合作演变，其表现主要有以下几方面。① 信用互助合作组织逐渐引进了股份合作的控股原则。② 为吸引非社员向信用合作社入股投资，加大了按股分红的比重。③ 突破一人一票社员平等表决原则，将之与股份制表决制度相结合，发展出加权计票表决规则。并且规定可以在合作制的基础上吸收非社员入股，只将其与非社员的业务往来限制在营业额的 20%范围之内，将非社员的表决权总票数限制在社员大会表决权数的 20%之内。④ 为维系信用合作社的资金稳定性，修改自由退社退股原则，仿效企业制度规定入社股金不得抽资退回，只可继承、享受股金分红。⑤ 借鉴股份制有限责任公司的管理方式，规定社员大会对合作社事务执行人的罢免权。

国外合作金融发展的实践证明，合作与商业化不仅仅是一种合作关系，它们可以把合作制所要求的民主和商业化结合起来。商业化经营的实施是合作金融机构作为金融机构的基本要求，遵循合作原则是对合作金融组织结构、管理方式和服务目标的基本要求。在没有资本市场融资的情况下，单纯依靠成员股本不能保证合作金融机构在维持股权资本的同时扩大资产规模。在缺乏政府财政支持时，仅依靠小额农贷也无法确保合作融合机构的可持续经营。因此，为了确保合作金融机构的可持续运行，多元化经营的商业化是必然的应对措施。由于农业普遍具有效率低下的特点，只有资金运用非农化才能实现“以非农养农”和农业信贷的可持续发展。由于资金来源多样化、资金运用多样化和产权多元化，可以看出商品化是合作金融的必然趋势。

但是，合作金融再如何商业化，也都必须保持其合作制本色，否则将导致合作金融徒有合作之名而无合作之实，进而无法实现合作金融“主要为社员服务”这一设立宗旨，失去其作为具有独立价值取向的金融形式存在的合理性依据。

第三章　中国农村合作金融制度的历史沿革

第一节　中国正规农村合作金融制度的发展与前行

农村合作金融组织的设立模式和发展路径呈现出多样化形态，从监管来说，笔者根据亚当斯和费奇特的界定方法，将受到中央货币当局或者金融市场当局监督的部分金融活动或组织称为正规金融，而把所有处于中央货币当局或金融市场当局监督之外发生的金融交易、贷款和存款称为非正规金融。相对应的，我国的正规合作金融组织为农村信用合作社和农村资金互助社。自新中国成立以来，我国农村合作金融的发展虽然步履艰难，但经过多年努力也取得了一定的成绩，为我国社会主义新农村建设和农村经济增长发挥了非常重要的推动作用。在我国 50 多年的发展历程中，农村信用合作社一直被官方贴上农村合作金融的标签，可以说农村信用合作社在很大限度上能反映出我国农村金融组织的发展历程，因此探索其发展历程和现状对我国农村合作金融的发展有相当重要的现实意义。

一、中国农业银行

（一）中国农业银行的“四起三落”与五个发展阶段

中国农业银行在我国农村金融中的地位和作用是毋庸置疑的。作为主要从事农业、农村和农民金融服务的专业化银行，它为农村的金融发展和经济增长做出了重大贡献。中国农业银行的发展经历了一个曲折的过程，大致可以分为以下几个阶段。

1. 第一阶段（1951 ~ 1952）

中国农业银行在 1951 年 8 月成立，成立的主要目的是为了改进农村的金融工作，并且促进农村的发展生产。中国农业银行的主要任务是根据国家的相关要求对我国的农业进行一定的财政拨款以及农业长期贷款，并且对农村信用社的发展进行一定的扶持。农业合作银行自成立之后，没有建立属于自己的各个级别的一些分支机构，而是统一管理。由于各种因素的限制，中国农业合作银行关于财政拨款以及贷款的业务没有开展。“三反”运动后，农业合作银行被撤销。虽然农业合作银行的存在时间比较短，但是农业合作银行在我国的银行发展史中占据了重要的地位。

2. 第二阶段（1955 ~ 1957）

国务院在 1955 年 3 月 1 日批准建立中国农业银行。设立中国农业银行的目的是更好地为农业生产发展进行服务，对农业合作化运动进行一定的支持，打击和消灭农村的高利贷现象。中国人民银行的设立参考了苏联的一些做法。中国农业银行的设立在很大限度上可以满足人民对农业合作化的信贷要求。针对我国在建国初期的农业发展情况，中国农业银行针对当时的国内环境开展了财政支农贷款以及农业的长期贷款和短期贷款。中国农业银行对生产合作组织和一些个体农民提供贷款。这些贷款资金主要用于农业的生产与发展。

农业银行成立之后，农业银行对贷款管理制度进行了一定的完善，并制定了一系列的方案等。同时，中国农业银行在中国人民银行的带领之下，开展了多项金融业务，如贷款业务等。贷款业务的主要方向是农田水利、国营农业、牧业和生产救灾的贷款，农业银行的设立为我国农业的发展提供了巨大的帮助。但是，农业银行的机构设置和管理体制等方面出现了很大的矛盾和问题。农业银行对县级以下的工作划分程度不细致，人民银行以及农业银行两个银行分立设置，在很大限度上加大了支出费用。我国在 1957 年撤销了中国农业银行，对于农村的一些信贷工作则交给了人民银行来统一管理。自此，中国农业银行在新中国的金融历史上仅仅存在了两年的时间就退出舞台了。

3. 第三阶段（1963 ~ 1965）

在三年自然灾害之后，为了贯彻调整、巩固、充实和提高的方针，国家对农业采取了一定的措施。为了加强对农业方面资金的管理以及统筹安排，进一步防止资金出现浪费或者被挪用的现象，1963 年中国农业银行再次成立。这次中国农业银行分设了中央到地区再到县的各个级别的营业所，并把其总部设在了北京。

中国农业银行在成立第三次之后，对农业建设提供了大量资金，对贫下中农提供了无息贷款，对农业贷款实行了基金制制度，接手了投资拨款方面的一些监督工作，对 1961 年以前的农业贷款进行了全面的清理。中国农业银行的这些工作对农业的生产以及发展具有很大的促进作用。但是，这次中国农业银行的成立，在很大限度上依旧没有解决好两行之间在管理体制方面的问题。由于两行分立之后，仍然存在很多问题，所以在 1965 年，中国农业银行又退出了中国金融的视野。

4. 第四阶段（1979 ~ 1994）

1978 年，中共中央通过的草案文件中明确提出了要恢复中国农业银行的设置。1979 年，国务院正式下发了通知，从此中国农业银行第四次登上历史舞台。中国农业银行隶属国务院，规中国人民银行进行监管。农业银行的主要目标和任务：对支持农业、农民和农村的资金进行统一的管理；对农村的信用贷款实行集中办理的方法；加强对农村信用合作社的领导；努力发展农村的金融事业。中国农业银行在这个时期，以一个国家专业银行的新身份迎来了发展的历史机遇与时期。

5.第五阶段（从1994年4月起）

国务院在1993年下发了金融体制改革的相关文件，文件中提出要对现有的金融体制进行一定的改革，我国银行组织机构由中国人民银行进行统一的监督以及管理，中国农业发展银行、中国农业银行以及农村合作金融组织相互之间应该密切配合、协调发展。这次关于金融体制的改革标志我国的专业银行逐步向国有银行开始转变。

随后，中国农业银行也开始了改革，经历了“一分一脱一剥”。根据国务院的领导以及部署，中国农业发展银行于1994年成立，对供应粮棉油等的收购资金以及管理等业务通过中国农业银行进行了一定的分离。而中国农业银行根据我国颁发的相关法律法规，探索了符合现代商业银行开展业务的运营机制。国务院在1996年对农村信用社和中国农业银行在行政上的隶属关系进行了一定分离。同时，中国农业银行在1999年对长城资产管理公司进行了不良资产的剥离。从此，中国农业银行完成了自己身为国家专业银行身份的历史使命，步入了国有商业银行转化的历史新时期。经过长时间的发展，现在的中国农业银行已经成为一家在国内设立银行网点最多以及业务覆盖范围较广的国有商业银行。

（二）中国农业银行改革与发展中存在的问题

新中国成立后，农业银行经历了“四起三落”，反映出以下几方面的问题。第一，客观上，我国农村经济发展对金融支持有着强烈的需求。每次的“起”都和宏观上解决农村经济发展问题直接相关。第二，无论是改革开放前还是改革开放后，农村和城市在金融体系构建与发展上存在着系统性的区别。第三，经营上可持续与服务“三农”的关系一直未得到很好的解决，合理构建正规农村金融体系任重道远。2007年，全国金融工作会议明确了农业银行“面向三农、整体改制、商业运作、择机上市”的改革原则，并要求农业银行发挥农村金融的骨干和支柱作用，从而为农业银行完成股份制改革和经营机制转换指明了前进方向。

但是，中国农业银行改革和发展的核心问题仍是如何服务好“三农”问题。

第一，中国农业银行的发展与产权改革之间的矛盾。农业银行的改革与发展，从本质上来讲，就是把原来的国有专业银行改造成具备现代企业制度、以利润最大化为目标的商业银行。目前，农业银行逐步改变了传统的国有银行经营方式，在产权制度、经营目标、经营机制、组织制度等方面进行了一系列的改革。但是，由于我国多年来将其作为计划经济体制的产物，农业银行的产权制度仍然存在缺陷。其突出表现为以下几个方面。

（1）产权权能界限不清晰。农业银行的产权中最核心、最基础的部分是所有权——国家单一产权和单一国有制。

然而，我国国有资产的所有权之间的关系同现代企业制度仍然有一定差距。国有资产的使用权和处置权等通常都是模糊的，如此造成的结果就是“政企不分”。这种情况，使国有银行的转型升级受到了一定限制。在国有银行转型升级过程中，法定代表人由国家指派，并不能真正使国有银行做到自主经营、自负盈亏，他们不太可能进行自己的风险经营业务。

（2）委托代理机制失效，导致短期业务操作效率低下。国有商业银行，控股主体单一，政府又当“裁判员”，又当“运动员”，缺乏有效的监督机制，使委托代理机制失效。产权人的缺位导致运营的监督弱化。政府只能通过行政机制来控制经营者，导致国有银行的管理遵从了行政管理的一套手段，形成了效率扭曲和低效的国有企业。

产权主体缺位使银行法人地位不完整。尽管农业银行实行了系统的纵向管理，但长期以来仍受到地方政府的制约。银行受到社会性和市场性的双重控制，大部分资金被政策性使用或占用，使银行丧失了商业化的信贷自主能力，引起了资金使用的低效率。这种情况长期制约着银行的发展。

第二，中国农业银行改革与农村经济弱质性之间的矛盾。我国农业发展水平较低，受自然的影响很大，而我国又是自然灾害发生较多的国家，因此面向农村的农业银行不仅面临着市场风险和政策风险，还要承担自然风险。据有关资料统计，自然灾害平均每年给我国造成的经济损失达600亿元，粮食损失约为400亿千克，这给我国农业贷款和以农产品生产为主的乡镇企业贷款带来较大的风险。

由农业的低效产业属性决定的农业信贷的高风险、低收益，使农业信贷业务与农业银行的商收银行性质相矛盾，在商业化改革导向下，使农业银行逐渐将业务重心移至风险小、收益高的非农金融领域。当其面对大量的分散农户时，融资行为必然受到信息获取成本、信用评估成本、风险控制成本、网点设置成本等的制约。这在很大限度上影响了农业银行在农村金融市场和其活动中的核心地位和关键作用，使农业银行渐渐从其业务中被剥离出来。更加重要的是，农业行业地位的动摇和作用的淡化，不仅让农业部门的融资大大减少，还使用从农民处吸收的资金有很大一部分通过农业银行的资金运作持续流入非农业领域，这使农业资金紧缺问题更为严重，从根本上制约了农村经济的发展。

第三，政策性负担导致了中国农业银行的涉农贷款居高不下。中国农业银行由于其特殊职能，大部分贷款通过政策引导流向了农业相关项目。随着近年来我国经济改革的不断深入，绝大多数的农业银行的政策性贷款已经由农业发展银行负责，但仍有一部分政策性业务留在了农业银行。因此，农业方面的贷款仍与农业银行紧密相关。农行 2016 年业绩报告显示，截至 2016 年 12 月 31 日，该行全年实现营业收入 5 060.16 亿元，较上年末减少 30 亿元。报告期内实现扣除非经常性损益后归属于母公司股东的净利润 1 844.56 亿元，与上年末的 1 841.97 亿元基本持平。《中国农业银行三农金融服务报告（2016）》中显示，截至 2016 年底，农业银行涉农贷款余额 2.76 万亿元，比年初增加 2 172 亿元，同比增长 118 亿元，增速 8.57%，高于同期全行贷款增速 1.16 个百分点。其中，不良贷款余额 2 308.34 亿元，较上年末增加 179.67 亿元。这些数据都显示，农业银行的涉农贷款量巨大，且在逐年上升，给银行的发展带来了一定的阻碍。

第四，中国农业银行自身资产盈利能力差。盈利是银行生存和发展的最强动力，而经营是获取盈利的主要手段，是银行生存和发展的根本。而商业性质的银行更是将盈利放在首要地位，实现自身资产的安全和增值，这是银行经营和相互竞争的本质。农业银行在经营上存在着两大难题。一是农业银行额外承担的社会职能过多，对其本身作为企业的微观经营行为产生较大影响。"政银不分"让农业银行既缺乏压力和动力，又由于对政府的过度依赖，淡化其自主经营、自负盈亏的特性，严重制约了农业银行的改革和发展。二是农业银行的粗放式发展模式已经与目前的行业的竞争和市场局势严重脱节。这种追求数量和业绩的方式不只是影响金融效率，同时带来机构臃肿、费用增加、创利下降等弊端。

从 2003 年英国《银行家》杂志公布的世界 1 000 家大银行的业绩排名来看，农业银行的资本回报率为 2.2%，资产回报率为 0.1%，与同期的大银行，如花旗、汇丰有着较大的差距。由此可见，提高资源配置效率，扭转农业银行的粗放式经营局面，转向集约化经营，提高农业银行的获利能力是现在面临的一大问题。

第五，信用创造能力影响了中国农业银行的市场化进程。信用创造能力指的是商业银行的贷款派生存款的能力。这种能力使原始存款获得了派生和扩大。信用创造能力是商业银行的核心能力，影响着商业银行的生存和发展。派生存款规模主要受以下几个方面的影响：

影响派生存款规模的因素：
- (1) 法定准备金
- (2) 现金漏损
- (3) 超额储备
- (4) 贷款资本性投资

关于农业的资金通常是由银行收取现金，因此农业银行现金漏损率比较大，这种现象是由农业银行本身的职能所造成的。而且，农业银行的服务对象是农民，因此，贷款比较分散，这也造成了一定限度的现金漏损。另外，由于农业银行服务的对象，农业银行的超额储备比其他银行多。随着国家对“三农”的支持和农业供给侧结构性改革的深入，农业贷款在整个农业银行的贷款中的比重会越来越大，资本性投资比重也会随之增大，进一步使农业银行派生存款的能力变弱。

因此，对农业银行的改革，应该考虑到农业银行为“三农”服务的具体特征，制定出切合中国具体实践的改革模式。

（三）中国农业银行的改革目标

农业银行改革金融体系改革的一项重点工作，首要的是解决农业银行产权结构问题。国有商业银行改革就是为了实现商业化银行的转变，成为具有自主性、独立性强的市场经济主体。从现代商业银行建设所有制体制结构上看，政企分离是必须要走的一条道路，股份制企业成为现代企业资本的主要形式之一，其原因是它拥有一套行之有效的企业管理体系。

长久以来，国有企业倾向于形成政府与企业相融合的组织结构，在激励机制和管理者权利方面缺乏有效的制衡机制。如果要进行国有企业改革，把非国有资本引入国有企业，那么就必须要有合适的董事会和监事会等共同经营治理。这样，国有企业才会真正实现商业化运营，才能克服国有商业银行的不足，改变控制机制，提高经济效益，促进社会资金的优化配置，并确保国有资产的维护和加强。

对农业银行来说，国有资本的完全控制使其缺乏有效的监管，同时对市场变动缺乏前瞻性，且由于一把手权力过大，容易形成腐败，甚至造成企业的低效率运行。当然，这其中有一定的历史原因，但是为了适应市场经济的新时期的变化，农业银行必须推动这些问题的解决，积极吸取其他国有银行股份制改革的先进经验，实现自己的股份制改革。

实现股份制改革，必须要能做到控制资金的运作风险。其可以采取提高资本充足率的方式。到 2001 年底，国家商业银行获得国有资本之前，中国农业银行的资本充足率只有 1.44%，明显低于国际上认可的商业银行的资本充足率。与此同时，中国农业银行资产规模迅速扩大，但资本总额并未相应扩大。从风险管理的角度来看，股份制改革和银行上市有助于降低银行的系统性风险。股份制改革可以使银行各股东按比例分担银行风险，降低了国有资本的运行风险，因此这将有助于增加当前的缺少银行资金，并有效遏制运营商道德风险和金融部门内部操作风险。

同时，中国农业银行的股东将使原来国家起主要作用的现象得到改变，国家将会严格按照股份比例行使自己的权利，承担相应的风险，不会行使政策性手段控制农业银行运营管理。此外，商业银行是上市公司，必须按照国家规定定期披露信息，公布其经营活动的内容。监管部门可以更加整体性地监管金融风险，保证我国金融市场的正常运作。

可以说，农业银行股份制改革减少了经营过程中的各种业务风险。在金融工作的全国性会议上，中国农业银行表示，将按照正确的改革路径，把农业银行的股份制改革做好，提高资金运营效率，增强我国银行的国际竞争力。

（四）农业银行股份制改革与“三农”事业的统一与矛盾

1. 农业银行股份制改革与“三农”事业的统一

“三农”事业的发展离不开资金的支持，而良好的国家金融体系，是稳定资金来源的良好保证。农业银行在我国农业的发展中做出了重要的贡献，这是不容置疑的事实。我国农业、农村、农民的发展都离不开农业银行的支持。在当前“三农”事业发展的关键时期，在中国新农村建设的关键时期，农业银行的金融保障是必不可少的。为了更好地发挥农业银行在“三农”事业中的作用，必须针对现实最新情况进行必要的改革，以适应时代的发展。

“商业运作”是当前农业银行改革的主要目标。农业银行在“三农”建设方面给予了一贯的支持，在国家政策方面起到了一定的桥梁作用。农业银行有着众多的基层网点，为“三农”事业的发展提供了必要的基层保证。同时，“商业运作”的目标，让农业银行起到了完善农村金融体系的作用，促进了区域经济的协调发展。

央行根据我国的实际情况，设立了的农村金融体系的总目标——“广覆盖、多层次、可持续”，这一目标需要广大商业银行共同合作，才能最终完成。农业银行以其自身的独特只能，在这其中发挥了重要的作用。农业银行为“三农”事业的发展提供了充分的资源，为农村金融服务做出了突出贡献。农业银行在教育金融市场建设、提高农村商业活动意识、掌握金融知识方面发挥着强有力的领导作用，实现了农业银行股份制改革与“三农”事业的统一。

2. 农业银行股份制改革与“三农”事业的矛盾

首先，“三农”建设的投资收益率较低，不能让农业银行获得最大利润。我国农村经济整体实力较弱，且不良贷款比率较高，涉及“三农”方面的贷款比较分散，更加不利于资金回笼。因此，农业银行信贷收益比率较低。农业银行进行股份制改革之后，利润回报成为其主要目标，农业银行的一切经营活动都是以营利为目的的。这就与“三农”事业的发展产生了一定的矛盾。

其次，农村金融市场尚不规范，增加了农业银行的经营风险。农业银行要想获得更多的利润，必须控制其自身的经营风险。当前，我国农村市场较为混杂，很多企业属于个体经营，并没有办理相关的营业执照，假冒伪劣产品泛滥；有些企业为了获得经济利益，枉顾环境保护和人身健康，肆意排污，造成土壤和河流的污染。农村市场中企业的生产规模、科技含量等都有其特殊性，不能简单地等同城市企业去研究。农村市场中的各种不规范现象，导致了农村金融市场的秩序混乱。因此，农业银行的风险较高。特别是基层县域支行，在意识、技术、人员等配备上更显不足，导致抵御风险的能力较低，增加了农业银行整体的经营风险，不利于农业银行的整体发展。

再次，股份回报与社会责任难以权衡。农业银行股份制改革之后，要根据市场经济的规则对股东负责，而股东的最终目的是获得经济利益。但是，由于一些原因，农业银行还承担着一定的社会责任，这样就产生了一定的矛盾。在当前的经济发展条件下，农业银行的主要任务是“三农”建设，农业银行必须按照国家的要求进行相关资金运作，统筹城乡发展，增强农村金融体系的建设，这时，农业银行经营的矛盾就体现出来了。一方面，农业银行作为股份制银行，要为股东、员工、客户带去一定收益。另一方面，其要根据国家的要求履行社会职责。这二者之间的关系需要仔细权衡。

第四，县域市场的供求关系存在矛盾。随着我国经济的不断发展，县域经济也产生了大量的资金需求，县域市场的客户也越来越多。但是，农业银行对县域市场业务的开展并不重视，金融产品开发滞后，不能满足县域市场的具体需求。同城市的大客户不同，县域市场的客户通常规模较小，且需求多样化，因此农业银行对其的金融产品创新并没有及时跟进，没有可以满足他们要求的县域金融产品体系。另外，对电子金融、移动金融等产品的开发也没有满足县域市场的需求。

针对上述矛盾，国家可根据“金融约束”理论，设置与市场定位相当的优惠政策（即“机会租金”）进行选择性的干预，提供适当的激励。促进农业银行采取相应的对策来实现面向“三农”目标，更好地为“三农”服务。农业银行可以通过下面“三个统一”来实现与“三农”事业的良好对接。

农业银行的“三个统一”：
- (1) “三农”与农业银行市场价值的统一
- (2) “三农”与农业银行市场核心竞争力的统一
- (3) “三农”与农业银行市场创新的统一

同时，国家应设置农业银行、农业发展银行、农村信用社和邮政储蓄机构等农村金融机构，与村镇银行、合作金融机构等协同“机会租金”，构建层次丰富的农村金融系统。只有这样，才能充分发挥中国农业银行的自身优势，实现可持续发展。

二、中国农业发展银行

（一）中国农业发展银行的成立背景及组建

中国虽然是一个农业大国，但中国实行的社会经济发展战略，使农业部门长期处于“政策性”之中。所以，在我国农村金融的发展史中，合理协调政策、商业两大金融体系之间的关系，一直是农村金融体系的构建和完善的一大制约因素。中国农业银行在第四次“站起”后，扮演了商业性银行和政策性银行的双重角色。以城市工业经济为导向的社会经济发展战略，商业银行与政策性银行的经营原则、管理体制上的矛盾，加深了农业银行的经营压力，制约了农业银行的发展。

因此，1993 年，国务院颁发了《国务院关于金融体制改革的决定》（国发〔1993〕91 号），该文件指出为了更好地实现金融体制改革，将建立农业政策性银行。第二年，又颁发了《关于组建中国农业发展银行的通知》（国发〔1994〕25 号），将农业发展银行的组建正式提上日程。在中国农业银行和中国工商银行共同划拨了一定的贷款和相应负债之后，农业发展银行正式成立，注册资本为 200 亿元人民币。设立农业发展银行，是我国农业金融服务体系走向成熟的重要标志，使农业银行脱离了政策的束缚，使农业银行的股份制改革更加顺利；使我国农业资金的管理和使用更加规范，促进了我国农业的进一步发展。

（二）中国农业发展银行的职能与作用

总的来说，中国农业发展银行的职能是根据国家的要求，筹集和使用政策性农业资金，同时为农业发展提供政策性金融支持，保证农业的快速发展。具体的业务有以下几点：

农业发展银行的业务范围
- (1) 主要农副产品的国家专项储备贷款
- (2) 农副产品的收购贷款及粮油调销、批发贷款
- (3) 政策性粮油和棉麻企业贷款
- (4) 国家财政贴息的农业贷款
- (5) 小型农、林、牧、水利基本建设和技术改造贷款
- (6) 为粮食风险基金开立专户并代理拨付
- (7) 发行金融债券
- (8) 办理业务范围内开户企事业单位的存款
- (9) 办理开户企事业单位的结算
- (10) 境外筹资
- (11) 经国务院和中国人民银行批注的其他业务

农业发展银行由于其自身的政策性，与其他的商业银行的职能不同，它不是为了经济利益，而是为了发展好农村的经济，其承担的社会责任更大。农业发展银行的主要职能有：

农业发展银行的职能
- (1) 扶持性职能
- (2) 倡导性职能
- (3) 调控性职能

扶持性职能是农业发展银行最特殊的一个职能，其他商业银行一般都没有这个

职能。因为农业是关系到国计民生的大事，所以必须要受到国家的保护与支持。农业发展银行就是国家为保护支持农业发展而设立的政策性银行。农业发展银行通过国家的指导，对农业生产进行资金扶持，并根据国家政策的调整随时调整扶持目标，实现农业与国家整体发展的平衡。

倡导性职能是指农业发展银行通过对资金的调配，引导民间资金投入农业生产中来实现农业的顺利发展。农业发展银行可以通过资金投放的手段实现这一职能。

调控性职能是指农业发展银行根据国家的宏观调控政策，进行资金运作，实现农业与其他产业的均衡发展。农业属于弱势产业，投资收益低，资金回笼慢，一般商业银行为了自身的利益通常不会进行农业投资，这时就需要国家宏观调控。农业发展银行是响应国家号召和要求，并配合政府一系列的政策措施，进行资金运作，主旨是保护农业的健康发展，提高农民整体生活水平。农业发展银行可以促使农村市场建立起一套合适的农村金融体系，实现“三农”的可持续发展。

农业发展银行自成立以来，特别是调整其活动范围之后，中国银行农业的发展忠实履行党的准则和国务院制定的指导方针，并逐步采取各种方法，以获取资金为目标，逐步实现农业政策体系和银行体系的进一步结合，完善管理运行机制，更好地发挥其管理职能。特别是，它在粮棉油购买和农产品供给状况等方面提供了大量资金，起到了不可替代的作用。

农业发展银行的业务开展可以分为以下三个阶段：

- 第一阶段（1994～1998），全面经营农业政策性业务，包括开发业务
- 第二阶段（1998～2004），粮食收购资金的封闭运行
- 第三阶段（2004至今），根据粮食流通体制改革的新情况，审慎调整业务范围

当前，国务院要求农业发展银行在深化农业改革的基础上合理调整业务范围。在这一基础上，国家相关部门为农业发展银行的发展提出了指示：

（1）2004 年 9 月，开办了粮棉油产业龙头企业贷款业务

（2）2006 年 7 月，进一步将该项业务的贷款对对象范围扩大，并开办农业科技贷款业务

（3）2006 年 12 月，开办农村基础设施和农业综合开发贷款

（4）2004 年起，开始市化发债筹资，逐步摆脱对中央银行再贷款的依赖

（5）至 2007 年，已累计发债筹资 4 410 亿元，累计计归还贷款 2 637 亿元

农业发展银行还开展了以下业务，用以进行市场化融资，降低资金成本，使自身获得更好的发展。

(1) 同业拆借
(2) 组织企业存款
(3) 与邮政储蓄办理协议存款

就国民经济而言，农业是国民经济的主要支柱。从某种意义上说，这是一个“综合性”的行业。粮棉生产是农业的基础。保护和提高生产能力，创建符合国情和社会主义市场经济要求的食品安全体系，提高粮食的价格，规范粮食储备和风险基金制度，确保国家粮食安全的保障，这些都是关系到大局的严重问题。在社会和经济发展中，这是一个直接的问题，涉及国民收入的分配和再分配的问题。换句话说，农业发展银行的业务最终必须提高农民的收入。目前，农民基本增加了粮食和农业生产的收入。自农业发展银行成立以来，它为农业特别是粮食生产，提供了财政支持，并支持了国家食品安全体系的建设。

（三）农业发展银行发展中面临的困境

农业需要政策性金融支持。商业银行是按照“安全性、流动性、营利性”为原则进行“自主经营、自负盈亏、自我约束”的企业。农业投资的特点是周期性长、利润水平低且具有较大的风险，所以大多数金融机构不愿意投资农业方面。如果依靠商业银行来行使政策性的职能，支持农村建设与发展，这是不切实际的。这既伤害了商业银行的积极性，又没有很好地达到支持“三农”的目的。例如，中国农业银行在成立之初，它既行使了商业银行的职能，又执行了政策性银行的职能。最后，由于经营压力大、矛盾多等原因，其把政策性的职能划分出来。由农业政策性金融机构对一些把农业项目进行投资，使这些项目的风险大幅度降低，同时稳定了其他金融机构、经济组织和个人进行投资的信心，有助于为农业项目吸引到更多的资金。因而，政策性的银行——中国农业发展银行是对商业银行经营的重要补充。

在农业发展银行成立的十几年中，农业发展银行对农业和农村经济发展提供了金融支持，促进农业和农村经济发展方面取得一定成效，但在运行中遭遇的困境成为制约其可持续发展的因素，主要表现在以下几方面。

1. 中国农业发展银行职能定位混乱

近年来，农业发展银行已经开始尝试开发性金融转型的改革，业务范围不断拓展，逐步开展了商业性金融业务实践，这样的实践造成的严重的后果是商业银行以及政策性银行业务重叠问题日益严重，难以明确出各自的业务边界，形成一种不良的竞争状态。但是，在具体的立法当中并没有明确地规定农业发展银行的职能，为农业发展银行的转型和改革工作带来了极大的阻碍。与此同时，商业银行对农业发展银行的做法也相当不满，认为其“政策性不足、商业性有余”“脚踏两只船”。商业银行的观点主要体现在以下几个方面。

一是农业发展银行在设定自身的业务范围时，必须限制在非盈利的范围之内，不能与商业银行形成不良争利，如果农业发展银行能够获得较大的盈利，那么会有大量的商业金融进入其中。例如，为农村的基础设施建设提供中长期的信贷业务，在这一业务上有着非常可靠的还款来源，可以说是有利可图，因此有很多商业银行想要进入这一领域。二是农业发展银行享有国家信用，能以国家主权信用为担保在银行间债券市场发债，筹集到成本较低的资金，即使扩展的商业性业务与政策性业务分账经营，凭借国家主权信用的担保来从事有关的商业性银行业务，会造成抢占商业银行市场的问题，这也会形成不公平的竞争。产生这种争议的原因在于，农业发展银行运转多年，特别是在转型期间，一直缺乏专门法律的明确规定。因此，制定规范农业发展银行的专门法律已经非常紧迫。著名政策性金融研究者白钦先教授认为，“有了立法之后，才可能说谁做得对，谁做得不对；谁到位了，谁没到位；谁没有越位，谁越位了。”可见，农业发展银行业务范围的界定、政策性业务和商业性业务比例如何分配，是亟待解决的问题。

2. 资金来源及结构存在突出问题

农业发展银行充足的资金供给离不开稳定的资金来源，特别是在逐步开展商业性业务且贷款余额不断增加的转型时期，资金供给不足严重制约了其顺利转型。目前，农业发展银行的资金来源有以下几个渠道：① 资本金；② 财政支农专项款；③ 中央银行再贷款；④ 中央银行的利差补贴；⑤ 发行债券等。2009 年，农业发展银行资金来源主要集中在三个方面：央行借款占负债总额的 22.38%；金融债券占比 49.70%；各类存款（包括同业存款和其他金融机构存款）占比 27.11%。由此可见，农业发展银行的资金来源存在以下问题。

首先，资金来源不足，导致实收资本与资金运用风险管理要求失衡。农村政策性银行承担着为农业、农村发展融资的职责，资本充足率一般应高于普通商业银行。以发展中国家为例，印度高达 39.05%，而泰国为 20.63%。我国农业发展银行自有资本在其成立时就未能达到规定的 200 亿元注册资金，十多年的经营中也没有随着贷款规模的增加而补充资本金，资本充足率远远低于国外农业政策性银行的水平，与风险控制管理的要求相去甚远。

其次，央行借款比重过大。根据数据统计，虽然央行借款占负债总额的比例已由 2006 年的 42% 下降为 2009 年的 22%，但其所占比例之大在国际上仍然少见。由于政策性信贷资金运行过多依赖中央银行的基础货币，当农副产品收购旺季政策性贷款刚性需求增加时，则倒逼中央银行增加基础货币的发行量，这严重影响中央银行宏观调控政策的实施和经济的稳定。

3. 中国农业发展银行的内控和监管不到位

近年来，农业发展银行向开发性金融转型的过程中，内部管理和外部监管不力，经营风险频发。农业发展银行目前采用一级法人下的分支行行长负责制，没有完全分离所有权、决策权、管理权，在内部管理方面尚未建立起完善和具有约束力的权力制衡机制；外部监管则法律中立不足，行政色彩过浓。最近媒体曝光的长春市禾丰粮油经销有限公司对农业发展银行吉林省分行的巨额逾期贷款一案，截至2009年2月末，禾丰粮油经销有限公司逾期贷款的数额竟然高达2 247万元。在对这一事件进行调查研究后，农业发展银行认为这一事件的发生是由于农业发展银行的农安县支行在对涉事公司提供贷款时没有在调查、发放以及管理等环节进行严格把关。最后给出的处理方案是对涉事责任人处以800元至1 000元的罚款。根据内部人士的透露，农业发展银行的吉林省分行的监察部门介入这一事件，对上述给出的经济处罚有所加重，但是仍然没有对其给予实质性的行政处罚。从这一典型案例可以看出，内部管理和外部监管在以下几方面均存在问题。

一方面，经营管理情况混乱。其一，贷前调查不严，未能及时发现借款企业提供的虚假资料，如农业发展银行吉林逾期贷款案；其二，没有按照相关的收购进度进行放款，在售粮回款方面没有加大监督力度，尤其是没有关注到贷款资金中的异常问题，并且没有对其采取及时有效的管控策略，最终导致信贷制度流于形式，如本例中禾丰粮油经销有限公司挪用贷款投资期货，长春市农业发展银行对此贷款的风险一无所知。

另一方面，信贷业务管理不力。第一，薄弱的授信环节。对于授信环节的基础工作，农业发展银行还存在很多薄弱点，没有形成对集团客户综合授信制度执行状况的全面跟踪和监控。一些企业往往会利用农业发展银行地区、部门之间在授信管理工作中信息不对称的疏漏来展开骗贷活动，进而防不胜防。第二，不可靠的客户信用评级。在很多农业发展银行的分支机构，在实际开展客户信用评级工作当中，往往注重形式，甚至是流于形式，没有及时发现企业提供的虚假资料。第三，不真实的信贷资产质量。2009年4月份，湖南长沙巴黎纺织服装公司挪用农业发展银行的棉花收购贷款进行房地产的投资，从而导致巨额贷款不能归还。在处理这一事件中，农业发展银行的湖南省分行为了掩盖这一不良贷款采用了违规办理贷款展期手续的方式，从这一事件中也能看出部分信贷资产不真实的问题。

在缺乏有效内控机制的同时，外部监管机制也不完善，缺少有效的责任追究机制。农业发展银行由银监会、人民银行、财政部等部门从不同的角度进行监管。首先，中国银监会关于资本充足率的规定，只对商业银行具有刚性约束，对农业发展银行仅是一个软性约束的检测指标，即使国家每年下达信贷计划控制农业发展银行的信贷规模，但对农业发展银行的担保、承诺等表外风险资产没有约束。其次，各个监管部门间的分工尚未建立有效的协调机制，不同的监管标准、规则与要求使农业发展银行无所适从，同时很多环节出现了监管真空，为内部人控制和权力寻租提供了条件。例如，在长春市禾丰粮油经销有限公司巨额逾期贷款一案中，农业发展银行农安县支行在调查、发放、管理环节中把关不严，监管机构并未及时发现问题，而且当不良贷款形成后，对信贷管理人员也未追究相关责任，违规接近零成本，导致不规范行为难以有效预防。

4. 中国农业发展银行的贷款风险防范困境

中国农业发展银行的一份数据显示，截至 2009 年年末，在农业发展银行的银行系统当中，粮油准政策性不良贷款达 157.01 亿元，比去年增加 103.8 亿元。而且，在高于 150 亿的不良贷款当中，吉林、辽宁两省占据近 70% 的比例，分别为 76 亿元、24 亿元。国家审计署于 2010 年 4 月 20 日发布的对农业发展银行 2008 年资产负债损益结果显示：2008 年，其违规经营资金达 93.84 亿元，分支机构造成的贷款资金被挪用或者骗取的金额达到 52.99 亿元，且违规案件大多发生在准政策性粮棉油收购贷款中，主要是由银行工作人员操作不当或工作失职等造成的。

农业发展银行在转型中已开始开展部分商业性（自营）业务，但农业发展银行自定“准政策性贷款”的统计口径。因此，财政部与农业发展银行对政策性贷款归属存在很大分歧。农业发展银行认为，准政策性贷款用于向地方政府支持的农业企业提供粮食收购融资，不属于农业发展银行自主发放的部分，很大限度上仍是执行政策性任务。如果不能够收购这些企业的贷款，就极有可能会出现农民卖粮难以及收购企业打白条的问题。对此，政府会要求农业发展银行支持粮食收购。因此，准政策性贷款仍然属于政策性贷款的范畴，但是财政部门在准政策性贷款的认定方面，更加倾向商业性涉农业务，因为财政部从来未承认农业发展银行自定的“准政策性贷款”。农业发展银行于 2009 年颁布的《准政策性贷款管理办法》较为明确地给出了准政策性贷款的概念：准政策性贷款是为了有效履行农业政策性银行的职能，更好地对粮棉油收购工作进行支持，推动产销有效衔接，维护农产品和生产资料市场稳定，而由农发银行自主发放以及风险自担的贷款类型，表明有农业发展银行自负盈亏。显然，准政策性贷款的归属不清，导致相关贷款违法经营和管理不当的责任不明，缺乏明确的制度约束，道德风险激增，不良贷款数额膨胀。

（四）中国农业发展银行改革的政策定位

根据国际经验和理论界的研究，在当代各国经济金融体制中，只有同时存在政策性金融与商业性金融，金融体系才是协调与均衡的，才是稳定和有效的。在渐进式改革框架下，政策性金融的存在具有更重要的意义。否则，由于市场失灵的存在，金融体系将会是扭曲的、非均衡的、不稳定的和低效的。而一个功能完备的政策性金融体系应当包括四个部分，即开发性金融、支持性政策金融、补偿性政策金融和福利性政策金融。

开发性金融主要定位于与农村社会经济可持续发展密切相关的新农村建设的基础设施建设，如“农网”建设包括路网（农村公路、水路，农村公路场站、码头改造和建设等）；农村电网建设，即重点支持农村户户通工程、农村电气化工程，农村电网的改造、维护、运营和建设等；农村水网主要支持农村饮水工程、水利设施、病险水库除险加固、河流治理等；农村能源重点支持水能、风能、热能、太阳能、沼气、天然气、生物质能、煤炭等能源的开发利用，促进农村清洁能源、可再生能源等绿色能源的发展；农村环境设施重点支持农村环境治理和保护、垃圾和污水处理、农村人居环境改善、农村教育卫生文化设施建设等。

所谓支持性政策金融，就是通过政策性金融机构的业务活动，充分反映出政府期望促进发展经济体系中的特定组成部分的政策意图。根据国际经验和各地区的农村经济特征，支持性政策金融可致力农产品加工产业链的构建、支持农业高新科技产业化和中小企业发展以及对符合国家农业产业政策的商业性担保公司的再担保等。

补偿性政策金融，顾名思义，它与政策有着十分密切的关系。它通过政策性金融机构的某些特定的业务活动，对专业领域的某些弱势产业进行利益的补偿。目前，这种补偿是各个国家都存在的一种举措，其主要适用于农业领域，集中体现在粮棉油等国家战略储备性金融的支持上。

对于福利性政策金融，我们可以先从词语意义上进行理解，它是为了实现共同富裕，为特定群体提供福利性政策支持的具体体现。它具体包括扶贫资金、互助组织担保、教育投资、农村大学生资助等。

（五）中国农业发展银行经营管理原则

农业发展银行的经营管理改革，应该吸取十几年经营发展中的教训，防止“两个失灵”——“市场失灵”和“政府失灵”，遵循“政府信用、市场运作、国家目标”这一经营原则。

1. 完善法律，重建“政府信用”

治理市场失灵主要靠“政府信用”，而“政府信用”需要通过法律支持体系来构建。政策性银行在产权上大多属于国家，任何一家政策性银行都要体现政府的政策。而作为银行要实现独立核算，自主、保本经营，企业化管理，即实现财务上的可持续。为了约束政府的短期行为对农业发展银行经营活动的干扰；为了使农业发展银行在经营发展中，受到法律的有力制约与监督，避免农业发展银行的经营范围和管理体制的随意性管理；为了使农业发展银行在经营中得到法律的支持和保护，如相关财政税收政策支持和优惠在执行中维持严肃性，在信贷资产保全、维护合法权益等方面得到有效的保障；避免由于农业发展银行的职责和功能的易变性，引发的部分相关经济主体的机会主义行为，将政策性信贷资金视为国家财政资金，损坏国家政策性银行的功能的发挥、破坏社会信用体系行为，必须建立与政策性银行设立、发展、经营管理等有关的法律体系和监管制度。国家对农业发展银行的监管应该明显区别于国家对商业银行的监管，而监管的重心在于国家农业产业政策的贯彻落实、信贷资金的安全、最高利率水平的控制、政策性贷款规模执行等，以期重建政府信用。

2.坚持市场运作的商业管理原则

长期以来，由于农业发展银行的政策性定位，强调保本微利，因而忽视其市场经营和盈利功能，导致常年亏损，风险积聚，影响整个金融体系的稳定。随着向开发性金融机构的转变，从制度上应改变单一的政策性定位，兼顾政策性与营利性。开发性金融要求发挥市场在资源优化配置当中所起到的基础作用，借助多样化的市场手段，依照商业化金融运转的规律，有效减少运营的成本水平，保障经营的效益，解决政府失灵和效率低下的问题。同时，应将银行业的发展规律作为必须遵循的原则，全面推进商业化的管理，确保效益和政策的统一，有效提升可持续发展的能力，坚持把风险防控作为工作主线，建立完善的责任制度，构建科学完善和系统化的风险管理机制，提高风险防控水平。目前，达成共识的观点主要是按市场机制原则形成农业政策性银行可持续发展机制。在国家政策支持下要解决好以下几个基本问题。

第一，健全资本金的补充机制，扩充农业发展银行的资本金。政策性较强的传统粮棉油收购等信贷业务，对资本金并没有非常严格的要求，但开发性金融业务要求按照市场机制运作，更对资本金提出较高的要求，因此应该参照《巴塞尔协议》的要求进行风险整体控制，提高资本金充足率，综合考虑业务发展的需求，并按照这样的需要来增加本金，使银行资本在风险资产当中所占的比率接近或者达到8%。我国可以考虑利用财政注资等方式拓展其资金来源渠道。

第二，建立稳定的低成本的资金来源机制。一是吸收单位储蓄存款。存款是筹措成本最低的资金，我国现行法律不允许政策性银行吸收公众存款，但允许其吸收开户单位的存款。在此许可下，农业发展银行可通过为客户提供咨询服务等方式吸收客户更多的存款。考虑到存款结构的优化，农业发展银行应当增加中长期资金来源，增加期限较长的定期存款，把一部分的活期转化为定期。二是推广协议存款、同业存款。我国农业发展银行还可以借鉴日本的经验，将向邮政储蓄、保险公司等部门的借款列入筹资范围。该方式既可以为农业发展银行带来低成本的资金，还可以引导资金回流农村。与此同时，农业发展银行可以有效开展同业存款，使支农资金来源得到拓展。此外，农业发展银行可以考虑构建专项基金代理机制，包括农村养老基金、医疗保险基金、专项农业发展基金等，在涉及这些专门的项目时可以由农业发展银行进行管理，并按照相关流程监督拨付。三是以国家信用为基础发行金融债券。美国、法国、韩国、日本等国的政策性金融机构在筹措资金时，大多都是把国家信用作为有效根基来进行金融债券的发行工作。利用这样的方法可以保障资金稳定性，确保资金来源的可靠性，而且在资金的实际应用中更具备自主性，同时能够极大限度上减少对中央银行货币的需求，有效降低自身的资金成本。2004 年，月农业发展银行首次以市场化方式发行政策性金融债券，截至 2009 年年末，累计筹集资金达 8 210.757 亿元。由此可见，发行金融债券已经成为农业发展银行资金来源的重要渠道。

第三，确定适当的业务范围。农业发展银行转型后的经营范围应当尽快在法律中明确规定，赋予农业发展银行开发性金融机构的地位。从发展方向看，农业发展银行及其分支机构的业务将逐步由单一向多元发展。其业务存在明显的集中性，体现在其集中于政策性的业务范围，在商业性金融业务方面还比较薄弱，但是获得社会效益的水平较高，且政府高度关注并大力支持。根据国家“十二五”规划和农业的发展现状，新的立法应当明确规定其业务范围，包括农村基础建设贷款、农业小企业贷款业务、农业综合开发、农村公共事业、农产品出口等。除贷款外，还应当允许其通过发行商业票据和金融债券筹集资金，并开展国内外结算、股权投资、基金管理、金融、信息咨询等业务。经中国人民银行批准，应当许可其经营结汇和售汇业务。考虑到开发性金融机构的性质以及避免金融业过度竞争，立法上应当禁止农业发展银行开展以下业务：① 吸收储户存款、信托存款和委托存款；② 从事信托投资业务、证券经营业务、向非自用不动产和非银行金融机构投资；③ 向企业投资。

第四，完善外部监管制度。根据《中国人民银行法》和《银行业监督管理法》的要求，人民银行、银监会共同对其进行监管。农业发展银行拥有公共性的资金来源、多元化的经营范围，受到这样的限制造成整体监管效果不理想。所以，应当结合其开发性金融的特点，构建新的金融监管制度。考虑到农业发展银行的半官方性质和地位，监管主体可以从原来的人民银行和银监会扩展成多元主体，通过不同部门之间的密切配合来形成专门化的监管机构。在宏观层面，可以有效运用法律手段来对农发银行的运营进行指导和规范，督促农业发展银行严格执行关于支农惠农的相关政策，并在法律框架内进行开发性金融业务的拓展工作。在微观层面，对农业发展银行进行监管时要考虑到其在经营、贷款、内控等不可忽视的差异性和特殊性，有效完善现场检查，加强风险防范和预警，有效规范农业发展银行的运作，做好风险的全面防控工作。

农业发展银行在拓展开发性金融业务的同时，必须做好商业性和政策性业务的区分工作，建立严格的分账管理和核算制度，且在对这两项业务进行处理时必须严格按照分账管理和核算制度的要求实施。对于政策性业务，银行可以设立对应的指令性账户，有效按照“谁交办，谁补偿”的原则进行各项业务的处理，事前确立完善的补偿制度，保障各项资金来源，同时接受国家相关部门的考核和监督。对于商业性业务，银行可以设立指导性账户，全面推行市场化管理，在资本的规模方面严格贯彻落实商业银行的标准，在资金来源方面采用市场筹集的方法，接受银监会的审慎监管。此外，农业发展银行还需要积极建立以公众为基础的外部监管制度。农业发展银行主要由国家出资建立，产权集中导致对管理者的监督和约束激励不足，而且监管者容易因谋求个人及组织私利出现内部人控制和权力寻租现象，所以在法律中应确立公众参与监督的机制，保障公众监督的权利，提高对农业发展银行的监督效果。

第五，存在比较合适的外部环境。目前我国农业发展银行的运行是依据是《中国农业发展银行章程》。但是，其制定的年份比较久远，随着我国社会主义市场经济和农村金融体制的发展，这一依据逐步不再适应新形势的需要，已经与时代拉开了较大的距离。然而，国家对“三农”的扶持力度还是比较大的，这为农业发展银行的发展提供了良好的外部条件。

三、农村信用合作社的现状与发展历程

（一）农村信用合作社的现状

新中国成立以来，特别是随着我国改革开放的发展，农村信用合作社也经过了几轮变革。目前我国农村信用合作社已经取得了阶段性的成果和重要进展，这主要体现在以下几个方面。

1. 资产质量明显改善

2003 年以来，我国农村信用合作社的资产质量逐步得到改善。这个我们可以通过数据来具体说明。2002 年年底，我国农村信用合作社的存款余额为 19 925 亿元，贷款余额 13 940 亿元，资本净额 -1 217.2 亿元，不良贷款余额 5 147 亿元。在 2010 年底，我国农村信用合作社的存款余额为 30 694 亿元，贷款余额 21 968 亿元，资本净额 1 037.18 亿元，不良贷款余额 3 851 亿元。截至 2015 年年末，全国农村信用合作社不良贷款比例为 4.5%，资本充足率为 11.8%，利润总额已达 1 593 亿元，资产质量明显提高。这就可以看出，我国的农村合作社的改革已经初见成效，资本规模在不断扩大，不良贷款率在逐步下降。

2. 产权制度改革稳步推进

农信社的原有格局是“既是集体金融组织，又是农行的基层机构”，在农村信用社体制经过不断地调整和优化后，原有的格局被打破，并逐步恢复合作金融组织的地位。虽然农信社在业务以及机构设置上都有了飞速发展，机构的运营和管理工作

更加灵活，独立性能力有了很大限度的提高，但是农村信用社的产权仍是集体所有，其管理体制没有实质性变化。

3. 市场化运行机制不断完善

农村信用社是目前我国扶持贫困弱势农户的重要机构，是扶持“三农”的重要金融力量。新中国成立以来，农村信用社在改革和发展的同时，积极适应社会主义市场经济的发展，合理配置各种资源，不断满足不同层次的客户的需求。就目前而言，农村信用社的组织形式、治理结构和管理方式都有了比较大的进步。并且，有些农村信用社，逐步通过改革转化为农村商业银行和农村合作银行。

（二）改革开放后农村信用合作社发展历程

在新中国成立初期，农村信用社迅速展开，并不断发展。不过由于某些历史原因，农村经济被破坏。农村信用社在这样的背景下，其业务活动和规章制度也被大量弃置。随着改革开放的发展，我国农村信用社经历了恢复、改革之后，逐步走向成熟。

在 1977 年国务院出台的《关于整顿和加强银行工作的几项规定》中，农村信用社被认定为国家银行在农村的基层机构。就其管理机构而言，先是中国人民银行，后是中国农业银行。基本上，我们可以这样认为，这一时期一般将农村信用合作社交给银行进行管理。这对农村信用社的稳定具有十分重要的意义。但是，这种管理机制也存在很大的弊端。它使农村信用合作社丧失了自主权，迷失了合作金融的本性，逐步走上了官办的道路，成为银行的附庸。

1984 年，国务院为了发展农村经济、促进商品经济的发展出台了《关于改革信用合作社管理体制的报告》。该报告指出，信用社管理体制必须改革，真正体现其群众性，将其改革成真正的合作金融组织。在这一文件指导的基础上，我国农村信用社获得了更大的自主权，且经营策略变得相对灵活。随后，我国农村信用合作社进行了治理和整顿，逐步强化了内部的管理活动。但在这一时期，我国的农村合作信用社仍然归农业银行管理，其管理体制并没有什么实质性的变化。

1996 年，为了深化农村信用合作社的改革，我国政府出台了《关于农村金融体制改革的决定》。根据该决定的要求，这一时期的改革核心是使其成为合作性金融组织，改革的具体内容包括农村信用合作社的县级建设、中国人民银行加强监管、对合作制原则的重新规范、行业自律性组织的建立、农村合作银行的建立和农村合作基金会的清理整顿等。此阶段，农村信用社与农业银行之间的关系由“管理”逐步变为“监督”，这使农村合作信用社的自主权逐步扩展，同时存在很大的弊端。这一时期，农村信用合作社的信贷资产质量差、亏损严重等问题逐渐突显。此后，农村合作信用社合法化与规范化问题逐渐成为改革的焦点。

2001年，我国为了规范农村合作信用合作社，政府专门出台了财政金融的配套政策。在这一年，江苏省农村信用合作社联合社宣告成立。这是我国农村信用合作社改革的重大推进，它是我国第一个省级农村信用联社。在深化改革的背景下，我国不少县级农村信用合作社，都在政府政策的指引下，逐步通过改组，变成农村商业银行。这使我国农村信用合作社对外在风险的抵御能力逐步增强，其内部管理和业务开办也日益规范化和法治化。可以这样说，这一阶段，我国农村信用合作社与中国人民银行和农业银行的关系日益被理顺，农村信用合作社自主经营、自求发展、自我约束的经营机制初步形成。

2003年，国务院为了进一步深化农村信用社管理体制和产权制度改革，出台了《深化农村信用社改革试点方案》。在这一文件的指导下，具体改革内容为：以法人为单位，改革信用社产权制度；改革信用社管理体制，将信用社的管理交由地方政府负责。而且，试点工作先在吉林、山东、江西、浙江、陕西、重庆、贵州和江苏8个省份展开。为了促使改革工作的顺利进行，在下一年，中央人民政府颁布了《关于进一步深化农村信用社改革试点的意见》。随着海南省农村信用社省联社的成立，我国农村信用合作社的改革已经逐步扩展到除西藏、港澳台外的所有省（自治区、直辖市）。农村信用合作社改革已全面展开。

2014年，为认真贯彻落实国务院关于鼓励、引导和扩大民间资本进入金融业的要求，深入推进农村信用社产权改革，优化股权结构，完善公司治理，加快培育合格市场主体，全面提升农村信用社“三农”服务能力与水平，中国银行业监督管理委员会发布了关于鼓励和引导民间资本参与农村信用社产权改革工作的通知。这使农村信用社改革进一步加深。

四、正规农村金融组织制度变迁的特征与启示

（一）正规农村金融组织制度变迁的特征

按照制度变迁的相关理论以及对我国农村金融发展历程的回顾分析，观察其制度变革的路径，将会从以下几个方面来阐述我国农村金融制度变迁的基本特点。

1. 相悖性

相悖性指的是农村金融制度和经济制度在发展过程中存在路径相悖的问题。市场化改革是在1979年开始的，而我国农村经济制度的三次巨大变革都利用了自下而上的变迁方式。第一次变革是在农村积极实行和推广家庭联产承包责任制，这样的变革解放了劳动力，也让广大农民能够从高度集中经济体制当中走出来，提高了农民参与农业劳动和生产的主动性，也促进了其创造性的发挥，更是极大地推动了农村劳动生产效率的提升。第二次变革是乡镇企业以及农村的个体私营企业蓬勃发展，

为我国农业和农村经济的发展做出突出贡献。这一次的变革从沿海地区开始，并获得政府的支持和肯定。此次变革有着非常喜人的成就，也为国家和农村经济的发展带来了光明。乡镇企业如雨后春笋般发展起来，壮大了农村经济，推动了农村经济结构的调整，加快了农村劳动力转移速度，保障农民增产增收。第三次变革是推广农业产业化经营，这一次的变革实现了小农户和大市场的紧密连接，使农业比较利益获得了极大限度的提高，而且这样的变革和农村的市场经济发展需要是相符合和相协调的，因而显示出巨大的生命力。

2. 强制性

强制性的特征与我国的国情有着密不可分的联系。新中国成立后，积极推行和实施赶超战略，而此时的中央政府在财力方面都有着很大的缺陷，在这样的情况下推动经济发展就需要政府在全国范围内推行大一统的金融体制，发挥人民银行的作用，对国内的业务进行整顿，将社会的剩余资金配置到不同产业和部门当中。在农村地区，农村信用社仅仅属于人民银行的基层机构，由政府占据绝对的主导地位，而且政府的意愿和能力会直接决定农村金融制度变迁等一系列变化。

政府扮演着金融制度主要供给者的角色，并在职能发挥过程中设计和安排力求实现农村金融发展的制度，那么在实际的制度设计中往往会把重点放在满足制度供给者需求的层面，但是这样的做法并没有尊重和体现出对制度需求者需要的肯定，进而造成在供给上出现不足和错位的问题，甚至带来一系列的不良后果，造成市场收缩、整个农村金融市场供需失衡等问题。政府主导的强制性制度变迁具有同一性特征，虽然能够降低制度变迁的成本，但是这样的制度安排却与实际不符合，广大的农民群众只能够沦为制度的被动接受者，这在一定限度上会提升改革成本，压缩改革效率和质量。

3. 渐进性

“诱致性制度变迁是指现行制度安排的变更或替代，或者新制度安排的创造，是由单个行为主体（个人或利益集团）在给定的约束条件下，为确立预期能导致自身利益最大化的制度安排和权利界定组织实施的自下而上的制度创新，是个人或群体在响应由制度不均衡导致的获利机会时所进行的自发性变迁。它以排他性的产权结构与分权型决策体制为制度条件。诱致性制度变迁是制度变迁的基础，它强调的是制度变迁的经济性原则。与此相反，强制性制度变迁是指政府借助行政、经济、法律手段，自上而下组织实施的制度创新，它可以纯粹因不同选民集团之间对现有收入进行再分配而发生。它以非排他性的产权结构和集权型决策体制为制度条件。强制性制度变迁是制度变迁的补充，它偏重于适应面较广的制度变迁。”总之，强制性、诱致性制度变迁都具有渐进和激进这两种方式。

通过对我国农村金融制度的变迁轨道分析，渐进式的特征主要体现在以下几个方面。第一，对农村金融的利益关系以及制度体系进行改变，但是没有进行深层次的挖掘，没有涉及农村金融产权问题，只是在当前的制度框架中引导专业银行向商业银行的过渡和转型，注重对当前农村信用社的运营和管理进行一定的规范安排，推动农村政策性金融机构的建立和发展，稳定持续地推进农村证券和保险等相关业务以及推动农村金融的综合性改革。这一行动和表现都能够体现出由易到难、稳步推进的原则。第二，我国的改革开放为国家发展带来了可喜成果，但是关于农村金融的改革更多的侧重技术调整，制度改革的内核部分还是没有受到影响，或者是没有触及深层次的内容。总之，在推动农村金融发展中，采用渐进式的改革模式能够降低改革摩擦成本，但是这样的制度变迁会导致产权模糊不清，影响农村金融组织的可持续发展。

4.滞后性

滞后性指的是农村金融制度的发展明显落后于经济制度的改革。我国在构建和改革农村金融制度的过程中，更多的是对农村经济制度的模仿，这样的模仿形式就带有较为明显的滞后性特点。随着改革开放的实施，农村经济制度产生了巨大变革，而且变革的方向是自下而上的，让农村经济和金融市场的改造有了明显的效果。有效实行和推广家庭联产承包责任制，使农村劳动生产效率大幅提升，满足了农民发展的所需所求；乡镇企业和个体户蓬勃发展起来，能够对大量的剩余劳动力进行安排，推动了产业转移，使经济结构的调整目标能够实现，种种举措都让农村金融体制的改革进入黄金发展时期。根据上述可以看出，农村金融制度和农村的经济体制有着极大的区别。在金融制度改革中，政府发挥主导作用，而且展开的是有别于经济体制的自上而下的改革，这样的情况造成的一个最为明显的问题是出现管理错位。对此，农村经济制度变迁，让农村地区经济主体的产权关系逐步趋于明确化，但是金融制度变迁却让产权关系变得模糊，在二者的矛盾之下证明滞后性的问题急需解决。

农村金融制度改革的滞后性明显，且在滞后性的影响下使农村的金融抑制问题更加普遍，并且直接影响到农村经济的发展和进步。造成农村金融制度变迁滞后于经济制度变迁的原因可能有以下两个方面。第一，在改革的初期阶段，我国农村的金融制度被国有金融垄断，这就导致农村金融体制内部缺少推动金融制度改革的利益团体，那么各项改革工作要想得到全面的贯彻落实，就需要实质部门给予强制性的压力来推动发展。第二，金融制度改革创新的主体在制度改革和改革知识的掌握上有着明显的缺陷和不足。要想彻底从计划性的经济制度当中解放出来，形成与市场经济发展相适应的金融制度还需要很长一段时间，同时需要过渡期和适应期。政府在这个工作当中受到计划金融制度的影响较大，在市场性金融制度改革中应该注意和把握哪些的方面内容，还没有较大的知识库存，这些限制导致制度建设难以脱离计划经济，从而形成了明显的滞后性。

（二）正规农村金融组织制度变迁的启示

1. 农村金融制度改革和农村经济发展相一致

社会经济总体目标的达成，必须要有相应的制度安排来提供保障，在制度安排发挥作用的过程中，差异化的制度安排会产生截然不同的经济结果。需要认识到的一个问题是农村金融制度的改革进程必须与农村经济发展相适应和相协调。在设计制度的目标时，必须和市场经济相协调，尽可能地将公共和个人利益进行平衡，建立完善的激励机制来保障目标的达成，从而确保制度改革效果。从本质上讲，创新是一种支持力量和激励力量，那就需要在改革中、在保障微观主体利益的获得基础上，切实保护公共利益，更是需要将这一内容作为改革工作的前提。

2. 发挥政府在农村金融制度改革中的功能

农村金融制度创新改革要想收到理想的效果，其核心内容是要转变制度改革的模式，将原本的政府主导变成充分发挥政府在制度变革当中的职能，同时要重视市场作用的发挥，将政府和市场协调起来，并满足农村金融发展的多方需要，使金融制度的整体性功能得到发挥和保护，从而转变金融制度非均衡的现状。政府是国家权力的中心，同时是推动制度变迁的第一行动集团，无论是站在哪一个角度和位置，政府都必须在推动农村金融制度变迁和改革中注重发挥自身职能，承担管理的责任和义务。在市场经济体制深入发展的进程中，政府需要转变自身职能，善于发挥自身“看得见的手”的巨大效用，加大对农村金融市场的扶持力度，并在制度设计当中给予保障。比如，政府可以对农村的金融机构给予税收优惠政策的支持，使这些农村金融机构可以在涉农业务的处理过程中更加主动积极，注重发挥出市场这一只“看不见的手”的作用，减少不必要和不恰当的行政干预，为农村金融改革营造良好的环境。另外，需要引起重视的是农村金融制度的创新改革必须要尊重农民意愿，并将农民的意愿和要求融合进整个金融制度体系当中，让农民的需求得到满足，也让他们的集体智慧获得施展。

3. 制定科学明确和合理的农村金融改革目标

农村金融制度改革目标的制定必须从整体上着手，站在全局的角度来关注农村金融市场的构建，完善和发展金融机构的功能，保障机构体系的整体运行水平，不能够单纯地整合或者是撤并金融机构。农村金融改革目标的制定是否合理有效，能够在很大限度上反映出国家在推动农村经济体制改革和政策变迁当中所必备的能力和认识程度。长时间以来，农村金融改革和制度的创新之路都将主要方向放在机构变革上，不重视对金融机构功能的保护和发展，主要的措施是整合或者是撤并机构，这些改革和行动仅仅是进行形式上的改变，没有思考关于我国农业和农村经济发展的实际问题，也没有结合农村实际金融发展状况，更是影响到农村金融机构功能的有效发挥。在农村金融改革的过程中，实际功能的完善才会带来实质上的改变。例如，在 1978 年前，我国的农业银行经过三起三落，而这一事件的背后就证明了促进功能完善对农村金融改革的重要性。在一般情况下，金融机构可以进行自我管理和调整，而金融机构本身的内在功能是较为稳定的，进行功能的完善才是触及核心部分的举措。在农村金融改革工作的具体实施过程中，需要从机构改革的观念和做法当中跳脱出来，从新的角度出发，深层次地思考农村金融制度的变革；从系统功能层面，重新审视发展方向，牢牢把握住工作的核心那就是完善农村金融机构的功能；从根本上，确保运行质量和效率，使统筹兼顾的原则得到践行。在这样的行动支持之下，相信我国农村金融系统中出现的结构不平衡等问题能够得到顺利的解决，各项金融资源的分配和利用水平也能得到提高，进而达到总体上的资源配置平衡和稳定状态。

4. 解决农村金融改革当中的主要矛盾

从整体上看，我国推动农村金融体制的改革需要与经济和金融体制改革方向实现一致，并努力沿着市场化改革之路前进。例如，中国农业银行按照现代企业制度的要求，展开市场化以及股份制的改革，并对经营机制进行转换，从而确保金融运行的效率以及效益；农村信用社坚持因地制宜的原则，并根据自身发展需求和农村金融发展现状来探索多种产权制度，从而与地区经济发展相适应，并积极构建与管理水平和经济发展水平协调一致的组织和运行机制。在市场经济环境和条件下，农村金融机构成为市场经济的主体，而为了最大化地保障自身利益，就必须严格依照“效益性、安全性和流动性”的原则，往往会将贷款投向于非农产业，或者是城镇地区。就我国现阶段的农村发展而言，农村地区的小农生产方式仍然广泛存在，规模运营尚未形成，这造成了农业生产的利益低下，使农民群体处在弱势地位，同时农业生产要想从正规的农村金融机构当中获得金融服务和资金的支持，都有着较大的难度。这就是在农村金融改革当中无法回避的难题和急需解决的问题。在解决这一困境时，农村金融机构要全面展开制度创新工作，推动自身可持续发展，并对配套设施进行完善和优化，努力营造一个良好的金融制度环境。在形式以及内容方面的创新，还需要在具体的实践中进行探究和解决。

第二节　主要非正规农村合作金融制度的现状与未来

农村非正规金融是指与正规金融不同的金融制度。通常非正规金融有以下几种说法：

⑴ 民间借贷
⑵ 草根金融
⑶ 非正式金融
⑷ 体制外金融
⑸ 地下金融
⑹ 灰色金融

除了上面几种说法，还有高利贷等民间通用的说法。在国外文献中，他们经常称之为“非正规融资”，即金融活动不受中央银行或国家监管机构的控制。在金融活动方面，它指的是在中国的农村，农民之间或农村家庭和农村企业家之间提供直接融资或间接融资。

一、非正规金融的特征及成因

（一）非正规金融的特征

近年来，随着我国市场经济和农村金融制度的发展，农村对资金的需求越来越多，因此有更多的专家学者开始研究农村的金融制度。对非正规金融来说，由于其存在一定的隐秘性，不容易进行调查研究，因而其规模很难被公众全面了解。经过一些专家学者的研究，暂时总结出了以下几点内容。第一，民间金融已经在农村地区的金融领域中占有一定地位，农民的借款数额中只有约四分之一来自正规银行及农村信用社，而有七成借款是通过私人进行的。第二，民间金融已经在农村地区的金融领域中形成了一定规模，但仍存在一些地区差异，如东部地区、中部地区和西部地区农村非正规金融的比率分别为81%、76%和60%。

综合现实情况，可以得出非正规金融的几大特征。

1. 非正规金融具有一定规模

有报告显示，我国农村非正规金融投资所用贷款大约比正规银行贷款多三倍，已形成一定规模。对某些地区来说，非正规金融有着比正规金融更大的优势，更加受到农民欢迎。通常，农村非正规金融主要层次有以下几种：

农村非正规金融层次
⑴ 农村各经济主体之间互助性无息民间借贷
⑵ 有息甚至高息农村民间借贷
⑶ 以农村非正规金融为中介的融资活动

2. 非正规金融资金用途广泛

农村非正规金融的主要用途有以下几种：

农村非正规金融的用途
- 生产经营性借款
  - 开设工厂
  - 贩运货物
  - 买车跑运输
  - 购买农业生产资料（化肥、农机具等
  - 做生意
- 生活消费性借款
  - 盖房
  - 婚丧嫁娶
  - 治病救人
  - 子女上学
- 非正常性借款

通常，生活消费性借款数额较少，风险低；生产经营性借款的数额通常较大，风险相对较高。

3. 非正规金融具有区域性

农村非正规金融具有一定的区域性。这种特性让农村非正规金融的运行风险降低了，因为它让借贷双方都能掌握足够的信息。

4. 非正规金融具有分散性

当前，我国农民人口数量在 7.97 亿左右，农村非正规金融面对如此多的经济主体，很难集中地进行金融活动。因此，我国农村非正规金融具有分散性。农村非正规金融的交易频率高，交易金额小，且大部分农民借款是用来进行农作物种植、发展养殖业或外出务工经商。农村非正规金融的贷款者又具有分散性，通常是亲朋好友或专门放贷的人员。

5. 非正规金融利率不稳定、弹性大

农村非正规金融与正规金融不同，不具有国家规定的稳定的利率，上下浮动较大，而且通常受一些因素的影响。

农村非正规金融利率浮动的影响因素
- 借款主体
- 借款用途
- 借款缓急程度
- 借款时间长短

如果借款人借款时间长，那么利率可能就相对较高；如果借款人借款时间短，利率就相对较低。如果是亲戚之间的借款，甚至可能是无息借款；如果进行高利贷，最高可达 45%，二者差距极大。

通常，经济发达地区的农村非正规金融发展也得较为成熟，借贷信誉较好，甚至已经有相应的民间金融组织来进行农村非正规金融。

（二）非正规金融的形成原因

多年来，国内外有很多专家对此进行探索，代表性的观点有金融抑制和制度歧视说、信息不对称与信贷配给说、需求多元化与供给垄断性说。综合已有的研究成果，结合我国的具体情况，笔者认为，我国非正规金融的发展大体有以下几方面原因。

第一，乡村经济制度上的原因。落后经济和国家长期工业化主导的社会经济发展战略，决定了农村正规金融供给不足，这诱导了民间金融活动的产生。中国封建社会形成较早，千年来社会改朝换代，但是作为其经济形态的农业社会的小农经济和农村社会形态的村庄制度没有根本改变。社会秩序较为稳定，家庭观念极为浓厚，乡邻亲友的关系异常亲密，血缘关系加上地缘关系，人们之间便产生了有无共济、义举被视为当然的行为准则和社会公德。相应的金融概念、金融意识、金融交易规则等“泛金融制度”也没有很大变化。因此，以人的信用为主的各类民间金融组织和借贷活动在正规金融供给不足的背景下，绵延千年而不断。随着改革开放的推进，各种私有、个体经济纷纷涌现，私人对资金的需求日益增加，而正规金融机构的供给不足，极大地刺激了传统民间金融活动的产生和发展。

第二，满足个体经济发展的需要。在中国经济体制改革的三十年来，各种经济体制都有了较大的改革和发展，农村金融需求随着经济增长而增长。然而农村金融体系改革相对滞后。农村经济和中小企业的发展需要大量与之相适应的金融经济服务，当国家银行和信用社不能满足“三农”经济发展对资金的需求和服务时，这在客观上促使了非正规金融组织的产生和发展。

第三，信息成本较低。农村非正规金融是基于地缘、血缘关系存在的，通常发生在农村内部，因而借贷双方都能详细了解到对方的信息，降低了借贷的信息成本，这种优势是国有金融机构所无法比拟的。国有金融机构通常由于农业生产中的风险，且农民贷款通常数额较低，不愿意向农民发放贷款。农村非正规金融组织没有国有金融机构的众多顾虑，加上信息成本低，对担保和抵押的要求就变低了，虽然在某些情况下利率会高一些，但农民仍然愿意向农村非正规金融借款。

综上所述，农村非正规金融的发展主要受内外两方面原因的影响，内因决定了农村非正规金融的作用，外因决定了农村非正规金融发展的规模。国有金融机构的空白由农村非正规金融自发进行了填补，导致了国有金融机构在农村地区发展受到一定限制，国家的农业金融政策也受到了一定制约。不得不说，金融抑制使农村非正规金融发展得更加迅速。

农村非正规金融的产生正是由国家金融制度的不完善造成的，国家金融政策已经不能适应当前最新的农业发展需求。以前，国家一味追求国家银行信用，无视民间的需求，这种手段已经不能让如今的农业得到更好的发展。随着我国金融体制改革和农业供给侧改革的进行，滞后的农村金融体制必须得到改善。国家必须根据农村发展的实际情况，给予必要的资金支持，帮助农村发展。

二、我国农村非正规金融组织的类型

当前农村非正规金融发展较快，主要类型有以下几种。

农村非正规金融组织类型：
- (1) 以“合会”为代表的具有合作金融性质的传统民间金融组织
- (2) 农村基金会
- (3) 社区型资金互助会
- (4) 农民专业合作社内部开展的资金互助会
- (5) 贫困村村级发展互助资金
- (6) 民间组织帮扶的资金组织

上面这六种类型代表了当前我国主要的农村非正规金融组织。这些组织极少受到国家正规的金融监管，缺乏完善的运行监管机制。下面将一一进行详细介绍。

（一）合会

合会是由会首发起的，在血缘或地缘基础上的互助金融组织。合会是人们自发形成的，民主管理，一人一票，且能自由进入和退出的组织。合会可以为其成员提供一定的信贷。合会还有其他别称，如标会、摇会等，但性质都是相同的。

1. 合会的发展历程

合会的发展历史悠久，但起源仍然不确定。据资料记载，合会已经有一千多年的历史。合会可以分为近代和现代两个时期。近代合会是指从 20 世纪初到 20 世纪中期的合会。在此期间，合会的参与者通常是邻居或者亲友。参与者的数量可以从两个到十几个，甚至几十个不等。近代合会主要是由熟人组成，具有了一定的信用基础，但仍有一些不足。近代合会通常规模小，资金少，而且业务限制多。现代合会是随着新中国的建立而出现的，并且随着改革开放，现代合会也在逐步发展。

2. 合会发展的现状

目前，我国的合会发展很快，主要分布在东南沿海地区，特别是广东、浙江等地的农村，且数量较多。当地经济发达是这些合会快速发展的原因之一。当前的合会，参与人员众多，涉及的地域范围也越来越广，对农村经济发展的影响也越来越大。

合会的资金规模正在逐步增加，已经发展到上千元甚至上万元。合会的会期也有所改变，开会的频率越来越高。合会已经不仅仅提供互助互帮的职能，还可以将资金提供给其他金融机构，获得收益。

3. 合会的特征

合会具有其特殊的性能，通过这些特征，就可以判定一个金融组织是不是合会。其特征主要有以下几点：

合会的特征：
- (1) 民间自发形成
- (2) 具有互助性质
- (3) 信用借贷、利息较低
- (4) 成员轮流获得储蓄信贷服务之后及告终止
- (5) 成员熟识
- (6) 规模小
- (7) 临时性组织

4. 合会的运作模式

（1）邀会

邀会由合会的会首发起，由会首向周围的邻居、亲朋等陈述建会的原因和目的，邀请大家向合会投入资金。

（2）齐会

齐会代表着合会的成立。齐会上，成员们会制定出合会的相关制度、合会名称、合会会期及成员们的权益和义务等。

（3）得会

得会是指合会会固定一个日期进行转会（除最后一次会议外），进行会头与会脚之间会金的转换。这个周期是固定的，且是预先设定好的。

（4）满会

满会是合会的最后一次会议，当最后一个会脚得会时，合会就此解散。

（二）农村合作基金会

根据我国相关的规定，农村合作基金会是在家庭联产承包责任制之后才开始建立的一种非正规的农村合作金融机构，它并不属于金融机构。它主要的职能是通过会员之间的资金融通来进行民间融资。农村合作基金会是由持有股金的会员构成的组织机构，其宗旨是为会员的需求服务。会员可以通过向基金会申请贷款的方式来满足自己的资金需求，还可以得到股金分红。农民会员可以根据自己的意愿自由入股或者退股。农村合作基金会通过设立理事会来实施执行权，理事会成员通过会员（代表）大会选举产生，会员享有监督权，可以对农村合作基金会的相关工作进行监督。这正是合作金融的本质特征，农村合作基金会显然符合合作制的性质。农业部在 1993 年第 8 号文件中对农村合作基金会的性质给出了确切的定义，即“农村合作基金会是在坚持资金所有权及其相应的收益权不变的前提下，由乡村集体经济组织和农户按照自愿互利、有偿使用的原则而建立的社区性资金互助合作组织。它的宗旨：为农民服务，为农业生产服务，为发展农村集体经济服务”。根据农业部对农村合作基金会的定义及其特征分析，可以确定农村合作基金会是完全符合国际通行的合作原则的一种农村合作金融组织。

1.成立背景

农村家庭联产承包责任制开始实行后，人民公社解体，由此引发了集体资金的大量流失问题。一些地方为了应对集体资金的管理，在对集体财务清理的基础上探索出“组由村管”或“村由乡管”等新的管理方法。由此引发了合作基金会的出现。一些地方将集体资金折合成股份，并将股份分配给村民，基金会开始在农村进行资金的融通。随着农村改革的飞速发展，多元化的经济主体开始出现并发展壮大，农民对资金的需求增加，然而不完善的传统农村金融体制远远无法满足农民对资金的需求。因此，各级政府积极建立农村合作基金会。在此背景下，农村合作基金会开始发展壮大。

2.发展历程

农村合作基金会的发展历程大体可以分为五个阶段。第一，1984—1986 年的发展萌芽阶段。1984 年，农村合作基金会已经在河北出现了。1985 年，中共中央在 5 号文件中认可了“发展多样化的资金融通形式”。到 1986 年年底，农村合作基金会的雏形已经在我国多个省份的农村出现，使融资活动在乡村内部开始发展起来。但在此期间，农村合作基金会的存在并未取得国家金融监管部门的认可。第二，1987—1991 年的改革试验阶段。1987 年 1 月，中央肯定了农村合作基金会的建立，并开始积极推进农村合作基金会在我国的农村改革试验区进行规范化试验，同时对合作金融组织建立了新的制度架构。第三，1992—1995 年的高速发展阶段。1992 年，邓小平进行南行讲话后，迅速在全国掀起了一股投资热潮，导致农村金融市场供需失衡，资金市场的利率飞速增长。由于地方政府干预，许多农村合作基金会将资金更多地投放给发展良好的乡镇企业和非农领域，导致大量的存贷款业务都是跨区域和非基金会的会员办理的，由此引发了金融秩序的混乱。第四，1996—1998 年的治理整顿阶段。当时，许多农村合作基金会假借招股的名义，吸收农民存款，并事先声明入股人不承担风险也不参与管理。为了避免潜在风险的发生以及打击违法经营金融业务，1996 年 8 月颁布的《国务院关于农村金融体制改革的决定》中明确提出了对农村合作基金会的整顿举措。但是，基层政府在一定限度上参与了农村合作基金会的组成，使农村合作基金会带有很深的行政意义，这就为清理整顿工作造成了很大的阻碍。中共中央为了避免金融风险的发生，稳固国家正规金融机构的地位，于 1997 年 11 月决定对农村合作基金会进行全面、彻底的清理整顿。在国家全面整顿措施的压力下，1998 年全国各地农村合作基金会的挤兑情况普遍发生，在个别地区出现了大规模的挤兑浪潮，甚至发生了对农村社会和政治稳定造成重大影响的事件。第五，1999 年 1 月的清理关闭阶段。国务院于 1999 年 1 月发布了 3 号文件，正式宣布将全国范围内的农村合作基金会统一进行取缔。该文件指出，“为有效防范和化解金融风险，保持农村经济和社会稳定，党中央、国务院决定对农村合作基金会进行全面清理整顿……清理整顿的目标任务：停止新设农村合作基金会，现有的农村合作基金会一律停止以任何名义吸收存款和办理贷款，同时进行清产核资，冲销实际形成的呆账，对符合条件的并入农村信用社，对资不抵债又不能支付到期债务的予以清盘、关闭。”根据此文件的指示精神，农村合作基金会将全面开展了清理整顿工作，并随之退出历史舞台。

3. 合作基金会的业务运作模式

（1）乡基金会与村站之间的业务协作

基金会以乡为核算单位，在乡镇设总站，在行政村设分站，分站经办人就是乡基金会在村站的业务员。乡基金会对村站基金会的运作进行管理和协调，村站需要将借款的 30%交给乡基金会，作为风险庇护金；村站一个月必须与乡基金会结算一次，手上有大量现金时要随时送到乡里；村站手上一般不提多少现金，必备流动资金之外的资金一律放到乡里，因此村站手上的流动资金是有限的。

（2）村基金站的运作过程的特点

首先，基金会主要是村庄内部的资金融通。村站基金会主要业务是吸纳股金，投放贷款。吸纳的股金一般是农民的存款，通过基金会在本村村民之间相互融资，这是基金会成立时最初目的。但是，当时外村也有不少村民来存款的，村站经办人还通过自己的亲戚关系到外村吸收存款。

其次，成立之初基金会的业务模式主要是以小额存贷为主，一般是 500 元以下的存款。后来，500 元以上的存款逐渐增多，发展到后期额度逐渐增大。小额存款、小额贷款在当时条件不成熟的情况下是一种化解风险的方式。

再次，贷款的主体主要是农民，以服务农业生产、服务农民为主，在本村以小额贷款为主。当时，农户贷款主要是搞些小的投资，如买车搞运输、做生意、搞养殖、种板栗苗等。在资金不足的时候都需要跟基金会借钱。一般做小生意是经常贷、经常还。村民借贷和还贷有明显的季节规律。村集体贷款一般是五六月，因为那时村组需要垫付农业税费。例如，湖北省大部分地区农业税费一般是由村组先垫付，然后才是向农户收取农业税费来填补村干部的垫款。因此，村委会一般是在五六月的时候向村站贷款。农户还款也有季节规律，一般是在 9 月农户收栗子的时候，这时候有大量的存款还到基金站。基金会的资产负债表具有明显季节性。

最后，基金会的运作主要在熟人社会中，运用熟人社会内部的信任关系来发展存款，利用熟人社会的信息透明优势来发放贷款。存钱的主要是农户，除了少部分农户是自愿上门来存钱，更多的是凭关系吸收存款，很多业务员上门拉存款，村民愿意把钱给他，在很大限度上是因为买他的面子。在贷款方，基金会业务员会有效利用熟人社会的信息优势。比如，在方主任手上对村民最大的一笔贷款是 12 500 元，是贷给湾子里的一户买中巴客车，方主任尽管和他不是亲戚，但是从小看着他长大，对他非常了解，所以才把这么一笔数额较大的贷款贷给了他。方主任认为自己在村里混了多年，对村里每个人的性格比较了解，在熟人社会的范围之内，对各人的经济条件、个人处境和氛围都比较了解，因此自己对贷款可靠性的判断还是比较准确的。

总而言之，基金会运作过程中的成功因素是有效地利用了熟人社会内部的信用关系。不少村民认为，基金会的声誉和信誉要超过信用社，这是很多村民之所以把钱存到基金会的一个重要原因。

基金会在运作过程中的不利因素是，无论乡基金会还是村基金站，都受到来自乡村两级的行政干预，这是基金会经营不善的根源。不少基金站工作人员反映，当时做业务最担心的是乡村的行政干预。

（三）社区型的资金互助会

社区型的资金互助会是以一定区域内的入社农户为主体，为社区农户提供资金融通服务的互助性农民合作金融组织。这种类型的组织在全国范围内都得到较好的发展，其中一些地区的农民合作金融组织发展迅速，并形成了较大的规模。尤其是在江苏和浙江等地，目前已经成立了几百家的农民合作金融组织，其中有些农民合作金融组织的资金充裕，运作效率高效，可以达到几千万元，甚至是上亿元的资金规模。随着农民资金互助组织的迅速发展，在河北、内蒙古、四川等地，也存在很多发展良好的农民资金互助组织。这些“草根金融机构”得以在短时间发展壮大，主要是因为其运作灵活高效，因此得到农民群众的高度认可和信赖。

（四）在农民专业合作社内部开展的资金互助会

1.农民专业合作社内部开展的资金互助会的发展现状

农民专业合作社资金互助组织又叫资金互助会，是在合作社内部孕育发展起来的，经农民专业合作社全体会员大会进行表决通过，由合作社内部全体或部分成员通过自愿入资的方式组成。其符合民主管理、自我服务、互惠互利的合作制原则，在资金互助会的成员内部进行资金融通活动的组织。《中华人民共和国农民专业合作社法》颁布实施以来，农民专业合作社的发展取得了极大进步。但是，目前仍然普遍存在资金短缺的现象，为帮助农民专业合作社解决资金缺失的问题，党的十七届三中全会提出，对于有能力、有条件的农村专业合作社，鼓励积极发展资金互助。2009 年 2 月 17 日，由银监会和农业部联合下发的《关于做好农民专业合作社金融服务工作的意见》中，再次指出“鼓励有条件的农民专业合作社发展信用合作。对于组建农村资金互助社的试点工作，优先选择在农民专业合作社的基础上进行”。在农民专业合作社内部组织资金互助的活动，一方面打破了生产规模化的困境，使社员可以享受到相较于正规金融机构成本低廉、方便快捷的资金服务，另一方面可以缓解社员们生产资金短缺的问题。农民专业合作社内部开展的资金互助合作的活动是在亲缘、地缘的关系上，增加了一个业缘，这必然会使合作社的凝聚力得到增强和提高。专业合作社通过对社员生产经营提供产、供、销一体的系统服务，使彼此的信用状况得到进一步了解，进而解决了以农业的生产经营作为主体的农民专业合作社＋资金互助的运行模式中存在的信息不对称问题。

以北京市通州区组建的农民专业合作社资金互助为例。在依附政府支持的农民合作社内部进行资金互助活动的初期，其是由政府的有关部门在发挥指导职能，组织宣传与资金互助相关的政策依据、风险防范、资金管理、收益分配等方面的知识，指导农民专业合作社理事会、监事会制定实施互助金的相关管理办法，对社员代表大会上的全体社员进行宣讲动员，以现场投票方式进行表决，经审查通过后建立起资金互助组织。

合作社资金互助服务的最高决策机构是参加资金互助的全体成员大会。农民专业合作社理事会作为合作社资金互助的执行机构，参加资金互助服务全体成员有权对执行机构的运行进行监督。此外，理事会通过设立合作社资金互助服务审批小组，对互助资金实施专人负责、专门账户、专款专用的方针政策。合作社资金互助组织吸取单一成员的资金投入上限为其组织总金额的20%，以入资时该成员所占资金比例为依据，承担合作社的资金互助相应的责任和义务。要退出组织的成员，需在一个月前向组织理事会提交退出申请，理事会会在结算资产后一个月内，返还给该成员相应的资金和收益。互助资金的使用只能作为生产性投入，对投资回收期超过一年的生产和资产性投入是不能申请使用互助资金。需要强调的是，借款人必须通过至少两名成员的资金额度凭证作为担保。

借款额度的比例控制：种植业的借款额度为其投入资金的15倍，但是最高不得超过5 000元；养殖业的借款不限于5 000元，但不能超过其担保社员的入资总额。借款的相关手续办理齐全后，申请的借款会在两个工作日内发放，借款的期限最长为一年。合作社互助资金的借款利率应在同期银行存款利率和银行贷款利率之间摆动。互助资金的盈利部分先要提取15%留做公积金进行日常运营和业务扩张，80%以上的盈利资金根据各成员所占份额进行分红。政府扶持的资金平均分配为每个成员所有，但不允许随意分割，只是作为相对意义的持有，且成员退出时应将此部分份额归还组织。为更有效地推动合作社资金互助服务的发展，政府提供组织资金总额的10%的资金为其风险储备金。此外，政府还为资金互助服务的成员提供组织培训，并赠予相关的电算设备。通州区组织的农民专业合作社资金互助服务组织，一方面加大了社员彼此之间的合作交流力度，提升组织整体凝聚力和归属感，另一方面为合作社组织的健康稳健发展起到了重要推进作用。

2. 农民专业合作社内部组建资金互助会的发展历程

为能更有效地保证农民专业合作社的资金充足，北京通州区政府着手于新的探索和实践，于 2007 年在北京果村蔬菜专业合作社内部设立资金互助试点。该试点经历了约一年时间的运行，社员资金需求问题明显得到了解决，资金互助试点工作可以说比较成功。

2008 年，通州又在北京金诚众和生猪养殖专业合作社等 6 个合作社设立试点，到 2009 年，北京七彩缘编织专业合作社等 11 个合作社也被确定为试点。截至 2010 年，在政府相关部门的大力支持下，通州区共有 24 个专业合作社在内部组建了资金互助，其中有 680 户参加了资金互助，筹集到的互助资金共计 605.13 万元，年周转使用资金达到 800 余万元，帮助 300 余户社员消除了资金困难的问题。从目前来看，合作社组建的资金互助运行状况良好。通州区政府通过对农民专业合作社资金互助服务运行的经验进行总结，于 2009 年 7 月公布了《通州区农民专业合作社资金互助管理办法（试行）》。此方案的实施使通州区农民专业合作社的结构和机制更加完善、合理，进一步缓解了农民专业合作社及其成员资金上的短板。

（五）贫困村村级发展互助资金

1. 贫困村村级发展互助资金现状

贫困村村级发展互助资金（简称“互助资金”）是由国务院扶贫开发领导小组办公室（简称国务院扶贫办）、财政部联合推进产生的。2006 年，国务院扶贫办、财政部联合下发的《关于开展建立“贫困村村级发展互助资金”试点工作的通知》，提出在试点地区内选出 1 ~ 2 个重点县，之后在这些县里再挑选出 10 个村作为试点，由中央财政提供扶贫资金，对试点村的贫困农户采取赠股的方式，在每个试点村计划投入平均 15 万元的金额。此外，秉持自主自愿的原则，鼓励贫困村内的农户以自有资金入股或其他的投入方式来扩大“互助资金”的资金规模。村民对“互助资金”的使用是通过借用的方式来进行运转的。试点村通过召开村民（代表）大会，以民主选举的方式，由村民自主组建“互助资金”管理委员会。管理委员会将村民召集起来共同商讨“互助资金”的规章制度以及申请借款的条件、借款期限、还款方式、公告公示等相关的管理办法，同时负责“互助资金”的运营管理。全体村民有权对管理委员会实行监督，上级扶贫和财政部门也会对管理委员会的经营管理状况进行检查、监督和指导。

截至 2010 年年底，全国已有 28 个省（区、市）1 013 个县、1.35 万个贫困村组织建立了村级互助资金试点。经有关部门进行的数据统计得出，村级互助资金的总金额达到了 26.24 亿元，由此平摊到每个村的互助资金的金额可以达到 20 万元。其中，中央财政拨发的扶贫资金为 8.19 亿元，各省（区、市）政府扶持拨发的资金为 11.46 亿元。财政扶贫资金占 78%，农户投入资金占 22%，入会农户达到 112 万人。国务院扶贫办和财政部通过采取将扶贫资金量化分配到贫困农户的方式，使会员能够共同决定或监督互助金的设立、管理人员的选拔以及日常的经营管理等相关事宜，由此表现出民主管理的原则，此特点与农村合作金融组织相契合。

2. 贫困村的村级互助资金发展历程

2005 年，国务院扶贫办确定以四川省的仪陇县作为“搞好扶贫开发，构建社会主义和谐社会”试点。扶贫互助社的主旨思想是响应政府主导的扶贫行为，促进各贫困农户之间的交互和合作，并以此使政府的扶贫措施效果更好，将政府的纵向推动和农户间横向联合有机结合在一起，助力农户真正走上一条脱贫致富之路。

扶贫互助社在国务院扶贫办的指导下，推进了资金互助试点建立，实施“政府向贫困户赠股、为一般农户配股、由富裕农户购股”的方针政策，每村的贫困户基本按 3% 左右的比例来确定，在坚持自愿入社的原则下由政府部门向每户赠股 1 000 元；一般户入社按每股 500 元缴纳本金，政府按 1∶1 的比例进行配股；富裕户入社需按每股 1 000 元缴纳本金。财政扶贫资金的投入以贫困户赠股和一般户配股的形式量化到个人。这一政策的实施在很大限度上调动了农户入社的积极性。

扶贫互助社的兴起最早是由地方政府和“村两委”推动，先是组建筹备小组，当自愿入股的农户规模达到一定数量（一般为 80 户左右）且入股资金到位后，召开互助社成立大会，由入股社员完全遵循自主选举的方式来选拔管理小组（有关文件明确规定现任“村两委”成员不能任互助社管理人员），负责商讨制定相关的规章制度，并向入股社员颁发持股证书，之后开始进行日常的管理运作。互助社的成立和发展过程中，主要是由仪陇县扶贫办全权委托县乡村发展协会负责具体的动员，组织推动互助社的建立。仪陇乡村发展协会成立于十几年前，是由联合国开发计划小额信贷项目支持的，对于农村社区发展和小额信贷操作方面具有丰富的经验。它的介入使仪陇扶贫互助社的建立与监管工作，由独立的第三方机构（除政府外）负责，这是仪陇扶贫互助社所具有的独特的发展条件。

政府先制定好相关的规章制度，对于涉及借款占用费（利息）、借款期限、还款方式、借款上限、借款资格、审批权限等问题，关系入社农户彼此之间的利益，可以在一定限度上避免人为控制、利益失衡等问题的发生。这样，既可以使贫困弱势农民的利益得到有效保护，又可以通过引进现代先进的金融风险控制技术来降低贷款风险。

截至2006年12月，仪陇县首批组建了17个扶贫互助社，入社农户1 617户，而实际到账的入社资金共计157.5万元（其中赠股资金到账38.6万元，配股资金到账58万元，农户入（购）股资金到账60.9万元）。互助资金规定只能在本村内申请互助借款，农户借款期限不得超过一年，使用互助资金的占用费率统一按年息8%的标准实施。社员的借款金额低于其入股金额的执行信用制度，超过股金借款则要求3户以上的互助社社员帮忙做担保，每户社员最高借款余额不得超过总股金的5%。此外，县财政局会提供扶贫贴息，每村的贴息金额为15万元。

扶贫系统试点的最主要的目的是帮助贫穷农户脱贫致富，因此在对农户的选定、准入资金标准以及贷款对象、额度等方面的规定，均偏向于贫困户。这样，既帮助了没有资金的农户有了加入农村合作金融组织的可能，又可作为经验借鉴帮助各地政府完善其农村合作金融体系和机制，从整体上推动农村金融的发展。

（六）民间组织帮扶的农村合作金融组织

1.民间组织帮扶的农村合作金融组织的发展现状

我国农村合作金融组织的成长历程中，衍生出了游离于政府与农户之间的民间组织，借助小额借贷业务的发展和农户间的互助合作，形成了资金助农和农民自发性、自主性合作的发展模式。此模式的典型代表是在河南濮阳建立的濮阳市农村贷款互助合作社（以下简称“助贷社”），此助贷社依托于中国社会科学院小额信贷合作试验基地，主要致力村互助中心的宣讲、引导工作，促使更多的农民加入互助中心。

以自愿认购的原则为前提，农民按相应的规定购买一定份额的资格股之后正式成为互助中心的一员。农民成为社员后，同时享有内部的选举权、被选举权及参与决策权，还享有股金五倍内的借款金额。村互助中心与社员股金的关系，使互助中心确立了农民在组织中的主体地位。由村落或社区组织的村互助中心为确保风险不会向外延深，通过实行封闭式运行来进行风险把控。村互助中心是由助贷社和入股社员一起承担可能的资金风险。此外，助贷社设立投资股来扩大资金的来源，吸引资金富裕的民众进行投资认购。投资股的股金回报与正规金融机构的同期贷款利息相同。

村互助中心社员组成的社员（代表）大会是助贷社的最高权力机关，通过互助中心的全体社员选举产生理事会、监事会的成员；由理事会负责社长与副社长任命，社长与副社长负责各个分社的管理和运营；分社主要是通过助贷社的客户经理在其所负责的区域之间流动工作。此外，还需要在管辖的区域内发展村级互助中心，并负责互助中心的相关工作。这种“总社 + 分社 + 互助中心”的多层管理运行模式，给完备的内部监管体系的形成提供了很大的帮助，同时为我国农村合作金融组织拓展了发展道路。

借款人申请贷款的前置条件是来自村互助中心的社员对此借款人做出的评价，

然后以此评价为依据由客户经理进行核实、调查。条件合格者，贷款申请被受理之后，在两天内即可得到贷款，其利率略高于银行的同期利率。为确保贷款安全，助贷社建立了社员担保机制，担保社员和村互助中心社长需要承担连带担保责任，对借款人起到监督作用。“中心管人不管钱，分社管钱不管人。”村互助中心根据合作金融组织民主管理的规章制度，严格规范管理社员行为及社内的工作，由助贷社分社的专业信贷团队专门负责贷款资金的管理，帮助农民提升金融知识水平。总社主要负责统筹协调培训辅导等各项工作，通过把各个村互助中心的资金结合起来，由助贷社对资金实施统一管理，以解决单个村互助中心资金规模不足的问题。助贷社在发展村互助中心，指导村合作金融组织建立的同时，积极开展团购团销、生产互助、文化科技培训等社员内部活动，使合作组织的凝聚力得到了进一步的提高。

2. 由民间组织步步帮助的农村合作金融发展史

濮阳的助贷社于 2004 年 12 月建立，2007 年 7 月在市民政部门注册为社团法人，挂靠在市供销社的管理下。2006 年，助贷社的 60 万元注册资金作为原始股，用于助贷社运行和宣传动员农民积极加入村互助中心，开展村互助中心的孵化工作。对于农民资格股设定的初期股金下限为 500 元，上限为 1 万元。随着农村经济的发展，助贷社的资金业务得到了进一步的扩张，而早期社员对信贷的需求也进一步增加，因此助贷社将资格股的上限逐步调整至 6 万元。社员对信贷的需求逐步增加，使助贷社的发展需要扩大资金来源，为此助贷社设立了投资股。投资股的利率是商业银行存款利率的两倍左右，投资股的下限为 1 000 元，期限分为 3 个月到 3 年不等。投资股股金从 2007 年起迅速增长，到 2010 年其投总量余额已达 7 203.2 万元。投资股的引进使助贷社的规模得到了巨大的提升，总资金由 2006 年的 60 万元，增至 2011 年 9 月底的 1.1 亿元，贷款余额从 2006 年底不足 17 万元，急速增长至 2011 年 9 月接近 1 亿元。

在助贷社的运营前期，由于资金的限制，其规定贷款额度最高为 5 000 元。但随着助贷社运营模式的完善和规模的壮大以及社员资金需求的增加，贷款最高额度上调至 30 万元。2010 年，助贷社为了避免组织内部分化情况出现，进一步充分满足互助中心所有成员的资金需求，组织信贷组 2/3 的员工专门经营小农户 5 万元以下的小额贷款，另派遣信贷组 1/3 的成员负责 5 万 ~ 20 万元贷款项目，而对于 20 万 ~ 30 万元的贷款，直接由总社信贷部负责办理。以上创新模式，在保证助贷社在满足中下农户资金需求的同时，促使了组织更具可持续性。助贷社为了吸引更多的农民群体，在不影响其业务的情况下，为了吸收更多的农民加入，在不影响社员贷款供给的基础上，助贷社于 2008 年开始实行了非社员贷款，与社员贷款不同的是该类业务模式并不能实现随时贷款。

短短数年内，村互助中心社员的资格股股金发展非常迅速，2011 年 10 月底为 739.95 万元。截至 2012 年 3 月，助贷社下属有 6 个分社，服务团队共有 73 人，组建了 595 个村互助中心，有 12 000 余户社员加入资金互助，互助金与贷款金额突破 1 亿元；2009 年，助贷社在外来资金介入的情况下实现了盈利，于 2010 年实现营利 241 万元，并展现出了强大的生命力。

三、农村非正规金融的地位与作用

（一）农村非正规金融的地位

非正规金融广泛存在于发展中国家、转轨经济国家甚至发达国家中，明确地揭示了民间金融的存在既不会受到体制因素的制约，也不会与经济发展的阶段性有任何的直接联系。它的存在不是一种普通的融资计划，也不是对正规金融进行简单的拾遗补阙，而是同正规金融一样必然存在的融资方式。农业部农村经济研究中心对农村定点观察站的数据研究显示，2003 年全国农户的借款来源，有 71%的借款资金来自民间金融。周立认为，民间金融占据了农村借贷市场的大部分份额，成为农村经济主体融资的主要途径。此外，国际农业发展基金的调查研究报告显示，中国农民自非正规金融市场借贷的资金总额约是正规金融市场的 4 倍左右，非正规金融对农民的重要性在很大限度上超过了正规金融市场。在理论上，正规金融和民间金融这两种融资市场在信息结构和交易模式（无论是数量还是价格）上都表现出明显的差异。在农村的金融体系中，正规金融与非正规金融在功能上是可以并行的，甚至可以在特定的条件下实现相互转化。从历史发展的角度来看，今天的某些正规金融活动就是由过去一些非正规的金融活动逐渐演变产生的。正规金融与非正规金融在某些领域内的相互竞争和相互替代的运行模式，是作为一个高效金融体制的集中体现。1978 年以来，中国在农村正规金融供给上无法实现较大增长的情况下，在农村经济上取得了前所未有的增长，这与中国民间金融的贡献是密切相关的。因此，民间金融作为正规金融制度效率边界之外的存在，在中国并不仅仅是一个过渡性的制度安排。农村民间金融作为独立于政府金融监管之外的非官方资金融通机构和组织，其存在的出发点是为广大农村经济主体提供融资需求而自发形成和开展起来的。作为一种自发的、自组织性质的金融制度安排，民间金融业能够蓬勃发展的事实充分体现了诱致性制度的变迁在中国经济制度转轨中占有不容忽视的地位。

我国农村非正规金融的发展有其存在的必然条件，主要的是依靠其内生性。而其内生性的具体体现大致可从以下几个方面分析。① 别具一格的信息识别能力在帮助农村非正规金融组织进行融资活动时，缓解了信息延迟性和不对称性。农村非正规金融活动最鲜明的特点即是多在身边的亲戚、朋友或邻居间相互展开，具有很大的情感色彩。贷款人非常了解借款人的经济能力、资金用处，更清楚借款人处事风格、道德品质，这从另一个角度大大缓解了金融活动信息的不对称问题。② 农村非正规金融多以一种非制度性、非条款性的内在信任基础为核心，这在某种限度上更可靠、更稳定。违约者所承担的后果，不只有损于声誉和信用，还会被金融机构以强硬手段追究责任。③ 产权关系明确对于农村非正规金融的建设和发展有至关重要的决定作用。模糊不清的产权是我国金融效率低下的主要原因之一，不仅导致非公有经济的融资歧视并陷入融资困境，还大大制约了其经济的发展。我国立法必须要明确指出非正规金融组织和非公有经济的相对独立性和平衡性，为其金融交易活动的高效、透明运作提供产权保障。④ 融资活动的多变性和灵活性促使农民的融资需求具有一定的市场适应力。农村非正规金融组织运行方式灵活多变，对于贷款的归还期限、利率、归还方式等方面均可经过友好协商做出灵活的变通。例如，许多在正规金融市场上不能充当担保品的，在农村非正规金融市场上却可以作为担保物品。

（二）农村非正规金融的作用

农民筹资方式多以向身边的亲戚、朋友等借款为主，从农村信用社借款的部分甚至连20%都不到。其主要原因是农民贷款较分散、数额小、风险大，贷款的成本较高，在商业化运行规则下，农村信用社的业务主要覆盖在乡镇企业或民营企业，以此获取高额的利息收入。当正规的金融机构不再适用于农民金融方面的需求时，农民自然会倾向更符合自身的民间借贷行为。其作用可以从正反两个方向讨论。

从正面的影响看，农村非正规金融以民间借贷的方式对农村和农业发展起到了很关键的作用。就实际效果层面，农村非正规金融在很大限度上弥补了农村经济的某些空缺，如弥补农户自身以及乡镇企业某些方面的不足等。这对于农村经济的发展具有重要作用，有利于农村金融组织的创新和农村金融市场的开拓。

1. 增进消费，拉动需求。目前，我国的许多合会是一种联合储蓄、轮流消费的方式。可以这样认为，合会资金的重要运用途径之一就是消费需求的满足。这种方式可以在一定的时期内对闲置的资金进行足够合理的集中和利用，从而对参与者的消费分配产生一个动态的平衡，有利于提高他们的福利水平。

2. 促进民间小额投资。部分学者调查显示，在合会发起者和参与者的动机中，为自身经营筹集资金占很大的比例。另外，合会也是动员家庭储蓄的重要手段，除了拉动消费之外，不少合会资金会通过个人身份进入生产领域，推动生产。

3. 促进繁荣共享与公平分配。农村非正规金融的发展对于资金的配置有了很大的提高。从某种限度上讲，这有利于弱势群体合理维护和发展自己的经济利益，对社会公平、共同富裕的实现有十分积极的作用。

此外，农村非正规金融具有的其他经济功能作用也不能忽视。① 资源配置的功能。民间非正规金融具备的信息优势在缺乏正规金融发挥作用的前提下，为资源在小范围内的优化配置提供了一种可能性。② 监督与控制的功能。民间非正规金融除了为减少风险而在贷款前获得较为充足的关于借款人的信息之外，还可以在贷款后利用血缘、地缘的有利基础对借款人的经营活动进行监督，并对资金运用过程中可能出现的风险加以直接的控制。③ 降低风险的功能。一般而言，民间借贷多在亲戚朋友和熟人之间进行，对借款人的“4C”（品德、能力、资本、经营）状况有比较清楚的感性了解，很大限度上缓解了因信息不对称而引发的金融风险带来的巨大损失。④ 便利交易的功能。民间非正规金融的交易双方较为熟悉，省去了正规金融在贷款前大量繁杂的前期工作，极大地便利了经济交易，促使了社会分工专业化的进一步发展，且一般说来，民间非正规金融的交易关联双方具有相对的持续性和稳定性，可以为下一次交易打下更为便利的基础。

目前，民间金融存在的重要意义和其发展的重要作用，已经得到社会各界的普遍认可，社会各界对民间金融在促进国家经济增长、构建国家金融体系等方面的重要推动作用已达成共识。

第三节　中国农村金融与经济发展的再判断与再思考

一、农村金融存在的主要问题

农村金融市场的发展对于农村经济的增长有着极其重要的作用。但是，与“三农”发展对金融支持的要求相比，我国农村金融体系发展状况已经成为“瓶颈”：金融市场主体不完备、金融市场产品品种单一、金融市场机制扭曲、金融生态环境不良。具体表现为以下三个矛盾。

（一）农村正规金融的“形”与“神”相互背离的矛盾

所谓“形”“神”相互背离，即是指我国农村正规金融的服务供给缺位，虽然从性质上应该为农业生产和农村经济发展服务，但实际上却没有发挥支持农村经济建设和发展的作用，与支持“三农”的精神相左。

现阶段，我国金融体制（这里主要指的是四大国有银行）的改革方向已经明确，即在现代企业制度下，以盈利最大化为经营目标，建立国有商业银行。基于这样的政策指引，我国国有银行纷纷进行改革，具体包括：调整自身经营策略，追求效益的冲动、国际标准的实行、国内拆分上市和到海外上市的准备使它们大规模收缩战线，压缩基层经营机构，各大国有商业银行包括农业银行纷纷从农村撤军。

从现实来看，我国农村目前存在的金融服务组织机构较多，具体包括：农业银行、农业发展银行、农村信用社、农村邮政储蓄所等。但是，这些金融服务组织机构对农村金融组织提供资金支持的力度较小。例如，农业银行虽然有涉农贷款，但主要是面向农村基础设施和农产品加工企业等贷款，很少向农户贷款；农业发展银行并不向一般涉农企业和农户贷款；农村邮政储蓄机构只提供储蓄服务而不提供贷款。所以，笔者认为，在农村正规的金融机构中，只有农村信用社在实际生活中能够为农村提供金融服务。

（二）农村非正规金融的“不可或缺”与“负面影响”的矛盾

在学者的研究中，一般都对农村非正规金融的地位与作用进行了肯定，对其优势也进行了相关分析。笔者认为，其优势主要体现在以下几个方面：其一，运营成本较低，运营方式比较灵活；其二，担保要求一般不高，借贷关系的维系主要依靠非正式制度；其三，双方信息对称，相对公开透明；其四，利率比较灵活，确定方式相对自由。一般来说，这种农村非正规金融相对灵活，其制度安排也是自发形成的，在某种限度上它与农民需要的契合度更高。但是，非正规金融长期在政府的金融监管之外，运作规范性差，负面影响不容忽视。

一是非正规金融引发债务纠纷多，影响了农村经济和社会的稳定，加大了农村金融风险。农村非正规金融大多是建立在个人信用基础上的，许多借贷关系没有订立书面合同，只是以口头合同的形式实施借贷；有的虽然签订了书面合同，但借贷要素不全，或者违反国家有关政策法规，如利率过高，借款用途不当，导致合同关系部分无效或全部无效，由此造成借贷关系得不到法律的有效保护。与正规金融相比，非正规金融在组织方式、运作机制、对行为当事人的约束方面具有许多非正式、不规范的特征，在合同不完全状况下，容易对民间金融行为的双方造成纠纷，甚至引起社会治安问题和社会矛盾，这必然影响农村经济的正常发展。

二是非正规金融的部分行为扰乱了社会资金的合理配置和使用，影响了宏观经济稳定。民间金融中的部分借贷行为往往伴有高利润诱惑，造成社会资金的分配畸形。一些非法借贷行为以高息等手段截走了社会经济部门的资财，使这些经济部门的生产和经营受到干扰和阻碍，造成国家财政收入和地方经济部门收入流失严重，也影响了宏观经济的稳定。

（三）农村资金“大量外流”与“严重资金短缺”的矛盾

一方面，随着各大国有商业银行从农村撤离，中国农村金融面临着严重的资金短缺困境，成为农业经济和金融发展的一大“瓶颈”。另一方面，农村有限的资金却大量外流。农户等各类农村主体将自己极为有限的资金存入金融机构，如农业银行、农村信用社、农村储蓄机构等，而这些机构却不愿向农户、农村乡镇企业等提供贷款或者在贷款时对他们设置极为苛刻的贷款条件。这客观上鼓励和默认了农村资金向非农户、非农产业和农村之外的地方流动。

由以上分析可见，当前我国农村金融面临的困境。一是农村正规金融服务远远不能满足供需平衡，农村资金告急情况多发，农村金融需求的满足主要来自农村非正规金融，而非正规金融因为缺乏有效监督管理，加大了农村的金融风险；二是有限的资金却仍旧源源不断地通过农村正规金融机构流出农村，流向城市，使农村资金“缺血”现象更加严重。

笔者认为，造成农村金融这种困境的原因，就是农村金融长期存在的金融抑制。正是因为农村金融抑制的存在，制约了农村经济的增长。接下来，笔者将对农村金融抑制进行深层次的分析。

二、农村金融体系改革发展的框架性结论

目前，在中国城乡二元结构中，农村经济系统的发展正面临着“工业化、信息化、城镇化、市场化、国际化深入发展，农业和农村正经历着深刻变化”。“农业资源环境和市场约束增强，保障农产品供求平衡难度加大，要求加速转变农业发展方式。农产品贸易竞争加剧，促进优势农产品出口和适时适度调控进口难度加大，要求加快提升农业竞争力。农业比较效益下降，保持粮食稳定发展、农民持续增收难度加大，要求健全农业支持保护体系。农村生产要素外流加剧，缩小城乡差距难度加大，要求加大统筹城乡发展力度。农村社会结构深刻转型，兼顾各方利益和搞好社会管理难度加大”。

在经济快速增长、社会结构深刻转型、利益格局深刻变化的大背景下，深化农村金融体制改革是中国金融体制改革的重要组成部分，是全面建设农村小康社会，满足农民生产生活需要，提高农民生活水平，统筹城乡社会经济发展的必然要求，同时是农村金融机构自身存在和发展的客观选择。在农村经济发展过程中，金融体系发育程度是影响农村储蓄向投资转化速率与效率的重要因素。农业资金使用成本高、收益低。一般来说，资金运用的风险和收益相对应，即高风险、高收益；低风险、低收益。然而，对于农业资金而言，存在成本高，而比较效益却低的不和谐现象。

因此，解决农村金融需求多元化和供给渠道单一的矛盾，需构建分工合理、功能互补、适度竞争、可持续发展的多层次农村金融体系。要重新明确现存农村金融机构的功能定位，使之名副其实地成为农村金融供给的主体。作为唯一一家在全国所有县域都有分支机构的银行，中国农业银行拥有全国最多的服业网点，最大的从

业人员队伍，在服务县域经济方面具有资金、网络和专业等方面的独特优势，农业银行要坚持面向“三农”，为广大县域客户提供优质金融服务，成为县域先进金融产品的推广者和农村金融层次提升的引导者，可以最大限度地满足新农村建设对金融服务的要求。

三、对农村金融法制建设重点转变的思考

自改革开放以来，农村金融法制的改革没有停歇。中共十六届五中全会通过《中共中央关于制定国民经济和社会发展第十一个五年规划的建议》指出新农村肂设工作的长期性和复杂性，具有较广的涵盖面积，而且持续时间长，涉及的社会关系错综复杂。这决定了新农村建设中的金融问题不可能完全靠政策来解决，更需要将法制作为保障。

自从改革开放以来，我国农村法制逐步走向健全，初步形成以《农业法》和《村民委员会组织法》为核心，包括《农村土地承包法》《农民专业社法》《农业技术推广法》和《农业机械化促进法》等在内的，符合我国农村金融法律制度完善和发展的法制体系建设框架，并且成为推动农村经济发展的重要基础。但是，在农村金融的立法方面仍然较为缺乏，而且有关农村金融的法律拥有明显的局限性，存在金融法律制度供给失衡状态。总结改革开放30多年来我国农村金融法制建设的基本特点，可以清晰地看出，农村的法制一直以稳定、保障、政府主导和社会经济非均衡发展为基本理念。这四个基本理念在改革开放以来的30多年里发挥了重要作用，为农村经济发展和进步提供了有效保障。在当前全面推进社会主义新农村建设的时代环境下，传统理念虽然非常注重实用性，但缺少现代价值观所包含的进步理念，已经不能适应农村经济社会发展的需要。面对新的历史条件和社会矛盾，农村金融法制建设应当先更新理念，转变建设的重点，使农村金融法制更加科学和文明。

（一）农村金融法制建设重点转变的必然性

在我国全面推进农村金融法制建设的过程中，还存在着以下问题：我国的正规农村金融产品在地位上不够明确；相关金融服务呈现单一化的发展趋势；金融机构占据着垄断性的地位；非金融机构在法律上的地位尚不确定。这些问题对于我国农村金融市场的健康和谐发展有着明显的阻碍，更是难以形成对农村经济发展的金融支持。结合以上问题，以往学者在探究问题解决路径和提出解决方案时主要是站在经济学的视角，但随着我国农村金融改革以及金融制度深化发展的推进，大量的专家和学者达成一致，并且深刻地意识到农村金融改革所要面临以及急需解决的最为主要的问题就是金融法律制度不完善的情况。对此，最为合理、有效的解决方法就是构建完善的法律体系，并在法律当中对这些问题进行规范化和明确化，进一步健

全农村正规金融市场的法律设施，规范正规金融市场的发展方向，为我国农村金融改革的深入发展营造和谐的信用环境以及坚实的法律支持。

1. 弱化农村金融在政策指导、管理等方面的依赖性，规范农村金融秩序

如今我国金融市场的混乱是由于法律制度的不完善导致的，主要体现在以下几个方面：第一，农村合作社组织有待完善，组织程度明显参差不齐，纵观大量的农村合作社，在分配以及组织制度方面极大地偏离了合作制的本质；第二，农村经济管理组织以及地方政府存在着任意干扰农村金融组织运行和发展的问题，影响到农村金融组织的独立性发展，而这样的指导和干预偏离了政府以及监管组织原本的政策指导职能。地方政府以及农村的经济管理组织本来应该对农村金融组织起到辅助作用以及推动作用，在这样的混乱指导下将正向的职能变成了阻碍农村金融发展的消极力量；第三，部分农村的金融机构在金融管理制度执行方面过于机械化，造成农村发展养分不足，严重制约了农村经济和金融市场的发展。为了让以上情况大大改观，我国必须全面推进新农村建设工作，为农村金融的现代化发展营造一个健康和谐环境，并且将建立和完善农村合作金融法律制度作为根本措施，规范我国农村金融的发展秩序。

2. 把农村金融从商业金融法律体系中独立出来自成体系

对我国经济的现代化进程轨道进行分析，不难发现其走的是一条坚持以国家为主体，以法律为根本手段的强制性制度变迁道路。在这样的现代化经济发展进程中，法律并不能一味地对社会正常秩序进行维持，但是在大方向上，法律起到的是助燃剂的作用，能够加快现有秩序的重建以及改造，也因此在国家发展中坚持采用立法的方法来推动现代化的发展进程。当今的银行金融行业处在一个非常平衡和安全的发展环境当中，这主要是 1995 年的“四部”银行金融法以及 2004 年先后颁布《银行业监督管理法》带来的结果。因此，我们应该反思和深入思考，当今我国的农村政策性银行以及信用合作社在金融市场的发展当中面临的混乱局面以及多个问题，其根源就是缺乏系统科学的法律制度的规范和指导。因此，为了更好地推进农村金融体系的完善和构建工作，有必要把农村金融从商业金融的法律和监管体系当中独立出来，自成体系，以便更好地发挥金融在农村领域的独特作用。要想实现农村金融的独立，需要先对经济立法进行考虑，尤其是要考虑金融立法的发展历程和独特发展模式，并且努力吸收金融改革当中的经验教训，通过反思和创新的方式将农村金融立法和金融改革工作有机结合起来，通过发挥立法的规划引导以及保障监督作用来构建一个和谐的农村金融发展环境。

3. 明确找出农村金融问题解决思路，推进新农村建设进程

努力构建符合农村金融发展的金融法律制度具有极大的现实意义，能够推动我

国农村金融机构的良性发展，加快农村金融市场的规范化发展进程，切实推动农村金融市场的可持续发展。站在世界的角度分析，世界上发达国家的金融发展有着符合自身国情以及农村金融行业发展现状的较为稳定和健全的农村金融法律制度。从发达国家的农村金融行业国家法律制度当中可以发现，大多数国家都会选择从法律的形式上对金融机构的支农服务功能进行明确规定，且毫无疑问的是，健全农村金融法律制度是确保农村金融作用发挥的制度性支撑和保障。无论任何形式的法律制度在历史发展以及构建当中都遵循着共同规律：在法律的创制时，需要对国情进行客观全面的分析，并且要将本国经验作为有力基础，同时善于吸收借鉴其他国家、地区法律发展当中的有利因素。通过上面对于其他国家农村金融法律制度的分析及其在相应国家农村金融市场当中起到的作用分析，更加明确了构建符合我国国情的农村金融法律制度的必要性。

（二）农村金融法制建设重点转变的策略

1. 从重点维护稳定转向重点促进可持续发展

改革、发展与稳定的关系一直是贯穿我国改革开放和现代化建设进程的基本矛盾。在改革开放初期及以后的一段时间里，为了保持改革开放的顺利推进，我国一直将稳定作为法制建设的重点。尤其是经济不发达的农村，在新农村建设当中必须坚持循序渐进的原则，突出稳定这一前提条件。这一思路反映在农村金融法制上，主要表现为强调法律和政策所调整的社会关系变革的渐进性。

在以稳定为核心的金融发展理念的指导下，我国在对农村的法律制度进行安排和设置时也坚持以稳定双层经济体制、土地承包关系、农业生产以及农村建设等为核心工作内容。在稳定理念指导下所建立的农村金融法律制度，虽然有利于农村经济社会的稳定发展，但却没有全面落实农村金融可持续发展的需求，也由此出现了大量不合理和不公平问题，难以保障农村经济社会的可持续发展。更重要的是，农村金融被视为农村经济社会稳定的重点领域，长期存在以下四个突出问题。

第一，农村土地的融资功能没有释放出来。从经济发展的角度看，在农村生产当中，土地是其中最为基本的要素，也是最为关键的财产，因此在对土地进行利用时必须严格遵照资源优化配置的原则，充分发挥土地的融资功能，进一步发展农村经济。让土地承包的关系稳定下来是其中非常主要的目标。但是，相关的制度没有完全建立起来，融资功能难以发挥，这严重影响了农村优势资源的汇集。

第二，土地承包经营权影响公平性的实现。《农村土地承包法》当中的条款在事实上确立了三十年的土地承包期限内必须严格执行和落实好“增人不增地、减人不减地”。农业部在《关于稳定和完善土地承包关系的意见》表示了对其的肯定和提倡，从而导致农村土地权利分配和保护普遍存在明显不公平的问题。一方面，有的老人去世 20 多年了，其承包地依然存在；另一方面，在农村首轮土地承包责任制后出生和结婚的人，始终没有取得承包地，丧失了生存的基本保障。而农村集体土地融资功能一旦释放出来，将会进一步加剧分配的不公平性。

第三，现行土地经营方式限制了土地作为资源要素应有的融资功能。为了推动整个农村和农业的稳定发展，我国对于土地制度的安排采用和实施的是土地的均田承包制度。即将集体土地根据质量，按人口或劳动力平均分配到户，由农户独立经营，这样的做法虽然能够在一定限度上保证农村人口基本生活功能的实现，维护好农村社会的稳定和谐，但是这样的做法会加剧土地零碎化的程度，导致土地粗放经营的发生，影响到土地融资功能的发挥。例如，一户的承包地往往分散在多个地方。这种土地的零散分割不仅阻碍了土地的集约化、机械化经营，不利于农业循环经济的发展，而且不利于土地作为资本要素在农村市场经济中的合理流动和土地资源的优化配置，成为制约农村经济社会发展的重要因素。

第四，农村金融市场长期在制度上处于被压制状态。基于稳定的考虑，长期对农村金融市场进行压制，对民间融资管制过严，这些因素都限制了农村金融市场自由配置资源的作用发挥。

改革开放的初期，我国农村金融的法制建设针对当前的发展要求和现实状况提出了稳定的目标，但在我国社会经济转型的过程中，仍然将稳定作为核心的金融法制理念已经不再恰当。由于农村金融法制长期坚持稳定理念，并且将稳定理解为“不出事”，简单强调将稳定作为根本目标，就不能够更好地发挥农村金融法制的作用，在农村金融资源合理配置的过程中会出现实施困难的问题，造成不良影响和巨大阻碍，也会对现有制度下的农村经济社会发展带来不利影响，难以达成可持续发展的目标。因此，要想建设好社会主义新农村，先要将农村金融法治理念进行创新并作为核心工作任务。进行理念的创新实际上是深层次地探究新的历史条件和时代背景下，怎样正确应对和处理新农村建设稳定和发展关系的问题。我国的农村地区有着数量庞大的人口，环境问题突出，而且资源十分缺乏，这些因素都是造成农村难以实现可持续发展的原因。要想消除不利因素的影响，必须要树立正确的发展观，将可持续发展作为核心理念来全面推动社会主义新农村的金融法制建设，彻底从稳定的理念转变为以可持续发展为核心的理念。这就要求我们将可持续发展理念作为根本出发点，全面性地评价现行法律法规，促使其能够向着可持续发展地目标转变，让金融法制建设的可持续发展得到实现；从战略性的法律制定着手，将可持续发展作为制度创新和制度建设的核心。可持续发展并不是空洞的文字，而是血肉丰满，具备深厚内涵的概念，无论是在国内还是国际社会当中，都有着极高的认可度。

具体而言，可持续发展理念下的农村金融法制建设应重点着眼于以下几个方面。第一，对《农村土地承包法》部分条款实施修正，遵循“增人增地、减人减地”原则，对新增人口必须要按照规定预留专门的承包地，同时在这部法律法规当中强调一旦违背条款要求就需要承担法律责任，点明承包土地承包经营权需要遵循哪些程序和满足哪些条件。另外，还要修改现行土地管理制度，建立并完善土地抵押制度，实现土地的融资功能。第二，修改《农业法》，完善现行农业补贴法律制度，将除种粮直补、农机具补贴和良种补贴之外的农业发展客观需要的农业贷款补贴等法律化，规定农业补贴的程序和责任机制，同时改变以往那种为了补贴而补贴的做法，将农业补贴与农业生产和环境保护直接挂钩，建立适合农村及农业可持续发展的融资制度，引导和保障农业的生态平衡。第三，当前，我国农村抛荒、围湖造田、侵占江河滩地等问题非常突出，因此必须要注重完善《农业法》的相关法律条款。一方面，对于环境污染的问题，必须予以严厉处罚；另一方面，必须提高政府的责任意识，承担起针对这些问题的治理和监管责任，完善专门的资金支持制度。这方面可以积极学习欧美国家的立法经验，从中获得启发。第四，考虑制定《农村金融促进法》。专门制定促进农村金融发展的法律制度，推动政府更加积极地改革农村金融制度，从而释放制度红利。第五，修改现行法律制度，放开民间金融市场，让更多的民间资本进入农村金融领域或其他领域。第六，依据《循环经济促进法》制定《循环农业促进条例》。我国已出台的《循环经济促进法》对于循环农业只有3条规定，尚不足以涵盖循环农业的全部内容，因此有必要根据《循环经济促进法》所确立的再利用和资源化原则，出台金融支持政策，制定具体的促进循环农业的金融措施。第七，建立农业生产者遵守环境保护法律规范的激励制度。对于我国农民由遵守环境保护法而增加的成本有较低的承受能力以及我国目前普遍存在的过度施用化肥和农药造成土壤污染等农业环境污染问题，可以在法律上明确规定对使用有机肥或者达到其他环境标准的农业生产者提供一定的国家补偿或者税收减免，以减少农业环境污染。

在这里需特别指出，可持续发展在本质上分析几乎等同于新型社会发展观，这其中稳定的需求非常重要。在农村金融法律制度建设中，把稳定理念转变为可持续发展理念，并不是不要稳定的表现，而是强调在今后的农村金融法制建设当中，彻底摒弃传统的稳定观念，在金融体系中深植以稳定需求和稳定内涵为内在核心理念的可持续发展观，努力构建与农业现代化发展相适应的农村金融制度体系。

2.从重点发挥保障功能转向重点发挥统筹城乡发展

改革开放以来，为了迅速发展经济，在工农城乡关系上，我国实行的是“先工后农、先城后乡”战略，并延续了1958年所确立的城乡“分而治之”的经济社会二元结构。与此相适应，法制的发展也呈现出城市和农村“分别立法”的特征。长期以来，我国农村的金融法制以及政策都坚持的是城乡二元体制支持下的为城市发展提供保障的理念，这一理念主要包含两个方面的要求：第一，在产业政策的安排上强调优先保障工业发展；第二，在区域发展政策的安排上强调优先保障城市发展，兼顾农村发展。这种差别性制度安排形成了我国城乡二元法制体系，而且金融制度长期维护着城乡二元结构下的资源配置体制，导致农村金融资源长期以来大量流入城市，农村发展严重缺乏资金。

首先，有相当多的法律制度虽然在全国范围内适用，但是究其实际主要是为推动城市发展而设计的，对于农村发展的特征和需求较少考虑，甚至完全忽略，这也使这些法律制度的设置难以充分发挥其对农村经济社会发展的促进作用。比如，国家在贷款担保制度的设置中，相关的法律规定要求借款人提供一定担保，并将此作为获得贷款的前提条件，而在与担保相关的法律当中规定农民不得将不动产作为担保抵押品。按照这样的方法进行制度的安排和实施会形成对农民融资权极大的限制和阻碍，在三农发展的过程中难以获得必要的资金支持，久而久之，大部分的金融资源以及借贷资金都会向着城市地区倾斜，三农的发展就得不到支援的支持。

其次，相当多的法律制度本应实现统一化，但实际上却只适合于城市，导致农村金融发展被忽略。比如，《城市房地产管理法》对城市房地产开发、权属登记等实施了非常细致的规定，体现出对于城市房地产行业的大力支持。但是，对于农村房产交易可能性登记和抵押却没有完善的立法作为支持，由此形成的立法缺位问题造成了大量地区出现小产权房的原因。

再次，在农村的金融立法当中存在着过度注重发挥集体用地生存功能，严禁对集体建设用地进行充分利用，从而对城乡统一的建设用地市场构建带来了巨大的阻碍，也难以真正发挥出土地市场的汇集和资金引导功能。《土地管理法》第 43 条、《城市房地产管理法》第 8 条规定，只有三种情况能够直接对农民集体所有土地进行使用，禁止了农村集体建设用地使用权直接进入市场交易。这样的规定对集体用地使用权流转以及应用有非常大的限制，使农民想利用国家城市化、商业化进程，以土地获取较大的增值收入的梦想被打碎，无法实现集体用地的价值，且客观上使集体土地不能和国有土地一样享有同等权益。从现实的情况来看，一方面，随着农村经济发展水平的提高，大量的企业逐渐兴办并发展起来。这些工商企业要想逐步扩大自身的规模，提高经济效益，就需要在建设土地上进行厂房的扩建以及企业的拓展。虽然农村集体建设用地的变相和潜在的流转问题已经成为一种公开秘密，但是由于与法律相冲突，当前农村集体建设用地流转只能处于灰色地带。另一方面，近几年，我国一些地区通过对地方实际需求进行考量，以国家政策为依据，积极推行了农村集体建设用地使用权流转试点工作，并出台了相关的政府规章。例如，重庆市场建立了农村土地交易所和地票交易制度，对促进土地流转及融资功能进行了一些探索。但这种做法也受到部分学者的批评和质疑，目前仍未在立法领域获得法律支持。

最后，受保障理念的影响，分配制度存在不合理的问题，而且分配不平衡问题也带来了严重后果。一方面，长期将金融资源投入工业和城市发展中，那么农村得到的资金极为有限；在价格上推行工农业产品“价格剪刀差”，那么就会把用于工业的农产品价格压低，与农产品价值规律背道而驰。这种制度安排会人为地通过定价机制来转移农业部门收入，而让工业部门从中获得较高的收入，出现工农收入分配不平衡，直接弱化了农业部门的地位和功能。另一方面，如果为了更好地为农业生产提供保证，把农用的工业产品价格进行严格的限制，就会使工业品价格大大降低，且与市场价格机制相违背，极有可能降低企业的利润和收益，影响到企业的可持续运营，而最为直接的后果就是农业要想获得价格合理且技术水平含量高的生产资料就有了极大的难度，从而直接威胁和影响到农业的可持续发展。

另外，在城市化深入发展的形势下，出现新的土地“价格剪刀差”。一方面，大量耕地被借以“公共利益”的名义征收，征收的补偿标准很低，很多地方采取一次性发给安置费的货币安置方式处理被征地农民今后的生存保障问题；另一方面，政府把从农民手中征收过来的土地以高价出让，产生了巨额的农地出让金，而这部分资金只有极小部分用于农村发展，很大部分成了政府任意支配的“小金库”或用于城市发展。这可能导致以下三种后果。一是失地农民越来越多。随着城市化进程的加速和新农村建设的巨大用地需求，预测到2020年我国失地农民总数将达1亿人以上，而失地农民中的很大部分又成为“无土地、无工作、无社保”的“三无”人员。这个庞大的农民群体的生存权和发展权如何保障，是新农村建设中实现农民增收的难题，也是新农村法制创新的着力点之一。二是耕地越来越少。大量耕地资源由于部分购地者的“囤积”而闲置荒芜，这样的方式直接影响了我国的粮食安全，造成了严重的资源浪费，难以切实实现农业可持续发展的目标。三是在土地利益的分配存在明显的不平衡，剥夺了农民应该享有的合法权益，削弱了农业发展，造成农业资源大幅减少，政府和开发企业成为既得利益者，工业和城市发展也间接受益。这种土地“价格剪刀差”进一步扩大了城市与农村、工业与农业的差距。

总的来说，片面保障城市发展的理念导致城乡法律制度的分割，一些制度明显违背法律公平正义的基本理念和价值标准，也使城乡矛盾加剧，不能够充分满足社会主义新农村建设的现实需求，必须尽快地进行转变，开展创新工作。此处提到的转变和创新工作实际上要坚持具体问题具体分析的原则，在新时代和新环境下正确处理城市和农村的发展关系，尤其是工业与农业的关系。鉴于城乡二元结构严重阻碍了三农发展，我国需要从具体的国情出发，在总体上设置用工业促进农业发展，用城市来带动乡村发展的思路，并充分认识进行城乡发展的统筹和规划是国家必须解决的现实问题。由此观之，我国农村金融法制的建设理念必须从传统的保障理念转变为统筹发展理念。

统筹发展理念核心是城市与农村利益共享、共同发展，统筹城乡发展理念，在贯彻中有着下面几个注意事项：一是统一规划城市、农村发展，尤其是涉及共通性问题（如户籍管理问题），应当统一立法，既重视城乡共同的制度需求，又考虑城乡的不同特点；二是在资源的配置过程中，必须确保资源在城乡间自由流动，提高资源配置的合理性和科学性，使城市和农村能够互相补充，取长补短和分享收益，而不能牺牲农村发展来保障城市发展，所以必须消除阻碍城乡资源优化配置以及造成城乡利益失衡的有关法律制度，建立一系列新的保障城乡资源优化配置和城乡利益平衡的法律制度，如建立土地流转制度；三是建立以工促农、以城带乡的长效法律机制，如建立农村财政和金融支持制度等。这些都是我国当前城市发展与农村发展的巨大差距以及农村天然弱势地位的客观要求。

具体而言，农村金融法制引入统筹城乡发展理念应主要着眼于以下几个方面的创新。

第一，加快促进农村市场经济发展方面的立法。健全规范农村市场主体、市场行为、市场秩序、宏观调控和社会保障等方面的法律制度，不应因城乡居民身份和地域的差异而有不同。目前，较为迫切的是制定和完善有关确立农村市场主体法律地位和明确农村产权关系的法律制度，如制定《农场法》《集体经济组织法》《农村金融促进法》等。

第二，制定《农业现代化促进法》，将我国实践中取得良好效果的促进农业现代化的措施制度化，积极建立系统科学的促进城乡统筹协调的法律制度。例如，对不同形式的农业产业化经营组织的推广价值进行分析，着重将推广价值高和操作性强的模式进行规范，也可以把这样的模式纳入立法管理当中，明确在这一组织模式下相关的权利和义务关系，为相关纠纷的解决提供有力的法律救济制度。这样的组织模式将各个组织有机结合起来，有助于提升农民组织化水平。

第三，优化土地承包权流转法律制度，使土地要素在农村合理流动，实现其融资功能。一方面，必须严格遵照土地高效利用的原则，对土地流转的方式进行全面创新。另一方面，必须要充分了解农民意愿，真正聆听农民的心声，并从实际出发来优化土地流转价格机制，避免出现损害或剥夺农民利益的情况。

第四，推动土地征收制度创新，在法律上明确区分公益性用地和商业用地，限制征地的范围，扩大征地补偿范围，完善征地程序，建立按市场价格的土地征收补偿标准和农地出让金专项用于农业和农村发展的制度，让农民分享发展带来的土地增值收益。

第五，对农村集体建设用地使用权流转制度进行科学化的设置。要想达成社会主义新农村建设的目标，必须要让广大农民享有土地所有权，切实维护好农民的权益。因此，要对目前关于土地管理方面的法律条款进行适当修改，并在总结地方试点经验的基础上，设计符合在农村金融发展中进行合理应用的土地使用权流转法律制度，使其实现有序流转，让农民的权益得到有效保障。

第六，构建城乡统一法律制度体系。《城乡规划法》《就业促进法》等法律法规充分践行了统筹城乡发展的理念。此外，为了确保金融资源有序地进入农村，我国还应该加快制定相关的法律制度，如《户籍法》《社会保险法》等。

3. 从政府主导转向多元主体共同参与

从制度变迁的角度出发，我国在推动市场化改革的过程中，政府所起到的推动作用相当明显。如果对其进行定性，属于将政策法规作为基础而实施的创新改革。在这一制度变革模式之下进行新农村建设，政府在其中起到的作用就会非常突出。然而，发展至今，整个社会已经发生了翻天覆地的变化，如果仍然仅依靠政府主导作用的发挥来开展新农村建设，已经无法满足时代和新农村建设的需求。

第一，从政府角度来说，政府在财力以及能力方面都有着一定的局限，而社会主义新农村建设工作十分复杂，不仅影响面积十分广泛，更需要巨大的资金力量支持。政府在掌握信息上存在不完全性的特点，如果单纯地依靠政府力量，发挥政府的财政功能和加大财政支持，仅仅能够解决小部分资金缺口，不能够让新农村建设的大量资金需求得到满足。

第二，从农民视角来说，农民主体意识得不到提升，并且不能够积极踊跃地参与到新农村建设当中，即使政府发挥主导作用，也会在很大限度上压制农民的发展。这就造成农民不能充分表达自己的意见和建议，而具体的实践活动当中就会出现大量违背农民意愿的情况，导致以促进三农发展为核心的新农村建设不能够达到理想化的目标。

第三，坚持政府主导的工作模式有着很大的缺陷，极易出现形式主义、伤农行为以及短期行为的发生。除此以外，部分地方政府的官员在新农村建设中大搞政绩工程、重复建设、寻租等，严重偏离新农村建设目标，违背了新农村建设的初衷，与国家的战略方针政策不相符合。因此，农村金融法制理念应当转变和创新。这种转变和创新的关键在于正确认识我国新农村建设中政府与其他主体的关系，厘定政府责任和社会责任。

长期以来，政府在农村金融的管制方面投入了很大的力度，并且扮演着农村金融秩序的维持者和农村金融改革的推行者角色，这样的行为直接促使主体参与到实践活动中。农村金融市场主体呈现出多元化的特点，政府只是其中的一部分，还有很多其他形式和组织力量。农民就是新农村建设以及农村金融市场的基本主体，在农村以及农业经济生产发展、保障农民增产增收以及推动农民素质提升等方面都需要有农民的积极参与和支持，也需要广大农民积极的献言献策，最后用集体的智慧来解决大问题。政府作为其中重要的推动力，应该承担的是服务和激励的职能，给予积极的服务保障，并且提供方向的有效指导，而不是完全代替和掌管。具体包括为农业生产提供信息服务，加强宏观调控，避免农村经济出现大起大落，出台相关税收政策促进农产品加工业的发展，对农业基础设施建设给予财政资金的补贴和支持，提高对农业科学技术工作投资的重视程度，构建完善的农业保险体系、补贴制度，引导社会力量参与农村建设，为农民和农业提供政策性金融支持等。社会力量是新农村建设中不可忽视的重要参与力量，有着明显的广泛性和外部性，如企业大量吸纳农村剩余劳动力；农村地区的民间金融机构为农村的中小企业提供资金支持和金融服务；社会中介机构有效解决农产品销售的相关问题等。由此观之，农村经济社会的发展缺少了上述任何一方主体的参与，都会影响新农村建设目标的达成。因此，农村金融法制建设的理念要从政府主导转化为多元主体共同参与，让各个金融主体都能够发挥自身作用和职能，共同为农村金融发展贡献力量。

多元主体共同参与理念在社会主义新农村建设当中的落实，不但要号召和引导多元主体积极参与实践，还需要加强主体之间的互动和合作，激励社会各方主体积极投入新农村建设。这种互动在法制建设上包括以下三个方面。一是开放市场。金融是资源配置的核心，农村发展需要汇集社会各方面的资源，这要求农村金融市场必须开放，让更多的市场主体进入农村金融市场，参与农村与农业的投入。当然，开放市场并不必然要求引导大量资金进入农村，但只有开放市场，再结合相应的激励制度，才可能引导多方主体参与农村的发展，吸引大量资金进入农村。开放市场的关键性保证是制度上的支持，也就是在制度上赋予市场主体自治权和参与权，使农民群体拥有真正的话语权，在新农村建设当中发挥应有作用。二是建立吸引多元主体积极参与的激励和约束机制。在农村建设中，政府应当致力建立引导资金进入农村的激励约束机制，通过公共投资进一步让原本十分薄弱的农业生产条件得到进一步改善，为农村经济发展贡献力量，为三农发展注入生命活力。三是对监督制度进行完善和健全。国家积极倡导多元主体共同参与到社会主义新农村建设当中的金融措施大多属于知识性手段，不仅涉及国家财政税收，也涉及公共利益方面。因此，国家对新农村建设要设立专项资金，而且这部分的资金在使用过程中要有政府的监督和检查，还需要将资金使用放置在全社会监督下，尤其是要号召农民广泛参与和监督，避免发生浪费、贪污腐败、不作为等现象，形成资源自由、高效、公平、合法配置的环境。

在多元主体共同参与理念指导下的我国农村金融法律制度建设和创新应该从以下几个方面着手。第一，积极建立以重大事项为主要内容的村民集体表决制度，尤其是在涉及关系全村村民切身利益的项目（如整体拆旧房建新房、重大投资项目、村民集资等）时，必须完全改变由政府说了算的局面，赋予村民自治权。这样，当农民参与新农村建设的各项事务中时才会更加积极主动。第二，构建农村资金监督制度。对于农村建设的专项资金，必须设置专门的机构和监督人员对资金的使用以及流向进行全面的跟踪监督，并且构建监督人员和政府部门互动机制，避免不合理的资金运用，有效治理其中的违法乱纪现象。第三，提高农村金融市场的开放性，号召社会多方力量的共同参与，并在此基础上结合新农村建设需要，构建约束激励机制，使更多的优秀企业有意到农村发展。第四，建立农民培训和教育制度，对农民展开专业技术培训和知识培训，使他们掌握农业生产的丰富技能，提高自身的知识文化水平，积极引导和鼓励他们创业致富。此外，还能够挖掘出农村劳动力的潜能，为新农村建设积攒能量，提供无穷无尽的动力之源。就我国目前的劳动力结构而言，80%以上的工人属于初级工人，缺乏现代化劳动技能。这样的劳动力结构极易在国内改革以及国际竞争当中成为利益分配不公的受害者。要想彻底改变这一现状，推动农村经济社会的全面发展，必须要加强对普通劳动者的职业教育和培训工作，不断丰富他们的劳动技能和科学知识，以此推动新农村建设和发展能力的提升。

4.从坚持非均衡发展转向坚持均衡协调发展

社会经济发展战略是一国对社会和经济发展中的全局性和根本性问题所做的在较长时期内具有稳定性的部署，包括产业发展战略、区域发展战略、科教兴国战略等。在我国建国之后，国家经济发展战略主要经过了以下几个阶段。一是改革开放前低水平、均衡阶段。新中国成立初期，我国实施了优先发展重工业的战略，一度导致农业、轻工业和重工业的比例失调。随着计划经济体制的确立，国民经济比例失调问题得到缓解，城乡之间、区域之间、经济与社会之间的发展差距不大，但总体水平和发展速度不高，甚至一度处于停滞状态。二是改革开放初期的非均衡发展。改革开放初期，我国在深刻反思平均主义的弊端和平均发展当中存在的不切实际因素之后，进行非均衡发展实践。这一时期农村经济法制和政策更多的是为社会经济非均衡发展提供保障，金融资源更多地被投入城市。三是均衡协调发展阶段，也是目前所处阶段。在实施了多年非均衡发展战略之后，社会经济的矛盾问题愈加突出：工业发展迅速，已经取得显著成绩，但农业和第三产业发展相对滞后；城市经济和生活水平大大提升，而农村却在发展当中举步维艰；东部地区经济发达，而中部地区经济发展水平较低；经济建设当中成绩卓越，而社会事业相当落后，经济、人口、资源和环境的矛盾突出；金融资本数量激剧增加，但却远离农村，很多地区难以获得基本的金融服务。面对这些矛盾，我国从 20 世纪 90 年代末陆续提出了“西部大开发”“振兴东北老工业基地”“中部崛起”“可持续发展”“科教兴国”“工业反哺农业”“城市反哺农村”等战略，并且从原来的非均衡发展阶段进入均衡协调发展的新时期。在这样的支持和影响下，社会主义新农村建设的法制理念必须从非均衡发展的理念过渡到均衡协调发展理念。

我国社会经济均衡协调发展理念内涵有着以下三个方面的体现：第一，产业的均衡协调发展，即工业和农村的均衡发展；第二，区域的均衡协调发展，即中部和中西部地区的均衡发展；第三，社会和经济的均衡协调发展，即经济发展速度应当和社会承受能力平衡。

就我国农村金融法制而言，长期偏离均衡与协调发展的理念和导向。以农村金融制度改革为例，改革开放以来的农村金融制度改革基本上是以商业化和市场化为导向的股份制改革。从中国经济发展的大方向看，这样的制度改革选择应当是正确的。但考虑我国农村经济社会发展的现实条件，农村金融制度改革的商业化和市场化还应当顾及农村经济社会发展的均衡性和协调性。换言之，农村金融商业化和市场化的改革工作不能够对农村的社会以及经济发展需要的资金造成影响。显然，迄今为止我国的农村金融制度改革忽视了均衡协调发展的理念，只强调了金融机构的市场化与商业化改革，而没有重视与农村经济社会发展的协调问题，导致农村金融机构进行商业化和市场化改革后大量撤离农村，在农村吸收的资金也大量流入城市和工商业，反而加剧了农村资金短缺的矛盾。从经验归纳的角度讲，这是农村金融制度改革忽视均衡发展的一个典型例证，值得我们反思，也进一步证明了强调农村金融法制，坚持均衡协调理念的现实意义。

在社会经济均衡协调发展理念的支持和指导之下，金融法制创新需要从以下几个方面着手。一是针对农村三大产业的均衡发展，制定与之相对应的法律制度。除了对农业给予必要的重视和支持以外，以农村农产品加工为主的第二产业以及农村金融等第三产业同样需要得到发展和保护。因为在市场经济条件下，农村三大产业的发展是息息相关的。当前，我国农村的金融行业发展水平较低，受到制度影响较大，如农村金融组织形式单一、设立门槛较高、民间金融被压制等。为此，农村金融法制的创新不仅要着眼于组织形式的创新，制定《村镇银行法》《小额贷款公司法》《农村互助金融组织法》等，切实保护好农民的融资权，并对金融发展的成果进行合理的引导。“只有赋予广大农村的企业和农户自由融资的权利，在制度上维护多向度的融资机制，农村的改革和发展才具有可持续性。”二是针对实现东、中、西部农村均衡，制定与之相对应的法律制度。我国中西部以及东部的农村地区在经济发展水平方面有着非常大的差距，尤其是新农村建设方面表现得尤为突出，东部地区进程快，成果显著，相对的，我国中西部地区的新农村建设步履十分缓慢。因而，我国要不断健全财政转移支付以及公共投资方面的法律，给予中西部金融政策倾斜。三是针对农村公共产品、服务供给，制定与之相对应的法律制度。目前，农村公共产品以及服务等方面的设施和供给存在严重不足的问题，这对社会经济的发展也带来了极大的阻碍。造成供给不足的原因主要有两方面：一是因法律规定模糊，许多农村集体经济组织未能发挥提供公共产品和服务的职能；二是地方政府未能提供本应由其提供的公共产品和服务。为此，一方面要完善《集体经济组织法》，通过立法来使农村集体经济组织明确自身在权利义务、基本职能等方面应该遵循的原则和规范；另一方面还应当创新农村公共产品财政投资法律，构建与之相关的多元融资引导、投资决策等机制，尤其是要重视完善民间融资制度，建立多层次的金融市场，引导民间资本进入农村，促进城乡均衡发展。

第四章　中国农村合作金融组织的改革理念与路径

第一节　农村合作金融组织的改革背景

农村信用社、政策性农业发展银行以及商业性农业银行共同构成我国农村金融组织体系。农村信用社作为具有相对多分支结构的正规金融机构，主要面向农村展开金融服务，具有极其关键的地位。在所有农村正规金融机构中，农村信用社同农户的业务往来最为直接，是为农业经济服务的重要力量。从实际来看，我国正规金融机构与大量的非正规金融机构共存。非正规规金融机构主要包括民间互助会和民间借贷等，通常基于血缘、地缘和人缘，交互于企业、家庭和个人间进行金融交易活动。然而，因其未具有合法性质，独立在官方金融体系以外，很多非正规金融机构或多或少地存在着问题。针对该些实际情况，国内农村合作金融组织需要秉持何种理念，采取何种针对性有效对策，以突破农村合作金融制度改革，本章将以有关农村合作金融组织制度改革的现实问题为中心进行探讨。

一、社会主义市场经济初级阶段

改革开放以来，我国农村经济建设和发展虽然取得显著成绩，但却呈现出不均衡的发展，具体表现在农村经济发展水平相对较高的区域多集中在东部沿海或邻近经济中心城市；西部地区大部分处在自然经济发展阶段；其他区域的经济处于市场化进程的起初阶段。

我国人口总数中，农业人口占有较大比例从国内农村经济特点及其发展实际来看，我国农村依然处在自然经济和市场经济共存的态势下，虽然市场化日益增大，但农民具有较高的自给率；从生产力层面看，现代化、（半）机械化以及手工耕作这三种方式并存；从组织层面看，现阶段即便产生部分新型合作组织，也是极少部分，大部分为分散的农户，这些农户的基本单元为家庭，在市场经济中，分散农户可谓弱势群体。只有确保资金的充足，才可以促进该弱势群体的发展。

现阶段，传统的养殖业、种植业是国内农村经济结构的主要构成部分，并且农民的主要收入来源也多依赖种植业和养殖业；特别是在农村经济结构极具单一化的西部地区，农民的收入来源以及农村就业中，非农产业所占比例极小，要想使金融服务达到此种经济情况的需要，应促使经济薄弱的群体实现充足的金融服务，充分调动这些群体参与金融活动的主观能动性动起来的形式。鉴于我国处在社会主义初级阶段，农村基础的经营手段依然以家庭经营为主，所以农村地区亟待发展可为分散与小额经济活动的主体（乡镇企业、个体私营工商业以及家庭农户等）提供金融服务的正规机构。

我国地大物博，文化背景、经济发达程度等方面在不同区域具有显著的差异，为此，我们不可以统一进行分析概论，需要构建多元化的区域模式。

二、城乡二元结构和区域发展的不均衡

二元经济结构作为一种理论，由经济学家长期总结与探索而成，旨在陈述农村落后的农业部门与城市先进的工业部门的并存与冲突以及在其运动过程中产生的分化。中国作为典型的二元经济结构国家，在数十年的经济发展过程中，农村经济和农业生产水平却未能获得理想的成绩，导致城乡差距越来越大，整体社会出现二元分极。目前，我国正处于社会转型的关键时期，城乡二元结构已成为极其重要的影响因素，在短时间内，倘若不能根本解决城乡二元结构，不仅将导致社会出现城乡无法有效衔接的局面，还会使城市自身发展丧失本应具备的支持。

城乡二元结构在历史层面上不单单是经济制度的规划，更为注重的是政治制度的组织。国内社会资源的分配在改革前受制于行政指令，并不是通过市场规范运作实施社会资源的配置；在实施此种社会福利与资源的分配过程中，城乡间具有实质性的差异。受“城乡二元结构”的影响，农民在诸多方面同城市居民截然不同，譬如保险与就业、医疗与教育、副食品供应、住宅等；国内经济发展和社会稳定已经受到城乡二元结构的严重影响。

在金融服务层面，城乡二元结构的影响较为显著。根据有关统计结果显示，国内行政村和金融网点的配备比例严重失调，几十个行政村配备一个金融网点，在县级（以下）金融机构网点中，金融业务多集中在存、贷、汇方面，其他业务所占比例很小（不到 20%）；大多数的行政村对于基本的贷款业务无法提供；在县域内，邮政储蓄机构和农村信用社吸纳的资金绝大部分没有用于农村，国有商业银行吸纳的资金有一半以上（约 60%）流向城市。城市金融和农村金融对比的差异极其显著，有很大一部分的农村金融为城市金融提供了服务。我国知名经济学家厉以宁指出，农村金融长期受到“城乡二元结构”和农建工政策的影响，造成在金融市场出现城乡分割，农村金融受到极其显著的抑制，阻碍了农村经济的有序发展；国内农村金

融市场在“城乡二元结构”的影响下出现缺陷，甚至不良效果。为协调城乡金融市场的冲突，构建和谐金融市场，必须要加快农村金融改革的步伐，深入贯彻创新、变革的制度理念。

通过对“城乡二元结构”探视，可以得知，一方面，应以农村社会金融需求为导向进行国内金融体制的改革，农村金融体制改革应同城市的改革有所差异，要结合农村社会的实际情况，对农村农民的心理状态、文化特征、经济发展具体状况等进行充分考虑，一定要同国内农村社会实际相接轨，不能不切实际地追求过高、过远的目标；另一方面，以农村金融体制的改革为农村社会提供更多的扶持，使农业、农村和农民能够切实地受惠于金融体制的改革，获得更多的发展机会，唯有如此，方可缩小城乡差异，完善城乡二元结构中的缺陷，改变不合理的社会结构。

三、农村金融服务业有待完善

伴随国内银行的不断撤销或合并，县级（以下）营业网点和机构，侧重于对“五大”的经营，即大项目、大客户、大企业、大行业和大城市。该举措一方面对国有商业银行缩短营业战线，强化营业能力，降低营业成本以及减轻工作负荷具有积极作用，另一方面也造成了县级（以下）农村金融服务不足，农村金融边缘化的负面影响。因此，国内农村金融服务业在现阶段以及今后一定的时期依然会相对落后。在绝大部分农村区域，农民借贷的主要方式是亲戚和朋友，很少采用商业贷款的方式，商贷绝大多数流转到城市以及个体工商业；从信贷市场的运作层面来看，农村金融市场的发展并不良好。

不容置疑，国内农村金融服务较为落后。只有通过农村金融体制的改革，最大限度地为农民提供金融服务，逐步加强农村金融服务的能力，才能为农村不同的社会主体给予更优质和卓越的金融服务。

第二节　农村合作金融组织的改革理念与原则

一、当前我国农村合作金融组织制度改革的基本理念

（一）立足“三农”，服务“三农”的理念

立足“三农”，服务“三农”是农村信用社的本职所在，农村合作金融组织制度改革同“三农”密不可分。在国外，农村合作金融组织自始至终作为农村金融机构，即便发展为商业化股份制银行，也是始终服务于农业、农村和农民的。从这一层面

看，国内农村合作金融组织的改革，一定要基于强化其自身实力，方可增强农村合作金融组织对农业、农村和农民的金融服务能力；“三农”是农村合作金融组织的根基所在，立足“三农”，进而服务“三农”是农村合作金融必须坚持的首要理念。

立足“三农”，首先要得到农民的支持，为农民提供良好的金融服务，使农民切实感受到农村合作金融组织就是为自身所设立和经营的；其次应该基于农村，实施金融服务，丰富农村金融市场，促进农村建设，发展农业经济。

国内农村经济发展的不均衡，迫切需要在各方面（人力、物力和财力）加大对农村经济发展落后区域的投入，推进农业发展，增加农民收入，努力缩小城乡二元社会结构；伴随金融改革的持续深入，国有商业银行基层组织陆续脱离农村，在扶持“三农”以及维系农民方面，农村合作金融成为中坚力量和金融纽带。农村金融体制改革的基本目标是服务“三农”。一方面，对农村金融组织的管理体制及其运作模式进行改革，最大限度地为农民提供金融服务；另一方面，完善金融服务方式，拓展金融服务功能，提升金融服务水平，在实现农业增长、农村经济发展、农民增收以及社会建设全方位发展等诸多层面，切实将农村金融组织的积极作用充分地发挥出来。

总之，农村金融体制改革的着手点和基本目标即为立足“三农”、服务“三农”；要想在一定时期内巩固农村金融组织制度改革的成效，就需要立足“三农”，始终追求为“三农”服务的目标，如此才可以为农村金融组织制度改革指明方向，从而受到农民的支持，一旦脱离了服务“三农”，就无从谈及农村金融制度改革，所以秉持立足“三农”，服务“三农”是我国农村合作金融组织制度改革的基本理念之一。

（二）坚持合作制的基本理念

合作金融作为一种现代金融组织形态，由社会弱势群体创设，旨在实现自身资金融通需求；合作金融不在商业性金融体系当中；在国际历史长河中，合作金融能够有效地解决弱势群体融资难的窘境，并且在当代，合作金融仍然发挥着其自身应用的效用。

国内农村经济不发达，农业经济现代化和产业化程度不高，农民同城市居民相比各方面差异较大，加之农村能够作为担保资源予以利用的比重不大，且有较高的融资成本，农民并没有较强的融资能力，上述种种因素均说明在金融市场中，农村组织与农民相较于城市工商企业和市民来讲，相对弱势。因此，借助合作金融组织满足农村金融需求，很大限度上解决了农业生产群体的融资困境，具有可行性和极其重要的现实意义，合作制有助于达成农民和信贷资金的有机联系。

秉持合作制的理念，一方面，需要依循合作社的原则，将既有农村金融组织实施合作制改革，在改革的基础上，农村信用社与其他金融组织形成合作金融组织，实现社会金融服务的需求；另一方面，需要国家以立法的形式规定农村组织与农民根据合作制的原则成立区别于以往的农村合作金融组织，制定相关法律、法规，对此新的农村合作金融组织的运行加以规范，确保社员的权利不受侵犯；在法定范围内，农村合作金融组织经营自主权。

二、我国农村合作金融组织制度改革的基本原则

（一）因地制宜与循序渐进相结合

我国虽然幅员辽阔，但各地区经济发展却呈现出明显的不均衡性；人口众多，但可利用资源极其贫乏。在我国总人口数量中，农业人口所占的比重较大，城乡间的差距也很大，由此，在改革农村金融体制层面，不可采用划一的办法进行，而需要结合各区域农村经济发展的实际水平，根据当地现实状况，采取针对性的办法，有条不紊地实施。在组织方式和产权制度设计等层面，同样需要因地制宜，差异化和逐步地分类实施不同的产权制度，如合作制、股份制以及股份合作制等；构建适应本地区经济发展水平的运行机制。

（二）政策扶持和适度竞争相结合

就当前农村金融的发展现状来说，国家或者政府必须在观念以及制度保障方面给予支持和鼓励，充分扶持其发展和改革，并且确保正确的发展方向，在此基础上提高前进的速度和效率。与此同时，为了进一步提升我国农村金融的竞争力水平，可以恰当地实施倾斜政策，如减税、免税、补贴等来加大对农村金融的扶持力度。此外，必须要认识到农村金融组织从成立一直到消亡都处在市场发展规律之下，且必须符合市场发展规律。对于资源配置，市场掌握着主导权，那么在农村金融机构的发展当中，同样要发挥市场的作用。因此，在安排农村金融法律制度的过程中，必须要坚持面对市场，尊重市场的竞争，更要遵循市场发展规律，充分发挥市场的调节作用，真正构建有良性竞争性质的市场机制，提升农村金融发展速率和效果。总之，必须将政府扶持和适度竞争作为建立和完善新农村金融法律体系的重要立法原则，使政府以及市场的作用有效融合，相辅相成。农村金融组织在发展过程中坚持适度竞争是其内在性以及基础性的要求，坚持政府扶持则属于环境性条件。农村金融制度的构建过程也正是将二者进行统一和协调的过程，必须牢牢把握住政府以及市场的关系、起到的作用，发挥二者合力促进农村金融市场发展。

（三）正规与非正规金融协调进步

农村经济发展的过程存在着两种形式的金融，一类是正规金融，另一类是非正规金融。当农村的正规金融无法和农村经济发展相协调时，非正规金融就会产生，可以说，非正规金融是强烈供需不平衡之下的必然产物。从大的农村金融市场范围

看，正规金融整体状态十分冷淡，其中的金融业务量和人群数量都极为稀少，反观非正规金融则生意红火，有着势不可挡的态势，已经掩盖了非正规金融的非正规性。从我国目前农村经济发展和农村金融市场实际发展情况来看，非正规金融仍然会在其中发挥巨大作用，并且会持续很长时间。对此，新农村金融法律制度必须充分考虑我国当前农村经济和金融的现实情况和发展方向，切实了解“三农”发展的需求，承认非正规金融是农村金融不可或缺的一部分。

（四）法律规范与村规民约相互补充

法律规范是国家立法机关认可，能够对人们的行为提供指导和约束规范的行为准则，直接反映和体现出国家意志，带有强制性。在我国的社会发展进程中，除了存在受到普遍认可的法律法规之外，还有很多问题需要通过民俗和民约来辅助解决人们日常生活当中的问题，在偏远地区这样的情况表现更加明显。这样的现象不难理解，并且与当前农村的发展现状相符合。因此，除了制定相关的金融法律规范以外，还需要发挥村规民约的补充作用，使村规民约的制定能够和相关法律规范统筹一致，这样我国在农村领域的金融法规体制建设速度会有极大程度的增加，确保新农村金融市场确立起来并得到完善。

第三节　中国农村合作金融组织的改革路径分析

国内农村资金需求的特点可表述为风险大和规模小、分散化和监控难。大部分地区的农村经济组织和个人想从正规金融机构得到贷款较为困难，因此农村群体获取资金往往通过非正规的手段和渠道。从满足农民实际金融需求方面分析，相较于正规金融市场，非正规金融市场的作用更强。鉴于货币管理当局对农村非金融机构的规范力度不够，农村的金融风险日益加大，所以如何使农村中小企业和农民可以通过正规金融机构获得贷款，实现其金融需求的满足，是现阶段农村金融体制改革面临的关键任务之一。

一、学界对我国农村合作金融组织改革对策的研究

学界针对国内农村金融组织制度改革对策的选取已做了较多的探究，并且提出了诸多的改革建议。下面是几种最具代表性的改革方案。

（一）改革方案一

这部分学者指出，农村信用合作社应该是农村合作金融机构的唯一组织形态，并且农村信用合作社应该实行股份制。之所以提出此种改革路径，是因为国内农村

信用社具有一种企业、集体所有制的性质，但国内农村信用社无法实行合作制，其唯一的改革路径就是实行商业化和股份制；在我国，绝大部分地区的农村信用社受“一股就灵”理论的影响，大都寄希望于改制成农村商业银行。

（二）改革方案二

这部分学者指出对我国农村合作金融组织改革要做到“双管齐下”，换句话讲，既要应对民间金融加以规范，使民间金融更具合法性，又要对目前的正规合作金融进行改造，采取改造加规范的方式进行农村合作金融组织的改革。

（三）改革方案三

这部分学者指出，农村唯一合法的合作金融组织是农村信用社，对农村信用社目前的产权结构和管理体制应予以维持，但应适当地调整其经营管理机制，使其在新时期同社会发展需求相适应；国际范围内大多数国家基于合作制，将农村信用社经营成功的例子众多，而股份制却难以有所作为，因此判定国内农村发展股份制商业金融组织不适合，推进农村金融改革的唯一路径就是合作制。此种观点认为国外合作社之所以能够取得成功，大多依靠市场力量，忽视了农民在组织过程的自愿性和自发性。

（四）改革方案四

这部分学者支持对当前农村金融合作组织进行改造以及对民间金融组织加以规范，不但要在改造过程中注重因地制宜，而且要在规范过程中强化民间合作金融组织的合法性，构建一种新型农村金融体系，即正规合作金融与非正规合作金融共存互补；在功能观点的基础上，创新农村合作信用社的形式，组建新型农村合作金融组织，更好地服务于农村、农业和农民。

上述改革方案从各种视角陈述了我国金融体制改革需要选择的路径，均有其自身的合理性。

二、中国农村合作金融组织改革的具体路径

鉴于国内农村实际状况，结合在农村金融问题的处理上各国采取的普遍做法，同时对国内农村现代化建设需求的充分考虑，笔者认为，国内农村金融组织制度改革可考虑选择改革方案四，即通过“双管齐下”的方式进行农村合作金融组织的改革。按照合作社的基本要求，对国内农村信用社进行改革，同时在规范的基础上，给予民间金融合法性，并且指导民间金融根据合作社的基本原则进行组建、运作以及管理。中国农村合作金融组织改革的具体路径如下。

（一）将农村信用社改造成为真正意义的农村合作金融组织

1. 农村金融制度改革重点与服务“三农”目标的背离

随着改革开放的深入发展，我国农村金融制度改革前进的方向是商业化以及市

场化，一方面对原有的农村金融机构展开股份制改造，更好地提升了其经营和运行效率。另一方面积极引入新型的农村金融主体，推动了农村金融体系的建立和完善。例如，2009 年我国在沈阳召开的全国农村中小金融机构监管会议当中就给予农村信用社的股份制改革工作极大的肯定和褒奖。大量的实践也证明，将商业化作为股份制改革的导向是市场选择的结果，这样的改革形式能够有效达成效率的目标，但是往往难以切实满足农村经济发展的实际金融需求，仍然存在一定的局限性，可以说与服务“三农”的目标相背离。

首先，在全面推行股份制改革进程当中，四家大型商业银行开始从农村当中大规模地撤离金融机构，积极推进商业化的改造工作，这一工作虽然完成，但也使其丧失了原本促进“三农”发展的功能。2002 年 2 月，我国召开了第二次全国金融工作会议，此次会议决定在国有独资商业银行当中，全面推行股份制改造工作，并为它们创造上市的有利条件。2004 年 8 月、2004 年 9 月、2005 年 10 月，中国银行股份有限公司、中国建设银行股份有限公司、中国工商银行股份有限公司分别挂牌成立。随后上述的国有商业银行又纷纷挂牌上市。可以说，在2004年以后的三年之内，我国农村地区的金融服务市场出现非常严重的商业银行机构撤离以及功能弱化的相关问题。我国的四家大型商业银行属于国有商业银行的范围，在完成改制后仍然属于国有控股金融企业的范围，且应该承担更多的社会责任，充分发挥服务“三农”和推动“三农”发展的作用，但是这几个大型商业银行在股份制改革完成后，受市场压力以及利润要求等方面的限制极大，面对这样的现实，它们做出的理性选择就是从农村地区部分撤离。

其次，在股份制改革完成之后，农村信用社逐渐丧失了服务“三农”的功能。1996 年 6 月，《国务院关于农村金融体制改革的决定》出台，农村信用社也正式从农行脱钩。但受多种因素影响，此次改革并没有达到理想效果。2003 年 8 月，包括江苏在内的 8 省（市）启动改革试点工作。2004 年 8 月，试点范围扩展速度显著，逐步扩大到北京等 29 个省（区、市）。这次改革遵循的原则是实现投资主体的多元化以及股权结构的多样化，对于有条件的地区可以积极推行股份制改造工作；对于暂时不具备相关条件的地区，可以将股份制的原则和做法作为比照，逐步有效实行股份制；对于在股份制改造工作实施中存在困难的地区，可以逐步完善制度。在这样的原则指导之下，各省市积极确定关于农村信用社改制的方案，并且将农村信用社的改制纳入农村银行的发展计划当中，这造成了大量的农村信用社在制度改革当中撤离农村，而原本的农村金融主力军力量逐渐变得薄弱。一直到 2008 年年底，农村信用社县域网点数 5.15 万个，分别比 2005、2006 和 2007 年减少 9258、4415 和 503 个百分点。

再次，新引入的农村金融主体实际发展偏离服务“三农”宗旨和目标。农村金融增量改革的一个重要工作内容就是引入新的主体，这也是对长时期以来社会各界呼吁放开民间金融的回应。从这一角度看，围绕新引入的农村金融主题展开的系列创新改革都有着社会进步价值。为了让更多的资金流向农村和我国的欠发达地区，推动农村金融服务的完善与创新工作，中国银行监督管理委员会于 2007 年 1 月颁布《村镇银行管理暂行规定》。截至 2009 年年底，村镇银行总数量已经超 145 家。到 2010 年年初，我国的小额贷款公司总数量已经超过 1 340 家。国家之所以要积极设立村镇银行、小额贷款公司等新的农村金融机构，最初是想妥善解决三农问题，更好地为三农提供金融服务，但是资本的逐利性又让农村金融市场利润不可观，且它们自身资金和贷款的业务数量拥有一定的限制，涉农贷款不良率持续增高，加之政府的支持力度有待提升，极大地压缩了新型商业金融机构的盈利空间。小额贷款公司作为实例分析，受到自身规模的限制，再加上其他各种税费，小额贷款公司的整体盈利空间十分狭小，很多业务的设置已经和当初的目标与宗旨偏离，更多地倾向于城市发展，这就导致农村金融得不到应有的重视。

从上面的数据以及资料当中能够明显看到，农村金融制度创新改革的方向是商业化以及股份制。但是，这种市场化的改革路径与服务农村发展的目标存在制度上的背离，偏离了金融普惠原则，不能有效达成服务“三农”的目标。农村金融的其他问题还包括：涉农贷款增长较慢、农村金融产品品种少、农村资金外流严重、民间高利贷在一些地方还较为普遍、政策性金融支农作用有限、农贷不良率居高不下等。2004 年以来，中央一号文件多次将农村金融改革与发展问题列入其中，并分别于 1997 年、2002 年和 2007 年召开全国金融工作会议，多次强调农村金融改革，将其作为改革重点。

2. 次贷危机对农村合作金融组织商业银行化的警示

美国次贷危机自 2007 年夏季爆发以来不断蔓延和深化，已导致多家银行倒闭，尤其 2008 年联邦存款保险公司接管了 25 家银行，2009 年有 140 家银行倒闭。与此相反，2008 年之前的 5 年里，仅有 11 家银行倒闭。相比之下，规模小、发展历史较晚的农村信用社在金融危机和风暴当中没有大面积倒闭问题发生，总体表现良好，无论是资产规模还是社员数量均不降反升，资产质量也令人称道。

截至 2010 年 3 月，美国 7 636 家信用社总资产 9 098 亿美元，较危机爆发前（2006 年底）增加 1 836 亿美元；单个信用社平均资产规模 1.191 亿美元，较危机爆发前增加 460 万美元；贷款余额 5747.7 亿美元，较危机爆发前增加 679 亿美元；存款余额（社员股份）7 841 亿美元，较危机爆发前增加 1 688 亿美元；盈余总额 3 016 亿美元，较危机爆发前增加 1 111 亿美元；社员人数 9 148.5 万人，较危机爆发前增加409.9万人。这些事实再次表明，真正的合作金融制度具有较强的适应能力和良好的发展前景。针对这次危机，《多德－弗兰克华尔街改革与消费者保护法》主要将监管改革的重点放在银行机构及其他影子银行系统而不是信用社，是非常正确的。这部“大萧条以来最严厉的金融改革法律”对大型金融机构的资本、风险管理、消费者保护等方面施加了严格限制，防止其再度成为金融危机的诱因，但包括信用社在内的小型合作金融机构豁免遵守这些要求。在差异化监管模式中，信用社将面临更加有利的制度环境和发展空间。

综上所述，国内农村合作金融组织的改革应同合作金融的基本动向相一致，个别农村信用合作社已经实施商业化改造，而针对未进行商业化改造的农村信用合作社，要加强他们的合作制特性。一方面，在治理结构层面，明确合作社权力机构。该机构以社员（代表）大会为主，坚持一人一票制，能够对注入资金的额度进行理性考虑，给予每个社员更大的投票权，但最高票数应当有一定的限制；强调社员大会的地位和作用，尤其是在重大决策上的话语权和决定权；合作社的监事会、理事会应通过社员大会形成，监事会对合作社的经营管理活动进行监督，理事会对日常经营决策予以负责。另一方面，在产权结构层面，以增资扩股的方式鼓励农村经济组织、农民积极地参与农村金融合作社，使农村金融合作产权结构产生变化；在业务范围层面，要明确合作社旨在服务社员，有时也涉及其他主体；设立内部程序约束机制，按照投资比重明确对社员的授信量。此外，在盈余分配层面，应构建合作社盈余分配制度，该制度需要基于交易量，并对投资量进行适当考虑。在退出机制方面，要充分尊重社员意志，允许社员自由退出合作社。

（二）民间金融规范化和合法化

1. 合作金融制度与民间金融的法制化应更好地结合

改革开放以来，我国民营经济发展迅速、居民储蓄连创新高，截至2010年年底城乡居民人民币储蓄存款余额达到30万亿元。这些储蓄中有很大部分可以充当资本使用，但是由于金融业属于国民经济的基础行业，一直以来受到国家严密控制，民间资本进入金融业获得银行牌照困难重重。一方面是巨额的居民储蓄和富裕资本，另一方面则是失血的农村金融，两者如何结合，不少学者提出了放开民间合作金融的建议，有关民间合作金融法制化等相关的话题一度为学界热议，并受到了政府的高度重视。近年来，无论是中央一号文件还是有关深化经济体制改革重点工作的意见都有放开限制，让民间资本进入金融市场，推动民间金融的发展。特别是在2010年5月国务院下发《关于鼓励和引导民间投资健康发展的若干意见》指出要“支持民间资本以入股方式参与商业银行的增资扩股，参与农村信用社、城市信用社的改制工作。鼓励民间资本发起或参与设立村镇银行、贷款公司、农村资金互助社等合作金融机构，放宽村镇银行或社区银行中法人银行最低出资比例的限制”。

为确保民间资本更加顺畅地被引导进入农村金融领域，金融监管部门也先后制定和出台了若干具体制度。2007 年银监会先后公布了村镇银行、农村资金互助社管理暂行办法；2008 年 5 月，人民银行联合银监会联合共同发布《关于小额贷款公司试点的指导意见》，鼓励和指导民间金融进入农村市场。此外，人民银行一直积极推动《放贷人条例》出台，引导民间资本建立商业性、专业性放贷机构，尽管该法目前已搁浅，但其主要内容已移入《贷款通则》修改稿中。从这些法规文件中可以看出，开放民间金融将是一个大趋势。但在具体规定中，由于金融业的特殊性，目前已经放开的部分如村镇银行、小额贷款公司都是要求面向“三农”的，换句话说，是打着服务“三农”的旗号放开民间资本金融业的准入门槛。

但如前所述，资本具有天生的逐利性，特别是对于民间金融资本，其逐利性较之国有大型商业银行有过之而无不及。由于“三农”自身直接经济效益不高，再加上政府（特别是在贫困地区）扶持水平还有待提升，因此由民间资本设立的新型合作金融机构高盈利空间受到一定的限制，支农内在动力缺乏，商业经营难以持续。以小额贷款公司为例，我国的小额贷款公司在经营规模上存在局限，再加上各种税费以及提取呆账准备金后，盈利空间并不乐观，后期发展中转型村镇银行暂时无望（有关规定要求商业银行作为村镇银行发起人，原小额贷款公司股东意味着将丧失控制权），一些小额贷款公司正面临着可持续发展的困境，一部分的小额贷款公司在业务处理当中出现偏离部门办法和宗旨的问题，转而投向城市和非农产业。各个省为了提高对小额贷款公司的管理质量，颁布了相关的管理办法，并且提出了关于服务三农的要求，但是却限于当地金融管理部门在人员、监管等方面的不足，往往流于空文，缺乏监督执行，支农实效存在疑问。

总之，忽视“三农”的特质，基本否定制的农村金融产权制度创新还需要进行进一步的商讨和确定。虽然相关的部门已经在制定相关办法来尝试放开民间金融，通过增盘改革引入竞争机制来改善农村金融服务。但是，上述做法主要考虑的是民间金融股份制、商业化思路，而忽视了民间金融的另一个取向，即发展合作制民间金融，忽视了通过法律制度催生农村内生金融，实现民间金融与“三农”经济的内在对接。因此，我国农村合作金融制度改革的方向应当调整，改变以前重视股份制和商业化的导向，提高对发展和建设农民民间金融市场的重视程度，积极探究如何有效地将民间金融和合作制结合起来，推动二者的共同发展和进步。

2. 民间资本化为农村金融产权制度改革提供了新思路

既有的实践表明股份制与弱势“三农”缺乏有效的结合，股份制信用社缺乏服务和发展“三农”的内在动力。金融合作制度是合作经济的重要组成部分，也是一种特殊的金融制度，除了具有一般金融制度特征外还具有区别于其他金融形式的内涵和特性，从立法角度进行分析，有效激励农村地区资本化可以为我国农村金融产权制度的创新提供有效路径和创新思考。

第一，站在全球角度，多个国家通过大量的实践已经证明，合作金融在解决“三农”问题，有效满足弱势群体融资需求等方面发挥着重要作用，同时是非常必要的制度途径。在全面推动农村金融法制创新改革的过程中，合作制的金融应该被重点发展，而不是被完全消除掉。就信用社在我国的发展而言，在几十年来的发展过程中，虽然没有获得非常理想的效果，甚至站在资不抵债边缘，但是并不代表合作金融无法在我国实行和获得理想效果，反而证明了偏离制度精神和原则的信用社机构最终会走上名存实亡的道路。换句话说，正规合作金融法律制度失灵并不代表着其在中国发展道路当中的终结，而是会推动新型合作金融组织出现并获得发展。

第二，将合作制应用到农业领域有着巨大优势。农业发展具有特殊的特点：农业的布局具有广延性；农业生产有着明显的季节性特点；农业对于自然条件的依赖性强；农业种植的整个生产周期长。在以上特征的影响之下，再加上农村地区在居住方面十分分散，信息采集工作力度不强以及抵押品缺乏等因素都使农村的商业性金融制度无法适应其发展。反观合作金融则能够有效地适应这一现状，因为本土性以及灵活性是合作金融的显著特征，可以充分满足农业小规模信贷的需求，而且能够有效克服单个家庭经营的局限，不仅有利于资金的聚集，还能够在农业领域内进行灵活的发展和应用，在很多地区的实践当中有着明显优势。从农村的整个金融市场和金融体系来看，商业金融以及合作金融有着互补关系，积极推进股份制改革工作的同时不能够忽视农村的合作金融。

第三，合作金融是经济的重要组成，同时是经济民主的有效载体，我国的民族传统以及政治制度与合作金融有着天然契合点。合作只是弱者以及劳动者的联合，能够有效满足处在社会当中弱势地位群体对于社会和经济发展的现实需求。合作制下的股金有着有限性和均齐性的特点，而且广大社员不会因为股金方面的差别出现地位上的不平等，广大劳动者可以平等地参与其中，在很大限度上有助于劳动者当家做主，使劳动者能够充分行使自身的权利，这与我国当代经济民主的理念是相符的。合作制对内强调实现共同富裕，对外追求利益，这也与我国和谐社会的发展方向相符合。1995 年，国际社联盟召开的一百周年大会上面重申和强调合作社文化意义：“自助、民主、平等、公平和团结，合作社社员信奉诚实、公开、社会责任和关心他人的道德价值观”。合作是抑制资本阴暗面的一个重要手段，可以转变过度强调竞争和利润的局面，保障社会正义和公平分配。因此，在很大限度上，积极推动合作社的稳定发展，合作社的发展水平越高，社会的两极分化就会越小，只要弱势群体存在，那么合作金融就有存在的基础以及存在的必要性。

第四，合作社在我国的发展具备非常深厚的经济基础，同时我国乡土社会的特点也十分契合。我国传统社会，可以说是一个熟人社会，人与人之间有着不同的私人关系，并且利用这样的关系连接成一张关系网。我国的乡土观念十分的深厚和明显，关于宗族和地域的观念更是根深蒂固。合作社正是以亲缘和地缘关系形成和建立起来的组织，强调共同纽带，这些都为在我国发展合作社提供了便利的基础条件，也为后续控制信贷风险提供有力帮助。

第五，合作金融在中国有着内生性以及自发性的特点。当前，我国农村存在各种各样松散和自发的资金互助组织，它们都属于合作金融的范围，可以实现互助融资的目的。民间融资在我国的民间广泛存在能够有效体现出合作特征，这实际上也属于一种自发合作金融的形式。

（三）创建微型的、区域性的农村合作金融组织

罗伯特·默顿（Robert Menon）与和滋维·博迪（Zvi Bodie）于20世纪90年代提出了金融体系改革理论——基于功能观点，在1995年，两人成立专门研究小组，汇集研究成果出版书籍——《全球金融体系：功能观点》，滋维·博迪（Zvi Bodie）于1996年发表了基于功能观点的论文，阐释了具有新颖性的银行业改革的看法。传统机构观点区别于功能观点，把既存的金融组织和机构视为特定的和探讨全部金融问题的前提，在此既定的前提和框架下，调整和改革全部的金融体系，解决某些当前存在的问题。易言之，不管目前的金融组织抑或是监管机构均致力于维持既有的组织机构的牢固性。罗伯特·默顿（Robert Menon）与和滋维·博迪（Zvi Bodie）提出的两个假设如下：① 相较于金融机构而言，金融功能更具稳定性，换句话来讲，伴随时间流转和区域改变，金融机构的改变要大于金融功能的改变。② 相较于组织结构而言，金融功能更具优越性，金融机构的功能比其组织结构更具重要性。以功能观点来讲，金融体系应具有的经济功能类型需首要明确，再依此组建能够有效地实施功能的组织和机构。以功能观点为基础的金融体系更有利于政府的监管。

综合罗伯特·默顿（Robert Menon）与和滋维·博迪（Zvi Bodie）的观点，在探究农村合作金融组织制度改革和发展时应基于功能观点。通常而言，金融组织的作用能够划分成合作性功能、政策性功能以及商业性功能三种类型。国外某些发达国家具有相对完善的金融机构，且单个金融机构主要对合作性功能、政策性功能以及商业性功能当中的一种功能执行。但事实上，当前农村合作金融机构兼具三种功能。在市场经济条件下，随着农村社会的发展，农村合作金融组织对效益不高的农业经济承担着保障功能；在市场发展进程中，专业银行不断地趋于企业化，其承担的政策性金融功能已经被农村合作金融组织所替代；同时，内部经营责任制在农村

合作金融组织中施行，其盈利水平决定员工的收入高低，经营的关键目标是提高农村合作金融组织的盈利水平，承担了商业性金融功能。实质上，农村合作金融组织的合作性金融功能不断地减弱，此种将诸多功能集一体的情况表明农村合作金融组织的经营目标并非单一化，而是多元化，由此导致农村合作金融组织的不同经营目标与功能间出现矛盾。

农村合作金融组织的基础特点是合作性，这一特点也使其和政策性金融和商业性金融划分开；农村合作金融组织的实质作用应该为合作性功能，易言之，不注重农村合作金融组织营利是否最大化，而是确保其内部成员的利益。推进农村合作金融的发展，一定要使农村合作金融组织具有单一化的合作性金融功能，根据其要求，建立对应的制度，从而确保能够有效发挥农村合作金融组织的合作性功能。由于国内各区域的经济发展水平有较大的差异，多样化的形式应该是农村合作金融组织所需要采取的主要方式。同时应对信用合作社形式予以改革，创建新型合作金融组织，此举措也同中央政策规定相符合。

为了可以持续创新农村金融业务，可建立健全具有一定竞争性的农村金融体系。基于理论层面而言，合作与竞争并存的农村多元化金融组织体系的发展体现出的最大功效是金融组织间的适当竞争可以对垄断所形成的逆向选择（Adverse Selection）行为和道德风险（Moral Hazard）行为进行抑制，不仅能够最大程度上缓解金融组织机构的各项风险，也能够很大限度上降低农民融资成本。

第五章　中国农村合作金融制度的现实异化

第一节　中国农村合作金融制度的异化发展

随着我国经济飞速发展，弱势群体越来越少，互助合作性的资金数额也随之减少，农村资金呈现出了“资本性”的发展方向，合作制规则、原则有了一定的变化，股权整体结构开始呈现出分化状态。人们参与到合作金融机构不单单是实现互助合作需求，更重要的是能够投资获利，营利性和投资获利性等众多资本联合的特点较为凸显。放眼国际领域，合作金融在诸多层面上出现了极大程度的革新，如业务范围、分配手段、管理机制、股权结构和经营目标等。对国内农村合作金融制度的异化发展历程进行分析，不仅需要结合实际国情和基于金融体制环境下理顺农村合作金融的制度变迁，更为重要的是调研国内农村合作金融的发展现状。

一、我国农村合作金融异化发展的历史轨迹

寻求历史根源，以史为鉴，可知我国农村合作金融的制度变迁具备国际领域合作金融异化发展的一般规律，国内的金融体制改革及机制国情也是其重要的影响因素。国家主导性与渐进性是国内合作金融差异的两个显著特性。

上海国民合作储蓄银行由薛仙舟（被誉为“中国合作运动之父”）于 1919 年 10 月创办，是国内最早的合作金融组织。《产业协作社法草案》《草案理由书》作为国内最早的合作制方面的文献，由戴季陶于 1920 年发表。《产业协作社法草案》包括总则、设立、社员、管理、解散及清算等部分，共五节六十一条。直隶（今河北）香河县城第一信用合作社于 1923 年成立，是国内首个农村信用合作社。在 1928 年，浙江省颁布了《浙江省合作社暂行条例》，江苏省颁布了《江苏省合作社暂行条例》。此后的一段时期内，广西、湖南、河北以及山东等地也陆续制定了合作社法规，同时设置了专门的指导机构。在新中国成立前，合作金融事业处于自发阶段，基于西方信用合作制度的学习而逐步地发展，政府并未实施直接的干预措施，在发展过程中依靠的是个体与社会团体，合作制的基本原则被有效落实，农民从中也得到实惠。

国内农村合作金融在新中国成立后的发展分为下述几个阶段。

（一）农村合作金融普遍建立及迅速发展时期（1951—1958）

新中国成立初期农村金融制度实际上是延续解放区的一系列制度条款，此时也是国家逐步对国民经济进行有效恢复，并尽快恢复生产和推动国家富强的一个阶段。在这一时期，为了满足经济发展的需要，我国开始建立农村金融组织，并对其进行反复调整。土地所有制改革工作全面实施之后，无论农业的各项生产还是农村经济和农民生活都发生了翻天覆地的变化。在这样的形势下，计划经济体制形成，这一经济体制具有集中性和集体性的特点。1952 年，公私合营的银行在实施了社会主义改造后建立和发展起来，虽然所有制结构相当单一，但是银行体制的雏形。也正是在 1952 年，针对农民在生产生活当中存在的资金缺乏的情况，政府积极实施与信用合作相关的任务，号召推行群众性的合作化运动，这一运动的规模较大，而且影响范围和涉及面较广。信用合作组织的形式多种多样，但在全国范围内还处于试办时期，由于缺乏相应的经验和实践，不可避免地出现了诸多问题，需要在实践当中进行反思和提升，以便做好相关的调整工作。

信用合作组织可以说是“国家联系群众的桥梁”，属于群众性资金互助组织，有着特殊性质，能够为农户给予金融方面的帮助，让原本生活的较为分散和贫困的农户享受到应有的金融权益。大量的信用合作组织在农村地区建立，这一系列的运动都有着明显的时代特点和中国特色，但是由于受到了体制和当时历史发展阶段的影响，受到了诸多阻碍，但尽管如此，这也是当时的最优选择。

通过一段时间的试点工作和推广的深入，截止 1955 年，全国 80％的乡镇已经建立了自己的信用社，有不少于 60％的农民参与信用社入股，信用社在我国农村金融发展体系中扮演越来越重要的角色，这种绝对地位在某些偏远的乡镇中仍然无法撼动。但是就我国情况而言，农村信用社的政治化动机和运动化的发展模式，导致农村合作金融作为政府推动的产物，虽然名为合作金融，但根本上违背了群众自愿的原则，沦为我国从私有制经济模式向公有制转化的金融工具，为我国农村金融发展滞后、异化埋下了很深的伏笔。

（二）农村合作金融的反复和倒退时期（1958—1977）

在这一阶段，国家属于经济发展的过渡期，国家为经济的发展投入了诸多的力量和思考，也展开了大量的尝试，以便推动农村金融的发展。新中国成立后，政府在全国范围内积极建立农村信用合作社，其目的在于打击以致彻底消除高利贷，因为当时高利贷在农村普遍存在，直接影响到了农村金融发展的秩序，也让农村经济水平的提高和稳定水平的提升大受影响。在这一时期，由于存在一系列政治运动，为了更好地与当时农村经济的结构相适应，让人民公社体制真正在农村当中确立和发展起来，农村地区一直推行的是人民公社化，并建立与之相适应的经济体制。农村信用社原本是造福农民的农村金融机构，但是最后变成了国家基层部门的工具，利用农村信用社进行融资，接下来又相继出现大跃进运动和“一大二公”的运动，整个农村金融管理体制出现大的变动，发展停滞。为了解决农村金融发展的困境，我国在1977年出台《关于整顿和加强银行工作的几项规定》，让原本民办的农村信用社成官办的信用社机构，其性质发生彻底转变。

（三）农村信用社意欲恢复合作制的改革时期（1978—1996）

农村商品经济在十一届三中全会后取得快速的发展，农民融资的需求不断加大，这就要求与当前农村经济发展的实际状况相适应进行农村信用社（以下简称农信社）的改革，《中国农业银行关于改革农村信用社管理体制的报告》在1984年由国务院105号文件转批，指出农业银行领导与管理农信社，并且对“三性”予以恢复和强化，所谓“三性”指的是群众性（实行入股、退股的自由性，保证组织层面的群众性）、民主性（选举制取代任命制，强化管理层面的民主性）和灵活性（确保农业贷款需求前提下，能够经营农村工商信贷业务，增强经营层面的灵活性）。《农村信用社管理暂行规定》由中国人民银行于1990年发布，对农村信用社的管理进行了规范。在该阶段，市场经济逐步取代了计划经济，金融体制出现了实质性变化，国有商业银行在充分考虑营利目标、规模经济的基础上，循序渐进地脱离县级及其以下地区。政策性银行主要在“两基一支”（基础设施、基础产业和支柱产业）领域有所侧重。作为农村金融体系的重要力量，农信社改革需要依循“三性”的要求进行，以期将农信社合作金融机构的实质予以恢复。然而，在此次迫于中央政府的施压下而实施的恢复“三性”的改革，农业银行领导和管理农信社领导改革的主体一方面有意避免农信社经营自主权的增扩，另一方面对农村基层的金融控制权适当强化，同时，员工比较排斥农信社成为具有自治性和群众性的金融机构，所以，农信社致力于恢复“三性”的目的未能达到。

（四）农信社整顿和规范时期（1996—2003）

基于农业银行领导恢复“三性”的改革，从实质而言，并未让农信社实现合作金融中国农业银行和农信社1996年9月，二者间的行政隶属关系出现脱离，县联社承担农信社的业务管理，中国人民银行负责其金融监管。《国务院关于农村金融体制改革的决定》由国务院于1996年颁布，新一轮农信社趋于合作制规范改革由此展开，然而并未取得明显的效果，其原因有以下三方面：①大量的政治化渲染了农信社改革目标，农信社的责任最终由中央政府承担，其势必会对农信社的发展动向予以控制，导致农信社不能从根本上作为具有内生性的金融机构；②未清晰农信社的管理体制，为了实现地方经济能够快速发展的目标，地方政府往往采取行政措施强制农信社发放贷款，具有十分严重的行政干预；中国人民银行对农信社进行监管，并没有对作为合作金融机构的农信社的特殊性进行最大限度地考虑，也不能真正地体现出灵活化的经营和民主化的管理；③ 增资扩股的改革手段导致农信社针对股金进行保息分红制，旨在吸纳社员积极地入股，债权人身份替代了社员身份，对于农信社的经营效益而言，社员对此并不在意，社员最为关心的是可以得到分红；虽然通过增资扩股的改革方式能够聚集更多的社员，然而社员并没有产生积极地管理性，通过一而再恢复“三性”的未能成功，人们不禁对合作金融是否具有效用发出了质疑。

（五）农信社的商业化发展与新型农村合作金融机构的组建（2003 年至今）

国务院《深化农村信用社改革试点方案》（国发〔2003〕15 号）于 2003 年 6 月提出根据总体要求（明确产权关系，强化约束机制，增强服务职能，国家适当支持，地方政府负责），先行确定八省作为改革试点，继而于全国展开。本次改革中，社区性地方金融机构作为农村信用社的定位，合作制已不是特有的改革着力点，提倡根据不同地区实施多样化的发展政策。同时，有省政府授权的省联社是本次改革的产物，承担的职能主要是行业管理，中央政府不再对农信社予以管理，取而代之的是省政府对农信社的管理。《关于推进农村信用社以县（市）为单位统一法人工作的通知》由银监会于 2006 年 6 月发布，以行政措施将乡镇农信社的独立法人主体资格予以取消，提倡农信社借助系统联合做强做大；伴随农信社市场化和商业化改革，农村金融服务及其能力的匮乏在贫困地区日渐显现出来，《关于调整放宽农村地区银行业金融机构准入政策，更好支持社会主义新农村建设的若干意见》由银监会于 2006 年 12 月 20 日发布，继而新型农村金融组织陆续设立，使农信社迈开、迈大了趋于股份制、市场化和商业化的步伐；《关于加快推进农村合作金融机构股权改造的指导意见》由银监会于 2010 年 11 月 23 日印发，该指导意见促使资格股转向投资股，指出对股份制农村信用社或农村商业银行的组建予以支持，对农村信用社引进新的优质合格股东予以指导，以对产权结构和公司治理进行优化和改善，构建基础的现代农村银行制度。借助存量改革和增量发展，促使农村金融组织发展的多元化是此次改革的重点工作。

然而，此轮改革也出现了制度层面的不足，主要体现在以下几点：① 改革的有力推动者是银监会，改革的主要思路是面向市场化、股份化和商业化，合作制逐步地被股份制所替代；此种用划一的办法进行改革的方式同现阶段国内农村金融市场发展不平衡相违背，同时，农信社通过股份制改革后，从实质而言已不作为合作金融机构，其将转化为农村商业银行，并且施行支农义务；② 在此轮改革过程中，农信社的管理权限移至省级政府，不再由中央政府负责，一定程度上可以对地方政府为了当地的建设发展通过行政措施强制农信社给予一定的信贷扶持的行为进行有效地约束，虽然减轻了中央政府的财政负担，但是地方政府潜在的债务负担会由此加重；③ 省联社本身没有清晰的定位，其服务职能的不完善和管理职能的加强，导致农村合作金融机构权力界限不明确，外部管理者紊乱；④ 农村资金互助社作为一种新型农村合作金融机构，其发展刚刚开始，不仅在很大限度上受到资金的限制，且其准入资格和监管机制也有很高的要求，这导致我国很多地区尤其是中西部贫困地区，农村合作金融很少甚至没有。

二、我国农村合作金融改革中三种代表模式对比

为了深化我国农村金融体制的改革，我国中央人民政府在 2003 年出台了《深化农村信用社改革试点方案》。基于这一文件的指导，我国各地的农信社根据自身的实际情况，对自身的产权制度和管理体制进行了一系列的改革。就实际情况而言，可以将其分为以下三种模式。

（一）第一种模式：股份制的农村商业银行模式

这种模式的精髓在于对农信社的产权问题进行清晰的定位。它通过股份制对农信社进行改造，进而通过商业银行的模式，使其在经营过程中逐步克服以往的弊端实现股东利益的最大化。对于事项的投票权，改革后的农信社十分重视资本额，并且将资本额作为投票的重要依据。而且对于利益的分配，资本额也具有决定性的作用。

通过以上分析，可以清楚地看到这种模式的优点。其一，产权的明确。这对于现实中农信社所有者的缺位问题，可以很有效地解决。其二，资金的吸纳。这种模式能够切实保障资金持有者的利益，为农信社的发展提供强有力的资金支持。其三，管理的提升。这种模式利用法人治理结构对农信社进行改革，可以在很大限度上提升其管理水平。不过，这种模式也存在明显的弊端，其中最为突出的一点就是，股东与服务对象之间存在异质性。在现实的改革中，这种模式追求股东利益的最大化，这在某种限度上将背离农村合作金融本质，从而在某种限度上造成农户尤其是低收入农户金融服务的弱化。基于以上分析，笔者认为，这很难实现农村合作金融服务三农的目的。

就目前股份制农村商业银行的具体发展而言，从整体上分析，全国的这类银行其整体运行还是比较良好的，而且张家港、重庆、北京、深圳等地区的农村商业银行的发展既具有代表性，又具有前沿性。不过要看到这一模式下的农业商业银行对于股份制的要求较高，他们对于区域经济的发展中的小型企业重点支持，从而造成了对个体农户服务不足的现象。基于以上分析，笔者认为，其历史使命有所“偏移”。

（二）第二种模式：股份合作制的农村合作银行模式

股份合作制的农村合作银行模式是农村合作金融的一种重要组织形式，也是农信社改革进程当中出现的一种金融机构，往往出现在经济发展水平相对较高，贫困幅度下降明显以及农户行为商业化程度较高的地区。它的主要特点在于股份制的产权模式、企业组织形式、合作制的互助精神与民主管理制度的融合。

这种模式属于农信社改革的创新，其优点主要有两个。第一，资本规模的扩张。这种模式有效的融合了股份制和合作制，从而在很大程度上推动农村合作金融的资本规模的扩张。第二，平衡所有主体间的利益。从分配上结合了按劳分配和按资分配，从而对于各成员之间的利益平衡有很大的作用。不过这种模式也存在很大的缺陷，最主要体现在产权问题的不明确。这主要是因为在这种模式下，投资股与资格股的共存，这两种权利在实践中相互制衡，但是其制度设计的初衷却有所背离。

这种模式的改革起源于 2003 年浙江鄞州农村合作银行的成立。从当时来看，笔者认为，这是一种基于当时实际情况考量的创新举措，是我国人民智慧的体现。但是随着时代的进步，笔者通过研究认为，这仅仅是农村合作金融的一种过渡性安排。而且就 2010 年银监会的指导意见来看，农村合作银行将成为一种历史的印记。

（三）第三种模式：合作制为基础的联社模式

第三种模式下主要强调的是合作制。合作制最鲜明的体现就在于其对于经济组织形式建立的基本原则是自愿、民主、平等、互助和非营利性。而且历史的发展也证明了这一点，合作制具有极强的包容性。在不同的经济水平条件下其适应性都是比较强的。

合作制为基础的联社模式的产生和发展是具有一定的合理性的。这种模式下联社的产权、管理与运营均与农民有着密切的联系，并且合作制模式下联社能够对自身的资金盈余进行合理分配，提升市场经济下自身应对各种风险的能力。但是其不足也是显而易见的，以合作制为前提条件的联社模式非常严重的弊端之一就是产权不够明确，只是农信社自身内部结构的调整，产权制度并没有改变。

就目前而言，我国大部分的农村信用社在实际发展当中，依照的是省联社发展模式，而且省联社在其中属于省政府的一个代表，但是这样的法律安排有着显著矛盾：省联社由各县（市）级农村信用社联社出资组建，本应受出资人、各县（市）级联社管理，但县联社人事、工资等要处在省联社指导之下，成为行政隶属关系。各县（市）联社本来属于股东但是却不能履行出资者职能，省级联社是经营者不对出资人负责。省联社原本的行业管理逐步异化成为行政管理，有着非常显著的行政倾向。省政府为省联社授权，而要想让地方经济走向稳步推进的道路，就需要对信用社当中的金融资源进行支配和控制，这与将农村信用社打造成为真正意义上的市场主体的初衷是完全相悖的。

第二节　农村合作金融制度发展中存在的问题

一、农村合作金融制度发展中的问题概述

我国农村合作金融体系进入历史发展的新时期是在20世纪90年代中后期。1996年中央人民政府提出，农村金融体系的基础在于合作金融制度的创新和发展。自此之后，我国农信社进入扩股与股权结构调整时期。很多学者认为，这一时期我国农信社的发展是较为规范的，这一点笔者也是十分赞同的。但是，也不得不承认，我国农信社的发展是存在很多的问题的，其中比较突出的问题有：农民积极性较低，民主管理方式形式化，业务缺乏服务农民的内在动机，具体而言，笔者认为主要有以下问题。

（一）法律地位缺失

农村金融发展和金融市场的构建如果缺乏法律制度保障是难以实现的，主要是因为缺乏制度支持会造成市场秩序混乱，一系列的违法行为就可能出现而得不到遏制。就目前而言，我国并没有针对性的合作金融法律，而关于农村金融的基础立法仅仅是《中华人民共和国农业法》，在其中明确规定要加大对农村的信贷投入，积极引导农村信用社为广大农民以及农村的发展提供服务，进一步加大对农村金融发展的扶持。这一法律为农村扶贫性金融的进步打下了坚实根基，但是显而易见的是，其中大多属于原则性规定，内容并不全面，尤其是涉及农村金融发展的重要领域，存在立法空白问题，不能够支撑农村金融法律框架的构建。同时，农村正规金融市场主体应该处在怎样的地位，怎样在法律层面上给予准确定位的问题并没有解决，虽然在一些立法当中给出了简单回应，但是对于商业银行如何在农村金融市场发展当中提供服务和支持没有具体性规定，也没有考虑到新兴农村商业银行的相关问题。所以，当前针对农村金融的法律法规层次不高，缺乏权威性，具体的实施性也由于权威性不足难以发挥真正的约束力，并且不能够满足正规金融发展和改革在制度方面存在的需要。

（二）资金渠道不畅

一般而言，农村金融合作组织的产生与发展地区主要集中在我国的广大农村地区，而且其主要成员为农民，属于一种相对弱势的组合。农民的资金是十分有限的，所以其对于农村合作金融组织的资金投入也是相对较少的。所以综合而言，农村合作金融组织的资金来源是十分有限的。基于以上分析，笔者认为，农村合作金融组织对外部资金的需求是十分迫切的。就目前而言，我国农村金融合作组织除了极个别发展

较好之外，大多数都面临较大的资金困境。

（三）监管无序

在国家的整个金融监管体系中，农村金融监管内容是其中的重要工作任务，也是推动农村金融组织规范化发展不可缺少的。不过就目前而言，关于农村金融监管，法律法规虽然给出了部分说明，但是法律规定在监管主体以及监管标准层面存在模糊不清和混乱的问题，没有强调监管机构设置上要秉持独立性特征。而且就农村合作金融的实际发展而言，其监管部门包括挂靠单位、农村基层经济管理站及地方农委等。这些监管部门的权利与职责相互略有交叉，监管出现了无序的情况。此外，我国目前的许多农村金融合作组织是没有任何监管的。

（四）规模尚未形成

农村合作金融组织的地域界限还是很明显的。大多数农村金融组织是以某个地域的某个乡镇或行政村为界，而且各个组织之间是没有业务往来的。在这样的条件下，各个农村合作金融组织的经营方式还是相对单一的，合作规模几乎没有形成。虽然我国的有些地区成立了联社，但是大多数联社的运行情况与实际规模都不是很理想。

（五）人员素质较低

在农村合作金融组织的内部，绝大多数成员都是当地的农民，大多文化素质不高，更是没有系统性地学习和金融相关的知识和技能，那么受到农民主观因素的影响他们会选择在非主流的金融市场来获得与金融相关的产品，即从非正规的金融市场获取他们所需要的金融服务。基于以上分析，笔者认为，在农民中普遍存在着专业知识不足与相关经验缺乏的情况。

二、农村信用合作社存在的问题

（一）历史债务包袱仍旧沉重

在历史上对农村信用社的定位是农业银行的基层机构，政府对其干预是相对较强的。随着时代的发展，农村信用合作社与农业银行之间逐步脱钩。在这个过程中，农业银行留给农村信用合作社的呆账和历史债务给今后农村信用社的发展带来了很大的困难。目前通常所说的“历史包袱”，包括农行与信用社在脱钩时遗留下来的呆账；保值储蓄贴补的支出；基金会带来的呆账等，这些都与其产权不清，外界干预具有直接的联系。虽然在接二连三的改革浪潮下，农村信用合作社的弊病得到了一定的改善，但是就整体而言，农村信用合作社的历史包袱依旧是比较沉重的。

（二）存在严重的体制机制问题

1. 农村信用合作社产权关系不清晰

长时间以来由于存在体制不顺以及产权不清的问题，导致信用社无法从根本上对自身的经营状况进行改善。产权制度改革涉及产权归属和权责划分，信用社在改革进程当中面临和需要解决的首要问题就是信用社产权制度、性质如何界定，这也是其他制度改革和设计的出发点。如果不能够有效地解决产权界定的相关问题，单纯的调整管理体制，是无法从根本上解决当前信用社面临的现实问题的。如果出现产权模糊的情况，在财产使用后就难以追踪到最终责任人。在这样的情形之下，中央政府给予大量资金投入，虽然能够短时期内缓解信用社的经营困难问题，但是从长远来看仍然无法让农村信用社形成良性循环的可持续发展机制，信用社依然面临不良贷款回升的压力。

多年来的实践也表明，我国农村信用社遇到的困难与信用社缺乏有效的产权制度有很大关系。官办信用社或者说政府的银行、国家银行的基层行角色一度成为信用社典型特征，社员自愿入社、民主管理、为社员服务一直没有得到很好落实，信用社缺乏作为金融的基本特征。在内无约束，外有干预的背景下，农村信用社不良贷款率居高不下。这些不良贷款有部分是自身经营不善造成的，也与外部干预联系密切，因此产权制度改革是农村信用社改革的基础环节，也是整个农村金融体系改革的关键所在。

2. 股权结构不合理，民主管理待完善

从《关于规范向农村合作金融机构入股的若干意见》具体的规定中对股权结构进行分析，其具体规定包括："农村合作金融机构社员（股东）股金每股人民币 1 元。信用社自然人入股一般不小于 100 股"，"县联社及农村合作银行自然人（含职工）资格股一般不少于 1000 股"，"县联社股金中，单个自然人社员（含职工）持股（包括资格股和投资股）最高不得超过股本总额的 5%。单个法人持股（包括资格股和投资股）最多不得超过股本总额的 5%；自然人持股总额不得少于总股本的 50%，其中，职工持股总额不得超过股本总额的 25%。"

基于以上规定，从立法目的的角度，笔者认为，政府之所以出台这样的规定，一个很重要的原因就是农村信用合作社的资金不足。这样可以吸纳农户、个体工商户和企业法人等投资人入股，扩充农村信用社的资金来源。而且还可以防止股权的过分集中，有利于其决策和管理的优化。就我国的现实情况而言，我国农村信用合作社的股权依旧是高度集中的，很难真正实现"一人一票"的民主管理。

3. 省联社管理体制不合理

省联社发展模式在我国大部分的农村信用社实际发展当中是大量存在的。根据《深化农村信用社改革试点方案》和《农村信用社省（自治区、直辖市）联合社管理暂行规定》的指导，在具体的实践中省政府和省联社应当坚持政企分开的原则。但是在实践中，省联社的领导一般是由地方政府组织任命，并且省联社基本上按地（市）行政区设立了办事处。就实际情况来看，省级政府授权于省联社，省联社自然会对省级政府负责，并且接受它的监督。这样一来，省联社不能够真正代表基层农村信用社的利益需求，甚至成为政府实施行政干预的工具，提供的更不是金融服务以及指导，更多的属于管理以及命令。从这一角度上分析，笔者认为，这种做法使省联社丧失了独立的法人地位，不能进行有效的管理和科学的决策。

三、农村资金互助社存在的问题

（一）产权界定不清

《农村资金互助社暂行规定》在界定产权上说明："农村资金互助社是独立的企业法人，对由社员股金、积累及合法取得的其他资产所形成的法人财产，享有占有、使用、收益和处分的权利，并以上述财产对债务承担责任。"如果只是从字面上看，这对产权关系有着明确的定位。但第 6 条指出"社员对外承担责任的基础是社员股金和在本社的社员积累。"26 条指出"农村资金互助社社员的股金和积累可以转让、继承和赠与。"29 条规定"社员资格终止后股金和积累的处理：按照农村资金互助社章程规定的方式、期限和程序，及时退还退社社员的股金和积累份额。"以上几个条款可谓是非常矛盾，从上面三条规定当中能够看到社员对股金积累享有最终所有权，但是和上面对于农村资金互助社的产权界定形成直接矛盾。

农村资金互助社对于法人财产有着极其不完整的限制，这和《公司法》当中的法人财产权有着极大区分。在实际的立法当中，很多次提及的积累的概念十分不明确，其中的积累可以有两个方面的理解，一个方面是公积金积累，另一方面则是社员股金积累，立法中对于这部分的产权界定不清晰，在实际当中就会出现产权主体错位以及越位问题。

（二）门槛设立过高

《农村资金互助社管理暂行规定》（以下简称《暂行规定》）中规定："有符合本规定要求的注册资本。在乡（镇）设立的，注册资本不低于 30 万元人民币，在行政村设立的，注册资本不低于 10 万元人民币，注册资本应为实缴资本。"这项规定对于比较贫穷的地区的人们来说，是一定的难度，这项规定无疑把最需要资金互助的地区隔离在外了。

《暂行规定》中还规定："有符合任职资格的理事、经理和具备从业条件的工作人员。"针对此类人员，《暂行规定》中第三十七条规定："农村资金互助社理事、经理任职资格需经属地银行业监督管理机构核准。农村资金互助社理事长、经理应具备高中或中专及以上学历，上岗前应通过相应的从业资格考试。"在我国很多地区，特别是农村，具有高中以上学历的人并不是太多，并且学历高的几乎都离开了农村，所以最终留在村里的高学历的人并不多。

除了以上的要求,《暂行规定》还要求:“有符合要求的营业场所，安全防范设施和与业务有关的其他设施。”建造设施要花几万元，这对贫困地区来说是一个非常大的开销，一般的贫困地区是承受不了的。

（三）监管措施过严

为了控制风险,《暂行规定》农村共同基金的资本充足率要求不低于百分之八，这与商业银行的资本充足率是一致的。由于风险监管十分严格，从而使资金的利用受到了很大的影响。而农村信用社的资本充足率不得低于4%，这显然不公平。一方面，农村共同基金的资金不能充分发挥作用，另一方面，监管成本太高，如果农村资金互助社的业务发展壮大，那么银监会根本不能检查现有的员工。

（四）融资渠道不畅

《暂行规定》第四十一条规定:“农村资金互助社以吸收社员存款、接受社会捐赠资金和向其他银行业金融机构融入资金作为资金来源。”在规定中，总共有三种资金的来源，而这三种资金来源中由于社员的存款都是比较少的，并且还有其他的同类机构进行竞争，所以吸收社员存款是一个不可行的方案。第二种是接受社会捐赠，但是社会资金的捐赠是随机的，不能当作是固定的资金来源。第三种是借助其他金融机构融入资金，这是唯一具有现实实施意义的方案。其他金融机构对于农村方面的业务倾斜处于摇摆观望的阶段，对于资金的融入也存在一定限制，以上原因都是农村资金互助社资金不充足的重要因素。

四、合会存在的问题

为实现利润，很多富裕的家庭、企业家等以各种办法进入到合会，这让合会超越熟人、朋友、地域等之间的交往而掺杂了很多陌生、不可控的元素。这将导致合资信用机制的失败并且会大大增加了经营风险。

合会基本上不以信誉为基础，为了获得更高的利润，入会人员进行相互合作的情况越来越少，异化问题突出。和会资金也出现了问题，有的人用这些资金去投资别的企业，有的人用这些资金进行赌博。这些年来，这些问题一直在发生。比如，在2001年就发生了一起相关事件，在江苏通州市的人民医院护士长是一名标会的会头，但是由于其进行倒会，最终身负百万多的债务，无法进行交代，最终自杀，这场风波影响了近三分之二的通州家庭，当时有很多的企业职工都参加了标会，并且有一些政法机关的人在内。

造成这个问题的原因是招标资金集中度高，会脚只有出高息才能标得会金。资金大，利息高，资金周期短不能用于长期的企业项目投资，只能选择赌博和投机，而此两者拥有巨大的风险，一旦发生意外情况，整体标会网将可能瞬间分崩离析。另外，合会作为临时性的农村合作金融组织，财务没有很好的可持续性，会在很大程度上受限于有财务可持续性的农村合作金融组织的一些活动。

五、农村合作基金会存在的问题

（一）产权关系不明晰

从农村合作经济组织发展的过程可以看出，农村合作经费的初始资金主要来自集体财产。由于集体财产权不是单独量化的，资金来源会进一步发展，资金和借贷来源也是复杂的。这就导致农村合作经济组织的所有者缺位，产权不明确，使农村合作基金会缺乏可以承担融资风险的主体。

（二）行政干预严重，官办色彩浓厚

有些地方的政府将农村基金看成自己的小金库，任意的破坏其中的规章制度，使会员代表大会的作用微乎其微。当地政府以行政手段强行干预基金会日常运营，让基金会的投资倾向于本地乡镇企业，还有在基金会中摊派各种不正常不合理的开支，从而使基金会的合作性和正当权益受到很大的损害。

（三）内部管理不规范

大部分农村合作基金会从业人员没有从业所需的基本财务和金融知识，经营活动不规范。另外，组织结构薄弱，合作基础薄弱，无法建立有效的风险控制机制。许多基金会管理不善，有的根本没有实行正当程序贷款，财务制度不规范。这些问题都会严重影响基金会的健康发展。

（四）非农化严重，营利性增强

随着合作基金会的发展，其发展的轨道偏离了最初的原则，从而开始追求利润，意图获得高额利润回报，在这种状况下，很多问题都凸显了出来。此外，农村合作基金会风险问题也逐步显露出来，从小规模的发展到越来越明显的利润追逐，农村合作基金会已经逐渐失去了合作金融机构的真正意义，应进行及时的纠正整改甚至关闭。

六、在农民专业合作社内部开展的资金互助会存在的问题

（一）管理过于依靠个别能人

农民专业合作社的具体工作人员，一般都是当地的农民，这些人对于相关的原则及知识的掌握有待提高。在现实中，根据调查就有一起类似情况，在一家农民专业合作社中其中的带头人员因病住院，无法进行管理，导致很多的加入者都要求取回自己的资金，最终是生病的人出面，才使情况改善。有能力的人是非常有作用的，但是一个组织中这个有能力的人万一出现意外，那么整个组织都会受到影响。

（二）管理手段落后，不规范

农民专业合作组织在金融资金互助方面通常有相应的管理办法，却没有明确的制度和规则，也没有专业的金融运行人才，并且在存贷款利率上，有着不同的收入标准和形式。具体的行为中，主要还是以打借条、借据等形式存在，没有形成成熟的规范性程序。

（三）资金困境问题突出

农民专业合作社筹资基金基本都是成员上交的共同基金。在北京通州区农民专业合作社内部资金互助组织中，交钱的人员除了获得优惠贷款外，还可获得一年期银行存款利率支付利息收入，但是一年内银行存款利率并不高，在一定限度上使新股成员没有太大的积极性。

合作社很难从商业银行等其他金融机构获得贷款。北京通州区农业相关部门出面协调三年，毫无进展。这些都导致缺乏足够的资金来满足成员们的需求。

七、贫困村村级发展互助资金中存在的问题

（一）贫困村选择有局限

互助资金的运行受到多种因素的影响，具体包括：环境、资源、政策、素质等。所以，如果要顺利运行贫困村村级发展互助资金，就要考虑这些外部因素。为了扶贫的需要，政府往往对符合条件的地区进行资金支持。不过就现实情况而言，贫困村往往经济发展较为落后、环境条件比较恶劣、自然资源相对匮乏，而且很多贫困村，并不适合建立贫困村村级发展互助资金。基于以上分析，笔者认为，这在很大程度上造成了贫困村选择的局限性。

（二）人才缺乏

金融人才的缺乏是我国贫困村村级发展互助资金管理与运行的重要障碍。在我国贫困农村，由于经济、收入、环境等条件的限制，这种专门的人才还是很缺乏的。而且目前互助资金内部管理人员的劳动报酬较低。这不仅打击了已有人才的积极性，不利于留住这些人才；而且这对于优秀人才的引进造成了很大的障碍，对外来人才的吸引力不足。

第三节　中国农村合作金融制度的异化原因分析

对于农村合作金融的异化问题，就世界范围来看，可以说是屡见不鲜。我国农村合作金融发展的异化，一方面体现了世界金融发展的一般规律，另一方面深深地

体现了时代的印记。这具体体现在我国金融立法理念与制度设计、立法内容与具体现实之间的差异。

一、我国农村合作金融法律制度梳理

之所以需要梳理我国农村合作金融法律制度，其原因是我国农村合作金融的法律制度比较复杂且混乱。由于中国没有针对性的“合作金融法”，所以只能是分散立法。再加上中国合作金融体系本身的复杂性和立法者对“农村金融机构”“合作金融机构”“农村中小金融机构”“新型农村金融机构”几个相似概念的错误理解从而在使用中陷入了困境。

目前，我国农村合作金融法律法规已经揭示了现行农村合作金融立法与农民金融发展权保护之间的关系。

（一）宪法中有关合作经济和合作社的相关规定

合作社和合作经济的相应立法规范在几次宪法的修订中都有所体现。1954 年《宪法》第 5 条和第 7 条对合作社的所有制性质、合作社经济的性质以及国家对合作社的态度予以立法规定。由于历史原因，1975 年和 1978 年《宪法》均没有关于合作社的规定。随着我国改革开放的发展，1982 年宪法第 8 条第 2 款规定：“农村中的生产、供销、信用、消费等各种形式的合作经济，是社会主义劳动群众集体所有制经济”。这规定具有极其重要的历史作用，它恢复了合作经济在宪法中的所有制性质地位。此后的四次宪法修正案均延续了这种表述。

（二）法律中有关农村合作金融的相关规定

1993 年《农业法》第 45 条第 3 款规定：“农村信用合作社应当坚持为农业、农民和农村经济发展服务的宗旨，优先为当地农民的生产经营活动提供信贷服务。”

1995 年《商业银行法》第 93 条规定：“城市信用合作社、农村信用合作社办理存款、贷款和结算等业务，适用本法有关规定。”

2003 年《银行业监督管理法》第 2 条规定：“国务院银行业监督管理机构负责对全国银行业金融机构及其业务活动监督管理的工作。本法所称银行业金融机构，是指在中华人民共和国境内设立的商业银行、城市信用合作社、农村信用合作社等吸收公众存款的金融机构以及政策性银行。”

（三）行政法规、部门规章等规范性文件中有关农村合作金融的相关规定

我国历史上的合作金融，其设立宗旨、组织形式等都几经变化，国家对于其有关规定也一直在出台，从而使我国的金融法律制度根据发展而改变。

我国目前关于农村合作金融的规范性文件主要包括：其一，2003 年出台的《国务院关于印发深化农村信用社改革试点方案的通知》；其二，2004 年出台的《关于

明确对农村信用社监督管理职责分工的指导意见》和《国务院办公厅关于进一步深化农村信用社改革试点的意见》；其三，2007 年出台的《中国银行业监督管理委员会关于印发〈农村资金互助社组建审批工作指引〉的通知》；其四，2008 年出台的《中国人民银行、中国银行业监督管理委员会关于村镇银行、贷款公司、农村资金互助社、小额贷款公司有关政策的通知》和《中国人民银行、中国银行业监督管理委员会关于加快推进农村金融产品和服务方式创新的意见》；其五，2010 年出台的《财政部、国家税务总局关于农村金融有关税收政策的通知》《关于高风险农村信用社并购重组的指导意见》和《中国银监会关于加快推进农村合作金融机构股权改造的指导意见》。这些文件都涉及了国家及监管部门对农村合作金融机构的监管、改革等各方面的意见及规定。

我国目前关于农村合作金融的部委规章主要包括：其一，2002 年出台的《中国人民银行对农村信用合作社贷款管理办法》；其二，2003 年出台的《农村合作银行管理暂行规定》《农村商业银行管理暂行规定》和《农村信用社省（自治区、直辖市）联合社管理暂行规定》；其三，2006 年出台的《农村合作金融机构社团贷款指引》和《合作金融机构行政许可事项实施办法》；其四，2007 年出台的《农村信用社不良资产监测和考核办法》和《农村资金互助社管理暂行规定》；其五，2008 年出台的《农村中小金融机构行政许可事项实施办法》。目前《合作金融机构行政许可事项实施办法》和《农村中小金融机构行政许可事项实施办法》是农村合作金融机构设立的主要立法依据。

二、我国农村合作金融法律制度的存在缺陷研究

经过梳理可以发现，目前农村金融立法建设方面涉及的农民金融发展权内容较为缺乏，造成的最为直接影响是农村金融机构在运营管理和实际发展当中违背发展性原则。继续按照银监会改革思路来推动农村金融机构改革工作的话，这些机构会真正改制为农村商业性银行。我国的新型农村金融机构在主体法律形态上存在模糊的定位，产权界定不清晰，缺乏政府相应的政策支持，外部监管方面过于严格等，都严重影响到我国农村金融法律制度的完善和发展。

（一）《宪法》对于经济认识偏颇，导致融资权认识不准确

经济的发展需要具备较为坚实的经济基础，而我国的经济基础十分薄弱，同时人们对于信用的认知水平较低，在经济发展进程中往往依靠政治运动来推动。之所以会建立农村金融组织，并不是要为农民便捷融资提供有利条件，实际上是想要通过这样的方法来让集体得到金融资源控制权，并依据集体意志来进行金融资源分配，为工业化发展注入资金。1982 年，《宪法》把各种类型经济等同于社会主义劳动群众集体所有制经济，金融属于集体性的经济组织形式，这样的认知持续了很长时间，

甚至于成为民众根深蒂固的观念。《宪法》当中这样对所有制进行性质的定义造成的一个直接后果是，金融被异化成为与初衷相违背的集体金融组织，方便国家来进行金融资源的配置，真正沦落为一种工具，这与金融原本的“自愿、民主、互助、扶弱”原则是相违背的。在这一过程中，农民没有获得预期收益，这一结果导致农民对融资权的认识出现偏差。

（二）专门性金融立法不足，难以保护农民金融发展权

农村金融从建立一直发展到今天，在业务上都是把《商业银行法》当作规范，监管方面将《银行业监督管理法》作为依据，缺少专门立法来切实为农村金融的发展提供制度支持。农村金融机构和商业金融机构在本质上是截然不同的，前者属于人合性组织，而商业性金融机构属于自合性组织；前者将服务社员作为根本目标和宗旨，商业性金融机构将追求利益最大化作为根本宗旨；农村金融机构服务的人群是弱势融资群体，而商业性金融机构在服务对象方面没有设置任何限制，也不指定为特殊的人群服务；农村金融机构兼具经济组织和社会组织的性质，而商业性金融机构属于单一经济组织。在对农村金融进行立法时采用商业银行化的立法模式没有综合考虑到农民金融发展权存在特殊性以及农村金融机构存在特殊性，这就会造成金融机构在实际的运营管理当中将重心放在利益的获得方面，没有切实满足广大农户的金融服务需求，影响到农村金融机构的发展，也无法真正维护好农民的金融发展权。可以说，在我国农民金融发展权仍然局限在理论的研究过程中，尚未进入实战阶段，在现实发展中需要得到认可和保护。在发展农村金融时，仍然沿着商业化银行立法方法给予企业制度上的保障，会直接改变农村金融发展方向，逐渐偏离合作的精神和轨道，更是会让农民离金融发展权越来越远，使广大的农村金融机构最后彻底变成一个商业性银行。

（三）农村金融主体法律形态定位与农民金融发展权冲突

《农村信用社管理规定》《农村资金互助社暂行规定》都把农村信用社以及农村的资金互助社定位为独立企业法人。这样的规定以及采用的立法技术有着非常显著的问题，分别体现在两方面。第一，资金互助社、农村信用社等都在法律上被认定是企业法人，这样的规定和金融法律性质存在明显的冲突。二者都属于农村金融机构，那么在具体的工作实践当中，就必须将服务广大社员以及提供资金互助作为根本宗旨，不能将追求利润最大化作为目标。如果在性质上认定其为企业法人之后，企业属于追求经济利益最大化的金融主体，并且以实现利益最大化为重要目标，这明显有悖于金融本质。第二，在立法上将二者的主体法律形态定位成企业法人和《公司法》的规定相悖，在实际的运行当中也会出现困扰。如果是公司的话，按照相应的法律规定在构建组织时就无法依照一人一票原则展开表决，社员没有办法自

由退股，只能够进行转让股权的操作等。由此可见，这两款规定在农村金融主体法律形态的定位方面有着突出冲突。从上面的规定当中能够看到，国家对于农村金融机构性质的认识非常模糊，一方面要求农村金融组织要给予农民丰富的支持，让他们不再处于弱势地位。另一方面又鼓励农村金融机构注重自身利益的获得，从而实现更大发展。这样矛盾性的做法会带来严重问题：定位不模糊导致农村金融机构在处理各项金融业务时非常盲目，甚至会违背初衷以及为广大社员服务的宗旨

（四）农村金融发起人条件限制造成农民金融发展主体权异化

农村信用社发起人包括自然人、境内金融机构、境内非金融机构、境外金融机构以及银监会认可的其他发起人。《金融机构行政许可事项实施办法》对不同类型发起人必须要符合的条件进行了规定。关于农村金融发起人立法缺陷问题十分显著，并且突出体现在以下三个方面。

一是《金融机构行政许可事项实施办法》仅仅对境内非金融机构和自然人发起人给出限制，而且限制方面侧重于地域，这与金融组织的人合性以及地域性的特征相符合。但是规定当中，对于境内外的金融机构发起人没有给出地域限制。出现这一问题的原因是非金融机构发起人和自然人发起人都是农村经济主体的角色和身份，那么它们通过入股的方式进入到农村金融市场，实际上是出于服务“三农”的目的。而境内外金融机构发起人在目的方面则不够纯粹，更多关注的是在农村金融市场当中看到的利润潜力，想要从中获得巨大收益，这样的营利性目的也和农村金融互助性的目的有着明显冲突。

二是对发起人持股比例给出限制，造成的直接结果是境内以及境外的金融机构发起人牢牢把握控股权。我国在立法方面对不同发起人的持股比例给出了明确的规定，而且规定当中提及的发起人往往资金雄厚，他们要想在农村金融机构当中拥有超过一半的股份是轻而易举的，那么他们就会很容易成为占有绝对优势的控股股东，即使难以达到一半的股份比例，由于自然人发起人持股有着分散和小额的特点，他们想要达到实际控股的目的同样能够实现。如果最后境内外金融机构发起人真的成为金融机构的控股股东之后，就会让我国农村的金融机构走上商业化发展的道路，一味地追求盈利，违背服务三农的宗旨和目标。

三是关于农村金融机构发起人的规定当中，没有指出农村经济组织属于特护的主体类型。在具体的实践当中，农村经济组织由于没有在法律规定赋予法人资格，不能在农村信用社当中参股。《农村资金互助社管理暂行规定》规定“符合入股条件，承认并遵守章程，向农村资金互助社入股的农民及农村小企业。章程也可以限定其社员为某一农村经济组织的成员”，十分遗憾的是，农村经济组织并不在以上范围中。

（五）农村金融产权界定不清，造成农民金融发展主体权无法落实

首先，在理论上农信社产权关系清晰，归社员所有，在实践当中却忽略社员的产权主体地位，甚至是将其异化成模糊的集体，出现相当严重的产权主体错位。出现这一问题的原因是当前的法律规定存在缺陷，具体体现为：一是自然人股占有极大的比例，法人股占有较低比率，有着明显的股权分散问题，在这样的情况下，搭便车的问题十分突出，社员的民主管理作用得不到发挥；二是在名义上社员在入股之后可以获得分红，但是事实上只能够得到固定的年息，不管农村信用社的经营状况如何都和社员没有关联；三是农信社在发展和改革进程中有多次增资扩股的行动，但是没为社员分红、付息，这就使资产积累数额在信用社的所有权权益结构当中占有较高比例，这部分资金的产权主体并不明确，表面上看属于公积金，也就是归集体所有，但是集体具体指谁却没有在立法上说明。社员对这部分公积金不享有知情权和控制权，而且这部分资金会怎样运用也不会为社员所熟知。

其次，《农村资金互助社暂行规定》在界定产权上说明："农村资金互助社是独立的企业法人，对由社员股金、积累及合法取得的其他资产所形成的法人财产，享有占有、使用、收益和处分的权利，并以上述财产对债务承担责任。"如果只是从字面上看，产权关系有着明确的定位。但《农村资金互助社暂行规定》第 6 条指出"社员对外承担责任的基础是社员股金和在本社的社员积累"，26 条指出"农村资金互助社社员的股金和积累可以转让、继承和赠与"，29 条规定"社员资格终止后股金和积累的处理：按照农村资金互助社章程规定的方式、期限和程序，及时退还退社社员的股金和积累份额"。以上几个条款可谓是前后矛盾，从上面三条规定当中能够看到社员对股金积累享有最终所有权，但是和上面对于农村资金互助社的产权界定形成直接矛盾。

（六）立法对社员退社自由的限制导致农民自由融资权实现受阻

《农村信用社管理规定》第 19 条和《农村信用社章程（范本）》第 15、19 条规定，农村信用社的社员如果想要退股首先需要用书面申请的方式向理事会提出，在征得理事会的同意之后才能够退股。社员是否可以退股其决定权在理事会，但是理事会会在怎样的情况下同意社员提出的退股要求，却不存在非常客观公平的标准，属于一种主观性判断，实质上，社员并不享有非常充分的退社自由权。《农村资金互助社管理暂行规定》第 27 条对社员退社给出限制："社员要想退社需要用全额退股的方式进行申请；社员所在的农村资金互助社当年属于盈利状态；社员在退伍之后，农村资金互助社的资本充足率水平不能够低于 8%；提出退社申请的社员不存在逾期没有偿还的贷款。"上面给出的限制说明社员在符合一定条件的基础上可以退股，但是前提是要受到诸多立法上的限制，而且在一些立法条款方面有着不合理的地方。例如，

只有在当年农村资金互助社保证盈利基础之上，才能够同意社员的退股申请。之所以会给出这样的限制，主要是想保护债权人权益，因为如果社员退股的话，债权人权益必定受损。事实上，无论农村资金互助社是否处在盈利的状态，只要其中不存在没有弥补的亏损就使债权人的权益得到了保护，而在这样的条件下就不应该对社员的退社申请进行干预；限制条件提出社员在资金互助社当中不存在没有偿还贷款或者是没有按照规定期限偿还贷款等行为才能够退社。之所以会给出这样的限定，是因为考虑到社员退社之后原本和金融组织的利益共同体关系也就终结了，如果存在未偿还贷款的话，在今后的贷款本息追缴和催收过程中会出现障碍。但是对于这方面的限制应该采用立法方式还是用章程或者理事会的方法是十分值得商榷的。总而言之，采用立法的方式对社员的退社自由权给予限制，难以从真正意义上保障农民自由融资权的实现。

（七）农村金融法人治理结构不合理设置导致农民金融发展权难以发挥

根据相关立法要求，农村信用社以及农村的资金互助社在设置法人治理机构时都需要按照“三会一层”原则建制。这样的治理结构在设置上是非常科学合理的，但是在具体的立法当中却有着以下几个方面的问题。

其一，从理论上看，农村信用社的最高权力机构是社员大会，掌握着重大事项决定权，但是对于社员大会在表决、召集等方面的立法不完整，而且立法缺陷十分明显。在选举产生社员代表时，并不是由广大社员通过民主参与和选举方式来进行，更多的是要遵照管理层意志。

其二，在农村资金互助社当中，最高权力机构是社员大会，这个大会由全体成员组成，在重大事项上享有决策权。但是在《暂行规定》当中规定如果社员大会要举办会议的话，先要知会当地的银行监督机构。给出这样一个规定实际上要说明的是银行监督机构拥有参会权，而且是社员大会召开的先决条件。这条规定在很大程度上体现出对农村资金互助社的不信任，怀疑其自制能力，同时这样的举措没有尊重广大社员的切身权益，让社员大会本该享有的自决权以及自治权得不到充分发挥。

其三，《中国银行业监督管理委员会金融机构行政许可事项实施办法》规定金融机构当中要选择理事和高级管理人员必须要满足行政许可的相关要求，尤其是高级管理人员的任职必须严格遵照行政许可的程序进行。在这样的规定当中让原本属于社员大会职责范围内的人员任职权利变成银监部门的工作内容，并且指出人员任命也要遵循行政化的规章章程。这样的人员选拔以及任命形式剥夺了社员能够通过平等选举的方法来选拔与金融机构发展需求相适应的管理人员，金融机构原本应该享有的自治权利得不到发挥。这样的选举方式是一种非民主手段，而且是按照银监部门确定和认可，这在很大程度上会使选择和任命的高级管理人员在参与到金融机构的管理和运营当中会将上级部门当中的工作任务当成重点和核心，一味听命上级的部署，这对于金融机构的进步和稳定来说都是极其不利的。

其四，农村信用社的监督机构是监事会，在农村信用社的运行中承担内部监督职能，而实际上，内部监管的职责更多的是由职工兼任。立法上规定，监事会的成员组成需要包括社员、捐赠人、提供融资的金融机构等，这些成员都属于利益相关者，在这一条款当中，规定的设立监事会的目标和理论之间不相符。监事会属于内部监督机构，那么监事会就需要由社员组成，但是捐赠人和提供融资的金融机构是债权人的一部分，如果监事会成员当中包含这部分人群，这和法理依据是背离的。另外，《公司法》当中指出监事会成员要有一定比例的职工，那么职工就需要成为其中不可或缺的一部分。如果在监事会人员设置方面存在不合理的问题，那么内部监督的效用就不能有效发挥，也会违背监事会设立的初衷。关于监事会职责问题，在立法方面没有给出全面和完善的规定，承担的职责主要涉及的是内部稽核审计，没有突出对日常事务的监督管理；没有明确指出应该按照怎样的工作程序来开展工作，而且也没有强调理事会成员必须要拥有并且正确的行使弹劾权，最终导致监事会的监督权力和制约作用得不到最大化的发挥。

（八）金融监管体系不完善造成农民金融发展权保障不力

在对金融监管权进行配置方面，监管权的越位、错位以及交叉等问题十分明显。《关于明确农村信用社监督管理职责分工的指导意见》从表面上看，利用列举方式明确各方需要承担的监管职责，但是实际上这些监管权之间有着很多重合，降低了监管效率。

其一，《指导意见》说明省政府享有对地区信用社展开监督管理的权力，并且能够对信用社内部的金融风险进行处理，可以说这样的指导意见扩大了省政府承担的权利和责任，但是通过对相关法律制度的分析却并没有在法律层面上规定省政府拥有的相应权力。从另一个角度上看，省政府是行政机关，管理的事务集中在行政方面，省政府本身并不具备完善的金融理论知识和专业技能，而且在金融管理方面的经验明显不足，在面对数量大和位置分散的农村信用社时，要对其进行全面的监管是不可能实现的，那么省政府就会把相关的管理权限赋予省联社，帮助自身来行使监督管理权力。在这样的行为背后，省政府虽然承担监管职责，但并不行使金融监管权，是严重的权责不对称。

其二，《指导意见》强调银监会要履行评价以及指导职能，而职能范围是省政府对于农村信用社工作的管理是否符合实际管理需求和相关规定。在这样的情况下，省政府在行使自己的职权时会更多地依照银监会给出的评价指标和工作要求来开展各项事由，尤其是在金融管理领域。省政府在金融监管中会受到诸多限制，而且一味的迎合要求也会带来很多问题。

其三，虽然在《指导意见》当中，非常明确地指出不同部门所要承担的监管职责，但在实施中，部门间的沟通机制还没有构建起来，不能实现信息的共享，那么监管重复和监管空白的问题也就不可避免地出现。

其四，从理论上看，省联社在整个农村信用社的系统当中属于管理机构和行业自律性机构，需要协调好各个基层农信社并对企业实施科学管理。省联社承担的管理权力是基层信用社赋予的，需要为基层农信社提供有效的服务和保护。而在农村金融法治建设过程中，省政府对省联社授权，要求省联社对基层农信社进行管理，可见在权力的授权上已经错位。实际上，省联社不应该拥有监管权力，在监管权的配置方面就必须对其进行纠正，以便发挥省联社的行业自律作用，为农信社提供更加丰富、全面的服务。

与农村信用社的监管制度相比，农村资金互助社有着明晰的监管制度，但是仍然存在一定的缺陷。《农村资金互助社管理暂行规定》第七章规定其监督管理工作为："农村资金互助社的监管主体是中国银行业监督管理委员会，监管原则为审慎、持续、动态和差别监管。"但是这其中有着非常明显的问题：首先，农村资金互助社设设置的地域是乡镇（行政村）一级，但是当前监管部门由于受到建制的限制不能够延伸到相应的领域，只是在经济发达地区设有县级监管办事处，但是在整个办事处当中的人数较少，主要负责县域内的监管工作，没有较为完善强大的监管力量，那么监管的触角要想延伸到乡镇村一级也是很有难度的，缺乏监管实现的有利条件和支撑；其次，银监会在对商业银行实施监管时设立的规定十分苛刻和严格，如果采用同样的标准来监管互助社的话是不恰当的，不仅会为互助社发展带来阻力，还不利于业务拓展；再次，在制度建设环节缺乏农村金融机构系统构建的规定，而且也没有涉及关于行业自律监管的问题，农村资金互助社的规模较小而且十分分散，在这样的情况下更加适合采用行业自律监管的方法提高监管的效率，而且构建完善的农村金融体系也能够有效转变当前农村资金互助社势单力薄的状况，提高风险应对水平。

（九）新型农村金融机构准入标准高使农民融资权实现困难

《农村资金互助社暂行规定》《农村中小金融机构行政许可事项实施办法》对互助社设立条件给予明确规定，提出村级 10 万元，乡镇级 30 万元，如果单独从注册资金限制方面看不能够发现准入标准较高的问题。但是在对具体的设置标准和行政许可制度安排进行研究后，就可以清楚地发现对于新型农村金融机构的准入门槛偏高。首先，《农村中小金融机构行政许可事项实施办法》规定经理、理事长必须具备高中及中专以上的学历，同时还需要当地的银监分局对其资格进行审查。在中西部的很多村级地区，这样的任职资格在实践上难度极大。其次，新型农村金融机构的建立，必须要具备符合要求的营业场所、安全防范措施以及和金融业务相关的其他措施。再次，社员出资需要按照《农村资金互助社管理暂行规定》的要求给出证明文件，并且承担相应的资质验证费用。由于实质准入标准高，“最有农村金融市场前景，最符合农民信贷需求，被政府高层寄予厚望”的互助社直到2012年6月底总共只有49家。笔者认为，对于新型农村金融机构设置较高的准入门槛虽然具备一定的优势，也就是能够极大地提高安全性，但是如果片面追求高门槛，农民的融资权将无法最终实现。

（十）立法对政府扶持政策没有法制化致农民公平融资权缺乏保障

农村合作金融机构作为弱势融资群体互助合作的一种组织形式，在一国的金融法律制度安排中通常有对合作金融特殊的政府扶持政策。我国也有针对农村合作金融机构的政府扶持政策，是以各种决定、通知、意见等规范性文件的形式，阶段性地配合当前国家的农村金融政策出台的，欠缺稳定性和权威性。在笔者梳理的各项涉及农村合作金融的规章制度中，有6项规范性文件提到了政府对农村合作金融机构扶持政策（详见表5-1）。其中有国务院发布的规范性文件1项，财政部和国家税务总局颁布的规范性文件2项，主要涉及不同时期对农村合作金融机构的税收减免政策。银监会颁布的规范性文件1项，主要涉及放宽准入政策、实施差别监管的政策。唯一一个有关农村合作金融机构政府扶持政策的立法是2009年财政部颁布的部委规章《中央财政新型金融机构定向补贴资金管理暂行办法》，但这个规章的立法主体是财政部，立法内容仅限于对新型金融机构的财政补贴，无法照顾到所有的农村合作金融机构。

表5-1　国家对农村合作金融的政府扶持政策

规范名称	颁布时间和机构	规范性质	主要内容
国务院关于印发深化农村信用社改革试点方案的通知	2003.6.27 国务院国〔2003〕15号	规范性文件	明确国家对试点地区农信社的扶持政策：财政补贴亏损信用社因执行国家宏观政策开办保值储蓄而多支付的保值贴补息；税收优惠政策。对试点地区信用社的两种资金支持方式：专项再贷款和人民银行发行专项中央银行票据，用于置换信用社的不良贷款；在民间借贷比较活跃地区实行灵活的利率政策

续　表

规范名称	颁布时间和机构	规范性质	主要内容
财政部、国家税务总局关于试点地区农村信用社税收政策的通知	2004.1.2 财税〔2004〕35 号	规范性文件	1. 从 2003 年 1 月 1 日起至 2005 年年底，对西部地区和江西省、吉林省实行改革试点的农村信用社的企业所得税减半征收；2. 从 2003 年 1 月 1 日起，对改革试点地区所有农村信用社的营业税按 3% 的税率征收
中国银行业监督管理委员会关于调整放宽农村地区银行业金融机构准入政策更好支持社会主义新农村建设的若干意见	2006.12.20 银监会银监发〔2006〕90 号	规范性文件	调整放宽农村地区银行业金融机构的准入政策；按照“低门槛、严监管”的原则，实施审慎监管和差别监管
中国人民银行、中国银行业监督管理委员会关于加快推进农村金融产品和服务方式创新的意见	2008.10.15 银发〔2008〕295 号	规范性文件	综合运用货币政策工具、财政政策工具、金融衍生工具和差异化的市场准入扶持政策，分散农业信贷风险，加强农村信用体系建设，推进农村金融产品和服务方式的创新
中央财政新型金融机构定向费用补贴资金管理暂行办法	2009.4.22 财政部	部委规章	财政部对上年贷款平均余额同比增长，且达到银监会监管指标要求的贷款公司、农村资金互助社和村镇银行，按其上年贷款平均余额的 2% 由中央财政给予补贴
财政部、国家税务总局关于农村金融有关税收政策的通知	2010.5.13 财政部国家税务总局财税〔2010〕4 号	规范性文件	由对农村信用社的财政税收支持改为对所有农村金融机构发放农户小额贷款和开办金融保险业务的财政税收支持。时间范围为：2009 年 1 月 1 日至 2013 年 12 月 31 日

续 表

规范名称	颁布时间和机构	规范性质	主要内容
中国银行业监督管理委员会办公厅关于做好2015年农村金融服务工作的通知	2015.2.16 银监办发〔2015〕30号	规范性文件	深化农村信用社改革，提高资本实力和治理水平，培育合格的市场主体，牢牢坚持立足县域、服务“三农”的定位，更好发挥支农服务主力军作用。强化农村信用社省联社服务功能，推动省联社加快职能转换，优化协调指导，整合放大农村信用社(农村商业银行、农村合作银行)服务“三农”的能力。支持其他商业银行下沉机构网点，优化农村地区网点布局，适度扩大农村地区网点覆盖面。

三、我国农村合作金融法律制度的缺陷成因分析

（一）立法指导思想偏差

《宪法》是国家根本大法，更是其他一切法律的基础，而其中对于我国经济认识方面的内容却存在一定的问题，这也使金融立法指导的思想与我国农村金融的发展存在相悖的情况，在对金融进行功能定位时作为集体所有制的金融组织形式，这为实际工作的开展带来了阻碍。出现这一问题最为主要的原因是我国实行的是中央集权经济的社会主义国家，在经济思想的设定方面更多地受到马克思和恩格斯的影响，认为集体金融和金融、集体经济和经济相同。马克思和恩格斯均认为：“在无产阶级夺取政权后，在农民个体所有制大量存在的地方，应当把合作制作为改造农民的社会主义经济形式。”我国在金融以及经济方面的认识受到马克思以及恩格斯等人的影响是非常深远的。在一个集体性的经济组织当中，农民扮演的是劳动者的角色，如果没有了独立作为市场主体和金融主体的农民，金融发展赖以生存的环境和动力将不复存在。此时如果对农村金融进行定性分析，将它列入集体经营的范围，就和计划经济体制相符合，也与实行的经济赶超策略和目标相吻合。所以，农村金融发展的初期是在这样的认识指导之下进行的，选用的立法指导思想非常的片面和不科学，而且把农村金融纳入到集体所有制管理中，作为国家全面实现大金融目标的手段；农村金融属于一种次要性的金融组织，是国家银行的一个助手，国有金融组织站在统治地位，农村金融组织作为其附属品为其提供服务。国家和政府在对农村金融以及其立法价值认识方面还存在不足，这也使农村金融的优势得不到有效发挥。在这样的背景以及思想引导下，由于农村金融本身在思想上已经出现了问

题和失误，在错误思想的指导下展开的改革工作也必然不会获得理想效果，农民的融资权和自由融资权都没有得到保护，最终农民的金融发展权也得不到立法保障和根本性重视。

（二）立法观念扭曲

肖和麦金农提出“金融抑制”是发展中国家和经济转轨国家在金融发展中普遍存在的问题，其主要内容是政府实施过度的干预，强化对金融市场的管理以及意志，压低汇率和利率水平，原本的实体经济和当前的金融体系处在羁绊关系当中，影响到二者共同的发展和协调进步。

在新中国成立之后，我国开始逐步进行金融体制的改革，而改革的根本路径是发挥政府的控制作用，对金融资源进行恰当分配，这样的金融制度安排，是由于我国经济体制的改革需要政府主导作用的发挥。政府为了确保经济发展目标的实现，将重点放在发展工业方面，在金融资源方面给予支持和帮助，垄断原本多元化的产权机制，根据国家发展以及自身管理工作的需求来为特定领域提供人员和资金的支持。在这个层面，政府对于金融的应用已经超脱出宏观调控的范围，在金融方面的制度建设当中也更多体现出对于金融资源的控制以及对自身需要的满足。如果从这一角度出发来对我国农村金融的法律地位进行确认，对农村金融的管理体制和监管制度进行安排，就会忽视广大农户的金融需求，让大量的金融法律制度在实践当中和金融发展实际相悖，难以满足农户的金融服务需求，背离原本的目标和宗旨。政府运用金融抑制的政策手段将农村金融机构变成政策性工具，也使得农村金融组织变成执行政府“准财政”职能的工具，难以实现自主经营，如果长时间采用这一方法进行运营，也会因为失去运营动力而导致破产。

将金融作为一种工具，并且在这样的思想指导之下进行立法，就导致我国当前关于农村金融过多地强调国家以及监管部门的监督控制，忽略了农户借款人权益的保护工作，让原本的宗旨目标得不到充分的践行。在设置农村金融法制的内容时，银监会更多地会考虑到自身监督和管理工作的现实需要，并以此为基础来设置相关的规定内容，而涉及为农户考虑的制度条款内容则十分稀少。从众多法律的梳理以及分析当中能够看到，仅仅在《农户贷款管理办法》当中有体现要从农户视角出发来规范机构行为。这一管理办法与之前单一强调保护金融机构等内容在观念上是明显不同的，从中也能够看到立法观念的逐步转变。农村金融制度的立法模式要采用的是禁止以及限制的手段，而且没有赋予金融机构自治权利，让社员本该享有的民主管理权受到威胁，金融机构的风险也相应增加。如果政府单纯地将金融作为宏观调控的工具，并且借助行政方法来配置资源，农村金融的独立性和自主性就会受到损害，农民的金融发展权也不会得到尊重和保障。

（三）立法路径错位

农村金融法制变迁会随着一定时期政府经济发展战略和政策变迁而发生改变，这种种转变都坚持政府主导，带有明显的强制性特征，制度的变革形式十分单一，但是在政府的严厉管制之下，这样的制度变迁并没有考虑到实际需求，在实际的实施过程当中仍然和实际不符，从而产生阻碍，为农村金融发展带来极大的阻力。我国在农村金融法制建设时，将强制性的制度变迁路径作为主要途径有着一定的必然性，主要体现在：在国家成立的初期阶段，国家面临的外部发展环境复杂多变，各个行业都处在发展的低潮期，此时政府的作用就显得尤为关键，必须在政府的支持下来建立起集中性金融管理体系；我国经济发展水平不高，而且基础薄弱，不少农户不能够正确地认识信用的重要性，这就要求政府必须担当起领导者以及推动者的职责，在金融事业的发展当中起到领导作用。采用这样的制度变迁路径在实际实施当中优势明显，这些优势主要体现在：成本较小；速度较快；金融法制和政策的一致性极高。而这种做法也有一定的劣势：忽视了农户意愿，没有考虑到他们的需要和权益需求，而且农户也不能够展开自主选择，制度的供给和农户金融产品方面存在的需要不能够准确对接，金融效率得不到提高。在强制性制度改革的道路上，政府在这一环节有着最大的获利，这也使立法途径有着明显的错位。无论是农村经济的发展还是有着较高的市场化程度的金融改革，广大的农村市场主体积极主动地参与到创新改革工作中，都有着诱致性制度变迁的模式特点，属于农户自下而上的制度创新结果。自上而下的强制性金融改革与自下而上的诱致性金融改革，二者形成了非常强烈的对比，这也造成我国农村金融制度的滞后性明显，农村金融立法会随着政府利益需求而发生摇摆，不能够为农户金融发展权的实现提供有效的法律制度保障。

第六章　农村合作金融法律制度的域外借鉴

第一节　国外农村合作金融的特点

一、法律法规的完善

各国都制定了专门的合作金融法，通过国家制定相关的法律可以有效规范、约束农村合作金融业的发展。同时，完善的法律和政策体系又能起到促进农村合作金融发展的作用。

（一）农村金融法制化

通过对其他国家的农村金融改革发展之路进行研究和对照能够发现，这些国家在国情方面存在着较大的差异，在农村经济发展水平方面和法律文化传统方面都有着较大不同，但是它们有着一个共性，那就是建立了专门性的农村金融法律，采用立法的方式来规范农村金融市场的发展，保障农民金融发展权的实现。法律制度稳定性和权威性较强，如果在法律制度当中能够明确地把农村金融机构的地位确立下来，并指出在发展当中需要遵循的准则，那么农村金融机构的独立性和自主性就能得到保护，农民金融发展权保护也就拥有了立法保障和根本依据。我国的农村金融已经经历了六十多年的发展，但是长期以来都没有形成专门立法，虽然当前有着一定的立法根据，但法律位阶较低，大多属于规范性文件的层次。要想真正推动我国农村金融事业的发展，规范农村金融市场，为我国农村金融的发展注入可持续发展动力就必须实现法治化，真正制定在效力以及法律地位上能够比肩商业银行法律的制度体系。

（二）坚持基本法律准则

无论是哪一个国家在发展农村经济，并且针对农村金融构建完善的法律制度时，都需要从以下多个角度进行综合思考。第一，本国的农村经济基础如何。如果国家农村经济基础较为稳定和深厚，制度建设的难度就会大大降低，而且能够从商业银行的金融法律当中获得丰富的经验。如果经济基础薄弱，就需要在制度建设当中更加谨慎和细致全面地针对薄弱环节来制定制度条款。第二，本国农村的信用文化如何。如果国家农村地区的信用文化水平较高，那么制度的保障和执行力度都会得到增强，反之会加大立法的难度。第三，本国的农村政策导向是如何设置的。农村政策导向的差异体现在法律制度建设中会对其中的制度内容产生直接性影响。在考虑以上问题的基础上，还需要依据经济发展现况以及农户在金融服务方面的需求变化来进行调整和修订。世界金融发展存在一个非常普遍的现象，就是金融的异化，但是互助扶弱是制定和调整法律的核心准则，这一准则适用于各个国家的立法。例如，德国在《银行法》中规定合作社银行必须将经营日的确定为提高成员收益和确保成员有效经营；美国《农场信贷法案》指出农场信贷体系主要承担的职责是为涉农企业和广大农牧民提供信贷支持和相关的金融服务，从而有效提升企业收入和福利水平。基本法律原则发展到现在已经伴随着金融发展出现微妙变化，而且不同的国家由于在农村金融层次等方面有着明显差别，农民对于金融产品需要也各不相同，那么在基本原则的制定当中会有不同的侧重点。未来我国在进行农村金融的立法时，同样需要考虑国家的国情和农村金融发展现况，恰当合理地坚持法律制定准则。

（三）农村金融主体权利义务关系的明确

德国、日本等国家在农村金融制度建设时都会有意识地将社员组织、金融组织以及政府之间的权利义务关系进行明确的区分。例如，日本在《农业协同组合法》明确规定政府和农协要做到彼此支持和相互促进，农协属于政府指导之下的国家农业政策方面的辅助实施机构，需要代表广大农民的利益，真正保护好农民权益。农村金融组织是政府和农户间的中间组织，需要全面贯彻落实国家的金融服务农政策，还需要切实满足农户的金融需要。美国政府直接退出农村金融产权领域，让农村的金融组织机构以及社员拥有自主权，积极优化农村金融市场的环境，并采用立法的方式来规范农村金融的发展，实现良性循环。但是印度农村金融在发展当中却有着非常浓重的官方色彩，强调立法和行政命令并行，进而造成了产权模糊。政府对农村金融机构的运营过度干预，机构自身享有的自主管理权利受到侵害。由此观之，在制度建设的过程中，在制度条款当中明确指出金融主体的权利和义务法律关系以及法律地位是确保农村金融组织健康和发展的前提条件，也是保障农民金融发展权实现的核心因素。我国在农村金融机构的法律制度当中要明确定位机构的独立主体地位，明确不同金融主体权利义务关系，切实发挥好主体作用，推动农民金融发展权的贯彻实行。

二、政府色彩浓厚

在各国农村合作金融历程中，政府的干预力度相对还是较大的。各国家（地区）

都有相关扶持农村合作金融发展的政策和方案。美国、日本、法国等国家，在建设合作金融组织的最初时期，都曾给予一定的资金援助，且在财税等方面也制定有相应的政策优惠。

（一）合作金融监管组织与监管制度完善

各个国家的农村合作金融组织体系均有严密的审计监管组织，完善、健全的监管机构及监管制度。一般而言，农村金融机构所处的外部环境非常的恶劣，之所以这样说是由于农村地区经济基础较差，经济发展水平较低，往往处在国家的弱势地位，在这样的外部环境影响之下，这些金融组织资金不足，而且由于人力以及财力的缺乏造成了组织结构构建不合理或者是过于分散，在遇到金融风险时无法拥有较大的承受力，最终会导致破产，并对农村金融产生巨大冲击。要改变以上状况，首先需要有完善的监管法律制度来提供保障，提高农村金融发展的规范性和稳定性水平，切实解决农村金融立法方面存在的难点。例如，德国在农村金融监管方面采用的是非现场监管和现场监管并用的方式，这在很大限度上提高了德国农村金融发展水平，而且能够保障好社员金融权益的实现。日本在农村金融的监管方面是由专门监管部门以及专业自律机构来形成全方位的监管体系。

（二）农村金融的风险分担和补偿法律制度的构建

农村金融市场的发展有着较高的风险，其主要原因在于农业生产的自然风险较高以及农业生产的市场风险较高，这样的情况，极大地增加了农村金融机构运营和发展的风险。农业贷款品种单一，抵押担保品无论是在内容还是在范围上都存在极大的缺陷，农村金融机构要想有效地应对金融风险难度极大，而且采用的方法也有局限性。农业贷款有着分散性和效果性的特征，再加上农户征信体系不健全使农村金融机构要担负较高的管理成本。面对以上问题，各国积极构建风险分担和补偿机制，以使农村金融机构的发展得到保障，具体措施包括以下几个方面。第一，建立信用担保制度。例如，印度通过建立联保机制的方式来提升成员信用水平，并采用这样的方法来让广大农户从正规金融机构获得贷款支持，同时减少正规金融机构的交易成本。第二，完善存款保险制度，在确保存款人权益不受侵害的同时使社会公众能够强化对于农村金融体系建设的信心。例如，德国各级银行采用自愿投保方式加入全国性的存款保险体系当中，有效保护了支付安全。第三，扶持政策法制化。农村金融机构有着弱质性的特点，对于政府扶持政策的支持有着较大的需求，以便更好地分担外部风险。我国在推动农村地区的金融立法时要做到取其精华，弃其糟粕，实施存款保险制度，提高对信用风险的应对能力，强化公众的信心。与此同时，要对政府的扶持政策进行规范，使其变得常态化和法制化。

三、农民产权的地位

信贷资金真正地做到取之于农和用之于农，就必须保障农民产权主体地位不受损害。所有国家在制度构建的过程中都应将农民放在重要位置，并且努力确立其在金融组织当中的产权主体地位。例如，德国在构建农村金融体系时采用的是地方银行——地区银行——中央银行三级制；印度实施初级农业信贷社——地区中心银行——中心银行三级制。各个国家在推进农村金融体系的构建时，坚持循序渐进原则，构建明晰产权关系，并且强调不同的层级都处在独立的法人地位，切实保障自主经营权的有效发挥。按照这样的形式，基层的农业合作金融机构可以充分利用自身的优势来和农户构成直接性的金融服务关系，在这样的关系体系下农民的主体地位能够得到有效保障。上一级联合组织承担管理服务以及调剂余缺的职责，从而形成金字塔式的产权关系和完善组织体系，而金融体系化水平的提高会使其应对金融危机和不良经济事件能力得以提高，最大化地发挥国家职能。我国在构建农村金融法律体系时必须注重建立清晰明确的产权关系，确立农民在整个农村金融组织机构当中的主体地位，切实保障农民金融发展权。

第二节　国外农村合作金融的法制掠影

一、发达国家农村金融制度安排

（一）美国农村金融制度

美国的农业发展水平在世界范围内都是数一数二的，农业发达程度以及现代化程度普遍较高，取得这一可喜成果的主要原因是其有着较为完善的农村金融制度。美国农村的金融制度坚持了以市场为导向的原则，在此基础上形成了一种多元复合型的信用型模式，其特征体现在以下三个方面：第一，为农业发展提供完善的信贷资金机构；第二，在农村金融组织体系设计当中具有完善的资金供应体系以及金融组织体系；第三，具备健全的保险机制。美国农村金融制度具有庞大的系统，在整个系统当中私营金融机构是基础，合作农业信贷体系是主导，同时有政府的辅助作用发挥，通过记者的共同运作来满足美国农村金融发展的需求。通过多元金融机构的共同参与和相互协作配合最终形成一个完善的农村金融制度，这也为美国农业以及农村经济的繁荣提供了必要的金融资源帮助。从美国农村金融制度中能够非常清楚地看到金融对于农村经济的发展起着引导以及扶持的巨大作用。

1.政策性农村金融制度

美国把《农业信贷法》这一法律当作基础来构建符合美国农业发展实际的政策性金融制度。在制定符合美国国情的农业政策性金融制度后，与之相关的各项活动在实际的发展和壮大过程当中都能够获得信贷支持，享受丰富的资源以及资金的服务，进一步扩大了农业生产规模，同时保障了农业生产能够在正确方向指导下推进。事实上，组成农业政策性金融体系的机构都是在美国联邦政府的主导之下建立的，针对的是美国的农业以及农村经济的发展，其资金多来自于政府支持等，这些资金都会为美国农业发展和农村经济建设提供支持。可以说，美国对农业发展有着强大的扶持力度，且无论是农业发展还是战略实施都有着政策金融制度的支持，为各项工作的发展提供了保障。美国政策性金融机构主要包括以下几个，它们在贷款对象方面有不同的侧重点。

农民家计局是美国农业部门的直属单位，工作的目标是让广大农户充分享受政府的扶持，使农业生产活动的开展和农民生活的改善目标得以实现，切实为贫困地区提供帮助，为农村经济发展注入活力。农民家计局没有将获得最大化的盈利作为根本性目标，而是真正成为政策性金融机构的一个代表，机构的信贷资金来自于政府拨款等方面。目前，农民家计局在美国农业发展当中仍然发挥着重要作用，其承担的职责主要体现在以下几方面。第一，给予担保以及贷款支持。贷款类型有紧急贷款和直接性贷款，安保涉及的主要内容是为农民借款人提供保护，并且当商业银行机构为农户提供贷款支持时，为其中产生的利差提供补贴支持。第二，改善农村条件，完善各项基础设施，规范农业经济秩序，提高经济整体水平。

农村电气化管理局是农业部下属单位，成立这一单位的目的在于完善各项公共设施，逐步优化环境，提升环境质量，承担的职责是向农场、农村电影合作社等借款人发放贷款，并用这样的方式来有效提升农村电气化水平。农村电气化管理局在资金利用方面采用的是贷款以及担保形式，对于农户的贷款支持方面有着极大力度的优惠政策支持，提供的担保服务也比较完备。

商品信贷公司成立于1933年，属于美国农业部农业稳定保护局的一个下属公司组织，设立的目的是有效应对农业危机和自然灾害，提高农民收入水平，使广大农民的切身权益不受侵害和威胁，进一步优化农业条件。为了达到这一目标，商品信贷公司会适当提高农产品收购价格，而且在农业发展当中给予补贴支持，使农业生产的各个条件和技术等得到有效改善，保障最终目标的实现。商品信贷公司必须从根本上提高对收入支持和价格管理工作的重视程度，对农产品价格进行适当的管控，避免价格波动幅度扩大或者与市场规律不相符的情况，让消费者以及农户都能够保障好自身权益。

小企业管理局是联邦政府贷款机构，支持的主要对象是小企业，这部分企业缺乏从多个渠道获得金融资源的能力，自身的融资水平较差，无法支持自身的可持续发展和运营。加之小企业大多和农业生产相关，小企业管理局多会给予其大力的扶持和资金方面的帮助，让这些涉农小企业得到资源以及资金层面的帮助，获得可持续发展的动力。小企业管理局以及农民家计局针对小农场贷款分工较为细致和明确：借款人经济水平低，得到贷款支持的金额较小时，这部分的贷款可以由农民家计局承担；造成小企业运营危机的原因是自然环境变化，而且从其他途径获得资金难度较大，那么这部分的贷款必须由小企业管理局来承担。

美国政策性农村金融机构不仅在金融服务和产品方面做到了有效覆盖，还注重为农户提供咨询服务，针对与金融相关的知识对农民展开专业技能的教育，使农民的管理能力和知识水平得到提升，为他们改善生活和提高经济能力提供了有效支持。另外，美国实施的是多元金融服务的方法，这样的方法能够为贷款的及时回收提供保障，同时使政策性资金的利用率得到有效提升，切实保障了贷款项目的成功运作。

2. 农村合作金融制度

从 1916 年开始，美国逐步完善农贷方面的法律制度，注重发挥政府主导作用，积极推进信贷系统的构建。之所以要构建完善的信贷系统，主要是因为需要利用对农业相关项目提供放贷支持的方式来扩展农业可以利用的资金来源，使农民在实际的工作和生产方面获得多种福利，促进农民收入水平增加措施的多样化，推动农村以及农业长足进步。整个信贷系统包括三大金融机构，这几个金融机构在建立时都受到政府的主导以及出资支持。

联邦中期信用银行是整个信贷系统的关键成分，承担的是中期以及短期贷款方面的业务，通过提供这两个类型的贷款来让农民得到有效的贷款扶持。联邦中期信用银行同时是信用合作系统的一部分，对于中期和短期贷款的期限设置为 1 ~ 7 年，在其中扮演信用批发商，属于中间层。

与联邦中期信用银行相对的是联邦土地银行系统，其内部实施股份所有制，但下属合作社不能承担贷款发放和办理等相关业务。联邦土地银行系统发放的贷款类型是长期贷款，期限长达 5 ~ 40 年。而要获得借款资格，必须向其交纳 5% 股金。

合作银行系统承担的主要职责是为合作社添置设备，对营业资金给予补充和贷款等。合作银行系统向上和向下都能够进行延伸，向下为下属合作社发放贷款，而向上可以为区域性的合作银行金融组织给予资金扶持。

3. 美国的农业保险

美国政府构建农业保险体系的原因是稳定农村经济，构建完善的社会福利体系，保障整体福利质量和水平。保险业对于农业发展的支持有着较大投入，并且在其中发挥着重要作用。早在 1938 年美国就颁布《联邦农作物保险法》，其目的在于尽可能地避免自然灾害和危机对广大农户带来生存威胁。在经过长时间的完善之后，美国农业保险体系初步完成，其运行模式的转变分为三个阶段：第一阶段是政府承担办理保险业务的职能；第二阶段是政府委托商业保险公司来负责农业保险的运营；第三个阶段是由商业保险公司代理各项业务的办理。农业保险系统要想获得稳定的运营和发展，必须在合理的运行机制指导下开展：风险管理局负责制定农业保险险种，并且要有效履行防控风险职责，为私营保险公司提供再保险帮助；私营保险公司和风险管理局签订相关协议，承诺执行其制定的各项规定；后者负责具体业务的落实以及实施。在美国农业保险体系的构建过程中，除了商业保险公司发挥积极作用以外，政府的大力支持也是必不可少的。

在经过多年的发展和实践后，美国的农村金融完善程度大大增强，建立起层次分明、制度完善以及有着明确分工的金融体系。这一相对完善的农村金融体制的基本特征是拥有商业性金融机构以及个人信贷的支持，能够有效发挥农业信贷系统的价值，也能够通过发挥农业保险作用来实施全方位的农业发展保障。

（二）日本的农村金融制度

日本的整个农村金融体制包括三个层次的机构，分别是政策性、合作性以及其他金融机构三个类型。三者在整个运行机制当中是通过协同配合和有效运作来切实为日本农村发展提供保障的，这也是日本农业发展水平较高的直接性原因。整个大的农业金融体制做导光板，同时划分成农业、林业以及渔业系统。政策性金融机构和合作性金融机构的协调配合，让美国农业发展富有巨大的生机与活力，前者会将政府的农业金融政策、目标和措施等具体化，而后者负责实施和操作具体的业务。可以说，在日本的农业金融制度体系当中，合作金融占据主体地位，政府负责提供强大后盾。

1. 日本政策性金融制度

比较而言，日本在政策性金融发展方面有着非常悠久的历史，而且在发展当中的各项体系都比较健全，整体实力相当雄厚。也正因为政策性金融在日本的飞速发展，让日本的近代历史出现了持续的经济腾飞现象，为日本跻身发达国家奠定了坚实基础。

经过第二次世界大战后，日本农业大受打击，受到的创伤十分严重，无论是生产效率还是质量都明显下降，缺乏粮食和工业品的有效供给，整体经济一度陷入瘫痪。为了有效地挽救国民经济，将其拉上正轨，提高农村经济的恢复水平，日本开始实施土地改革。在 1953 年 4 月份，日本农林渔业金融公库建成，不仅在当时发挥了重要作用，还一直延续到今天，成为整个政策性金融机构当中的领导者以及佼佼者。农林渔业金融公库资金来源是预算资金、借入资金、自有资金，这些资金主要用于支持农村地区的基础设施建设，而各项金融业务的实际实施采用的是农协代办或者直接放贷的方法，如果委托代办需支付相关费用。贷款类型属于长期贷款，且贷款的利息水平较低，一般的期限设置是20年。日本农业经济发展速度较快，发展质量较高，促使金融公库对于贷款的利用进行了相应调整，改变资金运用方向，将其投入农业领域。随着日本农业现代化进程的加快，农产品市场化的程度逐步增强，公库开始将资金用来扶持日本农业金融的发展，积极构建农村金融市场，在提升农业竞争力水平以及可持续发展能力等方面发挥出巨大作用。

2. 日本农村合作金融制度

农协系统是日本支持农业发展的主要合作金融机构，于1947年成立，属于农民合作经济组织，是由日本农村的弱小经济个体组成的，其目的是最终实现共同富裕。在实际的运营过程中，农协系统奠定了较为坚实的公平平等思想基础，推动了小农经济的发展。

农业合作金融具备独立融资的功能，在设置机构时，往往将行政区域作为主要的划分标准，主要由农协、都道府县的信用联合会和中央的农林中央金库组成。为了保证组织设置的合理性，其采用逐步推进的方法：有效引导和激励农户利用入股的方法加入农协，而农协同样利用入股的方法加入新农联，以此类推。这三个机构在行政上并不存在隶属的关系，属于独立经营和核算，在职能上是相互配合和关联的关系。

基础农协是基层机构，由广大农户和居民团体通过入股的方式组成，该机构的性质是非营利性组织。农协的职能体现在发放贷款以及吸收存款上。发放贷款的对象是生产生活当中缺乏资金支持的会员，而吸收的存款都是会员存入机构的款项。这些资金最后都会以依照一定比例上交信农联。信农联是专门从事信用业务的联合会，在整个农协系统当中处在中层位置，连接着基础农协和农林中央金库，扮演组带角色。信农联开展各项金融业务针对的是会员，涉及存款以及贷款，并通过调节的方式来弥补资金空缺，引导和规范基层农协的各项工作。资金来自于基层农协的尚存资金，余下的资金需要上交中央金库。其中，对信农联提出的一个要求是不能兼营与信用无关的金融业务。中央金库是最高机构，负责对全国县农协的资金活动进行统一调度和协调，并按照国家法定要求对资金进行运营，同时向信农联提供咨询服务，更好地指导其展开相关工作。

3. 农业保险

为保障日本农户的自身权益不受威胁，维护经济发展的稳定环境，日本政府着手建立农业风险防范机制，并重点扶持农村金融，使其能够免受损失。1947年日本颁布的《农业灾害补偿法》规定：“日本农业保险采用共济组合形式，由市、町、村的农业共济组合，都、道、县的共济组合联合会和全国农业保险协会构成。”通过三者的紧密联合和相互配合，形成了当前日本的农业保险组织体系。日本对于农业保险的设置采用的是自愿性和强制性组合的方法。其中，对于采用何种保险方法都有特殊的限制，会对国家经济以及农业发展带来直接影响的大宗农产品适用于强制性的保险政策，并且严格按照相关的法律规范来顺利参加农业保险。在农业保险的发展过程中，日本政府逐步强化财政扶持的相关工作，为农业保险体系的构建和完善注入了源源不断的动力。首先，由于农业保险工作的实施会涉及大量的费用，这会加大农户的成本，也会影响农业保险政策的落实。对此，日本恰当地设置农业保险的补贴比率，使费率和补贴率呈现正比。其次，农业保险公司的运营者会得到来自于财政部门的业务补贴，从而极大地减少企业的运营成本。再次，共济组合执行和发展的各项费用全部由日本政府承担。

日本农业保险制度从整体上看比较完善，各个组织机构较为合理，且不同的组织机构之间的配合度较高，能够实现相互配合和协调，这也使日本的农业保险模式得到了极大的肯定，并在很多国家都进行了推广，为多个国家的农业保险建设提供了宝贵经验。

日本农村金融制度最为显著的特征就是做到了政策性和合作性的完美融合，这也使政府的职能得到充分发挥，让农村地区大为受益。日本在相关制度建设方面非常完善和健全，这得益于政府扶持。一般而言，政府的扶持力度极大，不仅会在优惠政策方面不断根据实际进行调整和增加力度，强化税收以及财政上的支持，还运用直接出资来保持合作金融发展的优势。

（三）法国农村金融制度

法国是西欧农业最发达国家，这与法国农业金融有着悠久的发展历史紧密相关，从中也能够看到农村金融对于农业经济的巨大影响力。法国在农村金融制度的设置方面，带有明显的国家控制特点。第一，政府极其关注农业资金问题。为做好跟踪调查工作，政府会通过数据统计和综合分析的方法来积极运用多元化的措施拓宽资金，切实解决资金问题。第二，政府极其关注有关农业保险的事宜，能够最大化地发挥农业保险优势，让广大农户享受保险支持，形成对农业的全方位保护，降低自然灾害对农民造成的损失。

1. 法国政策性金融制度

法国很早就注重对农村金融制度的建设，而且制度建设的开始时间较早，其中非常明显的例子是法国成立的农业信贷银行是世界上第一家政策性农业银行。随后，由于农业信贷中央银行的构建得到了制度上的支持，逐步发展成为全能银行，且在发展过程中联合了民间金融，能够提供较为完善的农业信贷保护。

法国政策性金融组织有着悠久历史，而且由于建立的时间较长，在发展过程中做到了结合实际的创新改革，因此在机构组织等方面的设置上注重分工以及完善体制。此外，法国政府注重运用多种扶持手段来形成对政策性金融机构的全方位保护，从而增强了农业发展动力。

法国政策性金融制度有着明显的政府控制色彩，政府在其中起着领导和控制作用，专门为农村金融发展提供扶持。

2.法国合作性金融制度

法国合作金融管理体制的突出特征是垂直性，也就是受到政府的直接领导，而政府直接给予合作金融组织扶持和保护。法国的三大农业合作金融机构及其在管理体制当中的发展情况如下：农业信贷互助银行是整个合作金融体系的主体，在性质方面属于商业性的行政机构，直接受农业部门和财政部门的领导，在实际的运行当中发展速度极快。资金来源是政府的财政性拨款，负责对农业信贷银行的经营政策等方面进行审议，采用为省互助银行以及地方的互助银行提供预付货款的方法来对贷款的投向和规模等方面进行控制，同时负责监督协调省农业互助信贷银行。在整个管理体制当中，省农业信贷互助银行是第二层，属于半官办机构，领导地方农业互助银行。一方面，省农业互助信贷银行处在总行的控制之下，另一方面，负责对基层营业所的直接领导，负责基层互助银行的管理，并且对管理资金进行恰当分配，同时涉及投资转账等业务类型。如果对法国的农业信贷银行进行性质分析，从中可以看到明显的互助合作性，并且严格按照合作制的原则进行经营。

农业信贷互助银行属于混合式的运营和发展模式，这一银行的金融业务与国家政策有着密不可分的联系。只要是与国家政策以及发展规划相符合都能够得到农业信贷互助银行的优先支持。另外，无论哪个层级的合作银行实际运营和发展当中遵循的都是合作经济准则，并且重视业务范围划分，能够切实做到自负盈亏和财务独立。无论处在哪一个层级，这些合作银行都拥有独立核算的地位，并且在银行内部全面贯彻民主监督和管理机制。站在整体的角度分析，混合体制模式的影响之下，政府干预力度较大，导致金融机构独立性不高，在经营效率上也较低。

3.法国的农业保险

法国在农业保险方面有着非常悠久的历史。1840年，第一家地区性的农业保险公司成立。1990年，法国在农村金融制度建设当中将农业保险制度的内容明确地写到法律条款当中，随后又出台农业损害保证制度，并且确定成立国家级的农业灾害基金会，赋予基金会补偿农民损失的工作职责，而支出的资金当中由政府支出50%作为受灾基金。1982年，法国政府在决议上通过自然灾害保险，并在立法上面将其法制化。法国针对农业保险设置的是补贴和汇率调整的政策支持，注重提高对农户的补贴水平，降低汇率。其中，农民只需要承担 20% ~ 50%的保费，政府将承担剩余部分。由于法国建立起了系统性的农业保险制度，并且通过政策支持和政府干预的方法让广大农民享受保险支持和对他们生活带来的改善，极大地刺激了农民的生产积极性，使他们积极踊跃地投入生产活动，为农业生产进步以及整个农村地区的经济繁荣注入了活力。

法国农业保险是独一无二的，其农业保险制度以及制度的创新改革都有着本国特色，建立起完备的机构和体制，从而便各项保险业务的实施都能够在一个健全体系当中稳定运行。为了让保险行业在一个稳定和谐的环境下得到发展，法国成立农作物保险集团，这一集团集合了政府以及社会的力量，政府是控股的主体，社会的各方力量运用入股方式参与其中，最终构建起股份公司。通过成立保险集团的方法来发展农业保险，为农业生产提供保险业务的支持，对于农村经济规模的提升有着重要意义，而且能够起到减少成本和整合优势的作用。农业合作保险组织同样是法国农业保险体制当中不可缺少的部分，属于民间性的农业保险组织，在其中能够有效发挥农民的主体作用，确保农林各项权利的实现和有效保护。

纵观法国农村金融制度，最为突出的特征是受到较为发达农村合作金融和政府的大力支持。可以说，法国农村金融制度是政府支持和主导的成果，也可以称作是国家控制型金融发展模式。法国的合作金融机构有着健全的规章制度，在机构设置和组织安排方面科学合理，各项金融业务运行良好并且呈现逐步扩大的趋势，在实际运营当中能够做到多样化发展，这些成果都得益于政府政策。

（四）德国农村金融制度

1. 德国合作金融制度

德国早在 19 世纪 50 年代就建立了第一家信用合作社，为农村金融服务问题的解决提供了有效保障，而且信用合作社在实际运用当中坚持民主管理的原则，也使得其能够沿用至今。纵观德国的合作银行体系，可以形象地将其比作金字塔，而这座金字塔总共有三层。金字塔的底层也就是根基部分的基层合作银行，中间层次包括德国的三家地区性合作银行，顶层位置是中央银行，负责整体的协调。无论是哪一个层次，它们都属于具有独立意义的企业法人，在共同为德国农村金融服务的过程中形成了良好的合作关系。

（1）自下而上入股、自上而下服务的合作银行体系

在整个合作银行体系当中，主要资金来自于基层的合作银行，地区合作银行提供了 80% 的中央合作银行股份，政府持有的股份比例极小，剩余股份是由实业部门以及相关企业持有的。

第一层次是德意志中央银行，也是信用合作金融制度的最高机构，有着全面拓展各项业务的权利，能够形成统一调度和协调。德意志中央银行不承担行业管理责

任，主要涉及的是支付结算、资金融通等业务。

第二个层次是地区中心合作银行，起着金融中介的作用，负责处理基层合作银行的相关业务。例如，地区中心合作银行可以向基层的合作银行提供资金、结算服务、短期融资等。除此以外，地区中心合作银行可以通过介入外部资金的方法来实施证券投资等业务，从而有效壮大了自身的实力。

第三个层次是信用合作社和合作银行，可以说它们遍布德国的城乡各地。

合作银行几乎涉及德国的所有金融领域，可见其经营范围之广泛，这些合作银行的性质带有商业银行特性。在整个合作银行的内部，无论是风险防范系统还是保护系统都非常完备，同时对每一家合作银行提出了要求，要求它们能够按照比例规定共同构建特别专项基金，这部分的资金主要用来处理成员财务危机问题，也可以由基金会全额补偿。这样的方法能够为合作银行体系的资金和效益提供良好的保障，也能够对其形成良好规范。不同层级的合作银行必须认真履行各自的职责，给予相互支持并通过全方位的合作来做好资金的调整和融通。这样的方法能够在很大限度上确保合作银行资金的安全和有效流动，降低多种风险，同时在风险防范和保护系统作用的发挥之下，合作银行的合作以及改革之路会更加稳定和谐。

（2）信用合作与其他合作社融合的行业自律体系

全国信用合作联盟是行业自律组织的一个重要组成部分，其成员包括不同性质和处在不同层级的合作金融公司，它们都属于自律组织的成员。各个成员需要为信用合作联盟支付会费，而信用合作联盟也会为会员来提供多元化的信息支持，做好合作银行以及政府部门的协调，帮助合作银行树立良好的形象，为银行处理各项公共关系提供支持。除此以外，德国还建立了全国性的合作社联合会，联合会承担着培训和审计的主要职能。德国各州都根据自身实际需求设置行业自律组织，以便更好地推动德国金融行业的发展。

（3）相互协调的综合监管机制

德国是综合监管和金融混业经营的一个代表，合作银行由中央银行以及金融监管局采用分工的方式分别监管，形成了一种综合监管体系。德国在金融监管方面单单设置一级机构，下属没有监管分支；采用非现场监管方式对合作银行实施监管，联邦中央银行以及分行、审计联合会负责做好日常监管，另将从中获得的信息向金融监管局报告，最后由金融监管局做出最终决定。这样的综合监管机制设置方法极大地节约了监管资源。在对农村合作金融进行规范和发展的过程中，德国主要依托行业审计的监管体制以及联邦中央银行的风险防范系统。

2.德国的农业政策性金融

德国农业政策性金融有着非常悠久的历史，其设立的目的在于对农业提供保护和扶持。德国农业政策性金融机构不会最大化地获取利益，而是要通过自身的运行和协调来支持农业，使农业发展拥有资金以及生产资料等方面的注入。德国农村地产抵押银行在德国的整个农业政策性机构当中占有重要地位，并且有着特殊功能，主要是为农林各业以及食品行业提供信贷资金服务。需要强调的一点是，德国农业地产抵押银行主要提供四个特别信贷项目，其中最为突出的是种养业特别信贷项目和青年农民特别信贷项目。种养业特别信贷项目面对的是缺乏财政资金支持的农村种养业项目，主要为其提供最为优惠的贷款利率，范围涉及所有农村投资领域。青年农民特别信贷项目支持的是从事农业不超过五年，而且年龄低于四十岁的青年农民，其目的在于鼓励德国大量的农村有志青年主动参与农业经营和生产活动。这一项目正式开始于 1985 年 3 月，且优惠设置更加优越，利率比种养业特别信贷项目更低，申请贷款的额度也高。

德国在农村金融制度建设方面有着非常悠久的历史，突出的表现就是它是世界上最早建立相关制度的国家。在德国整个国家金融体系当中，合作金融占有很重要地位，其发展也有很多方面的优势。德国合作金融经营稳健，结构合理，注重风险预警和有效防范，并且建立起统合保护系统，这也使德国农村金融制度有着极大的优越性。

（五）意大利农村金融制度

意大利的农村合作金融有较长的发展历史。在 19 世纪末期，意大利农村合作银行的前身——农村银行，是按照雷发巽原则在教会的推动下发展起来的。第一家农村银行于 1883 年在东北部地区的 Loreggia（洛雷贾）成立，到 1897 年，全国就成立了 904 家农村银行，1926 年发展到 2 100 家。1937 年，意大利政府颁布了第一部农村银行特别法规，规定 80% 的社员必须是农民。1950 年国家农村银行协会成立，1963 年成立中央清算银行，1978 年成立存款保险基金，初步完善了农村银行体系。1994 年，为适应欧洲联盟的新标准而出台的新银行法将农村银行改名为合作银行，删除“农村”的原因在于适应意大利已经实现工业化、城市化的客观实际情况；删除将入股社员资格局限于“农民”的规定，只要是社区的居民均可成为合作银行的社员。新法律规定合作银行必须为社区居民提供金融服务。除在银行法中对合作银行进行专门的规定外，意大利还对合作银行制定了专门的税收扶持政策，以增强合作银行的资本储备。

意大利合作银行、地区合作银行、地方合作银行协会、全国合作银行协会和中央合作银行集团共同构成了合作银行体系。地区协会的会员自动成为全国协会的会员。中央合作银行开发产品并提供给基层合作银行，但基层合作银行的业务不受所提供产品的局限，而是以市场客户的需要为取向。地区合作银行协会、全国合作银行协会和存款保险公司提供管理和审计，以配合中央银行进行监管。中央银行对中央合作银行的监管主要从四个方面进行：一是中央合作银行的业务发展目标；二是自身发展规划；三是公司治理结构；四是有效的内部控制机制。意大利中央银行对合作银行适用与其他商业银行一样的监管标准，以保证金融市场的同质性。存款保险基金是根据意大利银行法的规定成立的，每个合作银行和中央合作银行都必须加入，合作银行根据其总资产规模的大小来确定交费额。基金的作用主要有：当合作银行倒闭时，支付存款，最高限额为单个存款人 1 万欧元；当合作银行出现风险时，提供低利的资金支持，但必须经中央银行同意。基金由合作银行选举组成的董事会独立运营。

为适应激烈的市场竞争，意大利合作金融机构在组织机构和性质坚持实行合作制的基础上，不断调整自身的业务和服务对象。整体来看，意大利对合作银行的业务范围基本上没有限制，与其他商业银行趋同。截至 2003 年年底，合作银行总资产 1 060 亿欧元，所有者权益 115 亿欧元；存款余额为 851 亿欧元，市场份额占 8.1%，贷款余额 670 亿欧元，市场份额占 5.9%。按行业分，农、林、渔业的贷款市场占 12.7%。目前，合作银行系统已经成为意大利第五大银行。

二、发展中国家农村金融制度

（一）印度农村金融制度

印度属于典型的农业大国，农业在整个国家的产业体系当中占有重要地位，同时得到了国家的重视和大力支持，在国情方面与我国相似，农民占全国人口的 72%。20 世纪 80 年代以来，由于政府给予大力支持，极大地推动了印度农村金融的发展。目前，印度的农村金融制度体系十分完善，储备银行扮演着中央银行的角色，在全国范围内对各项金融活动进行统筹协调和综合管理，还能够制定金融货币政策，负责对下属机构实施有效监管；国有商业银行为农村金融的进步和发展提供支持，并且是主要渠道。在印度农村金融制度的整个体系当中，合作金融处在基础地位，发挥着基础性保障作用，而国有商业银行提供的农业贷款成为支持农村金融发展的主要资金来源。此外，政策性金融负责提供辅助支持，而农业保险成为农村金融的一项补充。

1. 印度农业政策性金融

印度是发展中国家，更是具备典型性以及代表性的农业大国，农业在整个国民经济当中有着不可替代的作用，直接决定国民经济增长水平。1960 年开始，印度为了对农业发展形成强大的刺激和动力，在国内实施大范围的绿色革命，并采用多种措施来推动和支持印度农业的发展。其中包括提高农业技术水平，扶持农业信贷发展，给予财政补贴等。在这样的情况下，印度政策性金融蓬勃发展起来。

印度农业政策性金融机构包括：第一，印度国家农业和农村开发银行扮演中央银行的角色，承担监督检查职能，同时要重点在商业银行提供农村信贷的领域给予资助，鼓励商业银行积极主动地为农业生产注入资金支持，而为了避免这一过程中商业银行受到较大的损失，可选择为其提供资助的方法来保持其持久的生机活力。另外印度国家农业和农村开发银行还负责掌控全国范围内的信贷活动。印度农村经济和金融市场的构建有着十分强烈的资金需求，如果缺乏资金支持，各项工作都得不到有效实施，且一旦出现资金严重匮乏，会造成农村经济系统的崩溃。为了避免这一情况的发生，该行从诸多金融领域进行资金的筹措，在职能上积极为推动印度农村经济发展提供现代服务，对其他金融机构提供贷款支持，协调信贷发展。第二，地区农业银行属于政策性银行，在实际经营当中，不以营利为目的，主要职能是吸收存款，向农村地区提供贷款支持。第三，印度农业中间信贷、开发公司负责中期以及长期贷款的发放，除发放贷款的职能外，也负责管理贷款援助资金，并将这些资金准确地落实到农村发展中。这两个机构在贷款方面做出了突出贡献，支持了大量农业基础项目建设，其中在水利方面的贷款比重最大，支持力度也最大。

2. 印度农村合作金融

印度农村信贷机构包括两个系统，其一是初级土地开发银行、中心土地开发银行，这一系统提供的是长期信贷，其中主要涉及的是土地开发银行；另外一个系统包括农业中心合作银行、联邦合作银行以及农业信用合作社，这一系统提供的是短期农业贷款，其中主要涉及的是信贷合作社。

信贷合作社的主要职能是让农民的信贷需求得到满足，因为无论是农业生产还是农民的实际生活都离不开信贷资源的支持。同时，农民的收入水平较低，难以支付较高的贷款费用，需要得到廉价信贷资源。信贷合作社就是在这样的形势下产生并且发展成为中坚力量的。初级农业信用社为广大贫困地区的印度农民提供短期以及中期的贷款，且利率设置较低，期限为一年。中层信贷合作机构向初级农业信用社发放贷款，以此来解决其在资金方面存在的困难，其资金的主要来源是各个成员投入的股金和积极吸收的公共存款。另外，国家为了支持农业发展和农村经济建设，也会指导合作银行向其提供贷款，满足日常金融活动的发展需要。最高信贷合作机构也就是合作银行主要从印度储备银行获得短中期贷款，同时通过吸收个人存款和获得储备知识的方法来获得资金，在运用这样的方式获得资金后再将获得的资金提供给其他成员，充分满足其在信贷方面的需求。

3. 商业银行

印度商业银行是农村信贷活动当中的骨干力量，主要按照法律当中规定的指标在农村地区设置机构和投放资金。印度商业银行将 40% 比例的信贷资金投放到农贷部门。商业银行在印度农村地区的建立和发展时间并不长，但是发展速度极快，业务扩展速度不断增加，主要分为直接和间接信贷。直接限贷是将融通资金提供给农民，使他们能够将这些资金用于生活和生产。间接信贷是先将贷款提供给农村的金融组织，再由这些农村的金融机构将资金支持给广大农户。随着商业银行的飞速发展和在农村金融当中所处地位的提高，商业银行已经成为印度的重要金融机构，位置仅次于农村合作金融组织。

印度农民数量极多，而且普遍贫困，无论是日常生活还是参加农业生产都需要资金的帮助，而其中最为有效的渠道就是从金融机构获得贷款支持，但是无论何种形式的贷款都设置相应的利率，要求农民能够偿还相应的贷款利息。商业银行是为农民提供信贷支持的主要机构，运营和发展把提高盈利作为主要目标，如果单一地采用这样的形式会让广大农民的负担加剧，制约农村经济的发展。这就需要印度政府能够出面协调，对商业银行提出一定的要求，规定企业要加强对农村经济发展现状的了解，切实了解农民的发展需要，并坚持从实际出发来实施差别利率，让广大农民能够享受最为优惠的利率支持，而为了让商业银行的利益不受损，政府也要实施利率补贴政策，最终实现商业银行和农村经济的共同进步。

从整体上看，印度农村金融机构结构合理且制度完善，有着非常明确的层次划分，尤其是可以准确地定位政策性金融。相关的政策性金融机构能够有效履行自身的特殊职能对农村金融活动进行统一协调，充分发挥其引导和支撑职能；国有大型商业银行在印度农村的经济发展当中能够最大化地发挥自身职能服务作用，有助于提升印度农村金融服务水平，推动印度农村经济的发展。点多面广能够有效概括印度合作金融机构的优势，这些优势的发挥使其成为推动农村金融建设的主力军，贡献了巨大的金融力量。此外，“领头羊计划”在印度的农村金融市场当中正在稳步推行，该计划强调优先发展关系农村金融市场构建和经济发展的行业和企业，让他们享受到多元金融服务，并在支持之下提高发展效率和质量。印度农村金融完善的体制是多个渠道和系统共同发展的结果，不同性质的农村金融机构在整个金融体系当中发挥各自优势，做到优势整合，加快了现代流通，促进了金融事业的发展。

（二）孟加拉国小额信贷

小额信贷的主要内容是为处在中低收入水平的人群提供额度较小的短期金融贷款支持，通过对其定义的理解以及实践的分析都能够证明小额信贷提供了一种有着可持续性特征的金融发展新模式，极大地促进了农业生产的进步。将小额信贷归纳到新型融通体系当中，为低水平收入者的农业生产提供支持和服务，能够有效改善低收入阶层的生活现状和经济生活条件。

孟加拉国乡村银行在农村地区积极推行小额信贷业务，切实为穷人摆脱贫困做出了突出贡献。孟加拉国乡村银行这样的小额信贷发展模式不仅在孟加拉国获得了飞速的应用和推广，也因为成功的经验和收获的可喜成果扩大了国际影响力，不少国家纷纷效仿，让很多贫困的农民走出了困顿的生活。在孟加拉国国内，积极推行小额信贷使58%的穷人摆脱了贫困，成为直接受益者，有力推动了孟加拉国农业金融的发展。

1976年，穆罕默德·尤努斯在孟加拉国推行小额信贷试验，并且在1983年正式注册孟加拉国乡村银行。孟加拉国乡村银行属于非政府组织，在经营结构以及组织系统方面有着独立性。

孟加拉乡村银行涉及综合性金融服务，是存、贷以及保险一体化的金融系统，服务的主要对象是广大农民，这些农民的生活极其贫困，而且没有土地作为根本支撑。孟加拉银行的资金主要来自外部的支持以及内部的储蓄积累。对于贷款额度的设置，总体上不能低于个人储蓄总额的150%。如果要偿还贷款，偿贷的方式十分灵活，按周或者按月还款都能够实现。在整个银行运作中，在自愿原则的基础上由广大农民构成自主组织。如果其中的一个成员没有按时还款，那么整个小组为其中的贷款风险负责，同样需要担负还款责任。

小额贷款是孟加拉国乡村银行的主要特征，也是极具特色的金融业务形式，在孟加拉国的实践应用当中有着突出特点，具体体现为以下几方面。

1.贷款对象是穷人

小额贷款业务支持的是金额较小的短期贷款，贫困无地的农民是贷款的主要对象，而且信用额度相对较低。乡村银行明确规定，贷款对象必须属于极贫户，且土地拥有不超3.04亩。另外，即使贷款对象没有土地，那么他还需要满足家庭财产总值低于1英亩土地价值的条件，否则也不能够被纳入极贫户的范畴。如果不符合以上两个条件，将无法得到乡村银行的小额信贷资金。在小额贷款的相关规定和限制当中，对孟加拉国贫困妇女给出了一定的特殊支持。之所以会产生这样的现象，主要是通过日常经验的积累和实践的观照能够清晰地看到妇女在摆脱家庭贫困以及运用劳动改变命运等方面的意识更为强烈。妇女利用提供的小额信贷资金来展开生产或者是从事其他产业经营会更利于改变家庭命运。极贫户是极度贫困农民的总称，他们不具备担保能力，所以小额贷款为他们提供的多是免担保贷款。如果贷款发放的形式是免除担保，那么贷款的偿还往往就得不到保障。为了提升贷款偿还率，孟加拉国乡村银行会将小额贷款作为主体内容来实施综合性服务，最具代表性的是对贷款对象进行教育，采用这样的方法帮助贷款对象树立正确的还贷观念，提升其还款能力，最终使各项贷款都能够按期按量的完成偿还工作。

2.组织结构严密

孟加拉国乡村银行的小额贷款模式之所以能够在全国以及全世界范围内实施，

并获得可喜效果，其中一个明显的特征是拥有非常严密的组织结构。孟加拉乡村银行在运营和发展当中制定并且全面贯彻落实“小组 + 中心 + 银行工作人员”的信贷制度，这也是构成严密组织结构的主要原因。在整个现代制度当中包括三个层级，分别是贷款小组、乡村中心以及工作人员。其中贷款小组、乡村中心是银行运行的基础，承担着重要的工作任务。孟加拉国乡村银行明确规定：“贷款小组由村中每五位穷人自愿组成，将若干个贷款小组组成贷款中心。在总行的统一领导和统筹之下，各个地区设立分行。在分行之下，设有 10 ~ 15 个支行，每一个支行大约管理 120 ~ 150 个乡村贷款中心，支行财务运营属于自负盈亏和自主经营。”为了在处理各项金融业务时做到公开透明，银行采用中心会议手段来做好信息的公开。中心会议由乡村贷款中心负责，会议的主要内容是金融业务的处理，除了涉及金融业务以外，还利用会议的机会对成员展开教育培训工作，培养他们的团队协作精神，提高成员的自主性和自觉性，使他们能够相互监督和互相扶持。乡村银行的各个工作人员与组长、中心负责人需要定期进行工作对接，及时发现和解决问题。在这样的模式和现代制度的支撑下，组织的严密程度大大提升，每一个层级的把控度和对接程度得到提高，不仅能够缩小经营环节，还有效降低了成本支出。孟加拉乡村银行处在一个和谐良好的舆论支持之下，能够切实保障带宽使用效率，同时在很大限度上保障了还款率。

3. 小额贷款制度贴近国情

小额贷款将一般期限定为一年，借款人可以机动灵活地选择是按月还是按周偿还，从而有效确保了借款人在期限要求内还清贷款。如果想要获得下一笔贷款支持，借款人需要在还清本笔贷款之后再行申请。孟加拉国乡村银行推行的小额贷款模式以及制度都有着明显的国家性色彩，贴近本国国情，其贷款数额设置较小，利率设置也会依据实际情况进行恰当调整。另外，贷款资金全部应用到生产活动当中，不仅能够快速见效，还能够保障分期付款的顺利实现，切实为国家的发展以及农村建设水平的提高创造有利条件。

4. 建立激励约束机制

孟加拉国乡村银行实施具有严密组织的信贷管理制度是其成功的秘诀。乡村银行实施的是免抵押贷款的方法，在这样的基础之上就必须具备监督约束机制来确保贷款的有效偿还，而在这样的情况下建立起约束机制，积极构建支持小组，在小组当中设立激励机制，落实一人无法偿贷全组承担风险，引导小组当中的各个成员做到互帮互助和互相监督，一个巧妙的制约机制便由此建立。这不仅大大降低了银行在监管方面的成本，强化了内部监督效用，还提高了小组成员的竞争意识和互相支持意识。除了拥有支持小组以外，六个小组构成一个中心，这个中心是村里小组构成的联盟，在整个联盟内部每周召开一次会议。所有成员共同选出中心负责人，而负责人需要处理好中心的各项事由，为中心的各个成员小组解决难题，同时和银行工作人员展开配合和合作。这样的监督约束机制能够有效贯彻孟加拉国的信贷政策，极大地降低金融风险，大大提升贷款人的自我管理意识。

5. 资金来源多元化

孟加拉国乡村银行在刚刚成立时，得到了很多外部资金的支持，这些外部的支持包括国际社会、基金组织等方面的扶持。如果对外部资金有强大的依赖性，会直接影响银行的自主运营和稳定发展，在认识到这一问题后，孟加拉国乡村银行从1996年开始不再吸收外部资金，并且步入快速发展阶段。孟加拉国乡村银行虽然不吸收公共储蓄，但是要求借款人以周为单位缴纳小组基金，即集体基金、儿童教育基金、保险基金。集体基金以及儿童教育基金会用于小组当中成员子女教育和公共事业。保险基金主要用来进行风险储备。就当前而言，借款人持有孟加拉国乡村银行94%的股权。消除贫困是一项艰巨任务，且这一任务的解决并不是一蹴而就的，需要通过各种有力的手段加以解决。孟加拉国乡村银行的举措是非常值得借鉴的，这一组织充分承担起解决贫困的重任，全面推进市场化改革，不仅仅获得了自我维持和自我发展的力量，对于贫困问题的妥善解决也有着重要意义。

6. 政府积极参与

政府的广泛参与和支持是孟加拉国小额贷款模式的一大特点，而且政府政策支持和国家的重视投入让小额信贷模式能够在整个国家范围内获得飞速发展以及大力推广，具备了持续运营和发展的重要条件。从大量的实践当中能够发现，具备前瞻性特点的创新型财政和税收政策是确保小额贷款稳定发展和规模壮大的前提。孟加拉国乡村银行和孟加拉国政府一直保持良好关系，这也是其发展的巨大动力。在态度上，政府体现出绝对的支持和宽容，能够让小额贷款模式的应用和推广无后顾之忧，同时能够得到来自于政府的保护；在资金上，孟加拉国政府为乡村银行提供庞大数量的贷款支持；在法律上，政府在相关的农村金融制度当中指出乡村银行可以利用多种非政府组织方法实施金融活动；在政策上，孟加拉国乡村银行可以享受来自政府的免税优惠。

第三节　国外农村合作金融法制的经验与启示

一、以良好的法制环境助力农村合作金融健康持续发展

法律制度的规范与否对金融的生态环境有重要影响，有无健全的相关法律制度

直接反映了一个国家农村合作金融组织规范化发展的进程。从世界其他国家（地区）政府的金融立法实践分析不难发现，大多数国家不仅有特定的合作金融法律，还会将农村合作金融的施法理念与其他相关法律法规有效融合起来。无一例外，在发展农村合作金融初期，这些国家和地区都会在合作金融立法方面做足工作。通过立法形式对农村合作金融机构的法律性质、组织机构、管理体制、业务经营范围、社员权利和义务、股权设置以及审计制度等加以规范，不但为农村合作金融事业的发展创造了良好的发展环境，还从法律上强调了农村合作金融机构的地位。

从立法形式来看，各国（地区）的具体做法并非全然相同。如德国合作社的立法形式为综合立法模式，即各类型合作社采用统一立法，制定出综合性的合作社法。而美国、日本、法国等一些国家制定合作金融法律标准是按照类别差异有针对性地立法，即不同种类型的合作社及合作金融机构适用相应的法律，其权利和义务也各有不同。从立法技术上分析，这些国家和地区制定合作金融法律时都比较重视与民法、商法的相关条例的交融。比如，日本合作社合作金融立法中就曾指出民法、商法在适用于合作社时应当做出的相应调整。这是基于合作社本身的特殊性，它与其他经济实体不同，但却要深入、广泛地参与到经济活动之中，因而涉及民法、商法的适用。

上述内容于我国合作社立法而言不无借鉴意义。相对于制定出一部能适用所有类型的合作社基本法，根据不同种类型的合作社分别立法，其立法技术方面要简单一些。

我国农村专业合作社法的制定填补了合作社立法方面的空白，弥补了合作金融法的不足，借鉴国际合作立法的成功经验，兼顾经营原则、契合合作社的最新发展走向、结合中国经济社会现实情况，可称得上是成功的立法，需要指出的是，它在适用范围上应划入单独立法类型中。鉴于信用合作的特殊性，信用合作社法以及农村信用合作金融法需要和农民专业合作社法存在一定限度的差异，具体操作要广泛吸收国外成功理念，并结合我国国情，加快立法进程，以规范农村合作金融的经营活动，维护合作社社员的合法权益，保障农村合作金融的持续健康发展。

二、发展各具特色的农村合作金融模式

由于各国（地区）经济发展背景以及社会历史文化传统的差别，各国（地区）均选择了符合自身特点的合作金融模式。具体分析，多数欧洲国家已经基本构建出从基层信用社至地区信用社联合组织再至中央组织机构的分级信用合作体系，且相对成熟。其中，德国的农村合作金融模式呈现出的是经典的单元金字塔，自下而上逐级入股，自上而下融通资金，三级合作银行既保持相互独立又发挥联合优势；法国的农村合作

金融虽是半官半民模式，但仍依靠经济手段协调各级合作金融机构之间的关系；美国的农村合作金融在机构设置上不同于欧洲，它展现出的是多元复合模式，即政府机构出资扶持，以从上向下的形式建立起较为松散的联合体制。美国在传统上是主张分权，在其合作金融体制的构建中也处处渗透着分权的思想特点，根据合作金融业务的性质和期限的区分，分别设立三个不同的机构，以使其相互制衡，防止垄断；日本沿用了欧洲信用合作制度的设计理念，又结合本国国情采用了一种“二三三模式”。日本农村合作金融组织的特色在于它不是一个独立的系统，而是农业协同组合体系中的一个子系统，可以进行独立融资。借鉴国际经验，结合我国的实际，构建一个自下而上、自成体系的信用合作系统，将为我国的农村合作金融事业提供较大的发展空间。层层自下而上参股，自上而下融通资金，各级银行均为具备经营资格的独立法人，中央合作银行向其下各级合作金融组织进行资金融通，凭借其经济协调手段给予有效指引，上级机构极大为下级机构提供便利条件，基层农村合作金融机构不断帮助社员服务的合作社的运营发展，时刻为其提供必要的服务，如此环环相扣，可有力保证农村合作金融体系资金的本色特征，并兼顾流动性和效益性。

三、合作制原则下的实现业务多元化经营

各国（地区）农村合作金融组织坚持完善组织结构、坚定为社员服务的决心和信念，持续推动组织合作制的发展，但是合作制原则不能一成不变，要应势而变。随着市场经济的发展，各国农村合作金融组织在业务经营上与商业银行相比已没有太大的区别，如德国、法国、意大利的合作银行。现如今，银行业竞争日益激烈，合作银行充分利用其优势，不断拉近与客户的距离感，了解各类客户需求，拓宽业务领域，并完善金融服务功能，给客户以优质的体验包括投资、储蓄、贷款、保险在内的一系列多元化金融服务。合作银行服务于多元化的经济体时，其服务也呈现出鲜明的层次感。目前我国的农村合作金融体制的完善、改革，在目标上同样有着双重追求，一是为社员设定合作金融资金相互间融通目标；二是为迎合农村城镇化进程、满足农民金融服务非农业化趋势的需求变化。但我国合作体制改革的方式不同于其他国家，主要体现在针对全国区域发展不平衡的现状，实行差别化改革模式，将农村合作金融形式与地区经济社会发展水平相对接，不失为一种智慧务实的选择。

四、建立健全的金融监管体系与风险管控机制

农村合作金融安全稳健的运行，需要完善的防范经营风险体系和严谨、有效的监督管控机制相匹配。据了解，这些国家都在风险防范和监督管控做出相应的举措。德国农村合作金融制定的监管体制依附于联邦中央银行和行业审计，并在行业相关

自律组织约束下发展，国家的影响和干预相对较小，甚至在农村合作金融存款保险上，德国政府也没有过多的硬性干涉，更多的是任其发展。美国针对农村合作金融的监管模式不同于商业银行，而是专门设立国家监管体系、强制存款保险的风险防范机制及行业协会自律体系。法国和日本则是建立官方的合作金融管理机构，以经济手段完善、管理农村合作金融体系。

其中，法国的国家合作金融机构在政策性上是有明显优势的，它可以有效地为各地区合作金融机构长期提供大量的贷款，以此大大提高了合作金融机构的抗风险能力，这方面的优势也让美国合作金融望尘莫及。法国和日本对合作金融存款的保险制度也是国家强制投保。不同的是，法国倾向于依托行业组织设立共同保险基金的方式创建存款保险机构，以行业组织的力量保障合作金融的安全；日本则是采用保险机构官民合办的形式，其国家对信用存款保险的管理、监督力度较大，这不仅体现在法律上，同时体现在保险机构的建立上。此外，日本还建立了农村存款保险制度、临时性资金调剂的相互援助制度以及农业信用保证保险制度等。印度在新一轮金融体制改革中提出监管农村信用合作机构要以商业银行的标准为参照，制定严谨详细的准则，并定期发布业务指南，采取了诸多有利于改善合作信用社经营管理的政策。孟加拉国乡村银行在监管机制上不仅依靠中央银行来监管，而且基层的借款人小组和中心也通过运用互助合作的组织形式，发挥了一定的内部监管职能。近年来，孟加拉国更是积极努力地出台相关法律，以创建一个独立的监管机构来监管小额信贷机构和小额信贷银行，营造了很好的监管环境。

深化我国的农村金融体制改革，必须有全新的监督理念，进一步健全风险管理机制，形成风险与创新并重的新型监管体系。结合国际成功的经验，合理有效的金融监督体系，不只是严格规范内部稽核监督体制，还需要外部监督机制来加以管理、制约。由此可见，建立全国性或区域性的合作金融行业协会是十分必要的，如 2005 年临近年底时成立的中国银行业协会农村金融工作委员会，在金融监督方面一直发挥重要作用，有力地推动了合作金融的规范化进程和持续性发展。此外，我国农村经济水平偏低且经营分散，农业保险体系还未大范围普及，使农村合作金融在遇到不可抗力因素时，可能会面临巨大的风险和不可估量的损失。因此，为进一步稳定农村合作金融体系，最大限度地保障存款人的利益，提升农村合作金融的信誉度，应尽快建立有效的强制性存款保险制度和紧急风险应对方案等一系列的风险防范体系。

五、政府要加大对农村合作金融事业的扶持力度

从各国（地区）农村合作金融组织的发展历程可见，国家的扶持能很好地推动农村合作金融事业的发展，使其踏入良性健康发展的循环圈。

在市场经济范畴内，农村合作金融机构的特殊之处在于，它不以营利为首要目标，且承担着一定的政策性任务，因此农村合作金融的发展不能完全靠“看不见的手”这一市场竞争机制。为了农村经济和金融的健康发展，无论是资本主义国家还是社会主义国家，无论是发达国家还是发展中国家，政府以各自方式，不同程度的介入农村合作金融的发展都显得尤为重要。

德国的农村合作金融发展早、起点高，资金来源相对充足，其发展机制稳定。因此，政府直接以资金扶持的现象较少，但仍会不定期推出一些融资、补贴和税收优惠等扶持政策。

透过法国农村合作金融制度的发展进程可以发现，法国经历了政府支持农村合作金融发展的自发发展阶段、组织协调地方合作金融组织的阶段、国家对其宏观调控的管理阶段和合作金融逐步商业化的阶段。法国的合作金融业务深深根植于法国国家政策之中，政府给予合作金融很多优惠政策及其他便利条件，国家层面退出基层金融后，代之以长期资金融通的手段持续助力基层金融机构的发展。

美国政府以行之有力的政策引导农村合作金融制度的变迁。发展伊始，美国政府就介入合作金融机构的运行，以持股合作方式为合作金融提供原始发展资金，帮助合作金融机构发展壮大。之后，农村合作金融机构逐渐发展、壮大，走向成熟，开始有计划地向外界转让政府股金，政府对合作金融的干预程度也逐步减少，一直到合作金融组织能实现自主经营、自主管理的最终目标。综上所述，美国现有的农村合作金融体制并非真正意义上自发自长的结果，准确来说，应是政府计划性干预的产物。只是美国政府在干预其经济活动时，特别注重保持市场机制的作用，能做到有的放矢。

相较于欧洲国家，美国农村合作金融机构有鲜明的股份制特征。日本的农村合作金融体系有很强的官方性质，它在建立之初受到其政府的强力扶持。而印度农村合作金融机构更是直接由政府发起组建，之后的政策扶持力度很大、干涉也相对较多。

可见，几乎所有的国家在合作金融发展面临资金来源短缺时，都给予其全方位的扶持。只是扶持方式和力度不尽相同，其形式无外乎以下两个方面：其一，政府通过注资参股或者融资支持等方式直接注资给予支持；其二，政府推行各种优惠政策引导、鼓励合作金融机构以资金支持农村合作金融的发展。从我国金融业的发展来看，尽管政府也介入了合作金融事业的发展，但是其介入方式和具体运作上存在较大问题。

最初时期，中国农村合作金融机构是依靠行政力量牵头组建的，只是我国政府并没有像其他国家渐渐淡化干预程度，乃至功成身退，而是自始至终紧抓对农村合作金融机构运营管理和发展方向的重要决策权和话语权。不仅如此，我国政府对农村合作金融的信贷和税收优惠政策的扶持力度不足。因此，在我国的农村合作金融体制的建设和改革中，政府应根据实际情况有针对性地建立有别于商业银行的农村合作金融税收体系，尽可能地推出低税或免税的政策，以政策性银行为支点，以低息和无息贷款的形式为农村合作金融提供便利条件和服务，以此增加对农村合作金融的补贴、支持力度。

第七章 农村合作金融立法价值的革新

第一节 传统金融法二元价值目标的突破

一、我国农村合作金融立法价值目标定位

法学的规章制度有很强的规范性和条理性，在此特点上深度探索分析所设计的制度条例如何最大限度地吻合预想的价值目标。因此，它需要考虑以下问题：哪些价值目标是需要完成的？现行的法律制度是否与这些价值目标相吻合？如果不吻合，应设计什么样的法律制度来匹配价值目标？这些目标的重要性是并列关系还是有明显的主次先后之分？符合这种价值目标的制度现实可行性有多大？然后。以相关法律主体的责任、权利和义务的准则为依据，将与此目标相吻合的法律体系更好地呈现出来。在寻求未来我国农村合作金融制度的创新之前，我们要先解决我国农村合作金融立法价值目标方面的问题。法律价值目标作为整体法律制度的核心，明确指出了农村合作金融各方主体的权利义务关系，也是具体执行的根本依据，兼具克服成文法局限性和立法宣誓精神的双重意义。

比利时的法哲学家佩雷尔曼曾说："法律基本上是关于各种价值的讨论，所有其他都是技术问题。"美国法社会学家庞德，认为法学价值研究具有特殊意义，即"价值问题虽然是一个困难的问题，但它是法律科学所不能回避的。即使是最粗糙、最草率或最反复无常的关系调整或行为安排，在其背后也总有对各种相互冲突或相互重叠的利益进行评价的某种准则"。

法律价值是指在法律（客体）与人（主体）之间的相互关系中，法律对一定主体需要的满足程度以及由此所产生的人对法律属性、状态和意义的评价情况。法的价值有双重层面的意义：一方面能深切表现作为客体的法和作为主体的人之间的供需关系；另一方面能展现出法律满足主体某种需求的属性和功能。法律价值研究是一项有关利益探究的深入分析，具有严谨性和灵活性；法律价值研究具有抽象性的特点，它是超越具体制度钻研而现实存在的；法律价值研究需要理性的思维、深入

的探索，具有根本性和具体性。通过法学研究农村合作金融法律制度，法律价值是不可回避的问题，可是笔者遍寻相关农村合作金融的研讨课题和报告探究，包括经济、金融、社会、法律等学科领域，都未发现相关农村合作金融法律价值问题的研究或相关报告分析，不得不说这是学界研究的一大憾事。由于我国的学术研究在农村合作金融法律价值方面存在很大短板，使得对我国的金融法律法规制度不能准确的挖掘、探索出立法的"根源"和"灵魂"。在社会实践过程中，受到国家金融政策不断变化的影响，相关立法也会随之改变，反映出我国金融法律缺乏权威性和独立性。究其原因，国家没有对法律价值研究引起足够的重视，造成农村合作金融相关立法一直不能突破金融安全、金融效率间的制约范畴。所以，笔者提出先选择立法价值目标，并将之融入我国未来农村合作金融法律制度创新研究工作中，作为我国相关制度建设的基本依据和评判标准，保护农民金融发展权的立法价值。

二、传统金融法二元价值目标的突破与创新

传统金融法是以金融安全和金融效率为价值目标，并希望两者相互渗透补充、和谐发展，打造科学合理的金融法律体系。

金融效率是游离于金融资源配置和市场交易活动中的价值追求，体现了金融私法的基本属性，同时是各国金融市场创新、深化的合法依据。与其他的资源相同，金融资源也以资源的优化配置为目标，执着追求一种"以最小成本得到最大产出"的金融效率。只是，金融比较特别，本身是一种与众不同的资源，可进行不受时空限制的价值交易，因此金融效率很重要。金融法尤其是金融私法领域，需要明晰地呈现出金融资源和金融市场的属性，依托于立法，承认和保护金融市场主体的自由性，有效调动其积极性、主动性和创造性，优化金融资源的结构，配置合理提升利用效率，将金融的资产中介职能发挥到极致，助力经济的快速健康发展。未来我国合作金融立法，亦不能偏离金融效率价值这一重要思路，持续追求效率的最佳化，承认农村合作金融各参与者的权利和责任，保证农民在农村合作金融中应有的地位以及行使权力的自由性和主动性，特别是在金融合作权和融资自由权两大权益方面，必要做到时刻认真对待，以农村合作金融的制度优势不断寻求农村合作金融整体交易成本的最小化，鼓励和引导农村合作金融各方参与者都能将金融资源充分利用出来，使其效益最大化，将金融效率价值的含义完美体现出来。

金融安全是出台金融法时的初衷，同时很好地体现了金融法的属性，并成为各国建立各自金融监管制度的必要依据。金融市场与大多数类型的市场一样，存在时空失灵的巨大风险，只是仅仅靠市场自发调节会使金融资本进行不可控的自我增值、扩张，会导致国家的金融市场与实体交易市场严重脱节，甚至会导致金融危机的发

生；金融市场信息的不对称性会导致欺诈性金融交易的出现和不公正金融交易活动的产生，触发潜藏在金融市场道德风险中的威胁；金融资源的缺乏与金融需求不断加大的内在冲突会导致金融配置资源失去平衡，甚至让社会向二元分化方向发展。综上所述，未来我国在农村合作金融立法制定时，必须要理性看待合作金融本身的脆弱性和不严谨性，通过立法的行政手段规范金融交易市场流程，强调农村合作金融诚信为本的原则，最大限度规避金融风险，让整个农村合作金融体系更加健全、合理。

金融安全价值和金融效率价值是传统金融法的核心价值，也是各国合作金融体制改革中极为重要的两大价值目标。只是学者和管理层未能对金融公平（正义）加以足够的重视，也未能将其作为金融法的价值追求之一。这不仅是世界范围内金融立法共性，同时是我国金融立法的特殊个性。一是在西方国家经历了金融自由化之后，我国才逐渐确立起金融法价值目标。当时，金融公平价值尚未被明确提出，金融安全和金融效率重要性尤为突出，处于绝对保护地位。二是因为很多国家在政策性金融和合作性金融方面还未实现单独立法。在世界范围内，商业性金融立法成为金融立法的主体，而商业性立法中不太注重对金融公平的诉求，而是重点强调金融安全和金融效率问题，最终造成传统金融法价值研究弱化金融公平的概念，只是强调商业性金融立法的价值定位。就我国而言，这一问题显得更为迫切，我们在金融发展过程中有很多亟待解决的现实难题，如商业性、政策性、合作性这三大金融机构之间资源和发展速度存在普遍的不均衡现象，没有从根本上认识它们的职能、运行机制之间的差异以及三种金融体系之间对价值追求的差异。

结合我国二次元金融本身具有的特殊性，随着社会金融化和金融社会化相互渗透发展，以金融安全和金融效率两大价值目标为重要参考我国相关合作金融立法尚有许多问题。一是金融效率和金融安全在真正的金融市场活动中很难维系在一个平衡的状态，过重强调一方就容易淡化另一方价值目标。因此，长久以来金融法难以同时兼顾金融效率和金融安全的合理位置，徘徊于两者之间，以各组织机构金融监管当局的主观判断抉择。但是，监管当局的主观判断存在不确定性和严谨性，没有严格准确的标准和衡量尺度，可操作性较低。二是金融安全和金融效率作为传统金融法的两大价值，过分强调金融的金融价值，淡化了金融的社会价值。金融资源本身不仅要有很强的安全性和高效性，更要保证各方金融资源从金融的社会价值和公平价值两方面有合理的分配。三是合作金融以开放互助为初衷，商业金融以追求利润为要旨，政策金融以宏观把控为目标。三者立法的价值追求应根据它们之间的建设初衷、运行机制、金融市场职责和地位等方面的差异而有所不同。四是我国的金融资源二元化体制应有相对完善的合作金融立法。不只是要处理金融市场运行中的可能会出现的一些问题，还需要着眼全局，从根本上解决我国金融业的资源分配不均衡问题，使各阶层、各类型金融机构都能分配到相应的金融资源。由此可见，我国的金融效率和金融安全二元价值论还有许多需要完善之处。于是，为了明确金融的社会价值地位，摆正金融市场二元价值观的位置，充分体现三大银行的业务和功能的差异化，引入金融公平的概念是非常有必要的，并以此为基点，融合金融安全和金融效率两大价值，必将成为我国未来农村合作金融立法的高起点。

金融公平，是指在金融市场和金融交易中，各类主体不因自身经济实力、地域、行业、身份背景等客观因素而被区别对待，保证所有主体均能独立、自由地进行金融活动，行使自身权利，机会均等的享受金融资源，使金融体系合理有序，以金融市场为媒介追求整体社会效益最大化。

金融公平可大致分为“三个公平”：公平参与金融活动，公平进行金融交易，公平享受金融福利。

公平参与金融活动，是指法律赋予各类市场主体同等的权利和义务，让其各方主体公平地参与市场各项活动。

公平进行金融交易强调各方交易成员在交易过程中享有的权利和地位公平均等，是对金融机构凭借其有利的交易地位滥用职权或者附加不平等条例等不公平、不合理的行为的规范和监督。

公平享受金融福利是指保护金融交易中的弱势群体，给他们提供一些特定的支持条件，如放宽监督管控、降低准入标准、给予优惠政策等，以此保证金融市场稳定性和可持续性。

金融公平所指的不是绝对意义上的平衡，更不是必须要将所有的差异都消灭，而是强调权利和资源的相对平等。即每个公民在我国的金融发展中都应受到同等的待遇，这是现代金融社会中公民生活和成长的基本前提。金融公平能从另一个角度将社会发展对金融的诉求体现出来，其目标并不局限于实现社会财富的积累、保障资产安全，还要做到公平合理的资源配备，使国家各群体、地域、阶层均能在社会金融资产增长和金融效率提升中得到实际益处。未来，我国农村合作金融立法，要非常重视金融公平价值体现，保障弱势群体在金融中的地位和权利。第一，要承认和尊重农民的金融体系中的权利和地位，鼓励、引导他们进入金融市场，并自主参加各项活动；第二，充分把握农村合作金融组织的特色，本着公平、合理的原则设定秩序规则、优化流程、规范交易行为、规避交易风险等；第三，通过立法的权力赋予，倾斜保护农民、农户这类金融市场中相对弱势的群体，让其能充分享受到金融所带来的福利，阐释金融公平价值的含义。

金融法的这三大价值与金融法的三大主体是一一对应的。对金融安全诉求最高的是国家；对金融效率诉求最高的是金融市场主体；对金融公平诉求最高的是整体社会。因此，在我国金融市场长期发展中，三方利益主体时刻展开着不见硝烟的博弈，金融法的功能也渗透到三大主题利益的博弈中，并在三大价值目标中的动态调整和平衡中发展。

第二节　公平价值在合作金融立法中处于优先地位

不同的金融法的下位法，其价值侧重不同。将金融公平、金融效率、金融安全三大价值目标，具体渗透于农村合作金融立法中，起引领作用的应是金融公平，然后依次是金融安全和金融效率。

首先，这种价值取向和择取是取决于金融公平在金融法价值冲突中的优先性。罗尔斯曾说过，“某些法律制度，不管它们如何有效率和有条理，只要它们不正义，就必须加以改造或废除。”其中的意思很明确，法律是以公平正义为基础核心，处于绝对的核心地位，因此农村合作金融立法应将金融公平价值放在第一位，多次反思、权衡金融自由化下较为片面的金融效率观和金融管制下片面的金融安全观，绝不可本末倒置，以牺牲金融公平为代价实现金融安全和金融效率，而是要充分理解、利用金融公平来实现金融效率和金融安全的价值目标。从长远角度来看，金融公平是维持金融效率的驱动力，或许短期金融公平对金融效率要求不高，甚至舍弃一部分的金融公平提高金融效率，表面上也不存在明显负面影响，但是这样的情况不可能长久维持下去。当金融市场实现金融发展权的相对平等，营造出一个公平竞争的市场环境，各级机构将国家对弱势群体的保护政策逐一落到实处，必定能够借助公平正义的激励，极大激发各类主体的主动性和参与性，推进金融效率的实现。此外，金融公平对实现金融安全同样具有深远意义，不仅仅体现在货币资金融通的安全方面，更能够维系整个金融体系的稳定。狭隘的金融安全只看重金融市场中的风险，而广义的金融安全则着眼整个金融体系，更为强调所有公民都享有平等的金融发展权。金融发展中存在相互排斥和非均衡性的发展元素，只有当这些元素都得到充分的发展和矫正，金融安全才能得到全面的提升。因此，金融公平是金融效率融安全等法律价值相互摩擦，产生矛盾冲突的最佳调和手段，同时是金融立法、执法过程中的最高标准。

其次，这种价值取向和择取是由农村合作金融特有的法律性质决定的。农村合作金融兼具资合性和人合性的双重特性。合作金融的建设初衷是为保证弱势群体的权益和权利，为其提供公平公正、合作互利的平台。金融公平作为农村合作金融立法基本价值的核心，不仅承载着我国公民对农村合作金融概念和意义上的正确认知，同时深含着各类主体对农村合作金融法真实诉求的具体表现，既是农村合作金融立法的逻辑起点，又是其最终价值追求。农村合作金融在发展基础、资金来源、资金实力、内部运行、信用影响等多方面与商业性和政策性金融存在较大差异。一是农村合作金融资金来源和资金运作具有明显的区域性、相对特定的业务对象群体，这使它的金融风险不具备较强的传播能力和系统性，在此基础上金融公平价值地位只稍稍高于金融安全；二是农村合作金融的目的不单纯是盈利，更重要的是达到服务社员、互助互利、合作共赢的最终目的。农村合作金融能安全有效地帮助弱势群体实现金融发展权，它充分利用合作组织内部的互助合作，在内部积累大量剩余资源，在极大限度上满足农民或农业组织的资金需求。此外，利用农村合作金融累积出来的信誉影响向外担保，能在更大范围内吸取到更多的资金。因此，未来我国农村合作金融立法需将金融公平价值放在首要位置，指引实现金融效率和金融安全。

再次，这种价值取向和择取是取决于转型时期我国金融体制改革的实际需求和农村金融市场的现实情况。法的价值取向和择取有较强的历史划分，会随着社会变革和人们价值观念的改变而做出相应的调整。目前，我国经济和社会都处于转型时期，转型时期的金融法以协调经济和金融的二元结构、实现金融公平作为特殊使命。

综上所述，我国金融资源配置存在着鲜明的城乡不均衡性，这是受到我国的基本国情和发展方向的影响。政府通过某些政策性金融机构从农村得到部分金融资源进行工业化产业建设，将更多的资源倾斜给城市地区或者国建项目，如此大大削弱了农村金融在整个社会和市场中的地位，进一步加剧了农村金融艰难困境，城乡间、工农间各方面地位的不平衡以及金融市场的利益本色，对金融资源配置的城市化倾向和农村金融资源的外流起到推波助澜的作用。现在，我们国家很多身处于乡镇的农民群体，仍旧难以享受金融服务和福利。即便是地理上稍有优势的农民也有很多因为信贷风险高、抵押担保弱，使其付出高昂的金融服务代价，行使金融发展权存在很大的局限性。因此，不能放任这种由早期的金融资源配置失衡和市场运行的不合理等不和谐现象长久发展下去，必须由以金融公平为价值目标引导的农村合作金融立法重新整合金融市场，以公平公正的原则规范金融市场。我国现有农村合作金融法律制度在对农民金融发展权的保护工作方面做得不够，导致金融公平价值缺失。一种极端做法是为追求金融效率价值，很大限度地进行股份化和商业化的转型，另一种极端做法是过分注重金融安全价值而受到较大约束，减弱其终端市场生存力和竞争力。以上两种极端做法难以实现社会公平正义，也不能保障农民群体的金融发展权。这时，金融公平价值应合理重申农民的金融发展权，强调深化主体公平和价值理性在金融法律制度发挥其本质性功能，使整个农村金融体系更加合理、完善。

第三节　金融公平价值在农村合作金融立法中的解构

金融是以跨时空的价值交换为要旨，是根据时间和空间的不同进行合理的价值分置。若是放任经济自由扩张、自由发展，金融资源会不断倾斜于回报率高的行业、地区及群体，使金融界出现越来越大的贫富差距。若政府不从立法上加以主观干预，金融会成为贫富两极化和城镇二元发展的助推器。国家需以立法的强制手段尽量协调金融发展的不平衡现象。我国农村合作金融法律制度中的金融公平价值体现在以下几点：

一、健全的农民金融发展权保护制度

金融公平价值需要立法明确“保护农民金融发展权”和“金融公平价值”，并载入相关制度中，以强调和保护农民的金融发展权。承认农民与城市居民一样，具有金融发展权益，即可自由支配和使用自己资金。此外，还要鼓励、引导农民更多地参与立法博弈中，增强农民在金融中的话语权，并加大其金融知识教育力度，提升金融中整体农户的金融认知能力。

二、平等的农村合作金融市场准入制度

农村合作金融准入制度对农村融合体系建设是非常必要的，旨在本着自愿、互助、合作的原则，尊重农村自己组建的合作金融机构，不因为其出身而受到限制和排挤，保护农民公平地进入金融市场、参与金融活动，并能享受金融福利，获得相应的报酬。另外，由于农村合作金融组织本身处于弱势，其资金来源和流动具有明显的区域性，立法需适当放低准入标准，以此促进农村合作金融的发展。

三、规范合理的农村合作金融组织运行制度

金融公平价值主张规范农村合作金融各项规章制度，以削弱来自政府行政手段的强制干预，让现行法律促进农村合作金融组织根据自身条件和市场规律自我调节和发展，承认和保护农村合作金融组织应享有的权益和地位，正确看待和处理国家及地方政府与农村合作金融的关系。尊重农村金融市场的信用、履约属性，明确农村合作金融组织与政府、农村合作金融组织与其成员之间的权利义务以及相互之间的微妙关系，使农村合作金融更加独立、成熟，使参与各方主体达到预期的目标。

四、差异性的农村合作金融监管制度

农村合作金融的经营环境、信用基础、资金来源和实力、风险防控机制等方面与商业性金融相比有巨大差异，属于弱势的一方。若是农村合作金融机构的运行、监管机制等同于商业性金融机构，那么会大大减弱农村合作金融机构的创造力和积极性，管理层会将更多的注意力放在监管目标上，从而违背了农村合作金融的设立初衷，农村合作金融再难体现出其独特性。

五、补偿性的农村合作金融救济制度

“对于在不平等下生活的不走运的社会成员提供补偿，是一种社会责任”。遇到不可控制因素或者立法制度不合理，而使金融市场出现不公平现象，需要政府运用行政手段给予相应的补救措施，合理整合并分配社会金融资源，充分保证农民的金融福利。

农民作为金融市场中的弱势群体，在金融市场上和参与金融活动中因严格的拣选标准和成本收益计算面临融资困难的问题，国家应该对此给予特殊关照和适当的政策、资源倾斜，促使利益的合理分配，如对农村合作金融机构推行财政补贴和税收方面的优惠政策、放宽农村合作金融利率管制平衡风险和收益、建立有效的农村合作金融风险转移与救济机制以规避其经营风险。

第八章　中国农村合作金融法律制度的创新研究

第一节　农村合作金融市场准入法律制度的建构

一、开放农村金融市场

当前，我国金融存在“外松内紧”的现象，具体体现在业务方面和监管方面。国内的民营资本进入金融业有很多的限制和约束，反观外资银行却能以十分优厚的条件轻松进驻中国金融业，外资银行的“超国民待遇”和农村合作金融组织的“国民待遇”形成鲜明对比，这是不和谐、不合理的现象。只有同时做到对内、对外开放，我国的合作金融才会真正走向健康和谐发展的道路。此外，农村民间金融组织也应被提升至一个同等重要的平台上，将民间金融、正式金融和准正式金融放在平等的位置上，为其提供一个规范合理的法律环境。

民间资本流入金融市场有多重的目的性：拓宽投资渠道、实现产业资本向金融资本的转移、方便自身融资等。监管者是不能准确判定所有民间资本进入金融业的真实目的。因此，制定严格的审查标准是非常必要的。

综合其他国家（地区）的金融发展及改革经验，可以看出，如果没有严格有效的市场准入制度，金融市场的开放会带来诸多负面效应。特别是在外部经济和金融环境有较大改变时，更容易诱发经营风险、社会风险和道德风险，因此，构建农村金融市场准入法律体系势在必行。

纵观我国农村合作金融的发展历程，可以发现，农村信用社的变迁主导了农村合作金融的制度变迁，主要可分为三个阶段：农村信用社归人民公社管理、农村信用社成为农业银行的基层分支机构、农村信用社与农业银行脱钩。显而易见，农村信用社是农村主要的金融工具，其强势地位无可替代，甚至可以称其为唯一“合作制”的农村合作金融组织。因此，未来我国农村合作金融组织仍然要坚持以农村信用社为主要组织形式，规范农村金融市场秩序，引导其向多元化方向发展，深化农村金融体制改革。我国要想将多种形式的农村合作金融组织纳入服务体系，主要有以下路径。

（一）明确金融组织的成立条件和程序

我们应以立法明确金融组织的成立条件和程序，允许农户和农村经济组织在自愿基础上设立合作金融组织。在金融机构的多元化进程中，既要发挥县级范围内国有商业银行的作用，又要兼顾发挥其他商业银行的作用，更要鼓励金融机构不断推陈出新，增加民间资本的选择和机会。国家要积极引导社会资本和产业资本流入农村环境，让更多的社会资本和社会力量推动农村事业向前发展，为民间资本进入市场建立制度框架，如社区发展基金、担保基金、资金互助和保险互助合作金融组织、小额贷款机构等形式。

（二）改革中整合县域内的金融机构资源

我们应深化农村信用社体制改革，整合县域内的金融资源。基层信用社改革应充分遵循公平自愿原则，以产权关系让社员自行选择改革与否及改革方向，不应掺杂过多的行政干预，左右信用社的改革。进行商业化改革的，应按照商业金融机构的规则运行、监管等；进行合作制改革的，设立真正的合作金融组织，严格按照合作金融组织法的规定运转、经营。

（三）推动真正意义的合作金融的发展

我们要大力促进真正意义上的合作金融的发展，它可以是由农村中小企业与农户自建而来，也可以是之前农村信用社改制而来。合作金融会从外生型的组织类型转变为内生型的组织类型，从形式化过渡到实质化。大力发展合作金融的同时，要兼顾商业金融的发展，推进金融内生化走向。按照核准条件审查目前已经存在的农村民间金融组织，承认符合条件组织的合法性。

（四）认可符合要求的农村合作金融的合法地位

当前我国金融业内生化不足，政府干预严重所有权主体严重缺位，需要更为适宜的改制来纠正、改善。其实，商业金融在为农村企业提供金融服务方面发挥着重要作用，要在商业规则的范围内、努力推动金融机构业务和财务的健康发展的基础上，有计划地推进小额信贷业务的普及，并最大限度地降低府信贷贴息额度。农业银行的贴息贷款存在的弊端很大，甚至可能会对商业金融市场的正常竞争和经营产生根本性的威胁和破坏。贴息贷款对较富裕农户和较大农户更有优势，较贫困农户和小农则难以享受到此项政策优惠。可以采用排除法，制定民间金融运作秩序框架。片面认定民间金融为非法集资是不合理的，大范围地禁止民间金融活动也是不实际的。民间金融为农村发展提供了大量的资金支持，对社会主义新农村建设起到重要作用，所以我们不是要“一棍子打死”，而是合理规范活动行为，制定秩序框架，使其更合理、合法。政府不需对“合会”作特别的规范要求，但要对“合会”风险加以重视和宣传，监测“合会”的发展状况，对趋势做出预测判断，合理提出预警。

政府可以明确“合会”的合法性，但需从法律角度对其经营发展做出一些限制性规定，减少“合会”的金融风险。正如我国台湾地区将“合会”归入民法体系之中，对“合会”从日常经营和业务运行两方面进行了限定和规范，并对易发生金融风险的部分做出明确限定，这样既有效地保证了“合会”的生存空间，又保证了“合会”的低风险性和稳定性。以我国国情为出发点，对“合会”做出就近备案指令，会首不得兼为同一“合会”会员，无行为能力人及限制行为能力人不得为会首，也不得参加其法定代理人为会首的“合会”。中期内放宽对民间借贷利率的上限控制，同时长期取消上限控制，代之以一系列对高息借贷可能产生的负面效应的化解措施，包括社会政策措施和个人信用破产保护制度。

（五）加大对合作金融的政策性扶持

我们应加快合作金融建设的脚步，出台并落实相关优惠政策，健全资金回流程序，提倡、引导商业银行等金融机构和经济组织对农村合作金融的投资行为。这主要是为帮助农民和农村经济组织建设其合作金融组织，满足农村的资金需求。政府在政策上也应给予农村合作金融必要的政策，如贴息、税收减免等。地方政府直接对农村合作金融组织给予资金扶持，且不会干涉农村合作金融组织的经营自主权。

二、健全农村合作金融组织的设立审批制度

要想整体推进金融体制的改革工作，建立起健全的农村金融服务体系，就需要设立明确、统一的准入标准。因此，实行核准制对农村合作金融组织是十分必要的。由法律明确规定设立农村合作金融组织的条件和资质，符合条件的就应该被承认。而设立标准的制定应以我国国情为前提，特别要充分分析合作金融组织的经营范围及服务对象，适当放宽农村金融市场的准入条件，扶持民间金融机构的设立和发展；改善农村金融的落后状况，刺激其创新发展。

2004 年，中央文件正式出台，鼓励符合要求的地区，在监管严格、安全稳健的基础上，加大吸引国内资本和国外资本力度，大范围建设服务于“三农”的多种所有制的金融组织。2005 年，“一号文件”出台，有关部门抓紧制定关于在农村新办多种所有制金融机构的准入条件和监管措施，并开展试点工作。在现实的法律环境下，调整审批制为核准制，许多已经存在的民间金融机构就可能成为正式的或准正式的金融机构。相关政策性文件很好地指引了我国农村合作金融法律制度的核准制化方向。不断改革的准入条件和监管措施，持续为金融机构以及民间金融营造良好的发展空间。

三、放宽市场准入条件

合作金融组织是为保护弱势群体而生的，它本质上也是弱势群体的集合体，如

果准入标准过高就相悖于合作金融组织的功能和意义。就合作金融组织而言，降低准入门槛和最低注册资本金额度，改审批制为核准制，升级如今现有的民间金融机构为正式或准正式的金融机构。本书认为，现行制度规定的资本金要求较高，很多农村、农民根本达不到要求。资本金额度的具体规定，应着重考虑以下因素。

（一）合作金融组织的业务性质

为更有效地推动合作金融组织的和谐发展，可专门建立金融组织，此类金融组织的资金来源以吸取其下级的合作金融组织资金为主，而其业务多面向各种作为其社员的合作金融组织。它主要业务对象就是合作金融组织，而这类合作金融组织注册资金必须具备设定的规模，以保证其能充分起到及时补充和调整合作金融组织资金短缺的作用，针对直接向农村资金需求者展开业务合作的基层合作金融机构，可酌情降低注册资金要求，促使农村合作金融组织广泛在农民群体存在的区域内设立起来。

（二）合作金融组织提供服务的地域范围

合作金融组织提供服务的地域范围：县以上的行政区域范围开展金融服务的农村合作金融组织，可相应提升注册资金要求；乡或村的领域范围内提供金融服务的合作金融组织，则要适当降低资本金要求。

（三）普遍农民的承受能力

注册资本金标准的制定，既要以上述两个基本要素为核心依据，还需充分考虑当地农民的普遍承受能力。对于主要以合作金融组织为业务方向的金融机构平台，其注册资本金的制定应保证在社员和潜在社员的承受范围之内；而主要以农民群体为业务对象的农村合作金融机构，应考虑当地农民的承受能力，确保当地农民切实能够参与到其组织的金融活动中，并成为当中的一员。如果做不到这一点，那么，合作金融组织的内外开放性得不到彻底的体现，社会贫困者扶持力度也会受到较大影响，在金融领域帮助社会弱势群体的愿望也难以实现。

四、实行分级牌照制度

第一，扶优扶强在全国范围内，对符合风险评定标准的合作金融组织机构授予正规的银行牌照，减弱甚至消除其在机构准入和业务审批方面的限制，促使其壮大发展。

第二，防控风险。对合作金融组织机构风险评级不符合规定的，授予限制牌照，约束和限制其准入条件和参与金融市场活动的自由权，监督并促使这类金融机构完善风险防范机制，改善经营方式和状况。

第三，促进分工。对于业务对象为规模较小的中小型企业，授予限制类牌照，对其开展业务对象设定相应的指标限制，作为其分支机构或业务准入时的重要审核依据，助力合作金融组织明确自身市场定位，真正将专业化经营的优势之处体现出来。

五、健全、完善发起人与社员资格制度

社员是合作社最重要的组成元素，尊重社员才能有成熟的合作经济组织。合作社要严格遵循社员入社自愿、退社自由的基本原则，其本质上主张自由联合，因此各国合作社法中均以人为最基础的组成元素，同时需要特别说明，在特定条件下，法人也可以在某种意义上等同于自然人成为合作社的一员。对此，可以将合作社的社员可分为个人社员和法人社员，其资格要求也有一定差异性。

（一）个人社员的资格

个人参加合作社成为社员的资格可分为积极和消极两类。其中，积极的资格是成为社会必不可少的资格，包括以下几方面。① 年龄的约束，如《英国合作社法》第 132 条规定，在章程没有反对的规定场合，16 岁以上 20 岁以下的人，可以加入合作社为社员，但不得担任合作社的理事、财产管理人、文书或会计等职务；《印度合作社法》第 6 条第 1 款规定，社员资格限于 18 岁以上的人；我国台湾地区《合作社法》第 11 条规定，以年满 20 岁或未满 20 岁而有行为能力者可以成为社员。② 公民资格，如《苏联 1924 年消费合作社令》第 1 条及《苏联宪法》第 126 条都规定，苏联公民有加入合作社的权利。我国台湾地区《合作社法》中规定，依“县各级合作组织大纲”第 8 条规定，参加乡镇保合作社的社员应具备公民资格。③ 国籍，如《菲律宾农业合作社法》及《非农业合作社法》，为排斥华侨，关于社员资格的规定，仍然有国籍的限制。而消极的资格指的是不得具备的条件，如根据我国台湾地区《合作社法》第 13 条的规定，有下列情形之一的不得为合作社的社员：褫夺公权；破产；吸食鸦片或其他代用品。

（二）法人社员的资格

法人是具有民事权利和民事行为能力的民事主体，可以加入合作社，作为其中的社员。例如，《英国合作社法》第 41 条规定，合作社可以向其他法人出资并可以代表参与其他法人事务；第 42 条规定，其他法人可以对合作社出资。我国台湾地区《合作社法》第 12 条规定，法人可以为合作社的会员，不过有两种限制：① 只能加入有限责任或保证责任合作社为社员；② 法人以非营利为目的。相对而言，非法人团体能否加入合作社成为社员，各国的法律上都没有明确规定。通常情况下，认定许可非法人团体以社员身份加入合作社，不仅对合作社本身利益没有损害，反而能为合作社筹措部分资金。

美国农业合作社的社员群体和方式比较单一化，社员资格要求是从事农业生产者，成为社员的方式以认购股份或持有会员证两种形式为主。社员的目的是要更多

的享有合作社社员权益，而非得到更多的投资回报。股份或会员资格证通常是名义上的，而不会作为有价证券存在。社员以认购普通股或社员资格证、优先股、期票、公债券和公司债券的方式给予合作社财政支持。普通股或社员资格证的认购是社员获得选举权的首要条件。

我国急需制定并完善合作金融组织方面的立法，然而相关学术界对此问题的关注度和重视度不够，结合各国合作社社员资格的规章制度和中国现实情况，本书认为，对农村合作金融组织倡导者与其社员可做以下要求。

（1）自然人作为发起人和社员，应符合以下条件：年满 16 周岁，具备民事权利能力与民事行为能力；有良好的社会声誉和诚信记录；入股资金为自有资金且来源合法，不得以借贷资金入股，不得以他人委托资金入股；为拟设立农村信用社所在地的居民或在所在地有固定住所且居住满 3 年上的非所在地居民。

（2）境内非金融机构作为发起人，应当符合以下条件：在工商行政管理部门登记注册，具有法人资格；有良好社会声誉、诚信记录和纳税记录；财务状况良好，最近 2 个会计年度连续营利；年终分配后，净资产达到全部资产的 30% 以上（合并会计报表口径）；权益性投资余额原则上不得超过本企业净资产的 50%（含本次投资金额，合并会计报表口径）；入股资金为自有资金且来源合法，不得以借贷资金入股，不得以他人委托资金入股；注册地在拟设立农村信用社辖区内。

（3）境内金融机构作为发起人，应当符合以下条件：银行资本充足率不低于 8%，非银行金融机构资本总额不低于加权风险资产总额的 10%；权益性投资余额不得超过其净资产的 50%（含本次投资金额，合并会计表口径）；最近 2 个会计年度连续营利；公司治理良好，内部控制健全有效；主要审慎监管指标符合监管要求。

关于合作社的社员资格的获取有以下方式：以创建社员在章程上签字为依据；通过申请加入；合作社合并的权利继承。

终止社员资格的原因可以是社员个人或由该社员的债权人发起、居住地的变迁、股份的转让、社员去世和被合作社开除或合作社解体。

六、关于退出农村合作金融市场法律制度

健全的金融市场机制不仅应该公平竞争，还要做到进退有序，因此完善市场退出制度至关重要。2006 年，《企业破产法》第 134 条将金融机构的破产授权国务院，依据《企业破产法》和其他有关法律的规定制定实施办法。但由于理论与实践条件不够成熟，直至今日，相关部门也未曾出台合理的规定。《银行业监督管理法》中涉及金融机构市场退出方面的相关规定只有第 38 条和第 39 条，这与金融机构破产实践的详细制度相比，明显过于草率，不具备较强的可操作性。特别对于这些实行民

主管理、盈亏自负的农村合作金融机构而言，若无规范的法定金融市场退出程序，农民参加农村合作金融的积极性和稳定性就会受到很大的影响。如此来看，无论《金融机构破产条例》何时出台，都应当在《合作金融法》中指出合作金融机构市场退出的法定条件、标准、程序、职责权限，落实对农民金融发展权的全面保护。

合作金融市场退出法律需要重点解决的问题有两个：一是市场退出的原则、形式、条件以及市场退出的启动；二是退出之后的债务清偿顺序。

对比《商业银行法》规定的商业银行终止的规则，农村合作金融机构市场退出的流程应为：解散、被撤销（或关闭）和被宣告破产。解散是指已成立的金融机构，因为章程规定或者法律规定事由的发生，经正规的批准注销登记流程后，取消其金融机构法人主体资格的行为。解散作为一种主动的市场退出方式，属于金融机构迫于市场竞争自愿采取的主动行为，对于整个金融体系造成的影响相对较小。解散的具体事由包括：① 章程中所规定的解散情况发生；② 由于合并或者分立需要；③ 由社员大会做出决定。农村合作金融机构的解散，应当由农村合作金融机构方向特定的银行业监督机构提交申请，并附解散理由、解散决议和解散方案（包括债权债务清单及清偿计划、财产清单及处理安排和员工安排等），由银行业监督管理机构同意后方可解散。通常是农村合作金融机构自行组成清算组展开清算工作，遵照偿债计划及时偿还遗存债务，银行业监督机构对债务偿还进行全程监督。撤销是指银行业监督部门对经其批准设立的具有法人资格的农村合作金融机构依法采取的具有强制性的行政措施，即终止其所有经营活动并依法吊销金融许可证，启动债权债务清算程序，消灭其主体资格的行为。撤销是在带有政府性质的行政手段干涉下被迫的市场退出，根据《金融机构撤销条例》第 5 条和《商业银行法》第 39 条的规定，撤销事由是指金融机构出现违法经营或者经营不善等现象，若不及时撤销，会危害金融秩序、损害社会公众利益，对经济发展和社会活动产生不利影响。分析我国现有的相关立法，在实施撤销决策方面还有诸多不明确之处，如经营不善的界定标准是什么？危害金融秩序、损害社会公众利益的评判依据又是什么？对经济发展和社会活动产生不利影响？现实情况是金融机构风险已经达到完全脱离可调控的范围或者地方性金融危机达到不可控制状态，相关部门才会启动强制退市程序。未来应当健全、完善《金融机构撤销条例》：第一，充分考虑撤销条件的规定，将其具体化、细分化、指标化、数据化，设立相应的撤销预警机制；第二，由于撤销本身具有很强的行政强制性，为了让监督撤销权更合理、更公平，要适当赋予农村合作金融机构相应的上述权和辩议权；第三，应切实保证撤销是经过外部救助仍然无法恢复其正常营业的必要前提下不得已而为之；第四，立法应当明确撤销后各部门、各组织的善后工作职责及相关流程。

地方政府应帮助、配合清算撤销工作中的具体事务，协助维护社会安全，处理突发事件，审视违法行为并对相关责任人员依法追究其法律责任。省级联社多是以在能力范围内提供资金支持的撤销前紧急救助工作为主；银行业监督机构负责市场退出后的各项审核、组织清算、按计划及时偿还债务等；省级政府组织清收变现拟被撤销合作金融机构的资产，资产变现不足以偿还个人合法债务的部分，由省级人民政府按规定向人民银行申请临时借款。宣告破产是经由法院做出判决的被动的市场退出方式。当前，我国农村合作金融机构被撤销后一般是走非破产清算程序，既不属于市场化，亦不属于制度化，由地方政府、中国人民银行代为解决清偿债务相关事宜。未来，我国应向司法破产程序方向发展，出台《金融机构破产条例》，重申金融机构破产的界定与范围、破产的申请主体、破产标准、破产管理人、债权人会议、破产重组、破产债权申报和甄别、破产财产的处置、破产财产的分配顺序、破产法律责任等。相关立法应确立司法权与行政权联结，破产申请应当在向银监会申请并获得批准之后，向人民法院提出。

农村合作金融机构的债务清偿问题与存款人、债权人及众多社员切身利益密切相关。如不能有效落实好债务清偿问题，市场完全退出很难实现。《金融机构撤销条例》第四章用三个条款规定了被撤销金融机构的债务清偿顺序：个人储蓄存款和合法利息—法人和其他组织的债务—按照股东出资比例或者持有股份比例分配，但这些规定，仅仅适用于那些具备偿还能力的农村合作金融机构，而对于那些清算资产远远不够清还所有债务的农村合作金融机构，法律并没有明确指出其后续清偿问题。实际情况也多是由政府出面履行个人储蓄存款本息的兑付，以维持金融的稳定发展局面和社会秩序安定。以之前的农村合作金融机构市场退出案例分析，此方面还未有值得借鉴的经验参考，我国至今也没有形成相应的存款保险制度，倘若完全按照法人破产清算流程执行，则会对金融秩序甚至社会秩序形成较大冲击。因此，农村合作金融机构破产清算过程中，要兼顾保障个人存款人的合法权益和债务清偿时对社员股金的保护和偿还两个方面，以此为思考思路，笔者认为农村合作金融机构破产债务清偿时的具体顺序应为：清算费用；所欠职工工资和社会保险费用；个人储蓄存款的本金和利息；社员股金；其他债务。

第二节　农村合作金融产权结构法律制度的创新

产权制度在整个信贷活动中有着举足轻重的地位，制定有竞争力的农村合作金融法律制度就必然要有明晰的产权关系。从法律的角度分析农村合作金融组织结构的产权问题，前提是摆正法律“所有权”与经济学“产权”两者之间的联系和差异，着力进行农村合作金融产权制度的完善和创新。一方面，要对农村合作金融组织独立法人的地位有充分的承认和尊重，并明确将农村合作金融组织间的产权主体进行区分，包括存款人债权、法人财产权、社员所有权、经营管理层的独立经营权、股东的股权等，梳理好政府、农村合作金融组织、外部监管、股东、社员、存款人之间的权利、义务和责任。另一方面，要在保证农户产权主体地位的前提下，尽可能的吸纳社区内活跃的个体工商户、农民专业合作社等，合理安排与投资股和资格股相对应的权义责，提升产业结构的合理性，使其既体现权利义务相一致、风险收益相对称的原则，又符合互助合作精神。

一、明确农村合作金融独立的合作社法人属性

根据《民法通则》第 36 条和第 37 条的规定，我国立法对法人的核心法律要素规定是：依法成立、财产独立、组织独立和责任独立。1997 年，中国人民银行颁布的《农村信用合作社管理规定》第 2 条和《农村资金互助社暂行管理规定》第 4 条将农信社和农村资金互助社界定为“独立的企业法人”。可是，目前我国相关法律中存在如下问题。第一，对农村合作金融组织法人性质的定性不够清晰。依我国《民法》的思想，企业法人以寻求利益为最终目的，这就违背了合作金融组织的非营利性理念和互助互惠的合作制核心思想。第二若是将农村合作金融组织定性为企业法人，在股权转让、法人治理结构和盈余分配等方面的有关规定又和现行《公司法》规定相悖。2006 年 10 月 31 日通过的《农民专业合作社法》第 2 条和第 4 条规定农民专业合作社是法人，需要提出，这是将其视为一种新型的独立的合作社法人，而非四大法人类型中的任何一种。合作社法人的具体概念解释，曾有行业学者根据英美法系对法人的定义和分类，称之为“互益法人”；也有 些行业学者研究大陆法系对法人的定义和分类，称之为“中间法人”。“合作社法人”具有法律特征，如表 8-1 所示。

表 8-1　“合作社法人”的法律特征

独立法人性	农村合作金融的建设依据《银行业监督管理委员会合作金融组织行政许可事项实施办法》的相关规定，有明确的实体和程序要件，经审批登记程序后成立，并获得权威的《金融机构法人许可证》，然后凭该许可证向工商行政管理部门申请登记领取营业执照，具备独立法人的条件后，自由参与社会经济活动，将用全部资产为保证承担相应的债务责任，其财产、合法权益及合法的业务活动受到相关法律的保护，任何单位和个人不得以任何理由和形式侵犯

续 表

非营利性	农村合作金融组织设立目的不在于追求利益，它是弱势群体的联合融资机构，更倾向于以自身能力和所从事的业务更大限度的为自身社员提供服务。以其他国家的经验和目的分析，更强调合作社的非营利性，提倡合作社不从社员身上不谋取利润。因此,农村合作金融组织法人与追求“利益至上”、寻求股东利益最大化的商业性企业有根本上的差别
非公益性	合作社法人是具有较强“利己性”的组织，以服务社员为目标，允许农村合作金融组织在市场经济规律的背景下开展营利性的经济活动寻求自身的发展，特定群体的利益升级间接推动社会公共事业的发展。这很大限度上区别于既不追求利益，也不允许进行营利性经营、服务对象是不特定多数人、直接追求社会公共利益的公益性法人
人合性	社员是合作社法人构成的重要元素，对待社员既要有资格的法律严格限制，又要有社员利益的特殊关照，社员在参与法人事务决策时，应遵循“人头主义”，社员身份在农村合作金融组织处于基础地位，社员利益在农村合作金融组织中居于核心地位

综上分析，农村合作金融组织与农民合作社有本质的相似性，立法应明确其独立的“合作社法人”地位。合作社法人地位的确立，目的是通过明确农村合作融合组织的独立法人地位，弱化外部的非法干预；明确农村合作金融组织的非营利性可有效地限制其营利性扩张与冲动；明确农村合作金融组织的非公益性，有效避免其演变为扶贫救济的工具从而相悖于建设初衷，从而丧失其本身职能；明确农村合作金融组织的人合性能确保社员利益，强化社员的基础地位。

二、农村合作金融产权主体权利区分法律制度安排

“在法律上，任何法人都应当有自己独立的财产，只不过因为法人性质的不同，对独立财产的具体要求不同，但不妨碍法人财产的独立性。”农村合作金融组织的产权结构可以分为四个部分深入分析。

第一，作为独立的合作社法人，农村合作金融组织对社员股金、公积金等合法获得的其他财产享有占有、使用、收益、处分的权利，并以上述财产对外承担相应责任。其他任何主体无条件承认、尊重农村合作金融组织的法人财产权，这包括国家、地方政府、监管机构等，不得干涉农村合作金融组织对其法人财产权行使占有、使用、收益、处分的权利，以其财产权的独立性体现其独立的法律主体地位以及独立的产权主体资格。

第二，从政府的角度来看，政府不应干涉农村合作金融组织的产权。《银行业

监督管理委员会合作金融机构行政许可事项实施办法》第 7 条、第 23 条、第 35 条、第 44 条、第 54 条、第 63 条分别要求农村信用合作社的各级组织“没有地方人民政府财政资金入股”。而《银行业监督管理委员会农村中小金融机构行政许可事项实施办法》中没有在农村资金互助社的准入要素中明确“没有地方政府财政资金入股”这项要求。由此分析，我国农村资金互助社还属于新型农村金融机构建设阶段，处于试运行阶段，还未形成成熟的体系，政府应当对合作社发展给予更多的关注甚至直接以提供资金的形式进行扶持。本书认为，我国政府在“出资者”和“资金支持者”的角色上界定不明晰，不提倡政府出资的方式入股，是为了防止政府的过度干预，保证农村合作金融组织产权的民间性和独立性，抹杀产权国有化的潜在风险。同时，国家考虑到扶持弱势群体和维系相对意义的公平正义两方面问题，有必要在资金方面给予农村合作金融组织强有力的支持，这种资金支持可以像美国一样，算作国家对农村合作金融组织的借款，在其日后偿还之后成为完全归成员所有的金融组织；也可以当作国家对农村合作金融组织的支援和赠给，归合作社所有。总之，政府不应介入农村合作金融的产权中，在未来的《合作金融法》中也需明确指出农村合作金融组织不允许掺杂地方政府的力量。

第三，对股东和社员而言，社员直接将自己的财产所有权提供给农村合作金融组织，以此换取合作社社员的资格，享有相应的权益，并以社员股金和在农村合作金融组织中的社员积累为限对外承担责任，所以社员是农村合作金融组织资产的终极所有权人。新型合作金融组织为寻求更科学的发展机制和更具前景的发展空间，在广泛吸取社会资金时，应在资格股的基础上增设投资股的形式，投资股股东只享有收益权，不享有民主管理权和盈余分配请求权。

第四，对合作社管理者而言，他们拥有独立的法人财产经营权，相关法律需明确具体的权利、义务，承认其独立的财产经营权，制定合理的责任约束和激励机制，规避经营管理层的短期行为和潜在的道德风险。当然，所有社员必须有一定的监督权，当经营管理者行使其独立的经营决策权有不合理之处，甚至会威胁到社员的切身利益时，社员可以对此提出质疑，严重时可以上诉寻求解决，对违法违规的经营管理人员可予以罢免。立法明确了农村合作金融组织不同的产权主体，所享有的不同地位和权利，如此能有效地刺激不同产权主体的积极性和创造力，使其更具竞争力。

三、农村合作金融产权结构优化法律制度安排

在产权主体明确的基础上，还可以优化产权结构，使所有的主体间能够互相牵制，防止产权虚构、异化。具体内容如下。

（1）要在立法在发起人的持股限制方面有所放松。《合作金融机构行政许可事项实

施办法》中存在相关规定，即农信社的设立方式是发起方式，并且对人数有要求，要求要在500人及以上；在法人持股额方面也作了限定，要求不能超过55%；在单个自然人持股的比例方面也有限定，要求其比例要在2%及以下。这些立法方面的规定使农信社股权分散，产生了不良影响，"搭便车"普遍且猖狂，使社员的监督功能和管理功能受到负面的影响，更不用说形成有效地激励了。有关条例规定了持股比例方面的内容，如单一农村、单一农民、小企业持股的比例不能高于农村资金互助社股金总额的10%，且如果高于5%的情况下，应得到银行业监督管理机构的批准，这些在《农村中小金融机构行政许可事项实施办法》第59条至第62条、《农村资金互助社管理暂行规定》第17条至第20条中有所规定。当下的立法并不完善，存在一些漏洞和问题。一是立法中关于发起人持股比例方面的限定条件跟现实农村合作金融是相悖的，不一致的；二是立法中关于发起人持股限制在两种农村合作金融组织中也是存在分歧的；三是在农民专业合作社发起人的主体地位方面的规定不够清晰。对此，应当相应提出措施。未来《合作金融法》应明确农民专业合作社的主体地位，即作为发起人入股到农村合作金融组织。另外，在持股比例方面，两种合作金融组织发起人的比例要一致，不能存在分歧，单一的农民专业合作社、单一的农村小企业两者比例要低于或等于20%，农村合作金融机构中单一农户的持股比例要低于或等于10%，职工自然人的持股比例要等于或低于20%。通过这些规定和举措，可以在某些情况下增加社员的入股，或者在股金离散方面有所减少。

（2）采取措施使权利限制更加明确，使股权结构优化，资格股主体地位得到确保。资格股也叫"门槛费"，是一种基础股金，这是取得社员资格的人必须要缴纳的，或者说是一种身份投入更加贴切。它有金融服务优先权、监督权、民主管理权、分红请求权等，而不只是局限于农村合作金融组织的优惠服务。在享有权利的时候也有要承担的义务，即农村合作金融组织相应的风险。资格股股东不是固定收益的债权人，而是承担经营风险的所有者。投资股是为了获取股金收益，而不是社员投资形成的股金，其更多的是一种资本投入。我国没有对这两类股权进行分别设置，在义务上也没有明显的区分。

笔者认为，为了确保资格股利益的优先性和基础性，应将营利分配向资格股。比如，把社员资格股按劳分配的比例放可分配盈利的60%的范围内，这样股东投资股按资分配的比例就占到了可分配盈利的40%。可以这样来表达：（合作金融组织的净盈利×40%）×该投资股所占农村合作金融组织投资股的比例＝各投资股股东的利润分配额。盈余分配可以依据按劳分配，也就是基于社员、农村合作金融组织交易量返还的原则。具体表示为（合作金融组织的净盈利×60%）×该社员同农村合作金融组织的交易额占农村合作金融组织交易总额的比例＝资格股股东应得红利。其中，交易额＝

社员在该社贷款额度 + 社员在该社存款额度 + 农村合作金融组织向社员收取服务费。按劳分配体现的是成员在金融组织内部的劳动方面的差别，这也是最终股东权利的体现形式，目的是杜绝资格股股金沦为“存款化分红”，以此来增加社员和农村合作金融组织间的交易，进而促进农村合作金融组织与社员之间的联系，保障金融公平和这也是盈余分配制度的优点所在。在立法时针对投资股和资格股，应该设置不一样的退出要求，这也符合权利、义务相一致的要求。《关于规范向农村合作金融机构入股的若干意见》中的第 22、23、24 条有相应体现，参见下表（表 8-2）。

表 8-2　投资股和资格股在立法方面不同的权利和义务要求

	社员资格股	非社员投资股
入社目的	互助合作，获得社员身份	获取股金收益
权利属性	社员权（高于股权）	股权
具体权利	民主管理权、监督权、分红请求权、金融服务优先权、金融服务优惠权	享有股金分红权但没有民主管理权
权利流转限制	资格股可以转让、继承、赠予，可以有条件的退股	可以转让、继承和赠予但不得退股
责任基础	社员股金 + 在本社的积累	股金
决策参与	一人一票的基本原则，章程可以规定附加表决权享有的主体、行使的条件、程序和限制	无表决权
分配机制	按劳分配，可分配盈余的 60% 向社员分红，按交易量返还红利（或称惠顾返款）按资分配可分配盈余的 40% 向股东分红	按股金占投资股的比例分红

根据股东股权在《公司法》里面涉及的股权流转方面的规定，从属于农村合作金融机构的股东手里的投资股是不能退股的，但是能够继承、转让、赠予。即使退股也要符合相关条件，具体有以下几方面：该股持够三年；退股申请是由社员主动提出的；要经过经理或理事会的同意。在资格股退股方面，一般情况下在当年年底财务结算后予以办理，在这个时间前办理退股的话，则当年的股金红利不予以支付。也考虑到了核心资本的稳定性，如果很多人在相同时间一块退股的话，就会带来风险，使资金流动不便。因此，相关法律的规定，一定程度上减少了这种风险的发生。

第三节　金融组织社员权益保障法律制度的完善

社员权是通过加入某一个社团法人或者直接投资创办，基于社员地位或社员资格在该法人团体内部所拥有的权利的总称。

目前，社员权存在很多问题，如社员权其本身不够灵活，太死板；相关方面的规定不清晰以及在责任制度、救济途径方面不到位等。这些问题在农村合作金融法律制度中都有所体现。

除此之外，社员权还有综合性的特征，这体现在其权利有人身性、经济性、社会性和财产性特征。这些权利在很多规定中有体现，如《关于规范向农村合作金融机构入股的若干意见》中的第 18 条、《农村信用合作社章程（范本）》中的第 12 条、《农村资金互助社管理暂行规定》中的第 22 条等。内容参见下表（表 8-3）：

表 8-3　农村合作金融机构的社员权利类别和内容

名　称	内　容
民主管理权	包括表决权、被选举权、选举权
盈余分配权	包括其他形式的利润返还权、合作金融组织存续期间的分红权、合作金融组织终止和清算后的剩余财产控制权
股份处置权	包括股份转让权、退社权、股份赠与权、股份继承权
监督权	包括查阅权、知情权、建议权、监督权、批评权、质询权、举报权、投诉权
获得本社金融服务的优惠权、优先权	包括社员存款优先、优惠权、金融教育权、社员贷款优先、优惠权

一、农村合作金融社员盈余分配权的法律制度安排

农村合作金融组织的宗旨不同于其他金融机构的商业目的，但必须对社员出资按照会员代表大会决议或者章程规定，给予必要的回报。

社员的盈余分配权与服系的分红权是不一样的，社员获得的有资金的回报，也有劳动的回报，股金分红，和其他形式的利益分配，且成员参与盈余分配的时间、顺序、比例等，都应严格受到法律法规的限制。

第一，合作金融立法应确定成员盈余分配权利的实现顺序。应在农村合作金融组织提取农村合作金融组织储备金后、贷款损失准备和特殊准备金，才可以依照章程或者社员大会的决议进行分配。改变过去的高股息红利，禁止成员支付红利或不公平对待奖金，加强利润分配管理，立法规范会员分红权。

第二，合作金融立法应当明确、资格股的股息根据按劳分配原则，投资股的股息应当根据资金的分配原则。结合前文，投资股票的利润分配等于（合作金融组织的净营利 ×40%）× 该投资股所占农村合作金融组织投资股的比例。资格股的到期奖金 =（合作金融组织的净盈利 ×60%）× 该社员同农村合作金融组织的交易额所占农村合作金融组织交易总额的比例。这样，一方面可以防止资本存量异化为“存款化分红”，确保出资较少的成员能够分享他们的劳动收入，另一方面可以促进成员和农村合作金融组织的金融交易。

二、农村合作金融社员民主管理权法律制度安排

民主管理的权利包括选举权、被选举权和表决权。给予“民主管理权”是鼓励、引导社员主动投身于农村合作金融的运行和日常管理中，降低合作金融机构的运营成本，确保“合作”和“互助”的实现。社员民主管理权法律制度的核心是行使和限制社员的民主管理资格。从法理上看，社员应平等地享有民主，但考虑到民主管理权的特殊意义，对社员权益和合作金融组织运营具有的重要影响，一些国家和地区的规定了社员民主管理权的行使资格和限制条件。未来中国的合作金融立法，必须区分社员与股东，社员权和股东，一人票权和附加表决权，使民主管理权落到实处。

民主管理权是建立在其成员身份的基础上的，虽然社员身份是通过出资取得的，但并不是所有的出资者都是农村合作金融组织的社员，也不是所有的出资者都享有民主管理权。只有具备社员资格，且投资入股农村合作金融组织的人，才享有民主管理权。非社员出资者只能是股东，具有相应的股份收益权，不能参与农村合作金融组织的管理和决策。

在社员民主管理权的行使过程中，一般是按照“一人一票”的原则进行决策。但在现代合作金融组织中，为了体现风险与收益、权利与义务相对称的原则，允许对出资较多的社员赋予附加表决权。我国未来《农村合作金融法》应当对现实中“投资股”与“资格股”的划分予以立法确认，明确非社员投资股股东不具备社员身份，没有民主管理权，仅享有股金收益权；而对于社员投资股股东，基于其社员身份享有民主管理权，而且为了激发社员入股农村合作金融组织的积极性以及体现风险与收益的相称性，立法应当肯定社员可以按照其入股份额享有附加表决权。但是这种附加表决权行使的条件、程序、限制等，也应当授权农村合作金融组织的社员，在协商一致的情况

下通过章程予以规范。这样既可以对社员投资入股农村合作金融组织形成正向激励，又可以防止资本对社员民主管理权的蚕食，体现合作制的基本原则。

三、农村合作金融社员股份处置权法律制度安排

社员的股金是可以转让的，但是有要求的，只能在农村合作金融组织的存续期间内，通过运行，转让、赠予的形式。这方面也有具体法律制度规定，主要是为了稳定社会秩序，维系农村合作金融组织的资金安全和稳健。

（一）农村合作金融社员股份转让的立法限制（表 8-4）

表 8-4　农村合作金融社员股份转让的立法限制

限制方面	具体内容
合作金融组织具有人合性和相对封闭性的特征	为了确保农村合作金融组织的“共同纽带”不致落空，合作金融立法应当明确规定：农村合作金融组织社员的股份转让只可在该社社员之间进行
社员股份的转让需要经过特定的程序	社员股份的转让会涉及转让者和受让者在农村合作金融组织中股权以及社员权的变化，因此在程序上，股份转让须经理事会的批准方可生效
第三，股份的转让会使受让社员持股数额增多	股份的转让会使受让社员持股数额增多，而农村合作金融组织对单个社员持有股份的最高限额有法律限制。股份转让后，受让社员的单个社员的持股总额不能超过法律规定的最高限额

（二）农村合作金融社员股份继承与赠予的立法限制

社员是可以依法处置自己的股份。处置方式有赠予、继承，这是由社员持有股份的性质决定的，跟一般的财产或者股东的股份是不一样的，特殊规定具体如表 8-5。

表 8-5　继承和赠予股份的特殊规定

规　定	具体内容
受益人的范围	被指定的受益人可以是社员的近亲属，也可以是其他人员
受益人可以是一人，也可以是多人	受益人可以是一人，也可以是多人，但必须明确指明各受益人的继受份额
受益人仅继承社员股份中的财产性权利即股息收益和积累份额	受益人不能继受社员的身份性权利，即不能因为继受股权而获得社员资格和身份。如果想继受社员身份，则必须符合法律中关于入社的相关规定

（三）农村合作金融社员退股的立法限制

在入社、退社方面有很多规定，其中就有针对“入社自愿、退社自由”的规定。这些规定对社员做出了限定，制约他们无节制的行为，因为如果不加管制，就会造成混乱，严重影响农村合作金融组织的稳定性。在退股方面的规定有以下几个条件：要有社员主动申请退股；社员要持满三年的时间；理事会和经理的同意。资格股退股的办理要在当年年底财务决算后进行，为了应对或者避免大范围集中退股的发生，就需要立法，如果农村合作金融机构的资本充足率没有达到规定的要求或者退股后达不到规定要求的，资格股不得办理退股。

四、农村合作金融社员监督权法律制度安排

监督权是社员的基本权利，比如，现行立法对其具体实现方式没有明确规定，因此监督权没有发挥实效。知情权对管理层的罢免权、决议撤销权是社员监督权的核心所在。下面对这些核心的权利进行分条具体讲述。

（一）农村合作金融社员知情权法律制度安排

知情权是社员的一项基本权利，也是社员有效行使监督权、民主管理权的前提。知情权的行使跟社员的自身利益有关，还和农村合作金融组织的规范化发展有很大关系的。社员有权获得农村合作金融组织的财务状况、经营情况、重大事项等相关信息，这就是社员的知情权。这里几个问题，关于知情权的范围、知情权的权利边界、和经营自主权的关系。概括起来，社员知情权有三方面内容，具体参见表格（表 8-6）。

表 8-6　社员知情权的内容

范　围	具体内容
第一方面	社员有权获知社员大会（社员代表大会）年度会议和临时会议召开的时间、地点、社员大会（社员代表大会）年度报告及重要决议内容。立法应当明确规定，每次年度会议召开前，农村合作金融组织的管理人员有义务将社员大会（社员代表大会）召开的时间、地点、财务报告、会议事项等内容，至少在会议召开前七天告知每一位社员，以保障社员获得充足的信息。通知社员的方式，可以在章程中规定或者由农村合作金融组织管理人员决定，但应当注意信息获取的便捷性和充分性
第二方面	与社员的知情权相对应，管理人员应当负有法定的信息披露义务和责任。不仅社员大会（社员代表大会）的召开及内容，涉及农村合作金融组织的重大事项也应当向社员进行充分的信息披露，社员在知情的前提下对管理层和所在农村合作金融组织进行理性、科学、客观的评价、考核和管理

续 表

范 围	具体内容
第三方面	广义的社员知情权包含社员的查阅权,不论是《农村信用合作社章程(范本)》《关于规范向农村合作金融机构入股的若干意见》，还是《农村资金互助社管理暂行规定》均规定了社员享有查阅该社章程、社员大会（社员代表大会）、理事会、监事会的决议、财务会计报表及报告的权利，但对于社员查阅的方式、启动程序、范围以及限制等都没有任何操作规定。现实中，农村合作金融组织高级管理人员往往以查阅事项属于经营秘密为由而拒绝社员查阅权的行使。立法应当规定社员查阅权的行使方式:一是在社员大会(社员代表大会)的年度会议或临时会议上，行使查阅权；二是在农村合作金融组织的日常经营活动中，借助于监事会或者是10%以上的社员联合要求行使查阅权

（二）农村合作金融社员对管理层罢免权的具体法律制度安排

农村合作金融组织高级管理人员的产生是社员选举的结果，因此这些高级管理人员应该对社员负责，同时受到社员的监督。相对应来看，社员也有罢免高级管理人员的权利，这里针对的是高级管理人员当中严重失职或者违反法律法规和合作金融章程的那一部分人，目的是使社员的民主管理权和监督权得到有效实现。但是目前的法律法规中关于这方面的规定是有缺失的，这样就使社员的民主管理权和监督权的行使陷入困境。社员针对此类违规高级管理人员，最好是请求其上级组织或政府有关部门的介入，可这样又违背了农村合作金融民主经营、独立自主的运行理念。所以，本书认为，未来我国农村合作金融立法应明确将社员对管理者的监督权和罢免权，并对其罢免启动程序做出相应规定。如果农村合作金融组织的管理人员存在不合理、不合规甚至侵害到合作金融组织或社员的利益时，监事会或者10%以上的社员联名可就此召开社员大会启动罢免程序。

（三）农村合作金融社员决议撤销请求权的法律制度安排

当农村合作金融组织社员代表大会或者理事会的决议严重违背了法律法规或合作金融组织章程，威胁到了合作组织或其社会的相关利益时，社员有权行使自身权利向人民法院发出诉讼，撤销该决议，以此来保护自身的合法权益，这就是农村合作金融组织社员的决议撤销权。

股东决议撤销权在新《公司法》第22条中有详细的规定，可是现实中却无法像法律规定的那样得到很好的实现。这种状况是由几方面的原因造成的。首先，在现实生活中，合作金融组织重要事项的决议多数是由社员选代表组成社员代表大会决定的，可是现行社员代表的产生、选举并没有具体法律规定，这就存在了很大的问题，如社员代表真的是由所有社员以公平公正的方式选举产生的吗？社员代表又是否能够真正代表大多数社员的意愿和利益，这些不好的情况都会让社员代表大会、理事会的决议与社员的实际利益严重脱离。其次，某些社员通过附加表决权的行使会影响农村合作金融组织重大决策；再次，农村合作金融组织管理人员素质的限制和监督的不力，会有社员代表大会、理事会决议内容违法违规、违背章程或者决议程序违法的情况出现。从这些方面来看，合作金融立法应当在决议无效或可撤销的制度方面进行具体的立法规定，赋予社员决议撤销请求权，使社员可以对抗瑕疵决议。社员可以行使决议撤销请求权的情形包括：社员大会（社员代表大会）或者理事会的决议内容违反法律、行政法规或本社章程；社员大会（社员代表大会）或者理事会的会议召集程序、表决方式违反法律、行政法规或者本社章程。如果存在上述情况，10%的社员可以自决议做出之日起60日内，请求人民法院撤销。

五、农村合作金融社员金融服务优先和优惠权法律制度安排

农村合作金融组织是一个自治性组织，而且还是一个弱势融资群体，社员与非社员相比，具有优先、优惠的金融服务，这是他们的基本性和核心性权利。中国银行监督委员会于 2004 年 4 月 21 日发布的《关于规范向农村合作金融机构入股的若干意见》，就最早出现了“社员金融服务优先和优惠权”的表述，但对于其具体内容却语焉不详，导致制度设计的初衷无法有效实现。

社员金融服务优先和优惠权主要是指社员贷款优先、优惠权和社员金融教育权。

（一）农村合作金融社员贷款优先和优惠权的法律制度安排

农村合作金融组织在市场基础方面、制度方面是有很多优势的，如社员从农村合作金融组织获得贷款的条件比从商业性金融组织更为优先、更为优惠、更为便捷。正是这种优先性和优惠性，要求社员获得贷款时要受到一系列条件的约束。这些约束条件实质上是为了保障真正有信贷需求的社员能够获得贷款，并使尽可能多的社员能够享受到信贷支持。

1.贷款目的的立法限制

农村合作金融组织对社员的贷款服务并不是一项慈善事业或政府行为，而是一项金融活动和理性的经济行为，因此很多国家和地区的合作金融立法中都对社员贷款目的予以明确规定。爱尔兰《信用合作社法》第 35(1)条和美国《联邦信用社法》第 1752（1）条都规定了信用合作社对社员的贷款应当基于援助或生产的目的。对于社员贷款除了生产性贷款，是否包括生活性贷款，上述国家或地区的立法并没有予以明确规定。立法时应结合我国农民的贷款实际需求情况，农村合作金融组织发放的社员贷款应当以涉农生产性贷款为主，也应当包括社员的生活性贷款，如求学、就医、婚丧嫁娶等生活性贷款，以保障社员家庭生产和基本生活需要。但同时需要

明确农村合作金融组织社员贷款的非救济性、非扶贫性和非政策性。

2. 贷款利率的立法限制

社员金融服务的优惠权主要体现在农村合作金融组织对社员的贷款利率要具有竞争力，这是农村合作金融组织巩固其社员基础以及实现可持续发展的必要条件，也是农村合作金融组织的制度优势和竞争力所在。合作金融立法对贷款利率的限制可以通过两种方式：一是对社员贷款利率的上限做出特殊的规定；二是比照基准贷款利率优惠一定的比例。笔者认为，农村合作金融组织社员贷款利率上限的确定需要综合考虑很多因素，包括当地的农村金融市场环境状况、金融机构的数量和竞争情况、金融需求情况、农村合作金融组织的资金实力等，不能单一衡量同等条件下社员从商业银行获得贷款的利率或者同等条件下社员通过民间借贷获得贷款的利率。立法对全国范围内的合作金融社员贷款利率上限做出统一的规定比较困难，考虑比照基准利率确定对社员的贷款利率，可以在基准利率基础上优惠 10%。

3. 社员贷款比例的立法限制

农村合作金融组织基于风险管控的考虑，需要对社员贷款比例进行立法规制。一种方式是对社员贷款进行总量控制，另一种方式是对单个社员信贷量进行控制。我国香港特别行政区《储蓄互助社条例》第 43（3）条规定任何储蓄互助社不得借取会导致总其负债超逾其股份结余的 50%的借款，而对于单个社员信贷量的限制一般是由合作金融立法授权理事会予以限制。立法应当明确社员贷款在整个合作金融机构信贷总额的最低比例，合作金融组织的社员贷款不得低于合作金融组织贷款总额的 50%，以确保合作金融组织以服务社员为主。对于单个社员贷款最高额，立法可以考虑限制在信贷总额的 10%以内。至于农村合作金融组织是否可以向非社员贷款以及向非社员发放贷款的最高比例限制，合作金融立法可以授权理事会根据农村合作金融的章程来具体决定。

4. 管理人员贷款权的立法限制

农村合作金融组织的管理人员也可以基于其社员身份，拥有贷款优先和优惠权，但同时管理人员基于其管理者身份，可能在农村合作金融组织中拥有实际的控制权，会自觉或不自觉地利用其管理身份和职务获得相对于普通社员更为优先和优惠的信贷服务。为了避免管理人员在信贷发放上的内部人控制，解决管理人员金融服务权与普通社员金融服务权之间的冲突，立法应当对理事、高级管理人员、监事会成员的贷款优先和优惠权进行更为严格的限制。第一，明确规定农村合作金融组织的管理人员和普通社员一样享有贷款优先和优惠权，但是获得贷款的条件不得优于普通社员。第二，明确规定农村合作金融组织单个管理人员可获得贷款的最高限额。

（二）农村合作金融社员金融教育权的具体法律制度安排

按照坎普森和韦利提出的金融排斥的六个维度，弱势群体之所以面临金融排斥，不仅包括地理排斥、评估排斥、营销排斥、条件排斥、价格排斥，还存在自我排斥。自我排斥是指农民由于缺乏信用合作的意识和能力，从而远离金融市场和金融机构。"没有教育就没有信用社"曾经是信用合作事业的开创者所信守的原则。现代金融的社会化和社会的金融化，也迫切要求社员金融教育权作为社员的一项基本权利。我国现行农村合作金融相关规范性文件中尚没有社员金融教育权的明确规定，也缺乏有关组织机构、资金来源等方面的保障措施，现实中也鲜有农村合作金融组织为社员提供金融教育服务的实例。因此，立法时要明确规定社员享有金融教育权，为社员提供金融教育是农村合作金融组织的法定义务之一。新西兰《互助协会和信用合作社法》第 101 条和爱尔兰《信用合作社法》第 6（2）条（d）项均规定了信用合作社对社员提供培训和教育的义务。农村合作金融组织在理事会下，应当设置专门的机构——金融教育委员会，对社员进行专门的金融教育。农村合作金融组织的理事会可以在每年的净收益中提取不超过 5% 的资金设立专门的社员金融教育基金，为社员金融教育权提供资金上的保障。

第四节　农村合作金融监督管理法律制度的成熟

在国家的整个金融监管体系中，农村金融监管内容是其中的重要工作任务，也是推动农村金融组织规范化发展不可缺少的内容。对农村金融的监管涉及的主要内容是使农村金融机构在建立和发展的过程中能够按照规范的指引和相关制度来依法构建和实践。农村金融监管必须充分发挥自身职能，并且达成以下几个目标：阻止农村金融市场操纵，鼓励农村金融机构之间竞争，保护农村金融客户取证投诉，维持农村金融市场的信心，减少违规行为。世界银行专家指出，要想保障好整个金融市场的稳定运行，强化监管并且建立完善的监管制度是不可缺少的条件。在全面推进农村金融市场发展的形势下，能否建立起切实可行和科学的金融监管体系是影响农村金融市场构建，关系到农村社会经济最为核心的要素，体现出金融监管的核心要义。农村金融和城市商业金融监管特点不同，而且侧重点也有着极大的差别，要建立起农村金融监管体系就需要考虑到农村金融的特殊性，积极思考目前农村金融监管制度建设当中存在的缺陷，切实从实际出发，建立契合农村经济发展需求的农村金融监管制度，并且真正体现出制度建设的紧迫性和现实性。

一、农村金融监管理念创新和发展研究

（一）坚持民生理念，确保实现农村居民生存权和发展权

发展权以及生存权都属于人权的重要组成内容，无论是哪一种法律都必须将维护好和切实保障公民的生存权与发展权作为根本性的价值追求，并且为这一目标的实现进行法律的完善。塞内加尔的卡巴·穆巴依提出“发展是所有人的权利，每个人都有生存的权利，并且，每个人都有生活得更好的权利，这项权利就是发展权，发展权是一项人权”。发展权可以说既是国际人权，又是国内人权，国际人权的发展权最终也会转化成国内人权，并在国内的立法当中确定为个人平等拥有的人权。《关于发展权的决议》提出:“发展权是一项人权，平等的发展机会既是各个国家的特权，也是各国国内个人的特权。”《发展权利宣言》也指出“发展权利是一项不可剥夺的权利，发展机会均等是国家和组成国家的个人的一项特有权利”。

从发展权的角度来对农民金融权进行分析，并且探究如何更好地保护农民金融权最为核心的内容就是要分析国家运用怎样的手段来合理地对金融资源进行分配，并且在分配当中考虑到农民发展权，使他们的拥有权益不受到损害以及危险。换言之，就是更加注重解决广大农村居民的民生问题。金融的本质内涵就是要让民众在生产和生活当中的资金需求得到满足，让民生得到根本性的保护。从这两个方面看，有效坚持和落实民生观念是保护农民发展权以及生存权的有力武器。随着市场经济的展开和深入发展，利益多元化以及主体多元化都成为十分明显的发展方向，也促使更多的公民投入到金融市场中，积极展开相关的经营活动，以期获得更大的经济效益。那么要想保障经营活动顺利实施，就必须要具备资金支持。农村经济发展水平较低，融资更是成为公民生存和发展的基础条件，而且公民的生存权以及公民的发展权都必须将融资的权利作为其中重要部分。例如，印度私人借贷占农村融资额18%～20%。我国并没有在这一层面进行过较为细致的统计工作，仅仅从估计上看，民间融资占到农村经济活动总额的70%以上。大量的理论和实践证明，拥有获得贷款的能力虽然不能够决定农户能够有效增加收入，但是能否有足够的资金投入生产却是农户增加收入必不可少的条件。因此，推动农村经济的发展和农民的增产增收就必须要重视农村金融，而农村金融也就具有更为突出的解决基本民生问题的功能。从这个角度上看，在监管制度的设置当中给予非正规金融机构严厉的限制和禁止，在很大限度上会压制农村资金的自由流转，并对公民生存权和发展权的实现产生直接影响，让他们的权利得不到保障。因此，农村金融监管制度在本质上是要做好安全保障工作，使各项融资活动得到监督和保护，不能异化成排斥和抑制资金流动的错误行动。

农村金融法律制度的构建以及完善的工作长时间以来不能够把握正确的方向，错误地将金融问题归在经济发展和资源配置方面，在错误方向的指导下各项法律规章制度的安排都忽视了民生问题这一核心的内容，也使民生得不到有效保障，甚至有时为了维持金融稳定，损害到广大民众的自由融资权，为金融制度建设带来很多隐患，同时可以说是制度缺陷的根源。国家以及政府在多年的实践当中总结经验教训，也在分析当中看到这一问题，并且积极采取有效调控和引导措施来增加农村资金的供给，以期能够满足“三农”发展的需求，但是这些措施在很大限度上都属于手段层面改革，没有从根本上转变农村金融监管制度的设计理念。因此，必须从根本上树立正确的农村金融监管理念，并对农村金融的监管制度进行重构，使其更好地符合现代农村经济的发展，推动农村金融制度的现代化发展进程。一方面，要彻底改变单一注重金融稳定和经济发展从而忽视公民金融权利保护的理念，将关注和保障民生作为基本目标，切实将融资权纳入到公民的发展权范围，采用制度规范的方式进行保护，承认和尊重广大农村民间融资的客观存在和正常需求。另一方面，在整个价值体系当中，农村金融监管制度需要将基本价值目标锁定在促进公民实现生存权和发展权方面，并将其作为稳定金融和发展金融的方向，以此为基础确定与之相对应的融资权利类型，为公民融资权的实现提供法律保障。

（二）坚持协调发展理念，确定金融效率优先的目标

从国内外的大量制度改革实践看，金融监管目标价值往往摇摆于金融安全和效率之中，无法确定金融监管所要追求的最终目标价值。金融安全指的是货币资金融通的安全和整个金融系统的稳定，这也是金融活动开展的前提条件。金融效率指的是金融方面的投入和产出比。

纵观我国的金融业监管，崇尚安全是一直以来的目标，我国农村的金融监管同样如此。从打击非法金融一直到亚洲金融危机爆发之后关闭大量农村基金会等行为方面看，可以清楚地发现政府限制民间金融的意向。抑制民间金融发展的做法在很大限度上能够降低农村金融市场存在的巨大风险，但是金融安全本身意味着一种动态的、发展的安全观，长期实施金融约束的政策在实际结果上，并没有让我国农村的金融市场走向繁荣和发展。商业金融机构的大量撤出以及农村信用社在整个农村金融市场当中垄断严重的问题反而使我国农村金融的效率大大降低。与此同时，大量的民间金融组织不断发展和扩大，大量不受监控的借贷行为在边缘流动，积聚了大量风险。还有很多学者提出通过实现农村金融自由化的方法来保障效率和公平的实现。为了我国农村的金融市场注入活力，监管部门开始用非常规的速度来大力发展农村地区的新型金融机构，也有一些地区的地方政府为了实现经济发展的目标大量组建小额贷款公司，一时间效率至上的呼声甚嚣尘上。监管部门对于农村金融机

构的设置的市场准入标准正在不断降低，这也推动大量新型金融机构的出现，农村金融市场竞争水平逐步增强，大量市场主体的积极性也被激发出来。从发展的角度分析，保持农村金融的适度自由是恰当的，金融监管立法应当从遵循农村经济社会发展的现实要求和规律出发，把握好金融自由与管制的关系，重视农村金融的效率。

金融安全和金融效率是基本价值范畴的组成部分，同时二者是永恒矛盾，如果在实际当中过分强调和追求其中的一种价值，那么另外一种价值就会消减。当价值冲突出现时，监管部门如果不能够在价值选择当中做出理性的判断和考量，就很容易陷入管理怪圈。就我国目前农村金融监管制度而言，长期偏重于追求金融安全的价值目标，带来了巨大的负面效应。因此，在实施农村金融监管的过程中，在理念方面必须要将传统的单一追求金融安全到安全和效率并重。从表面上分析，安全和效率的价值存在诸多冲突和矛盾：追求安全价值可能会造成监管制度和措施过于严厉，从而降低市场效率；追求效率价值可能会放任市场准入、内部控制制度建设等风险因素。实质上看，安全价值和效率价值有着一定的互补性：一方面，确保金融市场安全能够推动效率的提升。在牺牲安全价值追求的基础之上追求金融发展的高效率只能是昙花一现，无法持久。另一方面，金融效率过低或者没有效率存在的金融市场，即使整个市场十分安全，那它也是不健康的，最终会出现垄断，让整个市场失去创新活力。因此，最佳的选择是构建金融安全和金融效率统一的农村金融监管制度，通过发挥行政和市场在金融资源优化配置当中的作用，在金融效率和金融安全之间寻求平衡，用一种艺术性的监管手段来增强农村金融的监管效果，避免出现价值冲突的。在某些情况下，农村金融市场的复杂性决定了安全与效率的取舍很难协调。尤其是对于农村的民间金融，在对其进行监管时需要优先考虑到安全价值，将制度的构建作为基础，在打好基础后再追求效率。

长期以来，我国在农村金融的监管方面都用力过度，出现这一问题的原因是将金融安全作为主要的价值追求，在对待金融风险方面所持有的态度是非常强烈的担忧。在大量不发达的地区和国家，制度以及政策方面的落后和不合理问题，会使市场主体在面对金融风险时不能够有效地应对和处理，从而加剧风险的不良影响和不良后果。由于金融压制和歧视等相关政策的颁布和实施，金融市场的主体开始创设多样化民间融资组织，跳脱出非正规金融体系，并且形成系统较为完善，业务操作上十分便捷的民间金融机构，为农村地区中小型企业和农户提供金融支持，满足他们迫切的资金需求。很大意义上，农村金融能够有效纠正正规金融市场失灵的问题，这也是农村金融制度改革当中收获的可喜成果。

这里还需要强调，无论是金融安全还是金融市场当中的自由竞争都是金融法制建设当中的价值追求，纵观我国的金融体系，处在绝对优势地位的是正规金融，其他的部分往往被抑制，进而出现金融市场结构不平衡的问题。因此，涉及民间融资问题时，最为有效的处理方法是借助自由竞争，而不是绝对意义上的管制。农村金融监管法律制度的建设必须将适当地促进金融的自由竞争作为价值目标追求，在对农村金融法律进行管制时也需要尊重市场规律，放开民间金融组织的权限，使他们能够自由选择，也让广大融资者在一个和谐的自由竞争氛围当中享受到应有的成果和收益。按照这样的目标追求，国家以及政府在农村金融监管实践当中要重点监督运行过程，并对其中的违法乱纪行为予以查处和打击。采用这样的价值目标设定方法，并且采取相应措施能够有效地活跃农村金融市场，刺激金融制度的创新，推动农村资源的优化配置。

（三）坚持统筹与均衡发展理念，实现建立公平保护价值制度目标

要想让权利资源配置更加高效，就需要确保实际配置当中的公平，使整个金融市场当中的主体能够被放置在平等的地位上来公平对待。如果从当代法治建设、市场经济建设的角度出发，农村金融改革以及制度建设并没有将公平作为目标追求，那么在错误目标追求指导之下建立的金融市场，拥有巨大的缺陷，既不是完全意义上的现代金融市场，也不是我国现代化法治国家建设希望看到的现状。社会资本包括民间和国有资本，它们同属于社会资本的一部分，那么就应该共同的享受平等待遇。从农村金融发展的现实状况出发，我国当前的农村金融监管必须清楚地体现推动农村整体经济的统筹协调，不能单纯地服务于部分市场主体，尤其是不能够将金融监管变成某些金融机构获得自身利益和政府调控金融市场的工具。我国还没有建立起完善的金融体系，在这样的情况之下监管制度的建设要突出公平保护的追求，使金融主体的利益差额进一步缩小，平衡弱势以及强势金融主体之间所承担的风险。在我国范围广大的农村地区，农村金融和一般意义的金融交易有着极大的差别，金融资源的获取以及条件也各有不同，这就需要国家以及政府充分担当起监管职能，让农村地区各个金融主体都享有公平融资权。对此，我国在全面推进农村金融法律制度的构建当中，需要有意识地消除与统筹协调发展理念相悖的内容，在法律以及体制层面为农村金融营造平等氛围，提供平等发展的机会，让它们也能够获得丰富的金融资源支持，使各个金融主体之间能够做到自由和公平的竞争，形成一个和谐的竞争循环体。

经济快速增长会推动金融的飞速发展，金融监管在这样的条件下应运而生，金融监管存在的目标在于推动经济发展，维护金融业的安全。从这一视角出发，之所以要展开金融监管工作，最终的目标是要满足金融行业发展需求，用金融行业的飞速发展来带动经济的进步，进而从整体上提高社会福利。农村经济结构有着自身的特殊性，不属于完全意义的商业金融，那么在确立与之对应的金融制度时需要确立主要目标，那就是让农村居民平等地享受发展机会和成果。对此，我国农村金融监督必须将公平作为自身的价值追求，而且在具体的实践当中必须要明确地体现出来。第一，让农村的中小型企业以及广大农户拥有公平融资权，获得平等的融资机会。农村金融监管制度在实施当中如果造成的结果和影响是金融资源的不平等分配，就不是金融监管设置的初衷，需要对其中的条款进行调整。第二，农村金融实施管制时需要将立足点放在提升金融资源配置的公平方面，通过多元化的监管手段来保障整个金融行业的效益水平，并不是让一部分人富起来，出现明显的分配和贫富不均问题。对此，农村金融监管制度必须要确保金融行业的公平方向，同时强调制度设置要维护社会资源公平分配，而不是让公平分配的局面被打破。第三，民间金融法律管制必须要清楚的体现和落实公平价值追求。

因此，要从制度层面着手来对我国农村金融监管的相关制度进行衡量和检讨，从而检验制度的设定是否和公平目标相背离。

二、农村金融监管法律体系的模式构建探究

（一）建立多层次农村金融监管体系

金融监管应该具有不同层次的监管主体，还需要将多元化的监管措施整合起来，最终形成一个科学全面和立体化的监管体系。多层次监管体系应该包括国家监督、行业自律、被监管机构自身内控体系、社会监督四个方面。这四种类型的监管必须要分清楚主次，在第一位设置上也要做到科学准确。国家监督应该处在整个监管体系的核心地位，更是弥补市场缺陷和调整市场失灵问题的重要方法，能够为市场秩序的维护提供保障。行业自律属于整个监管体系的重要支撑，也是连接政府和被监管主体的桥梁与纽带，能够增强双方的和谐互动水平。被监管机构自身内控机制的建立和完善能够有效减少外部监管成本，推动自身可持续发展。社会监督属于监管体系的补充，可以弥补上述三类监管的漏洞和不足。立体化的监管体系也是确保农村金融安全发展必不可少的条件。这四类监管方法各有优势和不足，必须将各方协调起来，形成强大的合力，最终形成对农村金融的全面监管。

1. 农村金融与政府监督

政府对金融监管的理论基础是庇古的福利经济学及“代表”假说，然而在经济的现实发展当中，频频出现金融危机的问题构成了政府金融监管的现实基础。我国农村金融尚处在起步时期，整个农村金融市场的发育还不完全，缺乏相应的规范和支持，必须依靠政府的监管来为其保驾护航。

首先，政府必须将国家金融的现实发展状况作为根本出发点，有效管理和监测民间金融活动，最大化地防范金融风险的发生。银监会应当采取如下措施：一是树

立支持农村金融和经济发展的理念，因为现行的金融理念往往将重点放在对金融机构利益和存款人的保护方面，而相对忽视经济发展利益。二是放宽市场准入门槛，增加农村金融机构数量，通过鼓励竞争来改善消费者福利。三是制定宽严相容的监管规则，采取针对性措施加强对农村金融机构的监管，防范非法吸储、非法集资、金融诈骗等农村金融活动中易于产生的问题，防范局部风险的发生。中国人民银行要注意处理好以下几个关系：一是处理好和银监部门、省级政府（省联社）在监管范围、监管权限和职责上的分工，避免重复监管和监管空白问题，降低农村金融机构的监管负担；二是处理好服务以及监管之间的关系，切实了解民间金融机构的特殊性，采用差异化的监管手段来提升监管有效性；三是处理好严格监管和知识创新之间的关系，将推动企业创新发展作为前提条件。

其次，发挥政府部门和政策性金融机构在我国农村金融监督管理工作当中起到的作用。农村金融政策性的特点符合农村的实际发展状况，并且与农村经济息息相关，也因此农村金融监管要充分发挥政府部门的作用，这样在贯彻国家农业政策时会更加机动灵活，也能够让信贷活动得到规范，使大量的金融资源和资金能够引入农村地区。

另外，有效发挥政策性金融机构的特殊职能，运用多元化的金融活动来弥补农村金融市场缺陷。第一，农业部门积极推动政策引导。农村金融具有显著政策性，而且农村金融的发展离不开农业政策的配合和支持。农业部门负责制定相关的农业政策，也需要对农业政策的执行情况进行监督，因此农业部门是重要的金融监管主体。我国目前的农村金融监管体系，没有突出农业部门的作用，也没有体现出农业部作为金融监管重要主体的价值。“中国总是把农村金融机构当作一般的金融机构看待，仅仅要求投入金融资源，没有足够认识到农业作为产业的独特性而由此产生城市和农村金融之间的显著差别，其实农村金融要与国家的产业政策紧密结合，其本质主要是贴近农民，而不是贴近金融机构”。农业部必须承担好监管主体的职责，只有这样才能够逐步推动农村金融机构和国家农业政策接轨，有效达成服务发展“三农”的目标。农业部的政策导向功能要得到最大化的发挥，需要对农村政策性金融组织实施产业政策指导。例如，美国农村的金融体系当中，农业部要管辖农村政策性金融机构，并为其提供政策支持。

第二，确立政策性金融机构地位，并发挥其巨大作用。农村金融具有弱质性特点，这一特点加大了农村金融市场培育和资源配置的难度，政策性农村金融组织在克服不良影响方面起着重要作用，其和政府存在某些经济职能上的联系，是为了有效落实政府的经济政策，跳脱出商业性目标，在农业相关领域展开资金融通活动，有效推动农业发展，提升国民整体经济发展水平的特殊性金融活动。这样的定位直接决定了政策性农村金融能够形成对政府的辅助，使政府机构可以根据实际需要来落实农业政策。另外，利用委托贷款的方法还可以充当农业贷款批发机构，形成对商业金融的补充，有效弥补在农业信贷领域的不足。

政策性农村金融的调控职能表现为以下几方面。第一，政策性和商业性，农村金融相互协调，互为补充。在传统的金融发展领域，商业性金融是提供金融服务的主体机构，但是商业性金融的趋利性特点显著，这也是它的本质特征，那么在迫切需要得到政策性支持的农村领域就不能够发挥效用，甚至会带来不良影响。由于商业性金融在农村金融发展当中会造成市场失灵，要解决这一问题，需要政策性金融介入其中，并且把国家信用作为根基来使原本的趋利性本质进行一定程度的淡化，让大量商业性金融机构不愿给予支持的农业领域得到资金以及金融资源的支持，降低农村金融发展当中遇到的风险。“在美国，农村政策性金融机构提供的贷款是提供一些商业银行和其他贷款机构不愿提供的贷款，在贷款对象上的侧重不同”。再者，“政策性金融不是地区经济增长的结果，而是实现地区经济增长的先导因素；已不是简单地、被动地满足、适应经济活动对它的需求，而是通过供给超前，不断开辟新的投资领域和扩大投资去主动地创造这种需求”。因此，政策性金融要发挥自身应有的扶持价值，有效推动经济发展，在切实满足和迎合商业性金融机构营利需要的基础上来激发商业性金融机构的热情，使资金能够逐步地流向农村地区。第二，对农村合作金融体系的成型和完善具有重要意义。在对各国农村金融的发展、变革历程及其成果分析不难看出，政策性农村金融要想得到突破，必须要具备政策性金融的引导。

鉴于此，我国在构建农村金融监管体系时，需要做到政策性金融机构和农村金融的完美融合，充分发掘二者的共同点，构建协调互补机制。比如，农发银行可以利用出资入股等方法来对农村的金融机构进行治理，并且在其重组当中给予一定的干预；加大对农村金融机构的信贷扶持，使农村基层金融机构可以有效承载相关的扶贫贷款，并充分发挥农村金融机构的优势，有效监督和确保涉农款项的回收和合理利用。

2. 农村金融与行业自律

政府给予政策上的干预能够在很大限度上使市场缺陷得到弥补，但是政府同样存在管理失灵的问题，此时需要另外一种监管力量来起到补充和协调的作用。在市场经济飞速发展的情况下，大量非行政性的监管主体涌现出来，并且在政府与市场互动的架构中的地位和作用越来越突出，已成为“小政府—大社会”格局中“大社会”的重要组成部分。考虑到农业发展的阶段会直接决定农村民间金融的规模和发育的水平，与此同时，农村金融的政策性特点明显，运行中出现风险的概率较高，受到农业政策的影响力较大。而行政性监管主体力量有限，因此，有必要对农村民间金融实行以社会中间层为辅助的行业监管模式，即充分发挥农村民间金融组织行业协会的自律监管作用。自律性监管有着非常显著的特点是监管的主体和受制主体存在带有契约性质的组织隶属关系，并且将特定的协议或者团体上的章程作为监管的重要依据。行业协会协助行政性金融监管主体对农村民间金融活动进行监管，制定行约、行规、并监督执行，维护国家金融安全。非行政性金融监管主体可以方便地根据市场条件变化做出适当调整，实施灵活的、高标准的道德规范和行为准则。与此相比，行政性金融监管主体应努力提升监管活动的稳定性和连续性，在一般情况下规定最低标准。所以，加强对我国农村民间金融行业自律组织的发展以及培育工作，注重发挥行业自律在金融监管当中起到的作用，能够和政府的监管形成和谐互动。

基层监管机构受到条件以及地域的限制，在人员配置方面非常有限，而且金融监管的整体力量薄弱，如果单纯地依靠发挥政府的监管作用，是难以切实保护好农村金融发展环境的，也不能够有效发挥其监管效用，而行业自律组织却能够成为其中不可缺少的补充部分。行业自律组织具有专业方面的优势和政府监管相比，也具有一定的预见性，能够有效规避风险，维护行业的健康发展环境。这种行业自律机构与监管职能部门相互以形成良好的金融秩序的做法已成为学术界和实务界的一种共识。2005 年，我国成立中国银业协会农村金融工作委员会，并且确定将农村信用业作为主要的监管对象，但是其中没有涉及关于新型农村金融机构的内容。因此，需要将中国银行业协会农村金融工作委员会在现有基础上进行扩充，真正把它规范和完善成为推动农村金融发展和为农村广大金融企业服务的自律性组织，同时各地可以从自身出发，在地区、政府和监管部门的指导下建立行业自律组织，通常意义上是金融工会，通过多种措施的实施来协助政府的监管工作。

从我国农村民间金融发展历程中看，很早就存在某些潜在的行业自律规则，可以说这些都是我国农村地区民间金融行业自律管理的基础。就当前而言，很多地区自发组建关于民间金融行业的联盟，对于行业自律水平的提升以及行业管理有效性的提高起着重要作用。因此，要重视培育以及发展我国民间金融行业的自律组织，注重发挥行业自律组织在金融监管当中所处的积极作用，增强政府监管和行业自律之间的互动水平。在制度的设置和安排当中，要大力倡导和激励农村民间金融的行业自律组织，为行业自律组织的发展营造健康和谐的平台和环境。与此同时，要加强指导和监督，使行业自律组织能够起到桥梁和中介作用。农村经济发展水平正在不断提升，在这一过程中大量的民间金融组织涌现出来，但是质量方面却良莠不齐，在法治建设以及监管体系构建当中存在缺陷，导致民间金融业内矛盾层出不穷，为地方金融的安全和稳定发展带来极大威胁。一方面，行业自律协会可以通过共同的合作和商讨来形成同业公约，提升行业的管理水平，增强同行业金融机构的交流沟通，营造一个开放性的金融发展环境。另一方面，可以担当起政府监管和我国农村民间金融组织之间的纽带和桥梁，增强监管的有效性，并对国家的监管机构起到协助作用，便于宏观金融管理的实施。

3. 农村金融与机构内控

无论是政府还是行业自律都属于外部监管的范围，而外部监管主要是对金融以及农村的发展营造和谐的外部发展环境，任何组织和行为仅仅从外部进了规制是远远不够的，只有从机构内部的组织管理制度入手，才能从根本上达到有效监管的目的。机构内部自身的内控机制是行业进行有效的“生理循环”，进而得到更好的生存和发展的重要因素。农村金融机构要建立起完善健全的监管体制，其关键在于积极推进内控制度构建。农村金融的可持续进步，必须要重视内部组织的建设和内部管理制度的建设。科学完善的质控制度能够切实提升经营者管理效率和质量，保障各项经营活动稳定运行，对可能出现的金融风险起到防范作用。我国农村地区的新型金融机构往往规模不大，人员设置较少，而且没有设置专门机构和配备完善人员的条件。就当前而言，国家在这一方面的立法引导方面存在明显不足。另外，农村金融机构因自身的脆弱性及其所处环境的复杂性，适当的符合其发展模式特征的机构内部自律机制的建立就显得更为迫切。要对制度建设的程序进行规范化管理，从源头上着手来增强内控制度的可操作性和操作的效率。提高对违规行为的惩罚和整治力度，有效增强内部控制制度的威慑性和严肃性。加强其信息披露义务，同时给予风险监管的辅助支持。从根本上提高内部治理和控制水平，自下而上地对农村金融的力量进行培育。内部治理在农村金融监管当中所起到的作用主要是在金融机构内部，引导广大成员优化治理结构，表达意愿和参与管理的决心。与此同时，基层成员能够全面了解到融资状况，贴近金融需求，在具体的实施资金发放、贷款回收等业务时能够切实起到监督管理的作用。除此以外，在培育农村本土的金融力量时，要让农民掌握选择权，加强实践和探索，自下而上地探索符合本土金融发展的组织形式，充分挖掘和切实满足当地多样化的金融需求。

首先，构建农村民间金融组织信用制度。信用对于民间金融来说至关重要，是民间金融机构展开多种金融活动的命脉所在。受此影响，农村地区的民间金融机构需要努力提高信用度，保障业务处理的透明性，对能够按时还款的企业或者个人定时进行公布，以鼓励那些企业和个人能够重视自身信誉的培育。还可以借鉴格莱珉银行的小额贷款联保小组制度，如果小组中有一人违约，那么整个小组都将失去贷款资格，这样一来小组成员之间便可以互相监督，形成一种社会压力，使贷款可以顺利地运行下去。

其次，完善农村民间金融组织管理制度。按组织控制方法，建立相应的咨询决策机构，并且对各自所要承担的职能进行明确划分，形成一个权责明确和相互牵制、补充的整体。在建立咨询决策机构时，必须将相互协调和平衡制约作为依照原则，合理设置部门以及岗位人员，同时要不断地完善绩效审核制度，其中尤其要关注重要岗位和要害部门之间相互制约和监督，最终建立起系统完善的资产负债比例管理、财务管理等多个方面的制度，努力提升制度的科学性和可操作性。

再次，完善农村民间金融组织业务制度。农村民间金融在制定经营方针时必须坚持稳健的原则，从市场经济的原则出发，恰当地组织和实施业务发展的战略工作。

4. 农村金融与社会监督

政府、自律组织和金融机构都属于经济人的范畴，并且有着自利倾向，这就需要全社会联合来对其展开共同监督，尤其是会计、审计等专业性强的机构。社会监督与其他形式的监管有着较大的不同，其主要特点是独立性和全方位性，可以说社会监督是无处不在的，除了能够实时监督金融机构以外，还能够监督政府和行业自律组织的监管行为是否恰当。社会经济生活的各个方面都会有金融活动的设计，金融风险的诱发因素也是多个层面并且非常复杂的，为了更好地对金融市场进行监管，有效防范金融风险的发生，金融监督活动的实施需要全社会共同参与进来。

努力建立新型农村金融机构应该将基层政府作为核心，建立起包括各职能部门、社会中介机构、社会公众等在内的社会联合监管防范体系，从而创设完善监管的有利环境。一方面，在对条件成熟而且发展水平较高的农村金融机构实施监管过程中可以委托会计师事务所等介入，对其就财务报告、资产质量等展开全面和细致的审计工作。另一方面，要提高农村金融企业资信评估工作的力度，努力在向社会公布的基础上健全信息披露以及风险预警的相关机制，以社会底层监督督促金融机构加强和完善农村金融服务。

（二）建立包容性的农村金融监管模式

我国当前的农村金融机构数量较多，分布范围很广，往往设置在县或者县以下的区域，这些特征使金融机构和监管主体不能够形成顺畅的连接，信息的反馈也不及时。随着新型农村机构的兴起和发展，农村金融市场日趋复杂和多元，也加大了金融监管的难度，为企业带来极大挑战，只有通过监管模式改革创新的方法才能够满足实际需求。农村金融具有较高的风险，有着天然的弱质性，并且容易受到自然灾害的影响，这就需要针对现实情况来采用恰当的金融监管方法，在实际监管模式的构建当中要关注以下问题。

1. 准入监管和日常监管相结合

要想增强农村民间金融的稳定性，保障企业和谐运转，其中重要的条件就是要做好程序控制，而在程序控制当中完善市场准入和退出制度是重中之重。市场准入规则指的是监管部门对新设民间金融机构和由非正规向正规改制的民间金融组织的管理规则。金融体系有着外部性和脆弱性的特征，这两个特征也直接决定整个金融行业的稳定和健康。因此，对金融机构实施市场准入的限制非常关键，必须要保障金融机构符合相应条件，遵循相应准则和规范，同时要达到资本充足；要具备综合素质高和专业能力强的经营管理层以及工作人员；要建立完善科学的内部组织机构，健全管理制度和相关章程；要拥有固定经营场所和相关配套设施。具体来说，新设农村民间金融机构可能存在组织结构不健全、风险控制机制不完善、员工队伍素质普遍不高、注册资本金不足或存在虚报注册资本的机构不予批准等问题。依据当前我国农村经济发展的现实状况，农村地区的民间金融组织往往达不到金融机构设置的标准，但是在制度设计过程中必须遵循相应的规范和原则，最大化地减少由于农村民间金融进入而对整个市场带来的风险，使民间金融能够在一个和谐稳定的环境中发展。从金融监管的层面分析，控制市场准入能够有效预防金融行业的风险，为金融行业的稳定，健康进步提供保障，也可以把可能会为金融体系带来危害的金融机构拒之门外，为国民经济的发展提供有效保证。

与此同时，我国要积极推进消除民间资本参与金融壁垒的进程，将市场准入的规则进行恰当调整，适当放宽准入规则，使民间资金活跃的地区能够由民营企业建立发展民间金融，要把准入的标准和准入的程序以法律的形式加以明确，保证准入过程的公开和公平。这就要求监管部门要建立健全相应的登记和备案制度，为农村地区的民间金融机构颁发相应的执照，展开详细的登记和备案。与此同时，为了提升农村民间金融市场的透明度，有效减少违规操作的问题，监管部门可以从当地实际出发，在网络上统一公布具备相应资质的农村民间金融机构名称，同时将没有资质并且可能会存在违规操作或者诈骗的金融机构名称公布出来为交易方提供依据，使其能够在金融交易环节对这些信息进行核对。这样的做法可以让我国农村的民间金融活动从地下转到地上，改变过去它们逃避监管而风险增大的局面，同时使监管当局能够切实把握农村金融市场的整体动态，有效预防和控制风险。当前银监会对于村镇银行的监管采用的是低门槛和严监管的方式，低门槛的实质意义是允许各类产业资本主导发起设立村镇银行，以便最大化地激发其进入农村地区金融市场，增强农村金融市场活力的热情。规定当中指出村镇银行的最大或者是唯一股东必须是银行类金融机构，可以说是把民营资本等作为发起人的金融机构排斥在外。在市场化经济飞速发展的今天，资本是永远不会缺少对某一先进领域快速适应能力的，在专业知识等方面的缺乏可以通过其他要素流动来弥补，那么政府需要真正做的事就是制定严格监管标准，要求和引导村政银行展开规范性经营，而不是对银行的主导发起人进行限制，这样才是低门槛应该有的意义。

准入监管只是在农村金融机构成立的初期对其成立条件的合规性起到监控的作用，但金融机构成立以后，在运营的过程中，资产和信贷状况是时刻变化的。因此，为了防范其在成立之后违背初衷，疏于对自身经营状况的注意以及保护贷款人的利益，有必要对其进行日常经营的跟踪审查，密切关注农村民间融资以及贷款的去向，积极开展活动信息的收集工作。当前我国很多的人民银行分支机构在地方建立地方性的民间借贷市场监测系统，定期或者不定期地对利率以及专题进行监测，这样的方法能够为民间融资利率水平的稳定提供有效依据。金融监管部门必须充分承担起自身的职责，完善监测指标体系，对监测的网点进行扩展，从宏观层面实施把控，特别是对新型农村金融机构要高度重视，更要审慎地进行跟踪监管。因为这些机构本身十分活跃，风险性要比传统的金融机构大，业务范围涉及很多新型领域，随之而来的风险隐蔽性很强，风险没有被发现的话，一般情况下是不会受到严格监管和检查的。这就加大了风险的不确定性以及贷款人对其经营信息的难掌握性。当一些金融机构通过积极开展金融活动而获得非常明显的收益时，由于整个市场上有着显著的示范效应，那么其他农村的民间金融机构或者是农户就会效仿，从而引导资金流动，让流入农村地区的资金规模得到扩大。在发生意外事件后，单个储户往往会选择加入挤兑行列，这也会促使金融风险直接爆发，而且爆发的规模越大产生的危害越大。因此，要加强对农村民间金融活动相关的内外部信息掌握，这样才能够及时有效地对风险进行识别、评估、控制和化解，建立完善的法律风险防范体系。这就更加要求监管机构在其日常的营运中加大监督检查的力度，及时地了解其运营信息，以便适时地分析其风险指数。使其保持为农业金融服务的本质和初衷，适应农业季节性和地域性变化的特点，更好地完成其辅助农业发展的目的和自身有序持久盈利的目标。

2. 合规监管与风险监管的结合

合规性监管主要是通过发挥行政手段的作用，重点对银行在法规、制度、规章等方面的执行情况展开监管工作来对银行的经营行为进行规范，确保银行业内秩序的稳定。合规性监管将着眼点放在维护国家政策法规的严肃性方面，属于一种静态和刚性的监管方法，这样的方法难以实现对金融企业风险的动态化追踪，与当前的农村金融监管形势不相符。当前合规性的监管理念由于不能和新形势相适应，受到了下面几个因素的冲击。我国在农村金融监管法律法规方面存在非常落后的问题，现有的制度规章在规范农村金融市场方面存在明显的不足，再加上新型农村金融机构不断涌现，这使相关法规的不完备性十分突出。多个部门有意识地加强农村金融制度供给，但是由于农村金融非常复杂并且具有特殊性，仍然出现了脱节问题。因此，在农村金融迅速发展的新形势下，单靠合规监管已经跟不上金融发展的脚步，不能够迅速地防范金融风险。鉴于此，就需要把合规监管和风险监管结合起来，动静结合地跟踪农村金融的新发展。

风险性监管建立的基础是合规性监管，属于合规性监管基础上的审慎性监管，将风险防范作为关键内容，属于一种动态化和积极的监管方式。监管机构目前应该注意做好以下几个方面的工作。

第一，合理制定风险权重系数，建立系统化的风险评测体系，从多个指标出发来对农村金融机构进行实时监控，从而有效提升金融机构的资产质量，最大化的减少呆账问题。对于机制相对完善以及规模较大的农村金融机构，可以和商业银行的五级贷款分类制进行对照。

第二，将现场监管和非现场监管结合起来。现场监管有着指引性，这是现场监管的优势，但是现场监管同样具备强制性以及应急性的不足。为了完善农村金融的监管，还需要发挥好非现场监管的价值。农村金融机构是为服务农村经济发展而存在的，设立的位置往往距离农村地域很近，如果是按照目前监管资源的分布格局来实施监管的话，农村地域分散，分布范围较广，要想将监管机构和金融机构实现无缝衔接是十分困难的，单纯地依靠现场监管的方法是不能够切实满足监管需求的。对此，在监管方法的运用方面，要将非现场监管放在主要地位，做好监管数据的跟踪管理以及分析工作，更加客观科学地对农村金融机构的运营状况以及可能出现的风险进行评估，这也能够让现场监管的实施具备有效依据，保障监管效率和可操作性的提升。

第三，健全信息披露制度，涉及重要数据和事件必须做到及时披露，同时要将这些信息呈报给监管部门。为了做好农村金融信息披露的各项事宜，需要监测和收集软信息。“所谓‘软信息’，通常是指难以量化的信息、无形资产和非法律形式的约束，如人与人之间的血缘关系和贸易关系，借款人的工作能力、借款人的经验和信誉，左邻右舍之间同辈的压力、关联博弈等。”农村金融的特殊性还有另外一个层面的体现，那就是必须依赖软信息来对农村地区的金融主体信用状况进行判断，在此基础上判断和衡量金融风险。对此，在全面实施金融监管时，要全面收集和准确地分析软信息，形成对金融风险的合理判断，并采取相应的风险防控措施和监管措施。

第四，构建完善的农村金融风险预警机制，做到防患于未然。在对农村民间金融机构实施监管时，需要建立起完善的预警和风险评估机制，也就是事前的风险防范机制，这也是确保民间金融稳定的基础。内部以及外部条件都会影响农村金融发展，使其出现信用风险的可能性极高。因此，在对农村金融实施监管时，采用的监管方法不能像商业金融监管当中的事后化解一样来进行处理，更为关键的是要加强事前预警，全面推进动态性监管，对金融风险展开持续跟踪，以便能够对可能存在的风险提出有针对性的预防措施和应对措施。可以设立相关的危机评估机构，使企业能够和监管部门形成密切的互动和配合，对内部和外部的各种风险、危机进行监测，并且建立警报发布机制，评估金融危机的危害和影响程度，从而提出针对性解决策略，为决策层提供有效参考依据。政府要坚持从国家金融实际出发，在农村金融活动的管理和监测当中加大力度，提高风险防范水平。当地的政府部门需要密切关注农村融资的动向和发展，并将相关的活动信息收集起来进行分析。金融监管部门需要建立起完善的监测指标体系，对监测的网点进行进一步扩展，宏观上把握民间金融的融资规模、流向、利率变动情况等。

3. 统一监管与分类监管相结合

农村金融是金融行业的一部分，和很多其他金融机构的监管有很多共性特征，因此我国监管部门就对农村信用社采用了比照商业银行监管标准的统一监管的理念。尽管这一做法具有相当合理性，反映了农村金融作为金融共性的一面，但由于农村金融（如小额信贷）自身的特殊性，越来越倾向需要专门的监管对待，随着金融监管实践的发展，这一需求在国际上得到了很多国家政府和国际组织的响应和落实。

首先，“三农”的弱质性是与生俱来的，受到自然环境和市场价格波动影响较大，银行业金融机构在为“三农”发展提供服务时能够清楚地发现涉农业务有着风险大、成本高以及收益低的特点，将其和金融的商业化运作之间进行对比能够看到其中的差异和矛盾。如果单一化的依照商业银行的监管标准照抄照搬的来按照相关指标监管农村的银行金融机构是不客观和不科学的。其次，我国地域辽阔，而农业经济的发展又呈现出不同的特征，所需的金融服务各不相同，这在客观上要求金融监管措施的实施必须具备差异化特征。再次，农村金融机构在地域、类型、管理、业务等方面存在很多不同，就形成了类型化和多样化的农村金融机构，它们在目标要求和发展路径上有所不同，因此对于这些农村银行金融机构的监管标准也要做到区别对待。最后，外来金融企业向农村渗透的情况逐步增多，如果运用统一性的监管模式很难确保外来金融企业和谐发展。

在对农村民间金融实施监管时，监管当局必须从根本上转变监管方式，明确选择恰当的标准，采用分类监管手段，做好区分监管工作。民间金融着广泛的外延性，因此更加需要在监管上做到有效区分。在针对农村民间金融展开监管制度的设计时，必须区分好黑色金融和农村民间金融这两个概念。黑色金融会为整个社会的发展和金融进步带来严重危害，威胁到市场化经济的发展进程，必须予以取缔；农村民间金融在市场化经济的深入发展中不可或缺，需要继续发挥其优势和推动价值。对此，必须对民间金融监管对象进行分类，考虑到不同地区的农村民间金融活动的表现形式各有不同，可以按照下面的标准来进行分类：第一，依照经济发达程度的不同来进行分类监管，主要分为东部、西部和中部区域；第二，按照机构性质不同分类，即存款类和非存款类金融机构，政策性、商业性金融机构，银行、证券、保险机构；第三，按照金融机构风险状况、管理水平分类；第四，分类监管省联社和基层社。

总而言之，合作金融监管法律制度是农民金融发展权深入落地的重要保证，也是金融风险防范及农村金融实现可持续健康发展的必要前提。健全农村合作金融监管法律制度，需要建立从准入监管到退出监管、从内部监管到外部监管、从自律监管到政府监管的系统化监管法律制度，从而实现由一般行政化监管向专业法制化监管，从单一主体监管向多元化体系监管的转变。

参考文献

[1] 高桂林，陈昊博 . 中国农村金融法制创新研究 [M]. 北京：中国法制出版社，2015.

[2] 程恩江，刘西川，张建伦 . 农业合作社融资与农村合作金融组织发展 [M]. 杭州：浙江大学出版社，2014.

[3] 温涛 . 农村金融可持续发展的服务创新与动态竞争战略研究 [M]. 北京：北京师范大学出版社，2014.

[4] 北京市律师协会 . 涉农法律疑难问题与对策分析 [M]. 北京：北京大学出版社，2012.

[5] 杜兴端 . 中国农村金融产业组织研究 [M]. 成都：四川大学出版社，2012.

[6] 王桂堂 . 中部传统农区金融压抑与农村金融制度建设研究 [M]. 北京：中国金融出版社，2012.

[7] 闫妍 . 西部民族地区农村金融体系研究 [M]. 北京：新华出版社，2012.

[8] 祝健，张传良 . 农村金融改革发展若干问题 [M]. 北京：社会科学文献出版社，2011.

[9] 岳彩申 . 中国农村金融法制创新研究 [M]. 北京：群众出版社，2011.

[10] 范迪军 . 家庭承包制视角下农户合作金融制度研究 [M]. 北京：中国财政经济出版社，2011.

[11] 陈荣文 . 农村合作金融的法制创新 [M]. 北京：知识产权出版社，2011.

[12] 陈希敏 . 制度变迁中的农户金融合作行为研究 [M]. 北京：人民出版社，2011.

[13] 杨小玲 . 中国农村金融改革的制度变迁 [M]. 北京：中国金融出版社，2011.

[14] 罗骏 . 合作金融发展论 [M]. 成都：四川大学出版社，2010.

[15] 巩云华 . 农村金融服务体系协调发展研究 [M]. 北京：中国时代经济出版社，2009.

[16] 杜金向 . 中国农村金融体系研究 [M]. 天津：南开大学出版社，2009.

[17] 王文胜 . 西部大开发视角下区域金融与经济发展实证研究 [M]. 兰州：兰州大学出版社，2009.

[18] 张乐柱 . 需求导向的竞争性农村金融体系重构研究 [M]. 北京：中国经济出版社，2008.

[19] 宋文瑄 . 农村合作金融改革论丛 [M]. 济南：山东大学出版社，2007.

[20] 郭家万 . 中国农村合作金融 [M]. 北京：中国金融出版社，2006.

[21] 白永秀 . 我国落后地区农村合作金融组织模式的创新研究 [M]. 北京：经济科学出版社，2005.

[22] 宋文瑄 . 农村合作金融新论 [M]. 济南：山东大学出版社，2005.

后　记

中国农村合作金融体系至今已走过百年历程，中间几经起伏。本着梳理创新融合的信念让我坚持完成本书稿的撰写。其实，就在整理完书稿后，曾一度不自信起来。书稿内容却不乏一些类似“理论”的东西，甚至也涉及到一些专家研究过的内容，总有“吃了别人嚼过的馒头没有味道”之感，或有一种“班门弄斧”之嫌。但，研究农村合作金融体系的现实异化与法制创新给了我全新的认识，指明了农村合作金融体系的前进方向。本书为作者 2017 年承担的河北省社会科学发展研究课题，课题编号：201703030113。

最后，我要衷心感谢支持和帮助我的领导，感谢专家的指点和同行的帮助与鼓励。

邢　琳

2018 年 1 月 26 日